Kohlhammer

Werner Becker

Das Dilemma der menschlichen Existenz

Die Evolution der Individualität und das Wissen um den Tod

Verlag W. Kohlhammer

Die Deutsche Bibliothek – CIP-Einheitsaufnahme

Becker, Werner:
Das Dilemma der menschlichen Existenz : die Evolution der Individualität und das Wissen um den Tod / Werner Becker. – Stuttgart ; Berlin ; Köln : Kohlhammer, 2000
ISBN 3-17-016423-6

Verlagsort: Stuttgart
Umschlag: Data Images GmbH
Gesamtherstellung:
W. Kohlhammer Druckerei GmbH + Co. Stuttgart
Printed in Germany

Odo Marquard

in Freundschaft

Inhaltsverzeichnis

Vorwort

Die Humanwissenschaften haben das Wissen über uns in nicht mehr überschaubarem Ausmaß vermehrt und bereichert. Zugleich beeinflussen sie durch ihre technischen Anwendungsmöglichkeiten das Leben in der modernen Gesellschaft so stark, daß wir uns eine Existenz ohne sie nicht mehr vorstellen können. Doch bezieht sich ihr Wissen stets auf Eigenschaften, die wir als menschliche Individuen gemeinsam haben: in den biologischen Verhaltenswissenschaften und in der Medizin als individuelle Mitglieder der Spezies ›Mensch‹, in den Sozialwissenschaften und in den Geschichtswissenschaften als individuelle Mitglieder gesellschaftlicher Gruppierungen.
Wo bleiben wir aber mit unserer fundamentalen Selbstgewißheit, jeweils ein in seiner Einzigkeit unverwechselbares Individuum – mit einem anderen Wort: eine Individualität – zu sein? Mit dieser Frage bin ich beim Thema. Nicht nur jeder Mensch stellt sich irgendwann einmal die Frage nach Sinn und Bedeutung seiner ›individualistischen‹ Selbstgewißheit. Diese ist darüber hinaus auch als allgemeines Problem uralt und in unserer geistigen Kultur haben große Philosophen von Plato über Leibniz bis zu Nietzsche und Heidegger Antworten gefunden. Dennoch glaube ich, das Individualitätsproblem in eine neue Sichtweise rücken zu können.
Das menschliche Bewußtsein der Individualität ist, so wenig wie der menschliche Geist überhaupt, ›vom Himmel gefallen‹ (H. von Ditfurth), sondern gehört wie dieser in den Gesamtzusammenhang der Evolution des Menschen, allerdings als ihr ungemein spätes Produkt, stellt man die Zeiträume in Rechnung, in denen Veränderungen der genetischen Struktur der Lebewesen im Allgemeinen stattfinden.
In diesem Buch zeige ich erstens, daß das Individualitätsbewußtsein an Entstehung und Verarbeitung des ›lebensphilosophischen‹ Grundproblems der Menschen gebunden ist; d.h.: an die Bewältigung des ›existenziellen Dilemmas‹. Benennt man das Dilemma, dann sieht man erst, daß die sprachliche Dürftigkeit des Ausdrucks in eklatantem Kontrast zu dessem psychischem Erlebnisgehalt steht: Jeder Mensch weiß um seine Endlichkeit; doch keiner kann es so einfach ›aushalten‹, mit dem Tod als dem Ende des Lebens zu existieren.
Ich zeige zweitens, daß die menschliche Individualitätsgewißheit als Reaktion auf das Dilemma im menschlichen Bewußtsein zustandegekommen ist, die sich bereits in der Prähistorie der Menschheit verorten läßt und die biologische Evolution des Bewußtseins voraussetzt. Ich wende mich damit zum einen gegen einen naturalistischen Trend der modernen Humanwissenschaften, der in Theorien über das menschliche Bewußtsein dominant geworden ist. Denn so notwendig es auch erscheint, Bewußtseinsvorgänge hirnphysiologisch zu erklären, so

wenig reichen Erklärungen dieser Art an den spezifischen Charakter des menschlichen Individualitätsbewußtseins heran. Zum anderen kritisiere ich die geläufige Auffassung, die Entstehung des Individualitätsbewußtseins gehe auf eine kulturelle Entdeckung zurück, die erst von den Europäern in der Epoche der Renaissance gemacht wurde.

Daß das einzelmenschliche *Wissen* um den Tod gerade nicht zur biologischen Ausstattung der Menschen gehört, macht die ausschlaggebende Bedingung des ›existenziellen Dilemmas‹ aus. Historisch spät als Bewußtseinsinhalt entstanden, ist es möglicherweise das letzte verbliebene Kriterium, um den Menschen vom Tier zu unterscheiden. Kulturen, in denen sich das Wissen um den Tod nicht verbreitet hat, sind so gut wie nicht bekannt. Auf der einen Seite erhält sich überall und über die Zeiten hinweg der identische Bedeutungskern des ›Dilemmas der menschlichen Existenz‹, in dem das menschliche Bewußtsein befangen ist, seit es das Wissen um den Tod gibt. Auf der anderen Seite kommt es seit der prähistorischen Entstehung dieses Wissens zu einer unübersehbaren Mannigfaltigkeit kultureller Arten der Dilemmabewältigung.

Zwei Grundzüge lassen sich kulturübergreifend benennen: erstens eine – wie immer auch historisch und kulturell variierte und variierende – eigenständige Ausdrucksart der Individualität (im Unterschied zu anderen Kategorien menschlicher Lebens- und Weltauffassung) und zweitens eine gesellschaftsbildende Rolle verschiedener Arten menschlicher Dilemmabewältigung. Weitreichende Behauptungen wie diese werden sich nur exemplarisch begründen lassen.

Die Begründung meiner Behauptung von einer eigenständigen Sprechweise der Individualität stelle ich in Auseinandersetzung mit zentralen Positionen der zeitgenössischen Sprachphilosophie dar.

Der gesellschaftsbildenden Rolle der Dilemmabewältigung, unter kulturhistorischen Aspekten, widme ich mich dann ausführlicher. Denn erst durch den Zwang zur Dilemmabewältigung werden die Menschen in die Lage versetzt, ihre biologische Präferenz für die Kleingruppe in Richtung von Großgruppenstrukturen in gewissen Grenzen zu überwinden. Danach sind Mythen und Religionen grundlegende Formen der Dilemmabewältigung, durch die zugleich die Bildung und Stabilisierung von Großgruppen möglich werden. Erst mit der neuzeitlichen Entwicklung der europäischen Kultur setzt ein ›Sonderweg‹ ein, den ich in seinen Grundzügen und Folgen unter ›Verdiesseitigung der Individualität‹ näher untersuche. Auch dieser historische Vorgang, für die europäische Zivilisation in der Neuzeit von prägender Bedeutung, ist eine kulturspezifische Art der kollektiven Bewältigung des ›existenziellen Dilemmas‹ – ein Gesichtspunkt, der in dieser Form, soweit ich sehe, in den modernen Zivilisationstheorien bislang nicht erörtert wurde.

Im Schlußteil des Buches behandele ich die ›existenzielle‹ Grundproblematik, die sich für den modernen Menschen im Licht der weltweit expandierenden

Gleichheitsanthropologie im Hinblick auf die Bewältigung des ›existenziellen Dilemmas‹ nach wie vor stellt. Ich beantworte diese Problematik in Auseinandersetzung mit den wichtigsten Philosophien unserer Zeit.
Als Philosoph vom Fach habe ich ein philosophisches Buch geschrieben, obwohl umfangreiche Teile sich auf Erkenntnisse der Biologie, Anthropologie, Geschichts-, Religions-, Literatur-, Sozial- und Wirtschaftswissenschaften stützen. Das Buch besitzt damit zwar alle Nachteile philosophischer Werke, die in der Regel in allzu kühnen Verallgemeinerungen bestehen, ohne daß sie sich durch empirische Forschung bestätigen ließen. Vielleicht aber ist es auch vom Vorteil philosophischer Arbeiten gekennzeichnet, in unübersichtlichem Gelände eine wenigstens ungefähre Orientierung zu vermitteln. Ich hoffe, der Orientierungsvorteil, den man im Licht des Grundproblems der menschlichen Existenz in einem so unübersichtlichen Gelände wie der Geschichte der Menschheit gewinnen kann, wiegt Nachteile spekulativer Verallgemeinerung und einseitiger Akzentsetzungen auf, ohne die das Unternehmen nicht möglich gewesen wäre.
Ich bin meinen Mitarbeiterinnen und Mitarbeitern am ›Zentrum für Philosophie und Grundlagen der Wissenschaft‹ der Justus-Liebig-Universität für ihre Unterstützung zu Dank verpflichtet: Dr. phil. Barbara Klose, Dr. phil. Matthias Uhl, Dirk Schimmel M.A., Volker Thönnes M.A., Pinchas Ifargan (Hebräische Universität Jerusalem) und Cornelia Strack.

Gießen, im April 2000 *Werner Becker*

I. Zur historischen Phänomenologie des Wissens um den Tod

1. Der prähistorische Ursprung

Jeder Mensch weiß, daß er sterben muß. Wir wissen um diese Notwendigkeit, ohne uns damit abfinden zu können. Es ist ein Wissensinhalt, eine unumstößliche Tatsache, die wir dennoch weitgehend zu verdrängen suchen, handelt es sich doch um Sein und Nichtsein, das Ende unserer Existenz.[1]

Wie bei allem Wissen muß man auch hier zwischen *Wissen* und *Wirklichkeit* unterscheiden. Die meisten Sachverhalte, auf die wir uns in Gedanken und Theorien beziehen, bestehen unabhängig von unseren Gedanken und Theorien über sie. Das Weltall, das Sonnensystem mit seinen Planeten und im Besonderen unser Ort des Wohnens, die Erde, hat es lange schon gegeben, bevor Menschen da waren und bevor sie sich Erkenntnisse darüber verschafft haben. Ebenso gibt es den Tod als Tatsache, denn Sterblichkeit gehört als objektiver Vorgang zum Wesen alles Lebendigen. Wie Pflanzen und Tiere sind auch Menschen, seitdem es sie als biologische Spezies gibt, zum Tode bestimmt. Wie jedes Lebewesen ist auch das menschliche Individuum ein ›Sein zum Tode‹. Das *Wissen um den Tod* ist jedoch davon zu unterscheiden. Durch diese Erkenntnis unterscheidet sich der Mensch von jedem anderen Lebewesen.[2] Die Entstehung des Wissens um den Tod hat sowohl eine phylogenetische als auch eine ontogenetische Seite. Zum einen hat die menschliche Gattung das Wissen um den Tod der Einzelnen erworben, zum anderen erwirbt es jeder Einzelne im Übergang vom Kind zum Erwachsenen.

Das Verhältnis zwischen dem biologischen Tatbestand, dem menschlichen ›Sein zum Tode‹, und dem historischen Wissen um den Tod läßt sich am Beispiel einer der bekanntesten Schlußformen aus der klassischen Logik verdeutlichen.

Seit Aristoteles die Logik begründet hat, wird der Modus ponens durch die logische Verknüpfung folgender Beispielssätze dargestellt:

---

1 „Der Tod ist ein Problem der Lebenden. Tote Menschen haben keine Probleme. Unter den vielen Geschöpfen der Erde, die sterben, sind es allein die Menschen, für die Sterben ein Problem ist. Sie teilen Geburt, Jugend, Geschlechtsreife, Krankheit, Altern und Tod mit den Tieren. Aber sie allein unter allen Lebewesen *wissen*, daß sie sterben werden; sie allein können ihr eigenes Ende voraussehen, sind sich dessen bewußt, daß es jederzeit kommen kann, und treffen besondere Maßnahmen – als Einzelne und als Gruppe –, um sich vor der Gefahr der Vernichtung zu schützen. Das war durch die Jahrtausende hin die Zentralfunktion des gesellschaftlichen Zusammenlebens von Menschen und ist es bis heute geblieben" (N. Elias: Über die Einsamkeit der Sterbenden in unseren Tagen. Frankfurt/M. 1991, S. 10f. Hervorhebung im Orig.).

2 Schilderungen des Verhaltens unserer nächsten stammesgeschichtlichen Verwandten, der Affen, in Zusammenhang mit Tod finden sich bei: A. Paul: Von Affen und Menschen. Verhaltensbiologie der Primaten. Darmstadt 1998, S. 215–221.

1. Prämisse: Alle Menschen sind sterblich
2. Prämisse: Sokrates ist ein Mensch

Schlußsatz: Sokrates ist sterblich

Die erste Prämisse drückt eine Tatsache aus, an deren Wahrheit kaum jemand zweifeln wird. Gerade in religiösen Überzeugungen wird der Tatbestand der Sterblichkeit des Menschen nicht in Zweifel gezogen. Auch Unsterblichkeitsvorstellungen und Wiedergeburtsmythen meinen keineswegs, der Mensch könne ewig leben, wie ›er leibt und lebt‹. Die erste Prämisse ist zudem nicht dem Vorurteil ausgeliefert, sie enthalte eine der ›unanfechtbaren Wahrheiten‹, die eben darum nichts sagend sind. Wenn alle Menschen sterblich sind, dann ist auch jeder von uns sterblich, und niemand wird behaupten, daß dieser Tatbestand ihm nichts sagend erschiene. Die zweite Prämisse und der Schlußsatz bringen dies zum Ausdruck: weil auch ›Sokrates‹ ein Mensch ist, ist auch ›Sokrates‹ sterblich. Es gibt nun zwei unterschiedliche Möglichkeiten, die Bedeutung des Eigennamens ›Sokrates‹ zu interpretieren: Zum einen steht der Name des antiken Philosophen stellvertretend für die Namen jedes anderen menschlichen Individuums. In dieser Interpretation gibt der Schlußsatz die allgemeine Gültigkeit der menschlichen Sterblichkeit im Hinblick auf jedes einzelne Exemplar der menschlichen Gattung wieder.

Zum anderen kann der Name ›Sokrates‹ jeden Menschen in seiner unverwechselbaren Individualität bezeichnen. Um die Individualität des Menschen zu bezeichnen, gebrauchen wir das Wort ›ich‹. Jeder sagt ›ich‹ von sich, will er sich von allen anderen unterscheidbar benennen. Ersetzen wir nun ›Sokrates‹ im logischen Beispiel durch ›ich‹, dann wird aus der zweiten Prämisse der Satz ›ich bin ein Mensch‹ und der Schlußsatz ›ich bin sterblich‹. Es scheint, als besäßen die Satzformulierungen ›jeder einzelne Mensch ist sterblich‹ und ›ich bin sterblich‹ sachlich dieselbe Bedeutung, zumal es keinen Unterschied macht, ob man ›jedes menschliche Individuum‹ oder ›ich‹ sagt, ist doch jedes Individuum zugleich auch eine ichhafte Person. Die Äquivalenz der Begriffe ist jedoch nur eine oberflächliche. In Wahrheit sind die Formulierungen bedeutungsdifferent. Sie führen zu gegensätzlichen Folgerungen, werden doch in ihnen gegensätzliche Sachverhalte ausgedrückt. Während der erste Schlußsatz ›jeder Mensch ist sterblich‹ eine immer gültige Wahrheit ausdrückt, beinhaltet der zweite ›ich bin sterblich‹ eine *historische* Wahrheit, die erst mit der Prähistorie Bewußtseinscharakter gewann. Erst für die Zeit nach der Entdeckung des Wissens über die Sterblichkeit konnte er formuliert werden. Bevor dieses Wissen bewußt wurde, war zwar jeder Einzelne objektiv sterblich, doch hat niemand den Satz formulieren können ›ich bin sterblich‹. Vor dieser Bewußtwerdung war Sterblichkeit ein in den Menschen sich vollziehendes Geschehen. Erst mit dem Wissen wird aus dem Geschehen *die* substantielle Erfahrung menschlichen Denkens und Fühlens und dieses zu einem Teil des menschlichen Selbstverständnisses.

Unter dem Gesichtspunkt der *Geltung* betrifft der Satz alle Menschen, die je gelebt haben, leben und zukünftig leben werden. Seine Wahrheit gilt für alle, unabhängig davon, ob sie sie kennen oder nicht. Unter dem Gesichtspunkt der *Genese* handelt es sich jedoch um eine historische Wahrheit. Alle als wahr akzeptierten Behauptungen und Sätze sind insofern ›historische Wahrheiten‹ , als sie irgendwann von Menschen erkannt und formuliert worden sind. Die Erde war eine Kugel, bevor die Menschen ein Wissen davon besaßen. Erst Eratosthenes hat in der Antike diese Wahrheit erkannt, bis sie dann, seit Kopernikus und Kepler, endlich allgemein gültig wurde. Genauso verhält es sich mit dem *Wissen* über die menschliche Sterblichkeit.

Eine ins Bewußtsein dringende Ahnung über die eigene Sterblichkeit war beim Menschen gattungsmäßig so wenig vorhanden wie bei Tieren. Doch auch diese Unbewußtheit bewahrte nicht vor dem Faktum des Todes als endgültigem Ende. So ist die Geschichte der Menschheit eine der langen Phase vor der Entdeckung des Wissens um den Tod und eine weniger langen danach. In Analogie zur christlichen Zeitrechnung spreche ich von den Phasen ante und post scientiam mortis. Damit stellt die Trennung der Menschheitsphasen ante und post scientiam mortis einen der tiefsten Einschnitte im Selbstverständnis des Menschen dar.

Mit Erreichung des *Wissens* der Sterblichkeit und der Formulierung des Satzes ›ich bin sterblich‹ vollzieht sich, einem Drama menschlicher Existenz vergleichbar, zugleich ihr bedeutendster Einschnitt. Von da an wird menschliches Leben durch den *Konflikt* der beiden Schlußsätze ›jeder Mensch ist sterblich‹ und ›ich bin sterblich‹ bestimmt. Mit dem Satz ›ich bin sterblich‹ wird die Wahrheit, daß alle Menschen sterblich sind, zentraler Bestandteil des menschlichen Selbstverständnisses. Sie verändert ihren Gehalt nicht dadurch, daß der Mensch sie in sein Wissen aufnimmt. Doch ihre Akzeptanz ist für jeden Einzelnen bedeutender, als es eine andere Wahrheit je hätte sein können. Mit Akzeptanz dieser Wahrheit geht nämlich der Verlust der Naivität des Lebensvollzugs einher, jener Unschuld, die ein Jeder vor der Aufnahme dieses Wissens besaß und deren Wesen darin lag, ähnlich wie die Tiere in der Wahrnehmung des Hier und Jetzt aufzugehen.[3]

Der Tod, als Teil des Lebens, hat zusammen mit diesem vor 3,7 Milliarden Jahren die Bühne unseres Planeten betreten. Anfangs war er noch nicht unausweichliches Schicksal eines jeden Organismus, wie etwa bei Einzellern, in jener Erd-

3 „Der Tod ist hart; härter noch ist der Kummer." Diese Weisheit der Fox-Indianer deutet Levi-Strauss als ein naiv-philosophisches Eintreten für die Lebenden, die in der ständigen Furcht leben müssen, die Toten könnten sich aus Erbitterung, nicht mehr unter ihnen zu weilen, rächen wollen. Man könnte den Satz jedoch auch so interpretieren, daß zum Ausdruck gebracht werden soll, Leben mit der Gewißheit des Sterbenmüssens sei schwieriger als der Tod selbst. Vgl. C. Levi-Strauss: Das wilde Denken. Frankfurt 1968, S. 46.

epoche noch die einzige Lebensform, die kein vorbestimmtes Ende des Lebensvorgangs kennt. Indem die einzelligen Organismen sich durch Teilung fortpflanzen, sind sie potentiell unsterblich und leben dadurch, im wahrsten Sinn des Wortes, in ihren Nachfahren weiter. Der Tod, geläufiges Schicksal alles Lebendigen, ist erst durch die Entwicklung mehrzelliger Lebewesen entstanden. In den Mehrzellern kam es zu einer Arbeitsteilung beteiligter Zellen, so daß nur noch bestimmte Zellen als Keimzellen im Dienst der Fortpflanzung standen. Nur aus ihnen gingen die Exemplare der nächsten Generation hervor. Der verbleibende Rest an Zellen, der die Keimzellen ernährende und schützende Körper, war zum definitiven Untergang – mit anderen Worten: zum Tod – bestimmt. Vor ungefähr 600 bis 700 Millionen Jahren ist das Leben in die neue Epoche der Existenzform mehrzelliger Organismen eingetreten.[4] Den Einzellern ist bis auf den heutigen Tag eine potenzielle Unsterblichkeit erhalten geblieben, während die Mehrzeller zum unausweichlichen Ende ihrer individuellen Existenz, d.h. zum Tod, verurteilt sind.[5] So blieb der Tod für weitere Hunderte von Millionen Jahren ein Faktum in einer belebten, jedoch noch immer ›bewußtseinsfreien‹ Welt.

Was können wir im Hinblick auf die Entstehung des Wissens um den Tod sagen? Wissen wir, wann es dazu gekommen ist, und kennen wir darüber hinaus Theorien, die erklären, warum es dazu gekommen ist?

Die Frage nach dem ›Wann‹ läßt sich relativ gut beantworten.

Die ältesten Zeugnisse, die auf ein mögliches Wissen um den Tod verweisen, sind Grabstätten, die auf Bestattungsriten schließen lassen. Konnte bei Ausgrabungen festgestellt werden, daß die verstorbenen Mitglieder einer Gruppe bestattet worden waren, so galt dies als sicherer Hinweis, daß es sich um Überreste menschlicher Gruppen gehandelt haben muß, die dem Tod mehr als nur eine materielle Bedeutung zusprachen.

Es ist im Übrigen nicht einmal auszuschließen, daß das Bewußtsein vom Tode als solchem – also der epistemische Zustand – womöglich noch älter ist, als dies Grabfunde belegen könnten. Denn die verschiedenen Begräbnisriten stellen nur eine von vielen Möglichkeiten der Leichenbestattung dar. So findet sich beispielsweise im Hinduismus ein Beleg für einen Ritus ohne nachweisliche Bestattung.

Es fällt nun schwer, die unendlich lange und überall verbreitete Tradition der Bestattung ohne eine Beziehung auf das Implikat des Wissens um den eigenen Tod zu verstehen.

Dieses Wissen ist ein, wenn nicht *das* Charakteristikum, durch das sich die menschliche Art von denen der Tiere unterscheidet. Zwar gibt es Belege dafür, daß auch Menschenaffen in der Lage sind, den Tod als Faktum in irgendeiner für

---

4 D.J. Futuyma: Evolutionsbiologie. Basel 1990, S. 367.

5 R. Siewing: Lehrbuch der Zoologie. Stuttgart 1980, S. 174.

sie typischen Weise zu erkennen und auszudrücken.[6] Es ist jedoch überaus fraglich, ob sich damit eine wirkliche Ahnung vom direkt eigenen Tod verbindet.[7] Selbst von Affen ist nicht bekannt, daß sie ihre toten Artgenossen bestattet hätten. Man weiß aus Beobachtungen, daß sie bei Verwundung oder Verletzung von Mitgliedern der eigenen Gruppe zu Empfindungen in der Lage sein können, die wir als ›Mitgefühl‹ bezeichnen würden. Auch versuchten sie, verstorbene Artgenossen zu ›wecken‹, indem sie sie schüttelten. Blieben Versuche, dem toten Artgenossen noch ein letztes Lebenszeichen entlocken zu wollen, über längere Zeit erfolglos, ließen sie von ihm ab und wandten sich wieder der weiterziehenden Gruppe zu.

Auch von Elefanten weiß man, daß sie tote Artgenossen aufzurichten und zu füttern versuchten. Es gibt Berichte, wonach Elefanten nach mehreren erfolglosen Versuchen, einen Artgenossen solcherart ›wiederzubeleben‹, stundenlang Zweige und Erde über dem Leichnam häuften, bis dieser endlich vollständig bedeckt war. Wahrscheinlich wollten sie ihn instinktiv vor der Sonne schützen, um so die gefährliche Austrocknung der Haut zu verhindern[8] – also keine ›menschliche‹ Regung.

Doch kennzeichnen erste Bestattungsfunde zugleich auch den Zeitpunkt in der menschlichen Entwicklungsgeschichte, da der Mensch die Fähigkeit zu entwikkeln begann, den Tod in einer Weise wahrzunehmen, wie wir es tun: als Ende der eigenen individuellen Existenz und als Spiegel, die dem Einzelnen die Spanne der Lebenserwartung zeigt, auf die er hoffen kann. Aus Zeugnissen und Funden wissen wir nichts über das innere Erleben früher Menschen, hatten sie doch noch nicht die Schrift, um Gedanken und Empfindungen mitzuteilen. Moderne ethnologische Studien raten darum zur Vorsicht bei der Annahme, die Urmenschen hätten mit der Beerdigung ihrer Toten bereits Vorstellungen von Unsterblichkeit verbunden, die man aus heutiger Sicht als religiös beziehungsweise als metaphysisch bezeichnen könnte. Sie weisen auf sogenannte ›primitive‹ Kulturen aus Gegenwart und naher Vergangenheit hin, wo Bestattungen keinen direkten religiösen oder spirituellen Sinn zu haben schienen.[9] Wozu also all das, zumal es den Lebenden nichts mehr nutzte?[10]

---

6 F. Patterson / W. Gordon in P. Cavaliere und P. Singer: Menschenrechte für die großen Menschenaffen. München 1994, S. 95.

7 Das ist umso unwahrscheinlicher, als auch bei uns Kinder erst relativ spät eine realistische Vorstellung vom Tod bekommen. Bis dahin verbinden sie mit dem Wort nicht mehr als die Vorstellung von einem schmerzlichen Verlust. Vgl. H.P. Rosemeier/W.R. Minsel in: J. Howe / R. Ochsmann: Tod – Sterben – Trauer, Bericht über die 1. Tagung zur Thanato-Psychologie 1982 in Vechta.

8 F. de Waal: Good Natured. The Origins of Right and Wrong in Humans and Other Animals. Cambridge/Mass./London 1996.

9 P. Binant: La Prehistoire de la Mort. Paris 1991, S. 14.

10 A. Leroi-Gourhan betont sowohl die Vorsicht als auch die Wahrscheinlichkeit, in Begräbnisriten Zeugnisse des Glaubens an ein Weiterleben nach dem Tod zu sehen: „Wenn man sich die Mühe macht, eine Grube auszuheben, um einen Körper darin niederzulegen, so

Wie es zur Entstehung des Wissens um den Tod gekommen ist, läßt sich so einfach nicht beantworten. Wir verfügen über keine historisch-genetischen Theorien, die das Phänomen des Wissens um den Tod befriedigend erklären könnten. Hingegen gilt es als unstrittig, das Wissen um den Tod als Ergebnis der Leistungskraft des menschlichen Gehirns ansehen zu wollen.

Urheimat der menschlichen Art ist der afrikanische Kontinent[11], wo jene evolutiven Veränderungen stattfanden, die eine besondere Eigenschaft unserer Art hervorgebracht haben: Demnach ist es der Mensch, der im Verhältnis zu seinem Körpergewicht das relativ schwerste Gehirn besitzt. Der Verweis soll nun nicht besagen, Denkleistung und Evolutionserfolg seien allein vom Volumen des Gehirns abhängig zu machen. Derartige Analogisierungen würden der noch immer rätselhaften Komplexität menschlichen Gehirns und menschlichen Denkvermögens nicht gerecht.[12]

Während Tiere – auch dem Menschen verwandte höhere Tiere – in ihrem Verhalten zumeist auf das jeweilige Hier und Jetzt festgelegt sind, hat der Mensch jedoch ein Bewußtsein für die zeitliche Dauer entwickelt. Zu diesem Bewußtsein gehört die Fähigkeit, als Leistungen der abstrakten Imagination Vergangenheit, Gegenwart und Zukunft unterscheiden zu können. Es mag dahingestellt bleiben, ob einige höhere Spezies ebenfalls ein Bewußtsein für Vergangenes entwickelt haben. Hingegen gilt als ziemlich sicher, daß Tiere kein ausgeprägtes Bewußtsein für Zukünftiges haben. Die noch immer gültigen Resultate der Experimente mit Schimpansen von W. Köhler weisen in diese Richtung.[13] In der modernen Verhaltenswissenschaft ist lediglich die These umstritten, ob das in Vergangenheit, Gegenwart und Zukunft entfaltete Zeitbewußtsein für alle Kulturen gilt. B.L. Whorf hat für die nordamerikanischen Hopi-Indianer nachzuweisen versucht, daß sie kein entsprechendes Zeitbewußtsein besitzen, weil sie in ihrer Sprache keine Begriffe und keine grammatikalischen Formen für unterschied-

---

scheint dies eine gewisse Beschäftigung nichtpraktischer Art mit diesem Körper zu beweisen, jedoch nicht mehr. Werden dem Toten Gegenstände beigegeben, so darf man annehmen, daß zumindest der Hintergedanke bestand, er könne weiterhin eine Art symbolischen Gebrauchs davon machen, zumindest solange, bis die Spuren verschwunden wären. Ist das Grab mit besonderem Schmuck, reichen Beigaben, einer Ockerschicht der Nahrungsgaben versehen, so kann man von gesicherten religiösen Praktiken sprechen; wenn jedoch die Körper ohne weiteres im Dickicht zurückgelassen, zerstückelt oder den Vögeln zum Fraß überlassen werden, wenn die Wohnstelle fluchtartig verlassen und der Körper dort zurückgelassen wird, so bedeutet das umgekehrt nicht, daß Vorstellungen über ein Nachleben fehlen“ (A. Leroi-Gourhan: Die Religionen der Vorgeschichte. Paläolithikum. Frankfurt 1981, S. 62).

11 A.C. Wilson/R.L. Cann: Afrikanischer Ursprung des modernen Menschen. In: Spektrum der Wissenschaft, Juni 1992, S. 72.

12 Vgl. hierzu den äußerst geistreichen Essay von Stephen J. Gould: White Hats and Narrow Minds. In: ders.: The Panda's Thumb. New York 1990, S. 121–126.

13 St. Walker: Animal Thought. London 1983, S. 190.

liche Zeiten haben.[14] Doch hatten bereits frühere Arbeiten von E.E. Evans-Pritchard gezeigt, daß afrikanische Stämme, wie die Nuer, Zeitbewußtsein nicht durch Sprache, sondern in Gestalt eines bestimmten Sozialverhaltens zum Ausdruck bringen.[15] Man neigt heute eher Kritikern von Whorf zu, wonach Sprachen nicht immer eigenständige grammatische Formen benötigen, um zeitliche Dimensionen wiederzugeben.[16]

Die Ontogenese der Individuen kann noch heute als Rekapitulation der phylogenetischen Entwicklung gesehen werden.[17] Die Kinder gelangen erst zwischen dem vierten und dem sechsten Lebensjahr zu einem bewußten Zeiterleben.[18] Wie J. Piaget gezeigt hat, wird erst zwischen dem fünften und siebenten Lebensjahr die Vorstellung einer Zeitabfolge gebildet, bei der die zeitliche Ordnung von der räumlichen getrennt wird. Zwischen dem sechsten und dem neunten Lebensjahr entwickelt das Kind die Fähigkeit einer klaren Trennung der Zeit in den Dimensionen der Vergangenheit, Gegenwart und Zukunft. Auch die Vorstellung der Unumkehrbarkeit der Zeit, untrügliches Zeichen des Bewußtseins für die Knappheit der Lebenszeit, prägt sich erst in diesem Lebensabschnitt aus.[19]

Mit der Fähigkeit des menschlichen Bewußtseins, denkend die Zukunft vorwegnehmen zu können, kam es zur *zweckrational planenden Vernunft*. In ihrem Medium sind Handlungen möglich, die sich an Zielen der Zukunft orientieren. Die Menschen können Erfahrungen machen, aus denen sie lernen, indem sie sie bewußt verarbeiten.[20] Sie können ihr zukünftiges Verhalten aufgrund der gemachten Erfahrungen im Sinn ihrer Interessen einrichten: für schlechte Zeiten vorsorgen, können sie doch von nun an die Abläufe des Naturgeschehens in die Zukunft projizieren.[21]

---

14 B.L. Whorf: Language, Thought und Reality. Cambridge, Mass. 1956, S. 57ff.

15 E.E. Evans-Pritchard: The Nuer: A Description of the Modes of Livelihood and Political Institutions of a Nilotic People. Oxford 1940, S. 103ff.

16 Vgl. hierzu G.J. Whitrow: Time in History. Oxford 1990, S. 9ff.

17 Diesen Gedanken betont G. Dux, indem er hervorhebt, daß Geschichte überhaupt aus den in der Kindheit ablaufenden Entwicklungsprozessen zu begreifen sei, wogegen es jedoch verbreitete Widerstände gebe, ›da die kulturelle Daseinsweise meist traditionalistisch verstanden werde‹. Vgl. ders.: Die Logik der Weltbilder. Sinnstrukturen der Geschichte. Frankfurt 1982, S. 50ff.

18 O.J. Grüsser: Zeit und Gehirn. In: H. Burger (Hg.): Zeit, Natur und Mensch. Berlin 1986, S. 199.

19 J. Piaget: Die Bildung des Zeitbegriffs beim Kinde. Frankfurt 1974, S. 397ff.

20 So auch Z. Bauman in ›Tod, Unsterblichkeit und andere Lebensstrategien‹: „Das Elend der Sterblichkeit macht Menschen gottgleich. Weil wir wissen, daß wir sterben müssen, sind wir so fleißig dabei, das Leben zu *gestalten*. Weil wir uns der Sterblichkeit bewußt sind, bewahren wir die Vergangenheit und schaffen wir die Zukunft. Die Sterblichkeit fällt uns zu – Unsterblichkeit hingegen müssen wir uns selbst erlangen." (Frankfurt, 1994, S. 16).

21 Mit der Ausbildung dieser Fähigkeit, im Rahmen des bewußten ›Vorgriffs auf die Zukunft‹ zweckrational denken und planen zu können, haben die Menschen die Basis für den größten evolutionären Erfolg in der Geschichte der Lebewesen gelegt. Durch ihn sind sie zur Herrschaft über das Leben auf dem Globus gelangt. Die zweckrationale Vernunft ist als ›Geist‹ nicht ›vom Himmel gefallen‹, um einen Ausdruck von H. von Ditfurth aufzugreifen, denn die Grundlagen des Bewußtseins entstammen der ›tierhaften‹ Präexistenz. Doch handelte es

2. Todeserfahrung und Selbstbetroffenheit

Menschliche Selbstwahrnehmung war von Beginn an in den Horizont zukunftsbezogenen Denkens einbezogen. Erst von da an war der Mensch wirklich in der Lage, sich imaginativ seine eigene Existenz in die Zukunft hinein zu verlängern. Irgendwann im Verlauf der bewußten Aneigung des Zukunftshorizonts muß es dann zum Bewußtsein vom je eigenen Tod gekommen sein.
Wir sind zwar in unseren Möglichkeiten, etwas über Bewußtseinsinhalte des frühen Menschen ausmachen zu können, eingeschränkt, und doch lassen sich Annahmen über bestimmte Denkinhalte vertreten. Allein die Bestimmung der Funde als Begräbnisfunde läßt, wenn auch implizit, gewisse Vermutungen zu. Forscher, die Funde menschlicher Knochen in Zusammenhang mit Begräbnisriten bringen, verbinden nämlich objektiv mehr damit, als sie in der Regel zuzugeben bereit sind. Durch jene Identifikation unterstellen sie nämlich, diese Urmenschen hätten sich von sich und der Welt, in der sie lebten, bereits mehr als ein materielles Bild gemacht. So besehen widerspricht die Zurückhaltung, die sich Anthropologen bei ihren Deutungen auferlegen, indem sie sich ausschließlich auf empirisches Material beschränken wollen, den tatsächlich gemachten Behauptungen. Wie vom Verhalten biologisch nahestehender Tierarten bekannt, finden sich bei diesen keine Begräbnisriten. Wenn Anthropologen glauben, Knochen- und Scherbenfunde als Ausdruck solcher Rituale interpretieren zu können, so treffen sie, der Sache nach, Feststellungen über Grundzüge einer Lebensphilosophie des Urmenschen, der demnach ein Wissen um den eigenen Tod gehabt haben müsse. Denn die Lebenden haben sich zu allen Zeiten immer an sich selbst gewandt, haben ihr Wissen um den eigenen Tod abreagiert, indem sie ihre Toten begruben. So sind Bestattungsriten einzig als Reaktion auf die Betroffenheit zu verstehen, die bei den *Lebenden* das Wissen um den eigenen Tod ausgelöst hat. Darüber hinaus werden mit der prähistorischen Begräbnisdeutung Grundlinien einer Metaphysik erstellt, so in Vorstellungen über ein Weiterleben der verstorbenen Artgenossen über deren Tod hinaus.
Der Gedanke des eigenen Todes ist wohl kaum als willkommene und freiwillig

---

sich um einen so riesigen und im Ausmaß folgenreichen Sprung in der evolutionären Entwicklung, daß er den Menschen die nicht mehr bestrittene Herrschaft über das Leben auf der Erde einbrachte. Die Vorteile haben mittlerweile die Überlegenheit der menschlichen Spezies über alle anderen Arten der Lebewesen in einem Maß unter Beweis gestellt, daß es auch für die ehedem als Konkurrenz wahrgenommenen anderen Tierarten eigentlich keine natürliche Existenz im eigentlichen Sinn mehr gibt. Tierisches Leben findet heute auf dem Globus cum grano salis nur noch in einem gigantischen Zoo statt, in dem die Tiere von den Menschen gehegt und nach menschlichen Nutzenvorstellungen behandelt werden – auch dort, wo sie angeblich in freier Wildbahn leben. Denn selbst dasjenige, was uns heute als bewahrungswerte ›unberührte Natur‹ gilt, ist eine im Licht dieser Nutzenvorstellungen domestizierte Natur. Wo immer Natur dem Menschen gegenüber feindlich auftritt, wird sie heute wie zu allen Zeiten mit allen Mitteln bekämpft und der menschlichen Herrschaft unterworfen. Man muß schon ein unverbesserlicher Romantiker sein, um es anders zu sehen.

hingenommene Bereicherung des Wissens ins Bewußtsein aufgenommen worden, vielmehr hat er sich nur gegen größte emotionale Abwehr im menschlichen Bewußtsein verankern können. Es schiene denkbar, die Entstehung des Todeswissens als Ergebnis einer Verstetigung der Todesangst vorzustellen. Tiere erleben in Augenblicken höchster Gefahr Todesangst – oder was wir als gefühlsmäßiges Äquivalent dafür halten. Möglicherweise ›lernen‹ auch sie aus solchen Erlebnissen, ohne jedoch die Erfahrung der existenziellen Angst als Bestandteil bewußten Wahrnehmens und Erlebens auf Dauer zu behalten. Mit Gewißheit haben die frühen Menschen immer schon die Todesangst gekannt: Angst und Schrecken beim Kampf um das eigene Leben. Ähnlich den Tieren haben sie sie jedoch sofort aus dem Bewußtsein getilgt, kaum daß die lebensbedrohende Situation erfolgreich überstanden war. Der Mensch hat, als einziges Lebewesen, aus der Erfahrung plötzlicher Todes*angst* erst ein Bewußtsein dauernder Todes*furcht* gemacht.
Wie nun kann man sich die Entstehung des Todesfurchtbewußtseins denken? Mit der Fähigkeit, von der Waffe Gebrauch zu machen, veränderten sich die Lebensbedingungen des Menschen zum Besseren hin. So war er auf einmal in der Lage, beispielsweise durch den Einsatz von Speeren Tiere aus größerer Entfernung zu treffen. Darüber hinaus verhalf ihm die Jagd in Gruppen, Großtiere zu erlegen. So lernte er allmählich, ein innerlich distanziertes Verhältnis zur natürlichen Angst, ja selbst vor größeren Tieren, zu entwickeln. Die Todesangst blieb zwar, doch wurde sie beherrschbar. Man konnte sie innerlich zulassen, sie im Blick behalten und sich kalkulierend auf sie einstellen. So wurde letzten Endes aus punktueller Todesangst verstetigte Todesfurcht. Am Schicksal von Sterbenden und Getöteten hat man darüber hinaus wohl die Erfahrung gemacht, daß die Verstetigung der Todesfurcht nicht endlos möglich ist, d.h. kein Mensch vermag auf Dauer dem Tod letztendlich zu entgehen. So etwa könnte man sich die Entwicklung denken, deren psychisches Ergebnis die schmerzhafte Einsicht in die Selbstbetroffenheit durch den je eigenen Tod war.
Gegen die These der Selbstbetroffenheit ließen sich Bestattungsriten als Symbole, hervorgerufen durch die Trauer der Lebenden über den ›unersetzlichen‹ Verlust ihrer teuren Verstorbenen, erklären. In diesem Fall brauchte man nicht davon auszugehen, daß die Lebenden ihre Angst vor dem eigenen Tod in Form von Ritualen zu bewältigen suchten, die eigentlich den Verstorbenen hätten gelten sollen. Doch warum hätten Menschen, die sich selber noch im Status archaisch-animalischer Unbewußtheit hinsichtlich ihres eigenen Todesschicksals befinden, mit verstorbenen oder getöteten Angehörigen ihrer Gruppe anders umgehen sollen als Tiere, von denen man weiß, daß sie zwar zu Bekundungen von Trauer beim Verlust von Artgenossen in der Lage sind, aber mit an Sicherheit grenzender Wahrscheinlichkeit keine Vorstellungen eines Weiterlebens ihrer Toten entwickeln konnten. Vorstellungen dieser Art müssen jedoch bei den prähistorischen

Menschen unterstellt werden, die bereits ihre Toten mit Beigaben zum Zweck eines ›anderen‹ Weiterlebens versehen haben. Man kann solche Vorstellungen nur plausibel erklären, nimmt man an, die Lebenden hätten so ihre *eigene* durch das Phänomen des Todes hervorgerufene Betroffenheit abreagiert: *Sie* sind es, die durch ›Metaphysiken‹ des Weiterlebens nach dem Tod eine Entlastung von der eigenen Angst bewirken. *Sie* sind es, die im Licht des Wissens um den Tod, als des unausweichlichen menschlichen Schicksals, ein Weiterleben nach dem Tode gewährleistet wissen möchten. Nicht umsonst stellen die Bestattungsriten stets ein Verhalten der ganzen Gruppe, und nicht nur der Einzelnen, dar, verdeutlicht doch die kollektive Verhaltensweise mehr den Entlastungscharakter, als wenn es nur um Empfindungen des Einzelnen ginge. In dörflichen Gemeinschaften hat sich die Sitte, die Beerdigung Verstorbener als Ritual der Gesamtheit zu begehen, bis in die Gegenwart hinein erhalten.

Der historische Charakter des Wissens um den Tod wird in vielen mythischen Erzählungen, wie sie noch heute bei Naturvölkern lebendig sind, zum Ausdruck gebracht. In manchen Mythen wird der Tod als Bestrafung durch die Götter vorgestellt, in anderen den Menschen als Lösung von Lebensproblemen auferlegt. Die Zeit ante scientiam mortis wird häufig als Phase einer ›unschuldigen‹, ›paradiesischen‹ Existenzform dargestellt.

Was sich in der Vorzeit bis zum Zustand der Erreichung des Wissens um den Tod gattungsgeschichtlich abgespielt hat, findet sich ebenfalls, als dessen verkürzte Wiederholung, in der Entwicklung eines jeden menschlichen Individuums wieder. Der Mensch kommt bis heute nicht mit dem Wissen um den Tod auf die Welt. Er ist aufgrund seiner biologischen Anlagen zwar mit vielen Fähigkeiten wie solchen des Sehens, Fühlens und Hörens ausgestattet, doch werden einige der differenzierteren, wie das räumliche Sehen, erst in den ersten Lebensjahren herausgebildet. Für das ›Todeswissen‹ hingegen ist in der menschlichen Natur weder ein biologischer Automatismus noch ein genetisches Programm angelegt, während jedoch der Tod des menschlichen Organismus selbst zweifelsohne vorprogrammiert ist. Jede Zellteilung verkürzt das Leben – mit Ausnahme der Krebszellen: die sind potentiell unsterblich. Doch gerade sie sorgen für den Untergang des phänotypischen Organismus, spätestens dann, wenn sie zu wuchern beginnen. Die Genforscher gehen heute davon aus, daß der Mensch über bis zu 7000 Alterungsgene verfügt, von denen bisher ganze drei haben isoliert werden können.[22] Unter ihnen wird man jedoch auf keines stoßen, das für die Verursachung des *Wissens* um den eigenen Tod zuständig ist. Dieses Wissen, intellektuell erworben, wird stets als Bestandteil des kulturellen Wissens jener gesellschaftlichen Umgebung angeeignet, in der das Kind aufwächst.[23]

---

22 Bild der Wissenschaft Nr. 11, November 1997, S. 55.

23 Im Alter zwischen fünf und neun Jahren tritt erstmals der Gedanke an den individuellen Tod

So wird der prähistorische Ursprung des je eigenen Wissens um den Tod wohl immer ein Rätsel bleiben. Verläßlicheres läßt sich hingegen über den Inhalt der Selbstbetroffenheit durch die Todeserfahrung sagen.
Man wird diese Selbstbetroffenheit in engen Zusammenhang mit metaphysischen Lebensdeutungen der Urmenschen bringen müssen. Ohne dies hätte es keinen Sinn, die entsprechenden Funde als Bestattungs- bzw. als Begräbnisfunde zu deuten. Indem die frühen Menschen ihre Toten bestatteten, versicherten sie sich, daß Leben mit dem Tod nicht notwendig enden müsse. So hat ihnen die Vorstellung vom Weiterleben der Toten in gewandelter Gestalt eine positive Deutung des Todes und damit auch ihres eigenen Schicksals ermöglicht. Das Weiterleben entspricht so ihrer eigenen Wunschvorstellung und ist als Reaktion auf das Wissen um den Tod zu verstehen. Man wird sich soziobiologischen Deutungen anschließen können, wonach die Vorstellung einer Existenz nach dem Tod zu einer optimistischen Lebenseinstellung führen und so evolutiv erfolgreicher wirken könne, als der Pessimismus eines Wissens um den Tod es je vermocht hätte. In die gleiche Richtung weist auch C. Levi-Strauss, demzufolge Mythen und religiöse Riten Menschen helfen können, mit den Widersprüchen des Lebens besser umzugehen.
Doch erschöpften sich metaphysische Vorstellungen dieser Art keinesfalls in Konzepten, wonach Verstorbene in verwandelter Leiblichkeit, etwa als Seelen, ewig weiterlebten. Ebenso häufig finden sich Vorstellungen einer Auflösung des Leibes und der Seele nach dem Tod. Asiatische Religionen wie der Hinduismus stellen noch heute Zeugnisse dafür dar. Allen Mythen und Religionen aber ist die Annahme eines ›Lebens nach dem sterblichen Leben‹ bzw. einer ›Welt über der wirklichen Welt‹ gemeinsam, einer Vorstellung, der sich auch Visionen einer Auflösung einzelmenschlicher Existenz einfügen ließen.
Hätten Menschen prähistorischer Zeit den Tod nicht akzeptiert, hätten sie jedenfalls weder Bestattungsriten noch mythische und religiöse Metaphysiken des Fortlebens nach dem Tod entwickeln können.[24] Gerade aber die Unsterblichkeitsvorstellung ist die zentrale Idee der Metaphysiken, die die Menschen in vielen Kulturen im Licht des Todeswissen als eine Reaktion der Abwehr des Todes entwickelt haben. Sie spiegelt keinesfalls eine kindliche Naivität im Hinblick auf das Todeswissen wider. Allein dem bereits Erwachsenen, als einzigem biologischen Lebewesen, ist es mit Hilfe von Metaphysiken gelungen, in Reaktion auf das Wissen um den Tod, Unsterblichkeitsvorstellungen zu entwickeln, deren

---

auf – der Tod wird da als Folge von Feindseligkeit und Gewalt imaginiert. Erst zwischen dem neunten und zwölften Lebensjahr wird der Tod als ein irreversibles Geschehen und als menschliches Schicksal erkannt, das einen selber betreffen kann. Vgl. Dorsch Psychologisches Wörterbuch, hg. v. H. Häcker/K.H. Stapf, 12. Aufl. Bern 1994, S. 805.

24 Vgl. W. Fuchs: Todesbilder in der modernen Gesellschaft. Frankfurt 1973; J. Choron: Der Tod im abendländischen Denken. Stuttgart 1967.

Orientierungsmaßstab jedoch wohl stets die Erinnerung an eine archaisch-animalische Unbewußtheit bleibt.[25]

3. Der ›eigene Tod‹ und das Individualitätsbewußtsein

Zu den Implikaten des Todeswissens gehören nun nicht nur Selbstbetroffenheit und ein allerdings nur in Grundzügen zu skizzierendes metaphysisches Weltbild, sondern in erster Linie eine der wichtigsten Errungenschaften des menschlichen Selbstverständnisses: das Bewußtsein einer unverwechselbaren Individualität. Für den Einzelnen heißt das, ein Wesen von unendlich-hohem Wert zu sein.
Mit dieser These stelle ich mich in Gegensatz zu gewohnten Auffassungen, wonach Individualität erst ein Produkt der europäischen Neuzeit ist. Diese weithin verbreitete Auffassung geht auf J. Burckhardt zurück und wird heute von vielen Philosophen, Geistes- und Sozialwissenschaftlern vertreten.[26]
Die historische Wahrheit, daß alle Menschen sterblich sind, war mit der jeweils individuellen Konsequenz zusammen, daß auch ›ich‹ sterblich bin, revolutionierend. Mit ihr brach in der Menschwerdung eine neue Ära an, hat sich doch mit der Entstehung des Wissens um die Begrenztheit der Lebensdauer erst das Bewußtsein einer *unverwechselbaren Individualität* ausgeprägt.
Wie kann man sich die Entstehung des Individualitätsbewußtseins denken? Zwar besaßen die Menschen durch das Wissen um die Geburt bereits das Wissen um die Anfänge des Lebens – und insofern auch um Endlichkeit. Doch erst das Wissen um den Tod macht den Gedanken der Endlichkeit des Lebens existenzbedrohend, denn er verweist, inmitten des bewußten Vollzugs des Lebens, auf das Nichtmehrsein an dessen Ende. Der Einzelne weiß von da an, daß er eine durch Geburt und Tod eingeschlossene und begrenzte Lebenszeit hat. Der künftige und so imaginierte Tod kann die Existenz und die Lebensdauer des Betroffenen beenden, der sich unter diesem Eindruck und in diesem Moment vom Lebensempfinden aller anderen Sterblichen unterscheidet. Der Umstand, daß jeder das Schicksal des Todes mit einem Jedem teilt, bewirkt nicht, daß der Eindruck der Einmaligkeit durch den Eindruck der Gleichheit ersetzt werden könnte. Zwar läßt sich schon für die frühen Menschen annehmen, daß die emotionale Grundlage für das Wissen um den eigenen Tod auf eine Identifikation mit dem Anderen zurückgeht, jeweils unter dem Aspekt der Gleichheit. Doch das Ergebnis dieser

25 Das durch Verdrängung gekennzeichnete Bild vom Tod, wie es heutige Menschen häufig haben, ist nicht Fortsetzung der Todesverleugnung der Primitiven, sondern eine erst in der europäischen Neuzeit entstandene Einstellung, die das Ausmaß der individuellen Lebenssicherheit reflektiert, das die moderne Gesellschaft ihren Mitgliedern unter Friedensbedingungen zu bieten in der Lage ist. Ich komme im letzten Kapitel darauf zu sprechen.

26 In diesem Zusammenhang belasse ich es bei dieser Andeutung, zumal ich mich später ausführlich mit der These auseinandersetzen werde.

Identifikation im Licht der Gleichheit mit dem Anderen ist gerade der Eindruck der Einmaligkeit und Unwiederholbarkeit des eigenen Lebens, das sich durch seine Endlichkeit von der endlichen Lebensspanne eines jeden Anderen fundamental unterscheidet. Keiner kann, wie es dem logischen Sinn des Gleichheitsbegriffs nach möglich sein müßte, mit seiner eigenen Lebensspanne die Lebensspanne eines Anderen ersetzen. Darum muß sich der Einzelne im Hinblick auf die ihm durch seinen jeweils eigenen Tod zugemessene Lebensspanne als einmaliges Individuum empfinden.

Im Individualitätsbewußtsein spiegelt sich weder eine biologische noch eine biophysische Realität. Es ist keine Eigenschaft des menschlichen Organismus, unverwechselbar-einzigartig zu sein, sondern vielmehr eine ›gewordene‹ *gedankliche* Selbstzuschreibung des Menschen. Philosophen sprechen heute von einem ›Interpretationskonstrukt‹.[27] Soll der Konstruktivismus als philosophische Position zu rechtfertigen sein, dann in erster Linie als adäquate Theorie menschlicher Individualität.

An dieser Bruchstelle läßt sich zudem die Grenze zwischen natur- und geisteswissenschaftlicher Bewußtseinstheorie bestimmen. Im Zeichen des heute vorherrschenden biowissenschaftlichen Optimismus, insbesondere der hirnphysiologischen Forschung, ist eine derartige Grenzziehung allerdings in einen Vorurteilsverdacht geraten. Dennoch kann man mit ziemlicher Sicherheit annehmen, daß sich das menschliche Individualitätsbewußtsein ebensowenig wie das Todesbewußtsein in der biologischen Evolution des Menschen bereits im Genmaterial ausgeprägt hat. Der historische Zeitraum, der seit dem nachweislichen Auftreten dieser Bewußtseinsmodalitäten vergangen ist, ist zu kurz, um Wirkungen im artspezifischen Verhaltensmuster der Menschen hervorgebracht zu haben. Da menschliches Bewußtsein jedoch ohne diese beiden Konstanten nicht vorstellbar ist, wird man alle Bewußtseinsleistungen des Menschen, die auf Individualität zurückgehen, wohl nur durch Ansätze und Methoden deuten und erklären können, die sich an der selbständigen Rolle kultureller Tradition ausrichten.

Das Bewußtsein einmaliger Individualität gehört seit jenen fernen Epochen zum menschlichen Selbstverständnis. Es spiegelt Vergänglichkeit und Endlichkeit des einzelmenschlichen Lebens und drückt Anerkennung des je eigenen Todes aus. Von da an weiß auch ein Jeder um den hohen Preis des Individualitätsbewußtseins: lebenslange Furcht vor existenzieller Vernichtung und totaler Isolation. Doch beschreibt man damit nur eine Seite des Wissens um den Tod. Die andere ist die der Abwehr. Erst beide Seiten zusammen bilden das Ganze dieser Reaktion hinsichtlich der Entstehung menschlichen Todesbewußtseins. Möglicher-

[27] G. Abel: Interpretationswelten. Gegenwartsphilosophie jenseits von Essentialismus und Relativismus. Frankfurt 1995. H. Lenk: Interpretationskonstrukte. Zur Kritik der interpretatorischen Vernunft. Frankfurt 1993.

weise haben bereits die Urmenschen, die zumindest eine Ahnung vom eigenen Tod besaßen, auch diese zweite Seite einer ablehnenden Reaktion ausgebildet.
Der Gedanke an den Tod ist immer schon als etwas schwer zu Ertragendes empfunden worden. Doch gerade weil man im Besitz des Wissens um die Unumgänglichkeit des Todesschicksals war, suchte man sich bewußtseinsmäßig vom Dauerdruck der Todesfurcht zu befreien. Genauso wie sie Todesgedanken zugelassen haben, haben Menschen auch Vorstellungen der Ablehnung und Abwehr des Todes entwickelt.
Wie nun könnten Motivationen, die Reaktionen der Abwehr hervorrufen, ausgesehen haben? Zunächst wäre die bereits erwähnte Bewältigung der Todesfurcht zu nennen. Nimmt man an, daß durch das Wissen um den Tod die punktuell erlebte Todes*angst*, beim Menschen in der Phase ante scientiam mortis immer wieder aus dem Bewußtsein verschwindend, zu einer mehr oder weniger permanent bewußten Todes*furcht* geworden war, drängte es sich auf, die Todesfurcht durch entsprechende psychische Strategien zu bannen. Darüber hinaus mag das Unerträgliche des Gedankens eines Nichtmehrdaseins eine Rolle gespielt haben. Die Vorstellung, irgendwann einmal nicht mehr zu existieren, ist noch immer bei einem Jeden mit starken Gefühlen der Abwehr besetzt, verbindet sie sich doch mit der Angst vor existenzieller Vernichtung. Sie wird durch eine im Todesgedanken implizit enthaltene Logik gestützt, die sich der griechische Philosoph Epikur bei seinen Ratschlägen zunutze gemacht hat, wie man vernünftigerweise mit dem Gedanken an den Tod umgehen solle: Man könne den eigenen Tod nicht denken, weil man sich fiktiv in einen Bewußtseinszustand hineinversetzen müßte, der das eigene Leben über den Tod hinaus überstiege. Darüber hinaus sollte man die Erinnerung an den Zustand ante scientiam mortis ins Spiel bringen. So gilt es zu unterscheiden zwischen der archaisch-animalischen Unbewußtheit ante scientiam mortis und den mythischen und religiösen Reaktionen auf ihr Wissen post scientiam mortis, haben doch die Menschen durch den Erwerb des Wissens um den Tod die Existenzform vor dem Tod keineswegs vergessen. Sie haben sich immer auch die Erinnerung an eine präkulturelle Bewußtseinslage ihrer Spezies bewahrt. Die Nachteile des Todeswissens haben sie dann in der Sehnsucht nach naiv-animalischer Unbewußtheit des Todes in den Epochen ihrer vorkulturellen Existenz zum Ausdruck gebracht. Es sind eben diese Bilder der *Teilhabe* an Existenzformen der Ewigkeit und der Unsterblichkeit, die die Erinnerung an diese Unbewußtheit unserer präkulturellen Existenz reflektieren.

4. Das ›existenzielle Dilemma‹ und die Folgen

Mit Anerkennung und Abwehr des eigenen Todes ist das ›*Dilemma der menschlichen Existenz*‹ in den Bewußtseinshorizont der Menschen gerückt.[28] Von da an kann sich niemand mehr des zwiespältigen Verhaltens im Wissen um den eigenen Tod entziehen. So wie die Anerkennung des Todes ein unaufhebbarer Bewußtseinsinhalt ist, so ist die Abwehr ein ebenso unaufgebbares Gebot der Selbsterhaltung. Dieses Gebot steht im Dienst der Bekämpfung der Angst vor existenzieller Vernichtung. Mit dem ›dilemmatischen‹ Bewußtsein verbindet sich zugleich eine tiefgehende *Ambivalenz*: von einzigartiger Individualität, gleichsam von unendlichem Wert zu sein und, diametral entgegengesetzt, der kreatürlichen Motivation, von permanenter Todesfurcht entlastet werden zu wollen. Einerseits akzeptiert man, wie alle sterblich zu sein. Andererseits versteht man sich, in Auflehnung dagegen, als einzige mögliche Ausnahme. Die Intensität der Dramatisierung, mit der die Auflehnung gegen das Sterbenmüssen einhergeht, macht zugleich den zentralen Gehalt des *Individualitätsbewußtseins* aus.

Die spezifische Art und Weise, wie Menschen auf das Wissen um den Tod reagiert haben, ist für das menschliche Individualitätsbewußtsein charakteristisch: Nicht das *Faktum* der Individualität, wie es etwa heute für den Einzelnen mit den Mitteln der Genforschung durch den ›genetischen Fingerabdruck‹ rekonstruiert werden kann, ist das kennzeichnende Phänomen, sondern die *bewußtseinsmäßigen Reaktion*, die Menschen im Blick auf ihre ›Einzigartigkeit‹ entwickelt haben.[29]

Bewußtes Erleben findet von da an in den Grenzen des existenziellen Dilemmas statt. Man kann, weil es keinen Ausweg aus dem Dilemma geben kann, allein die Richtung der psychischen Strategie aufzeigen, wie Menschen vom Zeitpunkt des Wissens um den Tod an versucht haben, sich eine mögliche Bewußtseinsexistenz im Rahmen des Dilemmas erträglich zu machen.

Dem Zwang zur Entlastung liegt *der innere Konflikt zwischen menschlicher Sozialnatur und Individualitätsbewußtsein* zugrunde. Ihrer Sozialnatur nach sind die Menschen auf Geselligkeit in der Kleingruppe hin angelegt.[30] Der biologischen Präferenz für die Kleingruppe widerspricht jedoch der Einzigartigkeitsanspruch des Bewußtseins von Individualität. Der interne Konflikt zwingt zur Überwindung, die sich als Motivation für *gesellschaftliche Anerkennung der In-*

---

28 In diesem Sinn verwendet auch Z. Bauman den Begriff des Dilemmas: vgl. ders. Tod, Unsterblichkeit und andere Lebensstrategien. Frankfurt 1994, S. 10.

29 Ich zeige im folgenden Kapitel, daß sich die spezifisch menschlichen Reaktionsformen in Gestalt einer besonderen, nämlich ›superlativischen‹ Sprache zum Ausdruck bringen.

30 Die biologische Kleingruppenpräferenz des Menschen drückt sich auch in ›Erkenntnisstrukturen‹ aus, die ihn, wie die ›Evolutionäre Erkenntnistheorie‹ zeigt, auf eine primäre Wahrnehmung ›mesokosmischer‹ Bereiche festlegen. Vgl. G. Vollmer: Was können wir wissen? Bd. 1: Die Natur der Erkenntnis. Stuttgart 1985, S. 133ff.

dividualität äußert, jener ›individualistischen Motivation‹, auf die ich später ausführlich eingehen werde. Ihr liegt die Fähigkeit der Menschen zugrunde, eine *Plastizität ihrer Sozialnatur* zu entwickeln, wie dies anderen Lebewesen ihrer biologischen Verwandtschaft nicht gelungen ist, sind doch Menschen bekanntlich in der Lage, ihr angeborenes Gruppenverhalten auf Größenordnungen hin zu erweitern, in denen die Charakteristik der uns innewohnenden Veranlagung kaum noch erkannt werden kann.

Entlastung vom Druck der Todesanerkennung wird in erster Linie bei Vorstellungen gesucht, die eine Abwehr des Todes gewährleisten. Möglicherweise lassen sich alle mythischen und religiösen Entlastungsstrategien durch den starken Akzent auf Todesabwehr und den schwachen auf Todesanerkennung kennzeichnen.

Kann man den objektiven Zweck der Dilemmaentlastung in der Erweiterung der Plastizität menschlicher Sozialnatur sehen, so besteht der individuell-subjektive Zweck aller Formen der Dilemmaentlastung hingegen in der Erzeugung der den Menschen charakterisierenden Haltung, nämlich einer *auf Zukunft hin ausgerichteten Lebenseinstellung*. Von da an interpretiert der Mensch sein Leben als Fortschreiten in eine Zukunft im Sinn eines Fortschreitens in Richtung eines guten oder gar bösen Endes. Nirgendwo sonst im organismischen Bereich ist eine derartige zukunftsbezogene Bewußtseinserweiterung erreicht worden.

Wie steht es nun aber um den Preis der Erträglichkeit des Wissens um den Tod? Der hohe Preis für eine mögliche Akzeptanz des eigenen Todes läßt sich nur mit Gegenleistungen kompensieren, wie etwa Visionen, die ein Aufgehen in ›übernatürlichen‹ Dimensionen eines ewigen Seins zum Inhalt haben, oder, indem übernatürliche Kräfte und Instanzen für die Verursachung des Todes verantwortlich gemacht werden, – beides Arten einer Entlastung vom Todesbewußtsein. So sind beispielsweise die ältesten mythischen Gestalten und Götter von jeher mit Attributen des Bösen bzw. Furcht- und Schreckenerregenden versehen, bleibt doch der Tod das die menschliche Existenz Bedrohende schlechthin. Aus diesem Grund sind die frühesten und zugleich tiefsten religiösen Gefühle des Menschen Empfindungen höchster Furcht und Abschreckung, da sie sich auf Instanzen beziehen, die für den Tod verantwortlich gemacht werden und die durch eine ›äußere‹ Existenzform den Menschen zugleich vom unerträglichen und ›bösen‹ Wesen der ›innerlich‹ gewußten eigenen Existenzbedrohung entlasten sollen. In diesen Zusammenhang gehören die in sehr vielen Kulturen bezeugten Tabu-Regeln ebenso wie religiöse Vorstellungsinhalte von Götterferne und heiligem Erschauern.

Die Spannung zwischen Vor- und Nachteilen des neuen Bewußtseinsstandes bestimmt von da an die Kulturgeschichte der Menschheit.

Die Lage des Menschen, post scientiam mortis, gestattete es nicht mehr, sich dem existentiellen Dilemma zu entziehen. Der frühere Zustand der archaisch-animalischen Unbewußtheit war unwiederbringlich dahin, auch ließ er sich als wirk-

licher Zustand nicht mehr zurückgewinnen. Für die Einzelnen, die über das Wissen vom Tode verfügen, war nun alles vernünftig, was sie vom Druck des Dilemmas – und damit von der Todesfurcht – hatte entlasten können. Dabei wurden Arten einer Entlastung, die bis hin zur Nähe eines Vergessens des Todes reichten, wenn schon ein vollständiges Vergessen nicht möglich war, bevorzugt.
Die Menschen haben im Grundsatz zwei Formen der Entlastung vom existenziellen Dilemma entwickelt: elitäre Methoden, durch die einzelne Individuen mit Hilfe imaginatorischer Leistungen zu einem weitgehenden Vergessen des Todes gelangten, und populäre durch Kollektivierung des Dilemmas, wodurch der Einzelne sein individuelles Problem zum kollektiven machte. Zu den elitären zählen alle magischen Praktiken, die religionsgeschichtlich zur Entstehung des Priesterstandes geführt haben. Populäre Methoden finden sich in mythischen und religiösen Kulten wieder, Ausdruck der Kollektivierung des existenziellen Dilemmas, durch die der Einzelne von dessen Druck entlastet werden soll. Das gilt beispielsweise für jene Mythen, in denen Stämme und Völker als von Geistern und Göttern Abhängige verstanden wurden.
Fluchtpunkt und Zielsetzung aller Methoden der Entlastung vom Druck des Dilemmas ist ein Äquivalent für die verlorene archaisch-animalische Unbewußtheit. Eigenschaften jener metaphysischen Welten spiegeln Grundeigenschaften der verlorenen Unbewußtheit: ihre Nichterreichbarkeit in Gestalt der den Menschen entrückten metaphysischen Dimension und den Gehalt der Unbewußtheit in Ideen des ewigen Seins und der Unsterblichkeit.
Mythen über Sündenfall und verlorene Unschuld, die aus vielen Kulturen überliefert sind, enthalten in verschlüsselter Form das Wissen über diesen Bruch der Menschheit mit ihrer bereits unvorstellbar langen Existenz im Zustand vorausgegangener ahnungsloser Unbewußtheit. Sie alle erinnern an belastende Herausforderungen, die ein solches Aufbrechen der Erkenntnis über die Sterblichkeit des menschlichen Individuums von Anfang an darstellte. So lautet etwa die Botschaft des biblischen Genesis-Berichts über die Erschaffung des Menschen: Tod ist Strafe für die Sünde des Menschen. Die ›Sünde‹ liegt jedoch, ohne daß es ausgesprochen wird, nicht im biologischen Faktum des Todes, sondern im Bewußtsein davon.
Dem biblischen Bericht zufolge wurden Adam und Eva, die ›unschuldig‹ im sicheren Gefühl der Ewigkeit existierten, von der Schlange verführt, Früchte vom ›Baum der Erkenntnis‹ zu essen, Metapher für den Verlust paradiesischer Unsterblichkeit. Daß die Bibel Eva, der ›Urfrau‹, die Rolle zuweist, von der Last des zum Tode Verurteiltseins bereits zu wissen, mag Anleihe sein bei den durch Tod- und Fehlgeburten erlittenen psychischen Traumata und so uralte Erfahrungen der Frauen widerspiegeln. Denn Eva weiß – und teilt es der Schlange und Adam mit –, daß derjenige sterben müsse, der Früchte vom Baum der Erkenntnis ißt. Die ›Erkenntnis‹ besteht also im Wissen um das Sterbenmüssen als einer Be-

strafung für das gleichsam schwerste Verbrechen.[31] Wie der ›Sündenfall‹ ausgeht, ist bekannt: Adam und Eva lassen sich von der Schlange verlocken und essen von den verbotenen Früchten. Der Zorn Gottes fällt furchtbar aus wie auch die Strafe: Er verfügt ewige Feindschaft zwischen der Schlange, Symbol der Tierwelt, und dem Menschengeschlecht, bestraft die Frau für immer mit den schmerzlichen Beschwerden der Geburt und den Mann, ›im Schweiß des Angesichts‹ künftig auf den ›Äckern voller Disteln und Dornen‹ um des Überlebens willen arbeiten zu müssen. Das Sterben jedoch bleibt Höhepunkt der Bestrafung: „Zuletzt aber wirst du wieder zur Erde zurückkehren, von der du genommen bist. Staub von der Erde bist du, und zu Staub mußt du wieder werden."[32] In diesem Sündenfall-Geschehen werden die Dinge aus der Naivität ihrer Anfänge heraus ins Gegenteil verkehrt:[33] Mit der Vertreibung aus dem Paradies geht die Unsterblichkeit verloren. Die Trennung von Gott wird also mit dem historisch erreichten Wissen um den Tod in eins gesetzt. Die Sünde ist aber bereits im Alten Testament eine Schuld, die die Menschen nicht mehr begleichen können, können sie doch nicht mehr zur Stufe der Naivität ante scientiam mortis zurückkehren.
So spannt sich der Bogen vom angeblichen Unbetroffensein durch das Todesbewußtsein bis hin zu den nahezu paradiesischen Bildern des Zustands der Unbewußtheit ante scientiam mortis. Es gibt Kulturbereiche, in denen deren Naivität bis in die historische Zeit hinein reicht. Pygmäenstämme Afrikas gehören hierzu, die weder Totem noch Fetisch, weder Geister noch Götter kennen und die ihre Toten einfach verscharren. Eine Art Zwischenstufe haben Indianerstämme Nordamerikas eingenommen.[34]
Aus Berichten über die Mythen der Hopi-Indianer ist bekannt, daß sie die Zeit nach der Erschaffung der ersten Menschen als eine menschlicher Unschuld mit einem Zustand ewiger Gesundheit in Verbindung brachten.[35] „Niemand wurde an Körper oder Kopf krank, bevor das Übel die Welt betrat."[36]: eine Zeit des

---

31 Im biblischen Text antwortet Eva: „Gott hat gesagt: ›Eßt nicht davon, berührt sie nicht, sonst müßt ihr sterben!‹. ›Glaubt das nicht‹, sagt die Schlange, ›auf keinen Fall werdet ihr sterben! Aber Gott weiß: Sobald ihr davon eßt, werden euch die Augen aufgehen und ihr werdet alles wissen, genau wie Gott. Dann werdet ihr euer Leben selbst in die Hand nehmen können.‹" 1. Moses 3,1–5 (in: Die Bibel, hg. v. d. Deutsche Bibelgesellschaft. Stuttgart 1982).

32 A.a.O.

33 Nach G. Dux ist Voraussetzung für die Erläuterung mythisch-religiöser Denkhaltungen die Erkenntnis, ›daß Wirklichkeit mit umgedreht möglichen Objektverbindungen hergestellt wird.‹ Vgl. ders.: Die Logik der Weltbilder, a.a.O., S. 107ff.

34 Nach einem Bericht eines christlichen Missionars hat einer ihrer ›heiligen Männer‹ die Frage nach den Göttern so beantwortet: „Unsere Großväter und unsere Urgroßväter waren es gewohnt, nur die Erde zu beschauen, und achteten lediglich der Ebene und ob sie Weidegras und Wasser für ihre Pferde bot. Sie fragten sich nie, was in den Himmeln vorging und wer der Schöpfer und Herrscher über den Sternen sei" (W. u. A. Durant: Kulturgeschichte der Menschheit. Frankfurt 1981. Bd. 1, S. 65).

35 F. Waters: Das Buch der Hopi. München 1996.

36 F. Waters, a.a.O., S. 31.

Glücks für den Menschen und die Geschöpfe. „Böse Götter zerstören mehrfach die Welt und erneuern sie. Am Ende wird es jedoch wieder zu einer Wiederherstellung der urprünglichen Einheit der Menschen mit allen Lebewesen kommen.“[37]

Mit dem Thema der Unsterblichkeit sind wir beim zweiten Mechanismus, dem einer Bewältigung des Konflikts zwischen Unbewußtheit und Todesbewußtsein. Unter dem Zwang, zu einer Identität des Bewußtseins zu gelangen, machte sich die robuste animalisch-kindhafte Unbewußtheit bemerkbar, die zur menschlichen Natur ante scientiam mortis gehörte.

Prominente Denker haben sich bis in unsere historische Epoche für eine Rückkehr zu naiver Unbewußtheit eingesetzt. Das für unsere europäische Kultur wahrscheinlich berühmteste Plädoyer liegt in der Argumentation, die uns Epikur als Haltung gegenüber dem Tod anempfohlen hat. Nach dem auf Diogenes Laertius zurückgehenden Bericht über dessen Philosophie lautet das Argument: „Wenn der Tod da ist, sind wir nicht mehr da, und solange wir sind, ist der Tod nicht da, so daß der Tod uns nichts angeht.“[38] Epikurs Gedanke hat bekannte Nachfolger in unserer Zeit gefunden. So hat beispielsweise Goethe an ihn angeknüpft, wenn er in den Gesprächen mit Kanzler Müller bemerkt, „daß es für ein denkendes Wesen unmöglich ist, seine eigene Nicht-Existenz und das Ende seines Denkens und seines Lebens zu denken“[39], obwohl jeder Mensch von der Unumgänglichkeit des Todes überzeugt ist. Auch nach Freud ist „unser eigener Tod nicht vorstellbar.“[40] In ähnlicher Weise haben sich in unserer Zeit K. Menninger sowie S. Hook und P. Feyerabend geäußert.

Doch diese auf Epikur zurückgehende Argumentation kann nicht überzeugen. Denn das existenzielle Problem, das durch sie beantwortet werden soll, besteht nicht im Faktum des Todes, sondern im ›vorlaufenden‹ *Wissen* um dieses Faktum.[41] Epikurs Argument versucht vergeblich, den im Licht des Wissens um den Tod unwiederbringlich verlorengegangenen Zustand der Unbewußtheit wie-

---

37 „Die gegenwärtige vierte Welt ist der volle Ausdruck des rücksichtslosen menschlichen Materialismus und imperialistischen Willens; der Mensch selber spiegelt die hemmungslosen, rohen Begierden des Fleisches wider. Mit dieser Wende geht der Mensch wieder aufwärts … Die Tür auf dem Scheitel wird sich dann öffnen und er wird in die Gesamtheit der Schöpfung eingehen, aus der er hervorgegangen ist. Dies ist der Lebensweg, den er durch seinen eigenen freien Willen gewandert ist, indem er dabei den ganzen Umfang des Guten und Bösen ausschöpfte, damit er sich selbst schließlich als ein endliches Teilchen der Unendlichkeit erkennt“ (F. Waters, a.a.O., S. 53).

38 F. Ueberweg: Grundriß der Geschichte der Philosophie. 1. Teil: Die Philosophie des Altertums, hg. v. V.K. Praechter. Darmstadt 1960, S. 454. Für ein umfassendes Verständnis der Philosophie Epikurs vgl. die sehr gute Einführung von W. Hochkeppel: War Epikur ein Epikuräer? München 1984.

39 Encyclopedia of Philosophy, hg. v. P. Edwards. New York 1967, Vol. V, S. 416.

40 A.a.O., S. 417.

41 In diesem Sinn äußert sich auch Th.W. Adorno: Negative Dialektik. Frankfurt 1970, S. 45f.

derherzustellen, in dem die Menschen sich befanden, als ihr eigener Tod für sie bedeutungslos war, weil sie nichts von ihm haben wissen können.

Unsterblichkeit bei den frühen Menschen war nun sicher nicht gleichbedeutend mit Unsterblichkeit der Seele. Die Idee der Seele ist in ihrer ausgebildeten Form Teil einer schon recht kultivierten Anthropologie: der Mensch als Körper-Leib, dem Zerfall geweiht und zum Untergang verurteilt, und als Geist-Seele, zur Teilhabe an einer ›göttlichen‹ Dimension der Unsterblichkeit befähigt. Bis in die Anfänge der geschichtlichen Zeit war die Trennung zwischen Körper und Seele nicht bekannt, obwohl die Idee der Unsterblichkeit in Reaktion auf das Wissen um den Tod schon im Bewußtsein war. Aus frühen Gräberfunden geht hervor, daß die Verstorbenen prähistorischer Epochen – Fürsten und Adelige – im Glauben bestattet wurden, der Tote würde in einem anderen Leben ganzheitlich wieder erwachen. Man gab ihnen für die lange Reise ins Jenseits Speisen, auch wertvolle Waffen und das Reitpferd mit, ihre Frauen und ihre nächsten Diener erhielten sie häufig als Grabbeigabe dazu. Aus der Geschichte der alten Ägypter ist die Kunst der Einbalsamierung bekannt, ebenfalls Zeichen des Glaubens einer leiblichen Wiedererweckung. Noch heute leben in jüdischen und christlichen Vorstellungen über eine ›Wiederauferstehung der Toten‹ Überzeugungen dieser Art fort; auch sie enthalten den Glauben an eine in der Dimension der Unsterblichkeit sich erneuernde Existenz des ganzen, ungeteilten Menschen. In der jüdischen Metaphysik, nach dem Buch Daniel, das eine späte Phase im Judentum beschreibt, behält die Unsterblichkeitsdimension sogar ihre irdische Örtlichkeit bei, denn es ist Jerusalem, die Stadt, in die der Messias, so er erscheint, einziehen und die Toten erwecken wird, um alle Mitglieder seines Volkes, die Lebenden wie die Toten, in seinem Reich des ewigen Lebens und des ewigen Friedens zu versammeln.

Wir halten fest: Individualität mit ihren Prädikaten ist ein historisch entstandenes Produkt menschlicher Auseinandersetzung mit dem Tod. Die Geschichte der Menschheit teilt sich dadurch in die sehr viel längere Epoche ante scientiam mortis und in die bis heute relativ kurze post scientiam mortis auf. Zwar gehören das Wissen um den Tod und das Bewußtsein der Individualität nicht zur natürlichen Ausstattung des Menschen, und dennoch sind beide von da an Bestandteile des menschlichen Selbstverständnisses, als gehörten sie zugleich zur menschlichen Natur: Hegels Begriff der ›Zweiten Natur‹ hat hier seinen Ort.

Menschliche Individualität ist jedoch nicht nur ein historisch entstandenes Bewußtseinsphänomen. In ihrem Licht haben die Menschen darüber hinaus sprachliche Ausdruckformen hervorgebracht, die es in ihrer Kommunikation, ante scientiam mortis, nicht gegeben hat: die Sprachen der Mythen und der Religionen zusammen mit deren Weltbildern.

Um die Beziehung zwischen mythischen und religiösen Sprachen und dem Bewußtseinsphänomen der menschlichen Individualität verstehen zu können, muß man über eine Theorie der Individualität verfügen. Wir besitzen heute – von der

Biologie über die Psychologie bis hin zur Soziologie – viele verhaltenswissenschaftliche Erkenntnisse über das Individuum. Hingegen teilen die Verhaltenswissenschaften über menschliche Individualität so gut wie nichts mit, was nicht weiter verwunderlich ist, kommt doch darin nichts Anderes als die methodische Voraussetzung jeder normalen Wissenschaft zum Ausdruck, das Gleichartige bzw. das Gesetzesartige im menschlichen Verhalten entdecken zu wollen. Dieses Ziel läßt sich nur erreichen, sieht man von der Verschiedenartigkeit der Menschen, insbesondere auch von ihrer Individualität, weitgehend ab. Die theoretische Beschäftigung mit der Individualität ist deshalb verständlicherweise eine der Philosophen geblieben. Doch selbst in der Philosophie ist man sich bis heute nicht darüber im Klaren, ob ›Individualität‹ überhaupt ein adäquater Begriff sei: ob man Worten und Begriffen, die wir alltagssprachlich benutzen, um der Intuition eines Jeden von uns, neben vielem Anderen, auch ein einmaliges und einzigartiges Individuum zu sein, eine verständliche und nachvollziehbare Bedeutung zusprechen könne.

II. Theorie der Individualität

1. Begriffe des Individuums und Kategorien der Einordnung des Einzelnen

Ich entwickle die Theorie menschlicher Individualität in mehreren Schritten. Zunächst kläre ich über die Kategorien auf, die das menschliche Individuum bezeichnen. Anschließend behandele ich den speziellen Begriff der individuellen Einmaligkeit und Einzigartigkeit (›Individualität‹) und setze mich in diesem Zusammenhang mit modernen philosophischen Theorien der ›Eigennamen‹ auseinander. In einem dritten Schritt kennzeichne ich die beiden Sprachtypen, durch die ›Individualität‹ in einem kommunikativen Zusammenhang dargestellt werden kann.

›Individuum‹ ist die lateinische Übersetzung des griechischen ›atomon‹: beide bezeichnen ›das Einfache, Nichtteilbare‹; wird ›Individuum‹ zur Bezeichnung des Menschen gebraucht, bezieht man sich jedoch meist nicht auf diese Bedeutung aus der Antike, sondern meint in der Regel schlichtweg den *einzelnen* Menschen.

Die Bedeutung des Begriffs ›Individuum‹ erlaubt eine Bestimmung des Einzelnen nach zwei fundamentalen Kategorien menschlicher Gesellschaftlichkeit: denen der Gleichheit und der Besonderheit. Die meisten Sprachen verfügen über Ausdrücke und Begriffe, die den deutschen Bezeichnungen dieser Kategorien entsprechen. Ich nenne diese Bestimmung des Einzelnen ›relational‹, denn sie erfolgt sowohl im Rahmen der Gleichheit als auch im Rahmen der Besonderheit durch Beziehung auf anderes Einzelne.

Die Gleichheit wird allgemein als Merkmalsgleichheit verstanden, will sagen, unter welchem Aspekt das Eine und das Andere gleich sind bzw. miteinander verglichen werden können. Das abstrakteste Grundmodell der Gleichheit ist die Zahlenreihe, die sich als die ins Unendliche fortzuführende additive Aneinanderreihung gleicher Einser ergibt. Im menschlichen Bereich kommt Gleichheit auf vielfältige Art und Weise zum Ausdruck. Die menschlichen Individuen sind einander gleich aufgrund arttypischer Merkmale wie etwa des Gehirnvolumens oder der Sprachfähigkeit. Andere Formen der Gleichheit existieren hinsichtlich der Zugehörigkeiten zu den Geschlechtern, zu verschiedenen Rassen, Nationen und Ethnien sowie zu Religionsgemeinschaften.

Der Begriff des Gesetzes, den naturwissenschaftlich arbeitende Wissenschaftler auch im Hinblick auf die menschliche Natur gebrauchen, setzt ebenfalls die Perspektive der Gleichheit voraus. Biologische Vorgänge im menschlichen Organismus und Verhaltensformen der Einzelnen etwa werden als ›Fälle einer allgemeinen Regelmäßigkeit‹ interpretiert.

Im Rahmen der Gleichheit können wir Objekte jedoch nicht nur nach allgemeinen Eigenschaften charakterisieren, sondern durch Ordinalzahlen auch individuell so kennzeichnen, daß sie, unbeschadet ihrer Gleichheit, unterscheidbar bleiben. So wie man in einer Baumreihe einzelne Bäume durch eine derartige Zuordnung voneinander individuell unterscheidbar machen kann, kann man etwa durch die in allen Armeen der Welt benutzte Methode des ›Durchzählens‹ einzelne Soldaten individuell kenntlich machen.

Im Rahmen der Kategorie der Besonderheit geht es in erster Linie um zwei Arten von Relationen zwischen Dingen und Lebewesen: um Relationen nach dem Vorbild der Hierarchie und solchen, in denen eine ›systemische‹ Einordnung in Gesamtzusammenhänge vorgenommen werden kann. Begrenzten wir die Beispiele für die ›hierarchische‹ Besonderheit allein auf die Welt der Menschen, böten sich alle gesellschaftlichen Hierarchien, angefangen von der prähistorischen Kleingruppe bis hin zum modernen Staat, hierfür an. Jedes menschliche Individuum nimmt in der gesellschaftlichen Ordnung zu jedem Zeitpunkt einen festen Platz zwischen den oberen und unteren Positionen ein. In der Familie etwa sind seit je die Rollen elterlicher Autorität in ihrer Besonderheit durch Abgrenzung gegenüber den Rollen der Kinder bestimmt. Vergleichbares gibt es in der Sphäre beruflicher Tätigkeiten in Gestalt der *besonderen* Funktionen des Meisters bzw. Lehrers und des Gesellen bzw. Angestellten sowie des Lehrlings bzw. Schülers. Im Staat besteht die Besonderheit des Oben und Unten im Verhältnis zwischen Beamten in Regierungsämtern etwa und den Bürgern.

Der zweite Fall der Besonderheit kommt zum Ausdruck, sobald Einzelnes in ›systemische‹ Bezüge eingeordnet wird. Aus dem Bereich der menschlichen Individuen kann man auf verschiedene Berufssparten verweisen, die zu einer arbeitsteiligen Gesellschaft gehören: von den Berufen des Schusters, Bäckers und des Bauern bis hin zu denen der Künstler und Wissenschaftler. Auch die Art und Weise, wie in Mannschaftssportarten einzelne Positionen einander zugeordnet sind – im Fußball etwa vom Torwart bis zum Stürmer – bildet ein gutes Beispiel für ein ›systemisches‹ Verhältnis einzelner Personen nach Maßgabe der Besonderheit.

Sind nun die Verwendungsweisen des Begriffs ›Individuum‹ im Zusammenhang mit den Kategorien der Gleichheit und der Besonderheit mehr oder weniger unproblematisch, so sind sie im Sinn der Individualität äußerst strittig. Zugleich sind sie trotz, auch ob ihres problematischen Charakters von enormer Relevanz für unser menschliches Selbstverständnis, verbindet doch ein jeder mit ihnen die Bezeichnung seines ›innersten Selbst‹. Mit ›Individualität‹ benennen wir den Anspruch auf die unverwechselbare Einmaligkeit unserer Person. Die Schwierigkeiten mit der Individualität entzünden sich bereits an der Frage, ob ihre wahre Bedeutung sprachlich überhaupt faßbar ist. In der Philosophie hat diese Fragestellung ihre ehrwürdige Tradition in der mittelalterlichen Scholastik, an die in der analytischen Philosophie unseres Jahrhunderts wieder angeknüpft worden ist. Ich stelle im Folgenden den heutigen Stand der philosophischen Diskussion über die *Bedeutung des Eigennamens* dar, um danach meine Behauptung zu begründen, daß die traditionelle Behandlung der Individualität, rein als Sprachproblem, zu kurz greift, weil es im Kern der Sache vorrangig um eine gesellschaftliche Problematik der menschlichen Subjektivität geht. Ich werde zeigen, daß das Problem des sprachlichen Ausdrucks der Individualität nur im Zusammenhang einer Theorie zu lösen sein wird, in deren Zentrum der Zusammenhang zwischen menschlicher Individualität und menschlicher Sozialnatur steht.

2. *Sprachliche Kennzeichnung der Individualität: Was bedeutet der ›Eigenname‹?*

Die Logiker sprechen von ›singulären Termini‹, wenn es um die Bezeichnung eines konkreten einzelnen Dings oder Gegenstands geht. Nach Quine ist „ein Terminus singulär, wenn er die Aufgabe hat, ein (und nur ein) Objekt zu bezeichnen – und sonst allgemein“[42] – eine traditionsreiche auf Porphyrius zurückgehende Definition, die in der spätmittelalterlichen Scholastik von Wilhelm von Ockham bereits unter dem Namen ›terminus singularis‹ bzw. ›terminus discretus‹ geführt wird.[43] Definieren wir weiter mit Quine, wird die angesprochene Problematik bereits deutlich: „Ein singulärer Terminus muß an Stellen stehen, an denen man auch Variable ›x‹, ›y‹ usw. benutzen könnte.“[44] Die Bedeutung der Variablen x ist für den Fall des singulären Terminus so bestimmt, daß sie nur durch ein einziges Subjekt oder Objekt erfüllt werden kann. Um einen Beispielssatz aus dem klassischen Modus ponens heranzuziehen: Im Schlußsatz ›Sokrates ist sterblich‹ kann der Eigenname ›Sokrates‹ als Einsetzung in den Satz ›x ist sterblich‹ verstanden werden, so er der Name des großen antiken Philosophen ist, den es bekanntlich nur einmal gegeben hat. Das in der Definition enthaltene Problem besteht darin, daß eine Variable zwar grundsätzlich durch mehr als ein ›Objekt‹ oder ›Subjekt‹ ersetzt werden kann, als ›singulärer Terminus‹ jedoch nur durch ein einziges Objekt oder Subjekt ersetzbar sein soll.

Der moderne philosophische Diskurs über die Bedeutung des ›singulären Terminus‹ – oder wie wir heute sagen: des Eigennamens – beginnt mit der von John Stuart Mill eingeführten Unterscheidung zwischen ›allgemeinen Namen‹, die sich auf jedes aus einer Vielzahl von Dingen, und ›individuellen Namen‹, die

---

42 W. v. O. Quine: Grundzüge der Logik. Frankfurt 1969, S. 264.

43 W. v. Ockham: Expos. aurea vol. 66 d, zit. nach L. Baudry: Lexique de G. d'Ockham. Paris 1958: „Accipitur individuum pro praedicabili quod de uno solo praedicatur. (Das Individuum wird verstanden als prädizierbarer Ausdruck, der nur von einem ausgesagt wird)“.

44 W. v. O. Quine, a.a.O., S. 264.

sich ausschließlich auf einen einzigen Gegenstand beziehen.[45] Neben den Eigennamen gibt es zwei weitere ›singuläre Termini‹: Kennzeichnungen wie ›der Ehemann von Xanthippe‹ und Demonstrativ- und Personalpronomina wie ›dies‹, ›er‹, die auch als ›situationsbezogene‹ oder ›deiktische‹ singuläre Termini bezeichnet werden. Bereits Mill stellte den Unterschied zwischen Eigennamen und Kennzeichnungen heraus: Während Eigennamen den Gegenstand direkt bezeichnen, beschreiben Kennzeichnungen ihn mit Hilfe einer seiner Eigenschaften. Der Vorteil der Kennzeichnungen liegt nun darin, daß man Gegenstände durch Zuordnung zu verschiedenen Gattungen unterscheiden kann. Sagt man von ›Sokrates‹, er ist ›der Lehrer von Platon‹, dann ist die Gattungseigenschaft, ›Lehrer zu sein‹, etwa von der Gattungseigenschaft, ›Vater zu sein‹, wohlunterschieden. Der Eigenname hingegen enthält diese Möglichkeit der Unterscheidung aufgrund seines direkten Bezugs auf den Gegenstand nicht. Hat der Eigenname nun überhaupt eine eigenständige Bedeutung oder gewinnt er diese erst durch Erläuterung bzw. durch seine Definition mit Hilfe der Kennzeichnungen? Diese Fragestellung beherrscht den Diskurs in der sprachanalytischen Philosophie, der sich an Mills Überlegungen über die Bedeutung der Eigennamen anschließt.

Mit G. Frege und B. Russell, den Begründern der modernen Logik, verbindet sich die sogenannte ›Beschreibungstheorie der Eigennamen‹. Frege nennt den direkten Gegenstandsbezug des Eigennamens dessen ›Bedeutung‹, die erst durch beschreibende Kennzeichnungen ihren ›Sinn‹ erhält. Kennzeichnungen wie ›der Lehrer von Platon‹ sind danach die grundlegenderen singulären Termini, wohingegen Eigennamen wie ›Sokrates‹ nur auf der Basis von Kennzeichnungen verwendbar sind. Ähnlich vertritt Russell die Auffassung, bei Eigennamen handele es sich nur um ›verkürzte‹ Kennzeichnungen.

Die ›Beschreibungstheorie der Eigennamen‹ wird dann durch formale Präzisierungen und Ergänzungen weiter ausgebaut. An der Diskussion sind Philosophen wie P. Strawson, W.O. Quine, K. Donellan, E. Tugendhat u.a. beteiligt. Die einen betonen mehr die unterscheidende Rolle der Gattungseigenschaften, andere, wie etwa Strawson und Tugenhat, heben mehr auf die deiktische Art der singulären Termini ab oder stellen die konkrete Situation des jeweiligen Sprachbenutzers von Eigennamen heraus.

Erst durch den als revolutionär empfundenen Beitrag von S. Kripke nimmt die Diskussion eine Wende.[46]

Kripke setzt sich kritisch mit der ›Beschreibungstheorie‹ auseinander. Er kommt zu dem Ergebnis, daß Eigennamen unabhängig von Kennzeichnungen der Gegenstände oder der Subjekte, auf die sie sich richten, eine Bedeutung haben müs-

---

45 Ich halte mich in meiner Darstellung an die Zusammenfassung, die U. Wolf in ihrer Aufsatzsammlung: Eigennamen. Frankfurt 1985, S. 9ff. gegeben hat.

46 S. Kripke: Name und Notwendigkeit. Frankfurt 1981.

sen. Ginge es nach der Beschreibungstheorie – so wendet er ein –, müßte jemand, der mit dem Namen ›Kolumbus‹ bislang die beschreibende Kennzeichnung ›der Entdecker Amerikas‹ verbunden hat und der jetzt von Historikern darüber belehrt wird, daß ein normannischer Seefahrer, Leif Eriksson, bereits im Mittelalter bis zu den Küsten Nordamerikas vorgedrungen ist, sich mit ›Kolumbus‹ nunmehr auf diesen normannischen Helden beziehen. Das wäre jedoch offenbar eine irrige Namensverwendung. Kripke folgert, jemand bleibe auch dann Träger seines Namens, wenn dessen beschreibende Kennzeichnungen – möglicherweise alle – falsch sind. Er geht jedoch nicht soweit zu behaupten, daß ein Name auch ohne jede Bezugnahme auf beschreibende und deiktische Kennzeichnungen eine Bedeutung haben könne. Kripke skizziert eine Theorie, durch die der Gegenstandsbezug des Eigennamens und die definierende bzw. erläuternde Rolle der Kennzeichnungen in ihrem Verhältnis neu bestimmt werden. Dabei benutzt er das religiöse Bild der Taufe, um darzustellen, wie zu einem historischen Zeitpunkt einem konkreten Gegenstand oder einem einzelnen Subjekt ein Eigenname zugeordnet wird. Kennzeichnungen, zur Beschreibung der Situation gebraucht, dienen dabei nur der Festlegung der Bedeutung des Eigennamens in der räumlich und zeitlich bestimmbaren ›Taufsituation‹. Ist der Eigenname in Zuordnung zum Gegenstand oder zu seinem Subjekt jedoch erst einmal fixiert, verlieren sie ihre Bedeutung. Die korrekte Zuordnung des Eigennamens zu seinem Subjekt oder Objekt komme dadurch zustande, daß der Eigenname als sprachlicher Ausdruck von den ersten Verwendern in einer Kommunikationskette weitergegeben wird. Damit der Transport der ursprünglichen Bedeutung des Eigennamens gelingt, müsse eine Bedingung erfüllt sein, nämlich daß jeder Sprecher, der einen Namen übernimmt, diesen mit der Absicht weiterverwendet, denselben Gegenstand oder denselben Menschen wie der vorige Sprecher zu bezeichnen.

Was sich im Rahmen der klassischen ›Beschreibungstheorie‹ als erkenntnistheoretisches Problem der erschöpfenden Kennzeichnung des Konkreten und Individuellen darstellt, muß nach Kripkes Erklärungsskizze, in der Folge dann, zu einem ethisch-moralischen Problem der Verläßlichkeit der vielen historischen Sprachbenutzer im Hinblick auf ihren Gebrauch der Namen werden. Möglicherweise sind beide Probleme jedoch gar nicht auf philosophisch-grundsätzlicher, sondern allein auf pragmatischer Ebene zu lösen. Wer Anhänger der ›Beschreibungstheorie‹ bleibt[47], wird etwa als Historiker hinreichend Klarheit über die Bedeutung der von ihm verwendeten Namen gewinnen, vermehrt er die unterscheidenden Kennzeichnungen der Zahl nach und präzisiert sie inhaltlich. Hingegen wird sich derjenige Historiker, der sich eher zu Kripkes Erklärungsskizze hingezogen fühlt, intensiver um die kritische Überprüfung der Verläßlichkeit der

---

47 Die ›Beschreibungstheorie‹ hat in M. Dummett (in: ders.: Frege. Philosophy of Language. London 1973) erneut einen prominenten Verteidiger gegen die Kritik von Kripke gefunden.

›Zeitzeugen‹ bemühen, die über ›Taufakte‹ mit Hilfe individualisierender Ausdrücke und Eigennamen berichten, und er wird sich darüber hinaus um die Bedingungen kümmern, die entweder für die Vertrauenswürdigkeit einer Kommunikationskette der Namenweitergabe oder für ein Mißtrauen gegenüber einer solchen Verkettung sprechen. Eine grundsätzliche und abschließende Lösung wird es in keinem der beiden Fälle geben. Erstens bleibt die Unsicherheit, ob Kennzeichnungen die Bedeutung eines Namens wirklich erschöpfend ausfüllen können und zweitens lassen sich Zweifel in die Vertrauenswürdigkeit einer Kommunikationskette grundsätzlich nicht ganz ausräumen.

In der analytischen Eigennamentheorie wird nicht zwischen einer individuellen Kennzeichnung von Objekten allgemein und einer ebensolchen von menschlichen Subjekten unterschieden. Eigennamen werden bedeutungsidentisch für ›Objekte‹ wie etwa den der Stadt ›London‹, ein Land wie Deutschland und die von menschlichen Individuen wie Sokrates und Kolumbus gebraucht. Im gleichen Sinn können Eigennamen auch Objekten von der Art einzelner Bäume, Berge oder auch Sandkörnern zugeordnet werden, obwohl man das beispielsweise bei einem Sandkorn, jedoch eher aus Gründen sprachlicher Konvention, als äußerst ungewöhnlich empfinden wird. Wendet man das Eigennamenverständnis der analytischen Eigennamentheorie auf den Menschen an, kann man sich heute als Modellfall einer Kennzeichnung der Individuen auf Eigenschaften beziehen, die die biologische Sprache für den ›genetischen Fingerabdruck‹ eines Jeden benutzt. Ich will im Folgenden zeigen, daß die analytische Eigennamentheorie einen zentralen Fehler begeht, indem sie im Hinblick auf die Bedeutung der Namen menschlicher Personen von einer verkürzten Definition der Individualität ausgeht. Anders gesagt: Bedeutungen menschlicher Eigennamen erschöpfen sich nicht in Beschreibungen wie der des genetischen Fingerabdrucks von Individuen. Sie beziehen ihre Bedeutung vielmehr aus einem *Selbstbild* bzw. einer *Selbstinterpretation*, wie sie ein Jeder von uns besitzt und zu der am wenigsten die Kennzeichnung gehört, die in der biologischen Sprache durch Bestimmung des genetischen Fingerabdrucks eines Jeden möglich ist.

Bei dem Selbstbild, auf das *menschliche* Eigennamen sich beziehen, handelt es sich um eine Selbstzuschreibung individueller Einzigartigkeit, wie sie ein Jeder im Lichte des Wissens um den je eigenen Tod zu vollziehen imstande ist – soweit die relevante Seite der einzelmenschlichen Individualität, wohingegen die Möglichkeit einer individualisierenden Kennzeichnung eines Jeden durch den genetischen Fingerabdruck zur eher irrelevanten Seite unserer Individualitätszuschreibung gehört. Man sollte aber im Hinblick auf Personen zwei Arten der Eigennamenbedeutung unterscheiden: die relevante Art der Individualität, die als Selbstzuschreibung von Einzigkeit dem Wissen um den je eigenen Tod entstammt, und die weniger relevante, die jedoch der analytischen Definition des Individuumbegriffs entspricht.

Behauptet man, die relevante Art der menschlichen Individualität komme durch Selbstzuschreibung von Einzigkeit zustande, gerät man allerdings in einen Konflikt mit einer der prominentesten Einsichten der modernen Sprachphilosophie: Wittgensteins ›Privatsprachen-Argument‹. Denn offensichtlich besitzt die Selbstzuschreibung, wie ich sie vertrete, eine reflexive Struktur, vermittels derer ›ich mich selbst‹ durch die Qualität der Einzigkeit sprachlich bestimme.
Nach L. Wittgenstein ist so etwas wie eine ›Privatsprache‹ aus logischen Gründen nicht möglich.[48] Jemand, der ein Selbstgespräch führt, müsse Worte und Begriffe mit einer Bedeutung benutzen, die mindestens ein Sprecher *und* ein Hörer verstehen können. Beide müßten ›sprachliche Regeln befolgen‹, um sich gegenseitig verständigen zu können. Eine ›Privatsprache‹, in der sowohl Sprecher als auch Hörer identisch sein müssen, könnte keine ›Regelbefolgung‹ ermöglichen, denn der Begriff der Regel setzt Ausrichtung auf mindestens zwei Personen voraus. Eine Sprache, in der zwei Personen miteinander kommunizieren können, ist jedoch prinzipiell auch für eine Pluralität von Sprechern und Hörern offen.[49] Das heißt: Was als ›Privatsprache‹ ausgegeben werden kann, erfüllt auch immer die Bedingungen einer Normalsprache, durch die der Einzelne Mitglied einer Sprachgemeinschaft ist.[50]
Wittgensteins Widerlegung der ›Privatsprache‹ bedeutet, die Annahme individualistischer Ausdrücke sei mit dem Begriff der sprachlichen Kommunikation nicht vereinbar. Legte man einen Begriff der Sprache zugrunde, bei dem die reziproke Kommunikation auf den Gebrauch von Begriffen mit einer *allgemeinen*

---

48 Vgl. A. Hügli/P. Lübcke (Hg.): Philosophie im 20. Jahrhundert. Reinbek 1992. Bd. 2, S. 131ff.

49 Doch bereits Wittgenstein hat einen zu engen Begriff der Sprache als Maßstab zugrunde gelegt, indem er Sprache mit der Kommunizierbarkeit der Bedeutungen von Worten und Sätzen identifizierte. Es gibt in der Sprache neben den Ausdrücken für kommunizierbare Bedeutungen – in meiner Terminologie: in denen der Perspektiven der Gleichheit und der Besonderheit – auch Ausdrücke, die nichtkommunizierbare Bedeutungen benennen. Man kann demzufolge unterscheiden zwischen sprachlichen Ausdrücken, die kommunizierbare Bedeutungen *bezeichnen*, und sprachlichen Ausdrücken, die nichtkommunizierbare Bedeutungen *benennen.* Wittgenstein und die meisten Sprachanalytiker, die ihm gefolgt sind, reduzieren den Begriff der Sprache fälschlich auf die erste Kategorie.

50 Es bleibt zu berücksichtigen, daß Wittgenstein seine Argumentation gegen eine ›Privatsprache‹ des Individuums nicht als Ablehnung der Individualität verstanden hat. Die berühmte Schlußsentenz aus dem ›Tractatus logico-philosophicus‹, wonach man über dasjenige schweigen muß, „wovon man nicht reden kann“, ist doppeldeutig. Sie kann einerseits besagen, daß man sich dasjenige durchaus denken kann, worüber man in Ermangelung sprachlicher Mittel gleichwohl schweigen muß. Sie kann andererseits heißen, daß es sinnlos ist, etwas zu denken, was sich sprachlich nicht ausdrücken läßt. Wittgenstein hat an anderer Stelle des ›Tractatus‹ formuliert, daß man über dasjenige nicht reden kann, „was man sich nicht denken kann“. Diese in der analytischen Philosophie von vielen seiner Schüler übernommene Auffassung stützt sich auf diese Formel und auf den Sinn der zweiten Seite der Alternative. Es handelt sich jedoch um eine verfehlte Interpretation des Wittgensteinschen Satzes, weshalb man ihn nur als eine Fehlformulierung von dessen eigener Intention nehmen sollte. Er hat nämlich, wie aus den umliegenden Stellen des ›Tractatus‹ deutlich hervorgeht, nicht behaupten wollen, daß es das ›solipsistische‹ Ich *nicht* gibt. Nach Wittgenstein kann man es ›denken‹, jedoch nicht ›sagen‹.

Bedeutung eingeschränkt wird, kommt man in der Tat zu einer solchen Deutung, denn nur solche Begriffsbedeutungen werden dabei zugelassen, die logisch verlangen, daß sie sich grundsätzlich auf zwei und mehr subsumierbare Fälle bzw. Elemente beziehen. Das garantiert, daß die zugelassenen Begriffe einer Sprache allein in den Kategorien der Gleichheit oder der Besonderheit definierbar bleiben.

Nun gehört es seit langem zu den Grundirrtümern der Philosophen, die ihren Maßstab für Denken und Sprache aus einem wissenschaftlichen Weltbild beziehen, Ausdrucksformen und Ausdrucksmöglichkeiten abzulehnen, die nicht in den Sprachen dieses Weltbilds zu erfassen sind. Es hieße jedoch, die Relevanz der Wissenschaften und ihrer Sichtweisen der Welt zu übertreiben, richtete man die menschliche Ausdrucksfähigkeit allein an deren Maßstäben aus.[51] Jede Umgangssprache kennt zahlreiche sprachliche Ausdrücke, deren Bedeutung sich gerade nicht in Begriffen der gesetzesartigen Allgemeinheit erschöpft. Dabei denke ich nicht an eine Verteidigung des Irrationalen, etwa in mythischer und religiöser Sprache. Zu den Bedeutungsvarianten ›individualistischer‹ Prägung gehören in erster Linie zahlreiche sprachliche Variationen für alles ›Ichhafte‹. Wann und wo Ausdrücke wie ›ich‹, ›Selbst‹, ›Selbstbewußtsein‹, ›Bewußtsein‹, ›Innerlichkeit‹, ›Seele‹ gebraucht werden, immer ist da auch eine ›individualistische‹ Bedeutungskonnotation im Spiel. Darüber hinaus gehören alle psychologischen und emotionalen Ausdrücke, von der ›Psyche‹ bis zum ›Gefühl‹, hierher. Ausdrücklich wird der ›individualistische‹ Bezug etwa in Worten wie ›Solipsismus‹ und ›Einsamkeit‹ hergestellt. Auf alles, was das Emotionale im menschlichen Verhalten ausmacht, wirkt die ›individualistische‹ Bedeutungskonnotation prägend.

Wie nun sieht die sprachliche Form aus, die uns zur Wiedergabe begrifflicher Bedeutung der Individualität befähigt?

Erfahrungsgemäß tendieren wir ›innerlich‹ zu dramatisierenden Ausdrücken, um uns – jedenfalls im ›Gespräch mit uns selber‹ und insofern durchaus ›privatsprachlich‹ – des persönlichen Charakters unserer Eindrücke zu versichern. Es handelt sich um eine ›Privatsprache‹, die sich Begriffen und Ausdrücken der normalen Sprache bedient und auf die deshalb die Wittgensteinschen Gegenargumente nicht zutreffen. Der ›privatsprachliche‹ Effekt, der in der Wiedergabe des individuell-persönlichen Eindrucks liegt, kommt nun durch jene Bedeutun-

---

51 Der Methodenstreit zwischen nomologischen und hermeneutischem Theorieverständnis, wie er insbesondere in der deutschen Philosophie im 19. Jahrhundert begonnen wurde und heute von Vertretern kritisch-rationaler Wissenschaftstheorie wie H. Albert, H. Keuth und Vertretern der hermeneutischen Philosophie wie H.G. Gadamer, K.O. Apel und J. Habermas fortgeführt wird, gründet letztlich in einer Entscheidung für oder wider die ausschließliche Gültigkeit wissenschaftssprachlicher Kategorien. Die hier vorgetragene Theorie der Individualität liefert gute Gründe für die methodische Sichtweise der hermeneutischen Richtung, sofern diese auf eine sprachliche Artikulierbarkeit von Individualität abzielt.

gen zustande, die in einer *superlativischen Steigerung* normaler Ausdrücke gewonnen werden. Hält man sich an die sprachlichen Ausdrucksmöglichkeiten der Kategorie der Besonderheit, dann zeigt sich, wie die ›Privatsprache‹ eines jeden aussieht, kaum hat er sich seiner Individualität versichert: Jeder hält sich im Bewußtsein seiner Einzigkeit für den ›Wichtigsten‹, ›Größten‹, ›Besten‹, ›Schönsten‹ usw.. Jeder Mensch weiß im innerlich-privaten Selbstverhältnis, daß dem so ist. Jeder ist für sich ›privatsprachlich‹ ein außerordentliches Exemplar menschlicher Art je nach dem, aus welchem Bereich er die Begriffe für seine superlativistische Selbsteinschätzung bezieht. Da die Skala der Steigerung auch nach der anderen Seite hin offen ist, gibt es ebenso die Möglichkeit, Individualität in einer superlativischen Sprache durch Prädikate des ›Schrecklichsten‹, ›Teuflischsten‹ und ›Bösesten‹ auszudrücken.[52] Bei den sprachlichen Formen menschlicher Individualität handelt es sich um Ausdrücke für *Extremwerte der Besonderheit.*

Die Intention ›individualistischer‹ Dramatisierung verspüren wir dann am deutlichsten, wenn Begriffe ins Spiel kommen, deren Sinn mit dem Thema des ›existenziellen Dilemmas‹ verknüpft ist, wie ›Sterben‹ und ›Tod‹, Sinnkonstituenten des Todesbewußtseins. Bei ihnen kann die Bedeutungs*gleichheit* der Begriffe den Sinn der Worte, wie man zugegeben wird, nicht ausschöpfen. ›Gleichheit‹ hieße: Ersetzbarkeit, doch jeder fühlt bei jenen Worten, daß deren Erfahrungsgehalte nicht, wie bei Gleichheit möglich, gegenseitig austauschbar sind.[53]

Halten wir fest: Zusammen mit dem einzelmenschlichen Bewußtsein der Individualität ist das *existenzielle* – und darum unaufhebbare – *Mißverhältnis zwischen*

---

[52] Diese Möglichkeiten spielen später bei der Erklärung der ›göttlichen‹ Individualitäten eine große Rolle, wo es neben den aus den superlativischen Sprachformen abgeleiteten ›guten‹ Gottheiten auch ebensolche der ›teuflischen‹ bzw. ›satanischen‹ gibt.

[53] In der heutigen philosophischen Diskussion über Eigennamenbedeutung und Individualität sind es vorwiegend Wissenschaftstheoretiker, die, weil sie eine andere als eine ›Gleichheits‹-Sprache weder kennen noch zulassen, zu nur mühsam verdeckten widersprüchlichen Kennzeichnungen gelangen, wenn sie Zugeständnisse an die Einmaligkeit bzw. Einzigartigkeit des Individuellen machen wollen. Man versucht sich der Widersprüchlichkeit dann durch Einerseits- und Andererseits-Formulierungen zu entziehen; so beispielhaft M. Bunge in: Das Leib-Seele-Problem. Ein psychobiologischer Versuch. Tübingen 1984: „Sicherlich bin *ich* auf der einen Seite etwas Einmaliges, auf der anderen aber auch allen anderen Menschen ähnlich. Die Behauptung, ich könne kein Objekt wissenschaftlicher Untersuchung sein, eben weil ich einmalig und für alle anderen undurchschaubar sei, ist nicht überzeugender als die Anicht, Geologie und Geophysik seien unmöglich, weil unser geliebter Planet einmalig und dabei größtenteils unzugänglich sei." (S. 232). Entweder ist der Vergleich der menschlichen ›Einmaligkeit‹ mit der ›Einmaligkeit‹ der Erde irreführend, weil es sich im Fall von Geologie und Geophysik gar nicht um ›echte‹ Einmaligkeit handelt, sondern um den kontingenten Tatbestand, daß es unter den bekannten Planeten nur die Erde ist, auf der es Leben gibt; denn alle geologischen und geophysischen Beschreibungen der Erde sind in Kategorien der Gleichheit gefaßt und erfüllen dementsprechend Quines logische Normalinterpretation der Singularität. Oder es ergibt sich ein Widerspruch für Bunges Formulierung, wenn von ›echter‹ Einmaligkeit ausgegangen wird, für die es definitionsgemäß keine Ersetzbarkeit geben kann, und zugleich von ›Ähnlichkeit‹ bzw. Gleichheit mit Anderem gesprochen wird.

Individuum und Gesellschaft in der Welt: die von jedem zeitlebens empfundene, letztlich unüberwindbare Kluft zwischen innerer Selbstzuschreibung, nach der man von unersetzbarer Einzigkeit ist, und der gesellschaftlichen Positionierung, in der es entweder Ränge der Besonderheit oder eine Gleichheit mit den Anderen gibt. In beiden Fällen spiegelt sich die Ersetzbarkeit des Einzelnen. Während aber die Gleichheit sogar das Gegenteil der eigenen Unersetzbarkeitszuschreibung darstellt, gibt es auf den gesellschaftlichen Stufen, die durch die Kategorie der Besonderheit zu kennzeichnen sind, Annäherungen an die persönliche Unersetzbarkeitszuschreibung des Individuums. Denn das Bild wäre nicht vollständig, identifizierte man die Ausdrucksform der Individualität *allein* mit einer *superlativischen Sprachform.* Es geht vielmehr um das bereits benannte Verhältnis zwischen dem ›privatsprachlichen‹ Ausdruck der Individualität und der *gesellschaftlichen Anerkennung ebendieser Individualität* auf der Basis von *außergewöhnlichen Leistungen und Werken.*[54] Moses, Sokrates und Christus beispielsweise gedenken wir wegen ihrer ›überragenden‹ Fähigkeiten und ›außerordentlichen‹ Werke. Wittgenstein, mit seinem hohen Stellenwert in der Philosophie, ist da ebenfalls ein repräsentatives Beispiel. Fraglos ist er eine Geistesgröße unserer Epoche, ist es ihm doch gelungen, eigene Individualität in gesellschaftliche Anerkennung umzusetzen. Er hat dies – wie andere akzeptierte Vorbilder – nicht mit dem alleinigem Anspruch, in der Philosophie seines Jahrhunderts ›der Größte‹ und ›der Beste‹ zu sein, erreicht. Vielmehr findet die Verwirklichung des Anspruchs erst in der *gesellschaftlichen Beurteilung* des Werks statt.[55]
Ich spreche im Folgenden von ›*Selbstbehauptung*‹, wo es zu derartiger Anerkennung einzelmenschlicher Individualität kommt.
Bereits im philosophischen Diskurs geht es bezeichnenderweise nicht um irgendwelche Namen, sondern in der Regel um die solcher ›herausragenden‹ Persön-

---

[54] Ich komme damit soziologischen Grundauffassungen nahe, betrachtet man doch dort die Individualität prinzipiell als von sozialen Beziehungen abghängig. Vgl. dazu N. Luhmann: Individuum, Individualität, Individualismus. In: ders.: Gesellschaftsstruktur und Semantik. Studien zur Wissenssoziologie der modernen Gesellschaft. Bd. 3. Frankfurt 1989, S. 149ff.

[55] Es gibt wohl keinen schöneren dichterisch-literarischen Ausdruck des ›Werk‹-Bezugs der ›individualistischen‹ Motivation als Hölderlins ›An die Parzen‹:
„Nur einen Sommer gönnt, ihr Gewaltigen!
Und Einen Herbst zu reifem Gesang mir,
Daß williger mein Herz, vom süßen
Spiele gesättiget, dann mir sterbe.

Die Seele, der im Leben ihr göttlich Recht
Nicht ward, sie ruht auch drunten im Orkus nicht;
Doch ist mir einst das Heil'ge, das am
Herzen mir liegt, das Gedicht, gelungen,

Willkommen dann, o Stille der Schattenwelt!
Zufrieden bin ich, wenn auch mein Saitenspiel
Mich nicht hinabgeleitet; Einmal
Lebt ich, wie Götter, und mehr bedarfs nicht“
(in: Hölderlin: Sämtliche Werke 1, hg. v. F. Beissner. Stuttgart 1972, S. 247).

lichkeiten wie ›Sokrates‹ und ›Kolumbus‹. Bei ihnen handelt es sich – im Unterschied zu vielen Anderen gleichen Namens – jedoch um einmalige und einzigartige Individuen, die sich mit verdienstvollen Leistungen in unserem kulturgeschichtlichen Gedächtnis eingeschrieben haben. Das gilt etwa auch für alle großen Religionsstifter. So sind im Judentum Abraham und Moses, werden die historischen Gestalten der Bibel gemeint, ›einzigartige‹ Individuen. Im Christentum gilt das für Jesus Christus, im Buddhismus für Gotama Buddha und im Islam für Mohammed, wie denn nahezu alle religiösen Traditionen historische Gestalten – als Gründer oder als Halbgötter – aufweisen, denen im jeweiligen Glaubensumfeld durch Verleihung des Eigennamens Einzigkeit und Einmaligkeit zugesprochen wird.

Sieht man die Eigennamenproblematik auf der Ebene gesellschaftlicher Anerkennung der Individualität angesiedelt, verlieren wesentliche Schwierigkeiten, die in der analytischen ›Beschreibungstheorie‹ einen zentralen Stellenwert einnehmen, ihre Relevanz. So ist etwa die Bedeutung des Namens im Fall des biblischen ›Moses‹, des antiken Philosophen ›Sokrates‹, des christlichen ›Jesus‹ und des ›Buddha‹ klar abgrenzbar von jenen, in denen andere Personen desselben Namens bezeichnet werden. Wohl kaum einer wird den biblischen Moses mit irgend einem anderen Menschen dieses Namens verwechseln, denkt man sie als Urheber ihrer jeweiligen Werke. Daß Kennzeichnungen, die mit diesen bedeutenden Gestalten der Kulturgeschichte verbunden werden, auch auf andere Personen übertragen werden könnten, ist nur bedingt vorstellbar. Auch spielt die Existenzproblematik nicht eine gleich große Rolle wie in der logisch-erkenntnistheoretischen Behandlung der Eigennamenbedeutung durch die Sprachanalytiker. Während dort die Möglichkeit, daß Gegenstände oder Personen nicht existieren, zu einem Einwand gegen die Bedeutung des Eigennamens gemacht werden kann, ist es im Fall von ›Moses‹ und ›Jesus Christus‹ letztlich nicht von Belang, ob sie als historische Menschen existiert haben oder nicht.

Der Maßstab, der diese Probleme der klassischen ›Beschreibungstheorie‹ so verkleinert, daß ihre Relevanz kaum noch ins Gewicht fällt, kann benannt werden: Er besteht eben in der Zuweisung ›einzigartiger‹ Individualität an Einzelne aufgrund gesellschaftlich anerkannter hoher Leistungen und Werke. Die hohe Leistung, die sich beispielsweise in der Etablierung des Volkes Israel durch den Auftrag Gottes an Moses bekundet, bewirkt die Anerkennung der Individualität im Namen ›Moses‹. Vergleichbares läßt sich von Sokrates als dem ›Vater‹ der europäischen Philosophie, wie auch von Jesus und Buddha als Stiftern von Religionsgemeinschaften, sagen.

In normalsprachlicher Kommunikation kommt der superlativischen Ausdrucksform keinesfalls der Stellenwert zu, der ihr für das menschliche Selbstverständnis gebührt. Das mag daran liegen, daß superlativische Ausdrücke als natürliche Folge ihrer inneren Logik nur selten wirklich angebracht erscheinen. Sprachliche

Kommunikation ereignet sich in Ausdrücken der Kategorien der Gleichheit und der Besonderheit. Superlativische Ausdrücke haben da wenig Platz, sie bleiben ›Extremwerte der Besonderheit‹. Sie können nur auf Außergewöhnliches bezogen werden, welches ex definitione gerade nicht alltäglich ist. Dennoch gehört der Superlativismus zum Kern des sprachlichen *Selbstverständnisses* eines Jeden von uns, seit wir, im Wissen um den Tod, auch ein Bewußtsein unserer Individualität haben.

In erster Linie sind es kontingente Gründe, wenn wir uns in der Regel nicht öffentlich zu unseren superlativischen Selbstverständnissen bekennen. Unser anerzogener und durch Erfahrung bewährter Realitätssinn hält uns davon ab, Ansprüche auf Beachtung unserer Individualität zu stellen, die *diesem* ›privatsprachlichen‹ Verständnis eines Jeden angemessen sind. Wir würden nämlich ungeahntes Ausmaß an Aufmerksamkeit durch die Anderen beanspruchen, wohl wissend, daß es uns nie zuteil werden könnte. Denn wir wissen immer auch, daß jeder Andere den gleichen Anspruch auf die gleiche ›unerhörte und einzigartige‹ Aufmerksamkeit durch mich und die Anderen hat. Gewöhnlich lernen wir in mühsamen Prozessen der Sozialisierung, auf diese ›öffentliche‹ Anerkennung unserer Individualität zu verzichten, denn keiner riskierte es, in den zwischenmenschlichen Beziehungen eine solche extreme Selbsteinschätzung zuzugeben, die die Maßstäbe, nach denen wir üblicherweise die Anderen einschätzen, so offensichtlich übersteigt.

Indem wir so den sprachlichen Schleier lüften, der sich durch tiefsitzende Konventionen über die adäquate Ausdrucksform der Individualität gelegt hat, erkennen wir, daß ›*Theatralik*‹ zur Darstellung der Individualität gehört. Jeder erlebt sich in der sprachlichen Selbstzuschreibung seiner Individualität als Teil einer grandiosen Selbstinszenierung, in deren Mittelpunkt er lebenslang als Akteur von Ereignissen höchster Wichtigkeit steht. Er behält normalerweise, wie schon gesagt, die intersubjektiv mögliche Mitteilung der Theatralik seiner Individualität eher still für sich. So besehen, kann der Hinweis nicht verwundern, daß Zeugnisse für eine Ausdrucksform der Individualität nicht in Wissenschaftssprachen – auch in erster Linie nicht in den Fachsprachen der Philosophen –, sondern differenziert in religiöser und poetischer Sprache zu finden sind.[56]

Ein Begriff von Individualität im Sinn des ›Selbstverständnisses‹ und der

---

56 Als erstes großartiges Zeugnis in der neuzeitlichen Literatur gilt Shakespeares ›Romeo und Julia‹. Die Liebe der beiden ist nur als Beziehung zweier ›Individualitäten‹ möglich, die jenseits der kollektiven Zugehörigkeit der Liebenden angesiedelt ist. Noch mehr: ihre Zugehörigkeit zu den verfeindeten Familien der Capulets einerseits und der Montagues andererseits schließt gerade die Möglichkeit einer *gesellschaftlich* akzeptierten Liebesbeziehung beider aus. Wie Shakespeare Romeo und Julia in der zweiten Szene des zweiten Auszugs (vgl. Shakespeares Werke. Bd. 5. Berlin 1924, S. 104–106) über die Bedeutung des Eigennamens reflektieren läßt, stellt einiges von dem in den Schatten, was heutige Philosophen darüber zu sagen haben.

›Selbstzuschreibung‹, auf den ich hier abziele, steht offenbar am Anfang der Philosophie. Doch wurde er sogleich unterdrückt und womöglich verfälscht.
In seinem Buch ›The Art of Living‹[57] rekonstruiert der amerikanische Philosoph A. Nehamas aus den überlieferten biographischen Angaben, daß es Sokrates eben nicht um Vermittlung einer ›theoretischen‹ Lehre als ›Anleitung zum guten Leben‹ ging, sondern um vorgelebte Vorbildlichkeit einer Individualität. Ähnlich wie Buddha sei gerade er darin vorbildlich gewesen, selbst keinem Vorbild gefolgt zu sein und in dieser völligen Freiheit des Selbstentwurfs von konventionellen Vorprägungen den Kern des ›guten Lebens‹ erkannt zu haben. Nehamas zufolge war es Merkmal sokratischer Ironie, daß der Philosoph sich darüber ausschwieg, wie er zu dem wurde, der er war. Und eben gerade das war es, was ihm zur Vorbildrolle gereichte, verhinderte doch das Fehlen eines jeglichen Hinweises auf Mittel und Wege seiner ›Lebenskunst‹ eine Imitation, die ihr abträglich gewesen wäre, weil es der Individualität des zu gestaltenden Lebens widerstritten hätte. In dieser Sichtweise des Sokrates wäre bereits Plato der erste, der die eigentliche Intention des Sokrates verfälschte, indem er ihn in seinen ›Dialogen‹ zum Begründer einer Theorie mit universalistischem Geltungsanspruch gemacht hat, in der es um die Erkenntnis eines ›Reichs der Ideen‹ gegangen sei und in deren Zentrum die Annahme gestanden habe, daß Individualität, nach dem Vorbild der religiösen Göttertradition, allein den ›idealen Gegenständen‹ zuzuschreiben sei. Ohne Frage hat sich in der abendländischen Philosophie- und Theoriegeschichte die platonische Auffassung durchgesetzt.[58]
Zu welchen Ergebnissen sind wir gelangt?
Die solipsistische Nichtkommunizierbarkeit der Individualität, auf die sich die Scholastiker mit der These ›individuum est ineffabile‹ beziehen, ist in der Übertragung auf den Menschen somit keine mystische Qualität des Ich, wie dies auch noch Wittgenstein in einigen Äußerungen nahegelegt hat, sondern nichts Anderes als unsere individuelle ›privatsprachliche‹ Außerordentlichkeit, die eben darum *normalerweise* nicht kommunizierbar ist.
Ein Jeder von uns ist dennoch gehalten, sich seiner Individualität ›privatsprachlich‹, mit Hilfe der Ausdrücke für Extremwerte der Besonderheit, zu versichern. Das birgt die Gefahr des totalen Rückzugs in solipsistische Einsamkeit. Die Menschen sind jedoch durch ihre Sozialnatur auf das Zusammenleben mit Anderen angewiesen. Solipsistische Einsamkeit wird ihnen auf Dauer untragbar, so daß sie sich vom ›privatsprachlichen‹ Bewußtsein der ›außerordentlichen‹ Indi-

---

57 A. Nehamas: The Art of Living. Socratic Reflections from Plato to Foucault. Berkeley/Los Angeles/London 1998.

58 Nach Nehamas sind es Denker, die in der Philosophiegeschichte eher als Außenseiter betrachtet wurden, die die eigentliche Auffassung des Sokrates aufgenommen und fortgeführt haben. Hierzu zählen insbesondere Montaigne, Kierkegaard, Nietzsche und für unsere Zeit Foucault.

vidualität entlasten müssen, von dem jeder mitgeprägt ist, seit das Wissen um den eigenen Tod zum kulturellen Bewußtsein der Menschheit gehört. ›Individualistische Motivation‹, so wollen wir den Versuch der Einzelnen um gesellschaftliche Anerkennung ihrer ›privatsprachlichen‹ Selbsteinschätzung benennen.
Was die analytische Philosophie der Eigennamen unter logisch-erkenntnistheoretischer Problematik der sprachlichen Artikulation der Individualität subsumiert, wird in meiner Theorie der menschlichen Individualität nunmehr zum Konflikt zwischen menschlichem Individualitätsbewußtsein und menschlicher Sozialnatur und damit zum Bestandteil einer historischen und soziologischen Fragestellung.

3. Sprachtypen sozialer Integration von Individualität

Um gerade auch die historische Dimension der Individualitätsthematik adäquat zu erkennen, müssen die Bedingungen des sprachlichen Ausdrucks weiter gefaßt werden, als das für sprachliches Kommunizieren normalerweise gilt.
Sprachliche Verständigung zwischen Menschen meint *reziproke Beziehung* zwischen Sprecher und Hörer. ›Reziprozität‹ besagt, Sprecher und Hörer können im Austausch ihrer Mitteilungen im Prinzip ihre Plätze ständig wechseln: Wer auf einer Stufe eines Gesprächs Sprecher ist, wird auf der nächsten zum Hörer usw. Zweierlei setzt man dabei voraus: Beide Seiten verfügen in ihrem Sprachgebrauch über identische Maßstäbe zur Beurteilung des Gesprochenen und Gehörten, und jeder Gesprächsteilnehmer betrachtet sich im Prinzip als ›Wahrheitsinstanz‹ seiner Aussagen. Die identischen Maßstäbe des reziproken Sprachgebrauchs werden dadurch gewährleistet, daß die sprachlichen Ausdrücke und Begriffe implizit stets im Licht der Kategorien der Gleichheit und der Besonderheit gedeutet werden. Darüber hinaus macht jeder Gesprächsteilnehmer einen Anspruch auf Wahrheit geltend: als Sprecher hinsichtlich der Wahrheit seiner Behauptung und als Hörer hinsichtlich seiner Kompetenz, die Wahrheit der Behauptungen des Anderen beurteilen zu können. Die Kriterien dafür, was jeweils als ›wahr‹ akzeptiert wird, können weit gefaßt sein. Ausschlagebend ist allein die Bedingung, daß sie von den Gesprächspartnern als Kriterien ihrer intersubjektiven Verständigung geteilt werden.[59] Der Sprachbegriff, wie von Wittgenstein und Vertretern der analytischen Philosophie zugrunde gelegt, paßt fraglos in den Rahmen dieser weiten Definition des reziproken Sprachverstehens.
Neben diesem Normalverständnis sprachlicher Verständigung gibt es jedoch einen weiteren Typus sprachvermittelter Sprecher-Hörer-Beziehung. Wie wir

---

59 Vgl. K. Bühler: Sprachtheorie. Die Darstellungsfunktion der Sprache. Frankfurt/Berlin/Wien 1978; H. Hörmann: Meinen und Verstehen. Frankfurt 1978; P. Watzlawick/J.H. Beavin/D.D. Jackson: Menschliche Kommunikation. Bern/Stuttgart/Wien 1974; G. Grewendorf: Sprachliches Wissen. Frankfurt 1996.

wissen, enthalten Umgangssprachen verbale und begriffliche Bestandteile, die dem Kriterium der reziproken Verständigung nicht entsprechen und die dennoch von Vielen als sinnvolle Sprache akzeptiert werden. Es handelt sich um einen Sprachtypus, wie er vor allem in religiösen Sprachen ausgeprägt ist. In den Sprachformen dieses Typus besteht keine Reziprozität zwischen Sprecher und Hörer, sondern *Linearität*, die von einer mythischen oder göttlichen Autorität als Sprecher ausgeht und auf Menschen gerichtet ist, die sich *ausschließlich* in der Rolle von Hörern befinden. Die Linearität der Beziehung bewirkt, daß die beiden Voraussetzungen des reziproken Sprachbegriffs hier nicht mehr gelten. Weder kann im Verhältnis zwischen ›göttlichen‹ Sprechern und ›menschlichen‹ Hörern von einer Identität des Maßstabs für Wortgebrauch und begriffliche Bedeutung die Rede sein, noch von einem gleichgewichteten Anspruch beider Seiten, Wahrheitsinstanz des Gesagten oder des in der Hörerrolle Vernommenen zu sein. Religiöse Sprachen sind hinsichtlich der Sprecher-Hörer-Beziehung gerade dadurch charakterisiert, daß die Hörer weder über ein volles Verständnis der von den ›göttlichen‹ Sprechern geäußerten Meinungen verfügen noch darüber, ihnen im Anspruch auf Wahrheit ebenbürtig sein zu können, denn in ihrem Kontext besitzt eine mythische oder religiöse Instanz die Rolle des Sprechers und die zu dieser religiösen Sprachgemeinschaft Gehörenden befinden sich ausschließlich in der Rolle von Hörern. Die von Göttern als Sprechern definierten Bedeutungen ›heiliger‹ Worte brauchen deshalb nicht von den Adressaten im reziprok-kommunikativen Sinn ›verstanden‹ zu werden. Sie bleiben diesen als Hörern im Gegenteil in der Regel eher unverständlich. In den religiösen Sprachen kommt es nicht wie in den reziprok-kommunikativen auf das *wechselseitige* Verständnis an. Man kann derartige religiöse Sprachen ›autoritative‹ nennen, um sie von den ›reziproken‹ der zwischenmenschlichen Kommunikation abzugrenzen. Dennoch schließt das Konzept der ›linear-autoritativen‹ Sprache Verstehbarkeit durch Hörer nicht vollständig aus. Seiner Logik gemäß ist es allerdings eher zufällig oder vielmehr ein ›Geschenk‹ des göttlichen Sprechers, ob einer der menschlichen Hörer etwas von der göttlichen Sprache versteht oder nicht.
Um beide Möglichkeiten einer Integration des menschlichen Individualitätsbewußtseins in einem sozialen Verhältnis darstellen zu können, lasse ich als mögliche Sprachbedingung nun nicht nur den Typus der reziprok-kommunikativen, sondern auch den der linear-autoritativen Sprache zu.[60]

---

[60] Das geschieht im Rahmen meiner Erörterung jedoch ausschließlich zu Zwecken der *deskriptiven* Darstellung der Möglichkeiten und nicht, weil ich mich wertend für eine Bejahung der ›irrationalen‹ Maßstäbe und Bedingungen einer linear-autoritativen Sprache aussprechen möchte.

4. Individualität in der religiösen Sprache

In einer reziproken Sprache ist eine gesellschaftliche Darstellbarkeit der Individualität, wie wir wissen, an sprachliche Ausdrücke für Extremwerte der Besonderheit gebunden. Man hat bereits gesehen, wie äußerst knapp Positionen in jeder Art Gesellschaft verfügbar sind, um Anerkennung der Individualität zu erreichen. Die Knappheit erklärt sich aus einem existenziellen Grundkonflikt, der seit dem Bewußtwerden des Todeswissens virulent ist. Einerseits verbreitete sich das Wissen um den individuellen Tod relativ schnell; früh schon wurde es zu einem Wissen der Vielen. Andererseits gab es jedoch praktisch keine Möglichkeit der Befriedigung der individualistischen Motivation auf dem Weg über ihre gesellschaftliche Anerkennung. Mit anderen Worten: Es bestand nicht die Möglichkeit einer gesellschaftlichen *Internalisierung des menschlichen Individualitätsbewußtseins.* Eine Entlastung vom existenziellen Dilemma, eng mit dem Individualitätsbewußtsein verbunden, war weitgehend allein durch *Externalisierung des Individualitätsbewußtseins* möglich.

Den Sprachen der Mythen und Religionen, mit ihren jeweiligen besonderen Weltbildern, kommt diese Funktion einer Externalisierung des Individualitätsbewußtseins und der menschlichen Dilemmaentlastung zu. Ich spreche künftig von ›*Teilhabe*‹, wenn es um die Art der Beziehung geht, die die Einzelnen mit mythischen und religiösen Instanzen unterhalten.

Man hat sich angewöhnt, ›Religion‹ als Sammelbegriff für jedwede Verehrung des Transzendenten und für jedwede Lehre vom Göttlichen zu verwenden. Spricht man über ›Religion‹, sollte man jedoch zunächst die Herkunft des Begriffs evaluieren. In jenen Sprachen, die nicht das lateinische ›religio‹ aufgenommen haben, existieren kaum äquivalente Begriffe. Sowohl das Indische und Chinesische als auch das Griechische, um nur die bekanntesten zu nennen, kennen keine entsprechenden Begriffe. Dennoch erscheint es gerechtfertigt, den Begriff für zwei grundlegende Eigenschaften in Anspruch zu nehmen, die wohl in den meisten Mythen und Religionen in der einen oder anderen Form präsent sind: für die Unterscheidung zwischen dem Natürlichen und dem Übernatürlichen und für den letztinstanzlich-imperativischen Charakter übernatürlicher Mächte.[61] Die Rolle der ›Wahrheitsinstanz‹ liegt allein bei den ›göttlichen‹ Sprechern, wobei die von den Göttern als Sprechern definierten Bedeutungen ihrer Worte nicht von den Adressaten im reziprok-kommunikativen Sinn ›verstanden‹ werden müssen. Eine ›göttliche Wahrheitsinstanz‹ braucht dabei nicht subjekthafter Art zu sein. Sie kann auch durch abstrakte Vorstellungen übernatürlicher

61 Dabei muß das Übernatürliche nicht ausschließlich im Sinn einer Transzendenzvorstellung gefaßt werden, wie für das christliche Weltbild charakteristisch.

Ordnungen und Gesetze ausgefüllt werden, so etwa im sanskritischen ›Dharma‹ oder im chinesischen ›Jiao‹.
Die Linearität des Sprecher-Hörer-Verhältnisses wird, gilt es, das Phänomen der Religion allgemein zu charakterisieren, in unterschiedlichen Akzentuierungen zum Ausdruck gebracht. Das Normalverständnis etwa wird durch die Auffassung eines bedeutenden Ethnologen des 19. Jahrhunderts, E.B. Tyler, wiedergegeben, wonach Religion durch den Glauben an übernatürliche geistige Wesen gekennzeichnet ist. R. Otto hat demgegenüber die Verhältniskategorie des ›Heiligen‹ in den Mittelpunkt gestellt. Das Heilige verweist danach auf eine Bewußtseinsintentionalität sui generis und „lebt in allen Religionen als ihr eigentlich Innerstes".[62] In der Religionssoziologie von M. Weber liegt der Religion ein gesellschaftliches Verhalten zugrunde, dessen ›Wert- und Zweckorientierung‹ auf ›übernatürliche Mächte‹ bezogen ist.[63] Bei ihm und bei G. Simmel wird insbesondere die eigenständige Weltbildfunktion der Religion hervorgehoben. Für Simmel kann Religion nur als eine ›Totalität des Weltbilds‹ begriffen werden, die neben anderen ›theoretischen und praktischen Totalitäten‹ „die Gesamtheit des Lebens zu einem besonderen, auf eine allumfassende Färbung gestellten Bild" zusammenfügt.[64] F. Heiler bezieht sich direkt auf das sprachliche Verhältnis, indem er das Gebet als ›Ursprung und Zentralphänomen lebendiger Religion‹ heraustellt.[65] G. van der Leeuw bestimmt Religion von ihrem allgemeinen Distanzgefühl gegenüber einem auffallend Anderen her, das durch ›Macht‹ aus dem Gewöhlichen herausfällt. J. Wach stellt auf das persönliche religiöse Erleben letzter Wirklichkeit ab, die in imperativischer Form den Gläubigen zu handeln zwingt. G. Mensching definiert Religion „als erlebnishafte Begegnung des Menschen mit heiliger Wirklichkeit und antwortendes Handeln des vom Heiligen existenziell irgendwie betroffenen Menschen."[66] Von zeitgenössischen Autoren wie Th. Luckmann und P.L. Berger wird der ›exzentrische‹ Charakter des Religiösen hervorgehoben: "Religion ist der kühne Versuch, das gesamte Universum auf den Menschen zu beziehen und für ihn zu beanspruchen."[67] R. Robertson sieht die Exzentrizität in der Rolle des Übernatürlichen. Nach ihm ist „religiöse Kultur das Gefüge von Überzeugungen und Symbolen (und Werten, die sich direkt daraus ergeben), die eine Unterscheidung zwischen einer empirischen und einer überempirischen, transzendenten Realität betreffen, wobei alles,

---

62 R. Otto: Das Heilige. München 1979, S. 6.

63 M. Weber: Wirtschaft und Gesellschaft. Grundriss der verstehenden Soziologie. Tübingen 1979, S. 245.

64 G. Simmel: Die Religion. Frankfurt 1906, S. 77.

65 F. Heiler: Das Gebet. Eine religionsgeschichtliche und religionspsychologische Untersuchung. München 1919, S. 147f.

66 G. Mensching: Die Weltreligionen. Darmstadt, 1959, S. 284.

67 P.L. Berger: Der Zwang zur Häresie. Religion in der pluralistischen Gesellschaft. Frankfurt 1980, S. 65.

was das Empirische berührt, von der Bedeutung her dem Nicht-Empirischen untergeordnet ist."[68]

In allen Konstellationen kommt der *Individualität* eine tragende Rolle zu. Danach ist die religiöse ›Wahrheitsinstanz‹ sowohl in der personalistisch-subjektiven Ausgestaltung als auch als abstraktes Ordnungsprinzip das Ergebnis einer *Externalisierung von Individualität*. Die Religionen sind unter diesem Aspekt bestimmt geartete Formen der Reaktion auf das existenzielle Dilemma, dessen Kern das menschliche Individualitätsbewußtsein bildet.

Meine These enthält zwei Teilbehauptungen: Bei der Entstehung religiöser Wesenheiten handelt es sich um einen dynamischen Vorgang, wobei das Ergebnis der Dynamik eine Widerspiegelung des menschlichen Individualitätsbewußtseins darstellt.

Mit der ersten Behauptung berufe ich mich auf eine bewährte Tradition der religionskritischen Aufklärung, Religion als Produkt einer *Projektion* des menschlichen Geistes zu verstehen. Sie leitet sich aus der griechischen Antike her und ist in neuerer Zeit etwa von L. Feuerbach, M. Stirner, K. Marx und S. Freud übernommen worden. Nach Feuerbach ist die Religion die grundlegende Form der ›Selbstentfremdung des Menschen‹. Er stellt die Abhängigkeit der menschlichen Selbstentfremdung gegenüber dem Todesbewußtsein heraus, denn „wenn kein Tod wäre, so wäre auch keine Religion."[69] Doch schon bei Stirner wird die Rolle des Individualitätsbewußtseins im Hinblick auf die Funktionsweise der Religion in den Mittelpunkt gerückt. In seinem Hauptwerk ›Der Einzige und sein Eigentum‹ werden religiöse Vorstellungen dadurch gekennzeichnet, daß in ihnen ›mein Wesen von Mir getrennt und über Mich gestellt wird‹. Nach ihm darf man für alles, was mich in ›meiner absoluten Einzelheit bindet‹, das › Wort Religion‹ verwenden. Denn in jedem Fall, in dem ›etwas über Mich gestellt‹ wird, werde die ›Fessel des Heiligen‹ eingezogen.[70]

Der zweite Teil meiner These erinnert daran, daß das Dilemma der menschlichen Existenz zwei Möglichkeiten einer Reaktion auf das Bewußtsein vom Tod impliziert: Anerkennung des Todes und der Endlichkeit menschlicher Existenz sowie Abwehr des Todes als ständiger Lebensbedrohung. Die erste Möglichkeit verweist das Individualitätsbewußtsein auf ein Streben nach gesellschaftlicher Integration, d.h. Anerkennung durch die Anderen. Die zweite Möglichkeit führt auf Wege einer möglichen Überwindung des Todes. Obwohl wir bekanntlich nahezu nichts über Einstellungen prähistorischer Menschen dazu wissen, kann man wohl davon ausgehen, daß es bereits früh in der menschheitlichen Entwicklung das wie auch immer unartikulierte Gefühl für den existenziell wichtigen Grundkon-

---

68 R. Robertson: Einführung in die Religionssoziologie. München/Mainz 1973, S. 64.

69 L. Feuerbach: Das Wesen des Christentums. WW. Band 8, hg. v. W. Bolin/F.Jodl, Stuttgart 1960, S. 41.

70 M. Stirner: Der Einzige und sein Eigentum, hg. v. A. Meyer. Stuttgart 1981, S. 61ff.

flikt gegeben haben muß, der sich aus der Verbreitung des Wissens um den Tod einerseits und dem Bewußtsein der Unerfüllbarkeit des ›individualistischen‹ Anspruchs auf gesellschaftliche Anerkennung andererseits herleitet. Das Wissen, daß die Menschen hinsichtlich ihrer Betroffenheit vom Todeswissen gleich sind, hat sich verhältnismäßig schnell ausgebreitet. Doch gab es von Anfang an keine Möglichkeit, im Rahmen der Gruppe eine Anerkennung des damit zugleich entstandenen Individualitätsbewußtseins der Einzelnen zu erreichen. Das bedeutet aber, daß die Dilemmaentlastung nach dieser Seite hin verschlossen blieb. Der aus dem bezeichneten Grundkonflikt resultierende Druck wirkte sich in Entlastungen vom Dilemma aus, bei denen das ganze Gewicht auf der zweiten Möglichkeit, der Abwehr des eigentlichen Todeswissens, lag. Diese unabwendbare Notwendigkeit lag allem mythisch-religiösen Sprechen und Vorstellen zugrunde.

Die notwendige Externalisierung des menschlichen Individualitätsbewußtseins führte dazu, daß Individualität allein Gottheiten zugesprochen wurde, deren wesentliche Eigenschaften als superlativische Steigerung menschlicher Außerordentlichkeit zu verstehen waren. Die mythisch-religiösen Wesenheiten sind in der Regel mächtiger als jeder Herrscher, denn sie sind es, die über das Schicksal der Menschen verfügen – sie sind Herren über Leben und Tod. Die für die religiösen Beziehungen benutzten Verhältnisbestimmungen sind die der Kindschaft, der Unterwerfung sowie der bedingungslosen Gefolgschaft. Sie definieren die Art und Weise, in der sterbliche Menschen an göttlicher Unsterblichkeit *teilhaben* dürfen. Für diese Möglichkeit der Dilemmaentlastung benutze ich darum den *Begriff der Teilhabe*. Teilhabe verbindet sich stets mit dem *Verzicht* auf interne gesellschaftliche Anerkennung der eigenen Individualität.

Insofern die Entlastung vom existenziellen Dilemma im Interesse aller liegt, kam es zu Bildern und Vorstellungen einer *Abwehr des Todeswissens*, wie sie jeweils von allen Mitgliedern der Gruppe geteilt wurden. Ein weiteres und wesentliches Kennzeichen besteht darin, daß ihre Inhalte die gesellschaftlich nicht integrierbare Individualität spiegeln. Aus diesem Grund sind die mythisch-religiösen Instanzen, seien es Subjekte, seien es Ordnungen, in ihrer Art jeweils *einzig*. Die Individualität der religiösen Wesenheiten gilt auch im Polytheismus, der am weitesten verbreiteten Vorstellungswelt, denn Gottheiten werden auch in diesem Rahmen so beschrieben und dargestellt, daß jede der Gottheiten für sich jeweils eine einzigartige Individualität ist. Die Vielheit ist hier stets nach dem Modell der Pluralität der Individualitäten zu denken und nicht nach dem Modell der Vielheit *gleicher* Subjekte oder Objekte. Andererseits konnte auch die Einzigartigkeit der eigenen Götter durch scharfe Abgrenzung zu den Göttern anderer Stämme und Völker betont herausgestellt werden. Denkbar wäre, daß es etwa so zur Jahwe-Verehrung und zum biblischen Monotheismus gekommen sein könnte.

Was die *Inhalte* der ›übernatürlichen‹ Dimensionen angeht, sind die meisten mythisch-religiösen Kulturen einem Realismus ›höherer Stufe‹ zugeneigt, der sich stark von jener Sparsamkeit der Deutung unterscheidet, mit der die moderne christliche Theologie die göttliche Transzendenz zu beschreiben pflegt. Während die Theologie heute kaum noch wagt, vom ›Himmel‹ als dem ›Wohnort Gottes und der unsterblichen Seelen‹ in konkret-bildhaften Vorstellungen zu sprechen, zeigen alle religionsgeschichtlichen Untersuchungen, daß eine derartige moderne Zurückhaltung die Ausnahme ist. Meistens hatte man sich die Welt der Geister und Gottheiten als Überhöhung der menschlichen Lebenswelt vorzustellen. Auch im Christentum war das ›Reich Gottes‹ bis in die Anfänge unseres Jahrhunderts hinein eine ›wirkliche‹ Welt unsterblicher Wesenheiten, die von Gott über Engel und Heilige bis hin zu den Seelen der Erlösten in einer hierarchischen Ordnung koexistierten, deren ebenso ›wirklich-übernatürliche‹ Gegenwelt die Hölle war. Diese Art, die übernatürliche Wirklichkeit bildhaft zu imaginieren, stellt einen wesentlichen Typus religiöser Kultur dar. Dabei bleibt die Analogie zwischen den Lebensformen der Sterblichen und der Unsterblichen regelmäßig nachweisbar. Um nur zwei Beispiele anzuführen, über die N. Barley berichtet: Die Bobo in Burkina Faso denken sich ihren ›Himmel‹ noch heute realistisch nach Art ihrer eigenen bürokratischen Wirklichkeit: „Die Ahnen stellen eine Art Zoll- und Grenzschutzbehörde dar. Die frisch Verstorbenen müssen anstehen, um den Fluß Volta zu überqueren, um ihrerseits Ahnen zu werden. Vorher werden ihre Ausweispapiere argwöhnisch und mit großer Ausführlichkeit unter die Lupe genommen; es wird geprüft, ob die Lebenden die teuren und verwickelten Begräbnisrituale korrekt durchgeführt haben.“[71] Die christliche Vorstellung eines ›Weltgerichts‹ ist von dieser Denkweise so weit nicht entfernt und dürfte in ähnlicher Weise ihre zeitgenössischen Ursprünge im römischen Rechtswesen haben. Das zweite Beispiel ist dem chinesischen Ahnenkult entnommen, wie er in unserer Zeit noch praktiziert wird und wo es wichtig ist, daß der Mensch sich schon zu Lebzeiten auf die Schwierigkeiten einstellt, die ihn nach dem Tod im Leben dann in der Hölle erwarten: „An den Herrscher des Hades müssen Lösegelder gezahlt werden, damit der dafür sorgt, daß die Seele unter den für ein erfolgreiches, glückliches Leben günstigsten Bedingungen wiedergeboren wird; die Richter erhalten Schmiergelder, für hungrige Geister gibt es Trinkgelder und die Seele muß Ausweise bei sich haben, um durch die Absperrungen bei ihrer Wanderung nach drüben zu kommen. Eine Seele in der Hölle befände sich ohne Unterstützung der Lebenden in einer wenig beneidenswerten Position. Häuser, Sänften und Autos, Schrankkoffer mit Kleidern und sonstige Attribute des Wohllebens in papierener Form müssen mit Scheingeld jeder Art verbrannt werden, damit es der Seele wohl ergehe, soweit man bei den fast durchgängigen Qualen, die sie im

---

[71] N. Barley: Tanz ums Grab. Stuttgart 1998, S. 102.

chinesischen Hades erleiden muß, von Wohlergehen überhaupt noch reden kann."[72]

Wir werden später anhand weiterer Beispiele sehen, daß in der Regel das Dilemma der einzelmenschlichen Existenz *als ganzes* auf die Gottheiten projiziert wird, die dann so die Externalisierung des Dilemmas verkörpern. ›Himmel‹ und ›Hölle‹ etwa sind verbreitete Bilder für den externalisierten Zusammenhang von Todesabwehr und Todesanerkennung. Die Externalisierung selbst kommt in allen Vorstellungen zum Ausdruck, die die *Abspaltung* der menschlichen von der göttlichen Welt bezeichnen. Entsprechende Prädikate sind in den religiösen Sprachen Begriffe wie ›heilig‹, ›unberührbar‹ und beispielsweise ›tabu‹. Der Zweck der Abspaltung liegt darin, vergessen zu machen, daß die übernatürliche eine vom menschlichen Bewußtsein erzeugte Welt ist, deren Genese sich der Nichtintegrierbarkeit der Individualität in das gesellschaftliche Bewußtsein verdankt.

Die mythisch-religiöse Sprache entspricht dem Bedürfnis nach superlativischer Darstellung der Individualität. Durch Abspaltung wird aus einem menschlichen Superlativismus ein ›übernatürlicher‹ Superlativismus der Gottheiten, denn keine gesellschaftliche Organisation in der ›wirklichen‹ Menschenwelt könnte ihn je befriedigen. Darin ist auch der Vorteil der religiösen gegenüber der reziproken Sprache zu sehen. In ihr ist das menschliche Individualitätsbewußtsein sowohl an das Bewußtsein der Endlichkeit der menschlichen Existenz als auch an ein Bewußtsein extremer Knappheit von gesellschaftlichen Positionen der Individualität gebunden. In der religiösen Sprache erscheinen demgegenüber weder die Endlichkeit als konstitutive Bedingung des Individualitätsbewußtseins noch die extreme Knappheit von Ausdrucksmöglichkeiten der Individualität.

Die religiöse Kultur bewahrt und tradiert damit eine Konzeption der ›hybriden Individualität‹, ›hybrid‹, weil sie durch Identifizierung der Einzigartigkeit mit dem Anspruch auf eine *unendliche* Existenzform definiert ist. Diese Identifizierung dürfte eine der ältesten, langlebigsten und verbreitetsten Kulturideen der Menschheit darstellen.

5. Zusammenfassung und Ausblick

1. Das existenzielle Dilemma stellt, seit der prähistorischen Entstehung der Selbstbetroffenheit durch den Tod, die feste Konstante im Bewußtseinshaushalt eines jeden menschlichen Individuums dar.
2. Mit dem dilemmatischen Bewußtsein verbindet sich zugleich das spezifische Bewußtsein einzigartiger Individualität, wie allein Menschen dies entwickelt

[72] N. Barley, a.a.O., S. 103.

konnten. Die menschliche Individualität ist ein gedankliches Konstrukt, dessen Ausdrucksform die Sprache des Superlativismus ist. Während sie selbst nicht als etwas Wirkliches außerhalb der internen Selbstzuschreibung der Individuen ›in der Welt‹ existiert, sind es umso mehr ihre Werke: nämlich alle Gegenstände, die Menschen hervorgebracht haben und hervorbringen und in denen sich ›Außerordentlichkeit‹ spiegelt. Es kommt zur langen Traditionslinie einer ›Theatralik der Individualität‹, aus der sich die Kernbestände aller menschlichen Kultur speisen. In den Anfängen handelte es sich allein um kultische ›Gegenstände‹ im engeren Sinn: Zeugnisse für Begräbnis- und Opferriten sowie Wohnstätten der Gottheiten.

3. Zum Individualitätsbewußtsein gehört von Anfang an die Einsicht in die äußerste Knappheit von Positionen der gesellschaftlichen Anerkennung der Individualität. Die Anerkennung eigener Individualität ist nur durch ›Teilhabe‹ an göttlicher Individualität oder, im Anspruch auf die seltene Position gesellschaftlicher Anerkennung, durch ›Selbstbehauptung‹ möglich. Während der Preis der Teilhabe im Verzicht auf die reale gesellschaftliche Anerkennung besteht, muß für die Selbstbehauptung, die gesellschaftliche Anerkennung eigener Individualität, mit der vollen Akzeptanz des existenziellen Dilemmas, in erster Linie der des Todes als Lebenssinn, bezahlt werden.
4. ›Teilhabe‹ und ›Selbstbehauptung‹ können, jedes für sich, jeweils in zwei Sprachtypen ausgedrückt werden: in reziprok-kommunikativer und in linear-autoritativer Sprache, erstere Typ intersubjektiver Verstehbarkeit, zweitere Typ mythisch-religiöser Mitteilung. In reziprok-kommunikativer Sprachform, die man am ehesten mit dem Prädikat der Rationalität versehen wird, enthüllen sich zum einen die superlativischen Ausdrucksarten der Individualität; zum anderen werden die Bestände mythisch-religiöser Metaphysik, wie sie sowohl zur ›Teilhabe‹-Beziehung als auch zu heroischer ›Selbstbehauptung‹ gehören, als Abspaltungen aus gedanklichen Konstrukten der menschlichen Subjekte deutlich. Was die Bedeutung der Eigennamen – als Bezeichnungen der Individualität des Individuums – angeht, so besitzen in religiöser Sprache nur Gottheiten und Helden (im weiteren Sinn des Begriffs auch Religionsstifter wie Buddha und Jesus) die Qualität der Individualität, an der Sterbliche in der einen oder anderen Art ›teilhaben‹ können.
5. Die längste Zeit der bisherigen Menschheitsgeschichte wird durch die dominante Rolle der Welt- und Gesellschaftsbilder mythisch-religiöser Sprache bestimmt. Im folgenden Teil zeige ich anhand von Beispielen aus Prähistorie und geschichtlicher Zeit, wie sich die Dominanz der mythisch-religiösen Sprache im Rahmen der beiden Grundmodelle menschlicher Dilemmabewältigung, ›Teilhabe‹ und ›Selbstbehauptung‹, auswirkt: hauptsächlich als die für menschliche Gesellschaftbildung ausschlaggebend gewordene Möglichkeit, in einem Ausmaß Großgruppenbildungen zu erreichen, so daß man von einer

kulturellen Überformung der biologischen Präferenz der menschlichen Art für die Kleingruppe wird sprechen müssen.

III. Die Evolution der Großgruppe

1. Von der natürlichen zur künstlichen Autorität

Der evolutionäre Erfolg der Menschheit – als Erfolg auch im Sinn der Herrschaft über andere Arten – geht immer auf die Fähigkeit zur Großgruppenbildung zurück.

In der Evolution des Lebens hat sich die Gesellschaftlichkeit der Lebewesen bereits seit Millionen Jahren als effektives Prinzip erwiesen. Beispiele finden sich bei den Insekten und Ameisen. Beide Formen verdanken einen großen Teil ihres evolutiven Erfolgs ihrer massenhaften Gesellschaftlichkeit. In dieser Größenordnung hat sich die Gesellschaftlichkeit bei anderen Tierarten nicht durchsetzen können. Speziell große Wirbeltiere haben zumeist nur in kleinen Gruppen von Individuen überleben können. Man erkennt die Notwendigkeit, stellt man die Umweltbedingungen in Rechnung. Große Tiere sind auf große Nahrungsmengen in erreichbarer Nähe angewiesen, weshalb sich in gleicher Umgebung nur kleine Gruppen von ihnen haben ernähren können.

Unbeschadet ihrer biologischen Präferenz für die kleine Gruppe leben die Menschen seit Urzeiten jedoch in Verbänden, die die zuvor genannten Zahlen von 100 bis 500 erheblich übersteigen.[73] Moderne Soziobiologen sehen die Gründe dafür in einer Tendenz der menschlichen Evolution, in deren Verlauf die Menschen nicht mehr wie sonst in der Natur mit anderen Tierarten um die knappen Ressourcen der Umgebung konkurrierten, sondern hauptsächlich nur noch mit

---

73 Der Psychologe und Anthropologe R. Dunbar hat die Forschungsergebnisse gewonnen, an denen man sich in der modernen Sozialanthropologie orientiert. Er „berechnete für etwa zwei Dutzend Altweltaffenarten die Regressionsgrade zwischen dem Volumen-Anteil des Neocortex am Gesamtgehirn und der durchschnittlichen Gruppengröße der jeweiligen Primatenart. Schließt man den Menschen in die Berechnung ein, ergibt sich für ihn eine rechnerisch vorhergesagte ›natürliche‹ Gruppengröße von 148 Personen. Für Gruppen und Lebensgemeinschaften bis zu dieser Größe solle die Kapazität unseres Großhirns ausreichen, die Sozialbeziehungen zu überschauen und zu regulieren. Größere Gruppen drohen zu zerfallen, weil sie unsere psychologischen Gruppenkohäsionsmechanismen, einschließlich die der informellen sozialen Kontrolle, überfordern. Interessanterweise entspricht der ermittelte Wert verblüffend genau den beobachteten Gegebenheiten, wie sie in traditionellen Wildbeutergesellschaften gefunden werden. Ob Papua, Yanomami, Inuit (Eskimo) oder !Kung San: Im Mittel umfaßt eine Clan-Gesellschaft 148 Personen“ (E. Voland: Von der Ordnung ohne Recht zum Recht durch Ordnung. Die Entstehung von Rechtsnormen aus evolutionsbiologischer Sicht. In: E.J. Lampe [Hg.]: Zur Entwicklung von Rechtsbewußtsein. Frankfurt 1997 S. 126). Für eine mehr oder weniger informelle Perpetuierung unserer biologischen Präferenz für die Kleingruppen sprechen Beobachtungen bei religiösen Sektengemeinschaften, die noch in unserer Zeit Gruppenbindungen besitzen, die den Dunbarschen Daten entsprechen. So gruppierten sich etwa die Hutterer in den Vereinigten Staaten in ›Bruderhöfen‹, von denen jeder nicht mehr als 150 bis 200 Mitglieder zählte: „Sobald eine Höchstzahl erreicht ist, beschließt die Bruderschaft, eine Tochterkolonie zu gründen“ (V. Peters: Die Hutterischen Brüder 1528–1992. Marburg 1992, S. 122).

ihresgleichen. So gesehen ist die Konkurrenz der menschlichen Gruppen untereinander wesentlicher Grund für den Zug zu deren rapider Vergrößerung[74].
Dennoch kann der Hinweis auf die Gruppenkonkurrenz im internen Rahmen der menschlichen Art die Tendenz der Großgruppenbildung nur dann erklären, wenn man im Zusammenhang damit zugleich eine Fähigkeit der Menschen unterstellt, ihre natürliche Präferenz für die Kleingruppe zu modifizieren. Wäre es bei der biologisch angelegten Kleingruppenpräferenz geblieben, hätte sich der Großgruppentrend nicht in dem hinreichend bekannten und bezeugten Ausmaß stabilisieren können. An dieser Stelle möchte ich mit meinen beiden Thesen ansetzen:

(1) *daß die Fähigkeit der Menschen, größere Gruppen zu bilden, und die Entstehung des Todeswissens miteinander in engem Zusammenhang stehen, und*
(2) *daß die sozialen Bindekräfte der größeren Gruppe aus der Reaktion der Menschen auf das existenzielle Dilemma des Wissens um den Tod hervorgegangen sind.*[75]

Die entwicklungsgeschichtlichen Vorgänge, die in der großen Zeitspanne zwischen den Epochen der menschlichen Kleingruppenexistenz und denjenigen des Lebens in größeren Gruppen stattgefunden haben, vermögen wir nur zu erahnen. So haben Menschen in der Epoche ante scientiam mortis im eigenen Nahbereich der Kleingruppe den Tod von Verwandten und Angehörigen erlebt. Sie werden vermutlich auf deren Tod nicht anders reagiert haben, als bei Tieren beobachtet: Nach vergeblichen Versuchen, den toten Körper ins Leben zurückzuholen, wird man weitergezogen sein. Seit Begräbnisriten nachweisbar sind, muß sowohl vom Wissen um den eigenen Tod ausgegangen werden als auch von Reaktionen der Entlastung im Sinn von mythisch-religiösen Vorstellungen eines Weiterlebens. Es ist zugleich unwahrscheinlich, daß solche Erfahrungen, die der Selbstbetroffenheit durch das Todesschicksal, im Nahbereich der Gruppe zustande kamen. Im Nahbereich muß man, was das Todeswissen der frühen Menschen angeht, von Eindrücken ausgehen, wie sie heute noch Kindern nachgesagt werden, die den Tod naher Angehöriger zwar als Trennung und Verlassen empfinden und betrauern, jedoch nicht als das Ende des Lebens verstehen können. Man wird deshalb eher zu dem Schluß gelangen müssen, daß die Erfahrung, die bereits die frühen Menschen zum Selbstbezug in Gestalt des Wissens um den eigenen Tod

---

74 R.D. Alexander weist allerdings darauf hin, daß die schon früh zu beobachtende menschliche Kooperation in größeren Gruppen nicht mit dem gewohnten Argument der Nahrungsmittelbeschaffung allein erklärt werden kann (R.D. Alexander: The Biology of Moral Systems. New York 1987, S. 65f.).

75 Mit diesen Thesen bewege ich mich in der von E. Durkheim begonnenen Tradition der historischen Sozialtheorie. Vgl. ders.: Les formes élémentaires de la vie religieuse. Paris 1912. Aus heutiger Sicht vgl. hierzu: M. Douglas: Ritual, Tabu und Körpersymbolik. Frankfurt 1974.

gedrängt hat, aus dem Umgang mit Fremden stammen.[76] Die Vermutung liegt nahe, daß das Zusammensein mit Fremden während der langen Jäger-Sammler-Periode in das zuvor von der Kleingruppenbindung geprägte kollektive Bewußtsein integriert wurde, womit ein durch Anonymität bedingtes Bewußtsein menschlicher Gleichheit entstand, mit dem zusammen wohl auch das Wissen um den je eigenen Tod Einzug hielt.

Das Erschrecken über die eigene Sterblichkeit ist den Menschen, unabhängig von ihrer Einbindung in Kleingruppen, gemeinsam. Man kann sich denken, daß die damit verbundene Emotionalität eine Stärke erreicht hatte, die der Intensität der genetisch verankerten Zusammengehörigkeitsgefühle in der familiären Kleingruppe gleichkam. Die Geister und Götter repräsentierten die Fremdheit in der Großgruppe und sorgten auch für die Entlastung der Einzelnen von der Bedrükkung durch das Wissen um den Tod. Sie verkörperten eine Form der Fremdheit, spiegelte sich in ihnen doch der Schrecken, der vom Todesbewußtsein ausgeht: unter diesem Gesichtspunkt wurden Geister und Götter immer gefürchtet. Sie entlasteten den Einzelnen zugleich, indem sie die Verarbeitung des Todeswissens dem Kollektiv überantworteten: unter diesem Gesichtspunkt wurden Geister und Götter verehrt. Den Grund für die Notwendigkeit der Entlastung habe ich bereits früher benannt: Er liegt in der individualistischen Motivation, die sich aus dem Zwang zur gesellschaftlichen Anerkennung des Individualitätsbewußtseins ergibt. Erst durch die Tendenz hin zur Externalisierung des Individualitätsbewußtseins ist es meiner Vermutung nach zur Plastizität menschlicher Sozialnatur gekommen, die die Fähigkeit zur Großgruppenbildung bedingt und die zu einem Kennzeichen menschlicher Sozialentwicklung geworden ist.

Durch den Mechanismus ›Entlastung vom einzelmenschlichen Dilemma durch kollektive Externalisierung‹ können die Menschen die beiden stärksten emotionalen Tendenzen, die sie bewegen, miteinander verbinden: die biologisch fundierte Bindung im Rahmen einer kleingruppenmäßigen Ordnung und die Identifizierung mit einem kollektiven Bewußtsein, das zum Träger des für alle geltenden existenziellen Dilemmas wird. Im Kollektivbewußtsein ließ sich darüber hinaus der Wunsch nach Unsterblichkeit, eben jenem Moment der Erinnerung an die animalische Unbewußtheit ante scientiam mortis, glaubwürdig unterbringen, denn die größere Gruppe besaß mit zunehmender Mitgliederzahl für die Einzelnen in der Tat eine quasi-ewige Dauer.

Auch dieser Übergang von der Naturalform des kleinen Verbands zur Kulturform der größeren Gruppe kam nicht als Sprung zustande. Man muß sich ihn wie alles

---

76 Philosophisch hat W. Schulz über das Verhältnis zwischen ›Fremd-‹ und ›Eigentod‹ nachgedacht. Vgl.: Ders.: Zum Problem des Todes. In : H. Ebeling (Hg.): Der Tod in der Moderne. Frankfurt 1992, S. 166ff.

in der menschheitlichen Entwicklung als einen kontinuierlichen Wandel vorstellen, der sich über lange Phasen hinzog.

Wahrscheinlich hat gerade auch das Todeswissen einen großen, in bisherigen Deutungen vernachlässigten Anteil am evolutionären Erfolg des Menschen, der dadurch erst zur dominierenden Gattung auf dem Globus wurde. In dem Maße, in dem sich das Gefühl der eigenen Betroffenheit durch den Tod ausbreitete, wuchs die Bereitschaft, sich permanent auf eine Gefährdung des Lebens einzustellen. Während höhere Tiere die Gefährdung immer nur mit einer realen Gefahr verbinden, um dann, wenn die Gefahr vorüber ist, das Gefühl dafür wieder zu verlieren, stellten sich die Menschen durch ihr Wissen um den Tod auf eine Art Dauergefährdung ein. Sie entwickelten ein Verhalten, in dem künftige Gefahren bereits eingeplant waren. Mit dieser Einstellung konnten sie beispielsweise Jagd auf größere Tiere machen, ohne daß Hunger oder reines Interesse an Nahrungsaufnahme sie getrieben hätte. Das Bedürfnis nach Sicherheit wurde im Bewußtsein des Todes dem Ernährungsbedürfnis gleichgestellt. Vielleicht ist der Übergang von der Jäger-Sammler-Periode zur Periode der Seßhaftigkeit in erster Linie durch das dem Todesbewußtsein entstammende Sicherheitsbedürfnis zu erklären und danach erst durch Vorteile einer verbesserten Nahrungsbeschaffung. Möglicherweise war dieses Sicherheitsbedürfnis auch der Grund, weshalb der Mensch Großtiere, Konkurrenten um natürliche Lebensmittel, entweder so weitgehend ausgerottet hat, daß sie nicht mehr gefährlich werden, oder aber sie domestizierte. Nahrungsbeschaffung hingegen wäre als alleiniger Grund nicht ausreichend.

In der Periode der Seßhaftwerdung nimmt das Bild menschlicher Gruppenorganisation konkretere Formen an, also etwa im Neolithikum vor ca. 10 000 Jahren, als die Menschen lernten, Ackerbau und Viehzucht sich zu eigen zu machen. Die Seßhaftigkeit ging mit einem Anstieg der Bevölkerungszahlen einher.

Die ersten Dorfgemeinschaften entstanden. Der Anthropologe R. Redfield hat ein anschauliches Bild der frühen Dörfer gezeichnet.[77] Er folgert aufgrund bekannter Ausgrabungsfunde, daß Dörfer in der Regel ca. 400 Einwohner hatten. Mit wachsender Bevölkerung ging man zur Neugründung über, deren Einwohnerzahl wiederum selten über 400 hinausging. Die Dorfgemeinschaften waren hinsichtlich der Nahrungsmittelversorgung autark. Zwar entwickelten sich sehr früh Handels- und Austauschbeziehungen zwischen den Dorfgemeinschaften, doch vermied man es, in Abhängigkeit zueinander zu geraten oder die Grenzen zwischen den Dörfern aufzuheben. Die Richtung der Gesellschaftsentwicklung läßt sich klar erkennen: Es geht nach der Seßhaftwerdung nicht um eine völlig neue Gesellschaftsordnung, sondern um eine Erweiterung biologisch angelegter Gruppenformen.

---

77 R. Redfield: The Primitive World and Its Transformations. Ithaca, N.Y. 1953.

Nach H. Wimmer waren die damals entstandenen größeren gesellschaftlichen Zusammenhänge zunächst nicht mehr als ›politisch assoziierte Verwandtschaftsverbände‹, „die sich aus der Vogelperspektive wie ein Fleckerlteppich ... darstellen." Die lockeren Verbindungen erforderten gleichwohl rechtliche Regelungen, die „nur innerhalb einer relativ kleinen sozialen Einheit – eben so weit die persönlichen Kontakte reichen -" Geltung besitzen. „Hinter dem kriegsbedingten Niemandsland sitzen bereits die Feinde, denen man – auch wenn man sie nicht gerade bekriegt – grundsätzlich mißtraut, die man überfallen und berauben, notfalls auch töten darf, die man im Handelsgeschäft am besten betrügen kann, deren Frauen man entführt etc. Das heißt, das Recht ordnet das Leben von maximal einigen tausend Menschen, die nicht weiter als eine Tagesreise voneinander entfernt wohnen."[78] Doch gerade die lockere Verbindung der familiären Kleingruppen erforderte den Aufbau hierarchischer Autoritätsstrukturen: „Oft zwingt ... der endemische Kriegszustand zur Siedlungskonzentration: Mehrere Dörfer werden zusammengefaßt zu einer Großsiedlung von mehreren Hunderten, manchmal Tausenden von Bewohnern, die sich durch Ummauerung vor Raubüberfällen zu schützen suchen."[79] Der Großgruppenzusammenschluß ist dadurch charakterisiert, daß natürliche Autorität und natürlicher Gehorsam der Kleingruppe mittels ›künstlicher Autoritäten‹ im Rahmen hierarchischer Institutionen erweitert wurden: Anfänge der *Staatlichkeit* werden sichtbar.

Der Übergang zur Seßhaftigkeit bildete zugleich die Schwelle zu einem neuen mythisch-religiösen Bewußtsein mit ›künstlichen‹ Autoritäten, denen Menschen in immer größer werdenden Gruppen zu folgen bereit waren. Eine wachsende Fähigkeit, die Natur zu beherrschen, spielte dabei eine wichtige Rolle. Die Erde mit ihrer Fruchtbarkeit wurde zur Göttin und die Sonne zum ›göttlichen Vater aller Dinge‹. Die Funktionen des Heiligen, die sich vorher mit Dingen und Tieren verbanden, wurden nun auf die Erde, den Himmel, Sonne, Mond und Sterne übertragen. Das Göttliche erhält menschliches Antlitz und verkörpert die Wesenheit der Unsterblichkeit, indem es Trost durch das Versprechen der ›Teilhabe‹ an dieser Unsterblichkeit spendet.[80] In den vermenschlichten Göttern leben häufig noch deren Vorgänger, die Tiergötter, fort, wie in Mythologien antiker Völker aufweisbar. Ägyptische und babylonische Gottheiten werden als Lebewesen mit menschlichen Köpfen und tierischen Körpern dargestellt. Bei Homer hat Athene die Augen einer Eule und Göttermutter Hera die einer Kuh.

Durch Menschenähnlichkeit der Götter kam Vertrautheit ins Spiel. Natürlich

---

78 H. Wimmer: Theorien zur Entstehung des Staates und des Rechts. In: E.J. Lampe (Hg.): Zur Entwicklung von Rechtsbewußtsein. Frankfurt 1997, S. 222.

79 Wimmer, a.a.O., S. 224.

80 Alle diese Mythen basieren auf dem Ursprungs- bzw. Schöpfungsmythos, und „der Beweis für die Wahrheit des Schöpfungsmythos ist die faktische Existenz der Welt" (C.-F. Geyer: Mythos. Formen – Beispiele – Deutungen. München 1996, S. 27).

blieben die Götter nach wie vor wichtigste Instanz bei der Bewältigung der Todesfurcht. Sie verbreiteten jedoch nicht mehr nur Schrecken, sondern ließen sich auf Kommunikation mit den Menschen ein. Sie wurden selbst bis zu einem gewissen Grad beherrschbar und berechenbar, ihre Verehrung konzentrierte sich auf bestimmte, abgegrenzte Orte und Häuser, die Gottheiten beherbergten.[81]

In jedem Fall stellen die Gottheiten *Formen der Dramatisierung* dar, zu der *Individualität* als ›Extremwert der Besonderheit‹ förmlich zwingt. In allen Kulturen wird von ihrem Leben in Formen dramatischer Übersteigerung alles Normal-Menschlichen berichtet. Sie besitzen vor allem das Kostbarste, nämlich Unsterblichkeit, und genau danach sehnen sich die in Todesfurcht befangenen Menschen, um mit ihnen in Kontakt zu bleiben. Bilder aus der Theaterwelt drängen sich auf, Religiöses und Numinoses zu erfassen: Priester gleichen Schauspielern auf der Bühne und Opferrituale bzw. sakrale Veranstaltungen werden wie Schauspiele zelebriert.[82]

Der Einzug menschenähnlicher Götter zeigt jedoch auch an, daß mittlerweile der Mensch dem Menschen zum ›Wolf‹ geworden ist. Der ärgste Feind des Menschen ist nicht mehr die Natur, mit ihr hat man umzugehen gelernt, sondern der Mensch, der das durch Krieg und Überfälle mühsam Erworbene zunichte zu machen in der Lage ist.

Die Dorfgemeinschaften jener vorgeschichtlichen Epoche gruppierten sich jeweils um einen einheitlichen mythisch-religiösen Kult. In der sich stark vermehrenden Gemeinschaft mag es auch schon zu Auswanderungen und Neugründungen, unter Mitnahme des kultischen Gutes, gekommen sein. Damit wurde ein historisches Phänomen auf den Weg gebracht, das später und bis in unsere Zeit hinein zu einem herausragenden kulturgeschichtlichen Merkmal geworden ist: die Bindungswirkung mythisch-religiöser Kulte, die die Grenzen politischer Strukturen erheblich überschritt.[83]

Neben der Zweiteilung sozialer Strukturen in eine politische und eine mythisch-religiöse lassen sich in jener Epoche Hinweise für ein weiteres wichtiges gesellschaftliches Phänomen im Zeichen der größeren Gruppe aufzeigen: die Auseinandersetzung mit der *inneren Fremdheit*.

Einerseits haben sich die größeren Gruppen als die effektiveren Formen des menschlichen Zusammenlebens herausgestellt. Andererseits konnten die Menschen in keiner Phase ihrer Sozialentwicklung die biologische Kleingruppenprä-

---

81 Vgl. H.P. Duerr: Traumzeit. Über die Grenze zwischen Wildnis und Zivilisation. Bd. II. Frankfurt 1981.

82 Wahrscheinlich bietet sich der Vergleich gerade deshalb an, weil das Theater, das sich in europäischen und asiatischen Traditionen als eigenständige Kulturform entwickelt hat, seine Wurzeln in religiösen Traditionen der Menschen hat.

83 Bekanntlich sind die Grenzen der großen Religionen wie des Buddhismus, des Christentums und des Islam viel weiter gesteckt als die Grenzen der politisch-staatlichen Einheiten, deren Kulturen im Einflußbereich dieser Religionen sich jeweils befinden.

ferenz gänzlich aufgeben, eine natürliche Präferenz, die seither allen Eindrücken der inneren Fremdheit in Großgruppen zugrunde liegt. Das Phänomen der inneren Fremdheit hat in allen Großgruppenformationen der Geschichte die Stabilität des Zusammenhalts behindert und erschwert. Zur Überbrückung der Kluft zwischen der Kleingruppenpräferenz und den Kooperationserforderlichkeiten im Großgruppenzusammenhang haben die Menschen die mythisch-religiösen Kulte ›erfunden‹, die eine Großgruppenbildung in allen Kulturen erst wirklich ermöglicht haben. So sind gerade die mythisch-religiösen Kulte zu den bedeutsamsten politischen ›Verfassungen‹ des menschlichen Großgruppenzeitalters geworden.

2. Kultische Gemeinschaft und Bewältigung der Fremdheit

In jener Epoche kam es zu den ersten Städtegründungen in der Menschheitsgeschichte. Man wählte für den Handel günstig gelegene Orte, etwa Flüsse und Flußmündungen. Es bildete sich das heraus, was R. Redfield als ›ländlich-städtisches Kontinuum‹ bezeichnet.[84] Diese Siedlungsart hat sich in der grundlegenden Struktur bis in die Gegenwart gehalten. Die frühen Städte hatten Einwohnerzahlen zwischen 7000 und 20 000. Was sich in den Dörfern bereits angekündigt hatte, wurde in den städtischen Siedlungen nunmehr zum Normalfall: Man mußte sich an das Zusammenleben mit Menschen gewöhnen, zu denen keine Verwandtschaften im engeren biologischen Sinn mehr bestanden. Dennoch wurde der gesellschaftliche Zusammenhalt nach dem bewährten Muster der Erweiterung der Kleingruppenpräferenz hergestellt, bei der die Bewältigung der Todesfurcht durch Kollektivierung des einzelmenschlichen Dilemmas eine tiefgreifende Rolle spielte.

Wir besitzen seither – und zwar bis heute und für alle Zukunft menschlicher Existenz – ein klar erkennbares Maß für die in den Einzelnen wirksame Bindekraft des gesellschaftlichen Zusammenhangs: Es besteht im Grad der Betroffenheit, den der Tod anderer Menschen hervorruft. Betroffenheit im Sinn wirklicher Trauer empfinden wir allein beim Tod von Menschen der Nahumgebung, d.h. von Mitgliedern der Familie und nahestehenden Freunden.[85] Bis heute leben Menschen der Nahumgebung – beispielsweise die Eltern – im Gefühlshaushalt und in der Vorstellungswelt der Zurückgebliebenen weiter. Eine Ausnahme vom Fall der Nahumgebung ist der Tod derer, die Führer der Gruppe oder Symbolgestalten des Gruppenzusammenhanges waren. Doch auch für sie gilt: Weil sie von den anderen in eine Nahbeziehung gerückt worden sind, hat ihr Tod erst eine

---

84 R. Redfield, a.a.O., S. 80.

85 So existiert in China parallel zum Verwandtschaftssystem ein Trauersystem, das die Zeitdauer der Trauer in Abhängigkeit vom Verwandtschaftsgrad bestimmt. Vgl. C. Levi-Strauss: Die elementaren Strukturen der Verwandtschaft. Frankfurt 1993, S. 454ff.

solche emotionale Betroffenheit auslösen können. Den Tod Fremder, das kann schon die nächste Nachbarschaft sein, nehmen wir hingegen zwar mit Bedauern zur Kenntnis, doch werden wir in der Regel emotional nur mäßig berührt. Dennoch liegt darin eine tiefe Bedeutung, ist es doch gerade diese *geringe* Betroffenheit beim Tod Fremder, durch die die Menschen überhaupt erst Bereitschaft entwickelt haben, das Todesschicksal auf sich selbst zu beziehen und den eigenen Tod als zukünftiges Ereignis ernst zu nehmen. Wäre es bei der Naherfahrung des Todes von Verwandten und nahen Angehörigen geblieben, wäre es wohl nicht zum Wissen um den *eigenen* Tod gekommen. In der größeren Gruppe ging es deshalb von Anfang an um die Überwindung zwischenmenschlicher Anonymität, die sich in ihr aufgrund biologisch konstituierter Voraussetzungen als das sie ständig begleitende Grundgefühl einstellen mußte. Das Wissen um den eigenen Tod war es, das in den Einzelnen die nötige Emotionalität freisetzte, die das Gegengewicht gegen jedwede Anonymität bildete, durch die der Zusammenhalt der größeren Gruppe ständig bedroht war.

Im Licht religiöser Kulte, d.h. vor dem Hintergrund der Vorstellungswelt, in der Gottheiten leben, haben die Menschen Formen der Bewältigung der inneren Fremdheit in ihren Großgruppengesellschaften entwickelt. Ihnen liegt die Intention zugrunde, die Einzelnen mit dem Phänomen der Fremdheit in der Gruppe vertraut zu machen. Das heißt: Es geht darin nicht um die Beseitigung der Fremdheit, sondern um eine – in der Regel vertrauensvolle – Gewöhnung an sie.

Ich unterscheide drei Aspekte dieser Strategie: Die Gottheiten selbst werden – erstens – zu Trägern und Inkorporierungen der Fremdheit gemacht und so in zahlreichen Kulturen als Wesen von *übermenschlicher* Dimension dargestellt. Der sichtbaren Wahrnehmung entzogen, können die Menschen mit ihnen nicht direkt, sondern nur indirekt kommunizieren. Durch Generationenfolgen wurden die Gottheiten zu ›Vätern‹ und ›Müttern‹ einer so großen Anzahl von Menschen, daß sich die meisten Gruppenmitglieder – abgesehen von Führern und Herrschern – nicht mehr auf eine direkte verwandtschaftliche Beziehung berufen konnten. So wurden sie immer abstrakter in Raum und Zeit. In diesem Übergang müssen die Jenseitsvorstellungen entstanden sein, die seitdem die Weltbilder menschlicher Gottesvorstellungen bestimmen. Über Verwandtschaftsverhältnisse zwischen Göttern und Menschen gaben die *Ursprungsmythen* Auskunft.[86] Aus ihnen konnten Mitglieder der Gruppen ihre gemeinsame Herkunft ersehen und wie es mit der Verbindung der Lebenden mit den göttlichen Ahnen bestellt war.[87]

Zweitens wird die *Ambivalenz im Verhältnis zum fremden Anderen* zum Ausdruck gebracht. Auf der einen Seite waren die Erfolge der Großgruppenbildung

---

86 Vgl. H. Usener: Götternamen. Versuch einer Lehre von der religiösen Begriffsbildung. Frankfurt 1948.

87 Vgl. K.Ph. Moritz: Götterlehre oder mythologische Dichtungen der Alten, Lahr 1948.

nur möglich, weil man eine innere Fremdheit in Kauf nehmen und durch Götter-Präsenz zu bewältigen suchte. Andererseits erneuerte die dauernde Präsenz des fremden Anderen die Erinnerung daran, daß gerade in der Begegnung mit ihm einmal der Ursprung des Wissens um den eigenen Tod gelegen hat. Mit der rituellen Tötung von Menschen, die man als fremde Andere wahrnahm, sollte die eigene innere Fremdheit – die tiefste Selbstentfremdung – ausgelöscht werden, denn nichts Anderes als das bedeutet ja das Wissen um den eigenen Tod. Die Ambivalenz gegenüber dem Fremden bestimmt bis in unsere Tage das Schicksal der menschlichen Gesellschaft.

In diesen Zusammenhang gehören jene Opferriten, durch die die Menschen das Mißtrauen der Götter ständig zu beruhigen suchten, ohne dies je befriedigend getan zu haben. Als Lohn durften sie Teilhabe an göttlicher Lebensform, der Unsterblichkeit, erwarten. In den meisten kultischen Traditionen war das Mißtrauen von seiten der Götter so stark, daß rituell vollzogene Menschenopfer erbracht werden mußten.[88] Im Rahmen der Opferriten ging es in den unterschiedlichen Kulturen jeweils um nur ein Motiv: den immer mißtrauischen Göttern den unbedingten Gehorsam durch Opfergaben zu bekunden, bis hin zum Menschenopfer. Die Opfer Nahestehender – häufig der eigenen Kinder[89] – sollten die Bereitschaft dokumentieren, alte Bindungen der Kleingruppe überwinden zu helfen, um die neuen ›entfremdeten‹ Großgruppenbeziehungen ständig neu zu bestätigen.

Die in fast allen Traditionen verbreiteten Reinheitsriten gehören ebenfalls in diesen Zusammenhang. Ihnen liegt der Gedanke vom Tod als Ur-Strafe zugrunde.[90] Im Hintergrund steht die Erinnerung an die Epoche ante scientiam mortis, wie sie in weit verbreiteten Paradieses-Vorstellungen deutlich wird. Durch Befolgung

---

88 Das weitestgehende Opfer, das Menschen Göttern darbringen können, sind Menschenopfer. Solche Rituale – häufig verbunden mit kannibalischen Praktiken – gelten als heilige Kommunikationen mit den Göttern. „Der Sinn dieser symbolischen Praxis ist einmal darin zu suchen, das Problem des *Todes* zu bewältigen. Indem geopfert und dann das Opfer gegessen wird, ist es möglich, Tod in Leben zu transportieren“ (K. Eder: Die Vergesellschaftung der Natur. Studien zur sozialen Evolution der praktischen Vernunft. Frankfurt 1998, S. 196, Hervorhebung im Orig.). Es sei hier der Hinweis erlaubt, daß auch in unserer heutigen Gesellschaft beim Abendmahl Leib und Blut Christi in symbolisch gewandelter Form empfangen werden.

89 Solche Rituale verfolgen unterschiedliche Ziele: So findet sich im frühen Denken die Vorstellung, das Opfer eines Sohnes könne das eigene Leben um zehn Jahre verlängern, vgl. G. Dux: Die Zeit in der Geschichte. Ihre Entwicklungslogik vom Mythos zur Weltzeit. Frankfurt. 1992, S. 221. D. Claessens stellt Frauenopfer in die Tradition des Frauentauschs. Dann entspricht das Opfer einer – zumeist jungen – Frau gleichsam einem „Frauentausch auf höherer Ebene, und zwar einem einseitigen mit der Hoffnung auf das, was dann später ‚Gnade‘ genannt wurde.“ Vgl. ders.: Das Konkrete und das Abstrakte. Soziologische Skizzen zur Anthropologie. Frankfurt 1993, S. 283.

90 Im Alten Testament durften Priester nur dann mit dem Tod in Berührung kommen, wenn eigene nahe Verwandte starben, den Hohepriestern war jeglicher Kontakt mit dem „verunreinigenden“ Tod untersagt. Vgl. M. Douglas: Reinheit und Gefährdung. Eine Studie zu Vorstellungen von Verunreinigung und Tabu. Frankfurt 1988, S. 70f.

der Reinheits- und Reinigungsgebote glaubten Menschen, göttlicher Unsterblichkeit teilhaftig werden zu können.
Auch Initiationsriten, bei denen neue Gruppenmitglieder einen ›symbolischen Tod‹ durchleiden mußten, gehören hierher.[91] In den Dschungel oder die Wüste verbannt, von der Gemeinschaft getrennt, mußten sie schwierigste Prüfungen bestehen. Wald, Dschungel und Finsternis symbolisieren dabei die Unterwelt, die Totenwelt bzw. das Jenseits. Hatte der Prüfling die Aufgaben erfolgreich absolviert, durfte er aus der ›Unterwelt‹ in den Kreis der Gruppe zurückkehren. Eine solche Rückkehr aus dem Jenseits, und damit aus dem Zustand des Todes nach bestandenen Prüfungen, ist das Kennzeichen vieler überlieferter Mythen wie etwa der griechischen Orpheus-Sage.[92]
Ein dritter Aspekt ist die *Sakralisierung des Krieges*. Es geht dabei um Konkurrenz der Gottheiten untereinander und letztlich immer darum, die eigenen Götter als überlegene unter Beweis zu stellen. Die Völker kämpfen unter dem Schirm ›heiliger Kriege‹ um den Sieg ihrer Gottheiten über die anderer Völker. Beweise dieser Überlegenheit der eigenen Götter hatten großen Einfluß auf den inneren Zusammenhalt der eigenen Großgruppe, war es doch dieser Zusammenhalt, von dem die Glaubwürdigkeit der göttlichen Autoritäten als Instanzen der Bewältigung innerer Fremdheit abhing.
Kriegerische Auseinandersetzungen untereinander gehen ursprünglich auf territoriales Verhalten zurück, das allen höheren Lebewesen eigen ist, zumal die Menschen eine Motivation für die Kriegführung entwickelt haben, die weit über eine biologisch verankerte Aggressivität hinausgeht. Sie besteht in einem „kulturellen Kriegs- und Gruppenethos", in dessen Rahmen „die Loyalität zur Gruppe und zu deren Vertretern höher als die Loyalität zur Sippe (bewertet wird). Sie fordert vom Menschen, entgegen seinen angeborenen Neigungen zu handeln."[93]
Diese Aspekte der Fremdheitsbewältigung prägen bereits die Epoche in der Herausbildung der Großgruppengesellschaft, die wir als Geschichte der Menschheit im engeren Sinn bezeichnen. Sie setzt mit den Gesellschaftsformationen der alten Ägypter, Sumerer, Babylonier und Hethiter ein. Allen diesen Gesellschaften ist ein Zug zur Zentralisierung der politischen Herrschaft eigen, der durch die führende Rolle großer Städte dokumentiert wird, die in der Regel zugleich Metropolen politischer Herrschaft sind.

---

91 A. Nassehi/G. Weber: Tod, Modernität und Gesellschaft. Eine Theorie der Todesverdrängung, Opladen 1989. Die klassische Theorie der Übergangs- bzw. Passageriten, zu denen alle Formen von Initiationsriten gehören, findet sich bei A. van Gennep: Les Rites de Passage. Paris 1909. Vgl. auch V. Turner: Das Ritual. Struktur und Anti-Struktur. Frankfurt/New York 1989, S. 94ff.

92 Vgl. E. Cassirer: Philosophie der symbolischen Formen. 2. Teil. Darmstadt 1953, S. 20f.

93 I. Eibl-Eibesfeldt: Grundriß der vergleichenden Verhaltensforschung. München 1987, S. 769.

Durch Vergrößerung der Gesellschaft kommt es ebenfalls wieder zu einer *hierarchischen Ordnung* der Gruppen, aus denen die Gesellschaft besteht. „In dieser Hinsicht erfolgte im späten 4. Jahrtausend eine Wandlung, indem zunächst in Mesopotamien, dann in Ägypten im Rahmen der Herausbildung hochkultureller Gesellschaftsformen die Staatlichkeit und vor allem das Königtum als etwas Neues in Erscheinung traten."[94] Bei diesen frühen Völkern wird die Differenzierung zwischen weltlicher und priesterlicher Herrschaft deutlich.[95] Die königlichen Herrscher übten Gewalt über die Sterblichen aus und die Priester waren Herrscher über die Kulte, durch die Menschen ihre Teilhabe an der Unsterblichkeit verwirklichen konnten. Dem ersten Aspekt der Fremdheitsbewältigung entsprechend verstanden sich Könige und Königinnen als Söhne und Töchter der Götter. Dabei waren die Formen der Teilhabe nach sozialen Rängen unterschiedlich verteilt. Männern der höheren gesellschaftlichen Schichten hatte man die Anlage zur Unsterblichkeit zugesprochen, Sklaven, Mitgliedern niederer Schichten und Frauen in der Regel hingegen nicht.

Wie sehr die Götter den Menschen glichen, zeigt sich in den Mythen: auch Götter erleben Schicksale. Im altägyptischen Mythos etwa wohnten Götter wie Menschen in Häusern: in Tempeln und Tempelstädten, wobei die Kaste der Priester die Dienerschaft stellte.

Todesfurcht und Todesbewußtsein waren im alten Ägypten nichts Unbekanntes und auch der Totenkult gehörte zu den Ritualen, die gepflegt wurden.[96] Dazu zählen aber auch freundlich anmutende Formen der Entlastung vom Dauerdruck des Todeswissens. So stellte sich für die alten Ägypter beispielsweise deren jenseitige Existenz als Verdopplung aller bereits im Diesseits erlebten schönen Augenblicke dar. Schon zu Lebzeiten beschäftigte sich der vornehme Ägypter, der wie der Pharao Teilhabe an der Unsterblichkeit besaß, mit Vorbereitungen zu seinem Begräbnis. Man nahm an, daß sich die Seele im Tod vom Körper trennte, im Jenseits jedoch wieder in ihn zurückkehrte. So wurden Leichen mumifiziert, um sie für die Wiederauferstehung unversehrt zu erhalten. Grabbeigaben, auch Nahrungsmittel, sollten den Eintritt in das ewige Leben erleichtern. Die standesgemäße Vorbereitung eines Grabmals für den Pharao konnte Jahrzehnte bean-

---

94 H. Müller-Karpe: Grundzüge früher Menschheitsgeschichte. Bd. 1. Stuttgart 1998, S. 154.

95 In ihr spiegelt sich das Bild vom Menschen, wie wir es noch heute haben: die Trennung des sterblichen Leibes von der unsterblichen Seele, d.h. die Grunderfahrung menschlicher ›Selbstentfremdung‹. Die Fremdheit zwischenmenschlicher Beziehung wurde so zum Bestandteil einzelmenschlichen Selbstverständnisses.

96 Auf die enge Verbindung zwischen Todeskult, Kultur und Politik zur Zeit der Ägyptischen Hochkultur weist J. Assmann hin: „Der Staat ist nicht nur eine Institution zur Sicherung von Frieden, Ordnung und Gerechtigkeit, sondern zugleich damit auch eine Institution zur Ermöglichung von Unsterblichkeit, oder zumindest Fortdauer über den Tod hinaus. [...] Der Staat [verfügt, W.B.] nicht nur über das Medium der Sichtbarmachung kollektiver Identität und gesellschaftlicher Selbstthematisierung, sonden auch über das Medium einer Fortdauer im sozialen Gedächtnis nach dem Tode." (Ders.: Das kulturelle Gedächtnis. Schrift, Erinnerung und politische Identität in frühen Hochkulturen. München 1999, S. 170).

spruchen. Noch heute legen die Pyramiden davon Zeugnis ab. Die Pharaonen beauftragten Künstler, etwas von den Freuden des Diesseits – wie Segeln, Jagen, Feste bei Hofe etc. – auf Holztafeln festzuhalten, um die Götter daran zu erinnern, daß sie dies auch im Jenseits zu erleben erhofften.

Der Mythos zeichnete ein Geschichts- und Weltbild, in dem das Kollektiv zentraler Bestandteil eines ewigen Geschehens war. In der sogenannten ›Memphitischen Theologie‹ aus der Zeit des Alten Reichs um ca. 3000 v.Chr. schuf Atum zunächst andere Götter, danach die Welt und dann erst die Menschen.[97] Alles Gottgeschaffene enthielt auch in der endlichen Gestalt jene Göttlichkeit, in die es nach seinem Untergang wieder zurückkehrte, so es sich einen Anspruch darauf erworben hatte. Nicht jedem wurde jedoch die Unsterblichkeit zuteil. „Garantiert war die Unsterblichkeit unter den frühen Dynastien nur denen, die die Keime des Königtums in sich trugen: Königen und Königinnen, Prinzen und Prinzessinnen; für die Beamten gab es ein ewiges Lebens sozusagen nur unter Voraussetzung der fortgesetzten Erfüllung der Amtspflicht. Was die unteren Gesellschaftsschichten – Händler, Handwerker, Bauern, Leibeigene und Sklaven – nach dem Tode zu erwarten hatten, verschweigen die Zeugnisse aus dieser Zeit. Wahrscheinlich hing auch ihr Weiterleben von herrschaftlichen Bedürfnissen ab."[98] Die untergebenen Mitglieder des Hofstaats konnten nur in Begleitung eines verstorbenen Königs in die Unsterblichkeit eingehen, und zwar in eben der Funktion, die sie auch schon am Hof ausgeübt hatten. In Ritualen wurden sie geopfert, den Pharao ins Jenseits zu begleiten.[99] Ob sie dem grausamen Ritual zugestimmt haben, wissen wir nicht. Sicher ist, daß sie nur so unsterblich werden konnten. Das ist gleichsam die erste historisch bezeugte Art der später klassisch gewordenen Unterscheidung im Gehalt der ›Teilhabe‹: Während Könige und Fürsten in Gestalt des ›Kindschaftsverhältnisses‹ am ewigen Leben der Götter teilhatten, erreichten die von ihnen Abhängigen diese Teilhabe nur in einem ›Knechtschaftsverhältnis‹.

Während die aus Ägypten überlieferten Berichte über Mythologie und Religion den auf städtischer Basis funktionierenden Zentralstaat voraussetzten, bezeugen die Mythen der Sumerer noch eine Phase des Übergangs von der dörflichen zur städtischen Gesellschaftsformation. Die als Helden und Halbgötter dargestellten Fürsten herrschten nicht absolut, sondern waren auf die Mitentscheidung einflußreicher Ältester angewiesen. Auch die Götter halten Ratsversammlungen ab, ein Ritual, das die Beratungen der Clanführer miteinander verbündeter Dorfgemeinschaften spiegelte. Das Gilgamesch-Epos zeigt, daß der Übergang von einer grö-

---

97 Vgl. M. Eliade/J.P. Couliano: Handbuch der Religionen. Düsseldorf/Zürich 1991, S. 83.

98 J.A. Wilson: Ägypten. In: Propyläen Weltgeschichte. Bd. 1. 2. Halbbd. Frankfurt/Berlin 1961, S. 362.

99 Solche Praktiken kennt man auch von germanischen Bestattungsritualen. Vgl. R. Simek: Die Wikinger. München 1998, S. 118.

ßeren Stadt zur Zentralstellung erst durch die tyrannische Herrschaft eines Fürsten erreicht werden konnte. Der Götterpluralismus, der den Polytheismus als religiöse Normalform ausweist, kam als kompromißhafte Zusammenfassung der Einzelgottheiten der kleinen Einheiten zustande, die sich zu Städten zusammengeschlossen hatten oder die zum beherrschten Umfeld der städtischen Gemeinschaft gehörten.[100]

Die Sumerer stellten sich den Tod als Übergang in einen Zustand des Schlafs vor, aus dem die Menschen von den Göttern wieder erweckt wurden. Entsprechend bestatteten sie auch ihre Toten in Schlafstellung, auf der Seite liegend. Aus sumerischen Traditionen ist auch die Rangabstufung in Bezug auf die Unsterblichkeit bekannt. Aus vielen Grabbeigaben konnte man erschließen, daß Menschen aus der Umgebung des verstorbenen Königs geopfert wurden, ausgewählt, ihn auf dem Weg ins Jenseits zu begleiten. Ebenso ist die Trennung zwischen weltlicher und priesterlicher Herrschaft der Normalfall. In der Priesterschaft wurde zwischen höheren und niederen Klassen unterschieden.

Von dort sind uns auch erste Mythen bekannt, die die charakteristische Verbindung der Geschichtserzählung mit dem religiösen Geschehen der Götter so enthalten, wie es für die weitere Kulturgeschichte bezeichnend geworden ist. Es ist die Form, in der sowohl Homers Ilias und Odyssee als auch die Bibel und der Koran abgefaßt sind. Die Verbindung des Mythischen und des Geschichtlichen ist darin begründet, wie die Anfänge des jeweiligen Volkes in einer für alle späteren Mitglieder paradigmatischen Weise mit der Unsterblichkeitsdimension der Götter zusammengebracht werden konnten.

Die Auseinandersetzung mit der *inneren Fremdheit* der Menschen in der Großgruppengesellschaft fand in den sumerischen Mythen ebenfalls ihren Ausdruck: Deren zahlreiche Götter waren launisch, unzuverlässig und unberechenbar. Das bezeugen nicht zuletzt die vielen Opferzeremonien und Opferriten, womit göttliche Zuneigung erbeten werden sollte. Die Priester, gleichsam als Dichter mythischer Erzählungen, haben die Vergangenheit der Sumerer auf das Jahr 432 000 vor der ›großen Flut‹ zurückgeführt – auch dies ein Ausdruck für die Fremdheit, wie sie im Ursprungsmythos ausgedrückt und überbrückt werden soll. Inwieweit Opferrituale bzw. Menschenopfer eine größere Rolle spielten, ist umstritten.

Die *Sakralisierung des Krieges* steht im Mittelpunkt der sumerischen Heldenmythen. Tammuz und Gilgamesch, zwei der großen Helden mythischer Vergangenheit, werden darin als Halbgötter dargestellt, die ähnlich Herkules im späteren griechischen Mythos übermenschliche und großartige Taten vollbrachten.

---

[100] Aus Wirtschaftsurkunden der mittelbabylonischen Stadt Schuruppakk (ca. 2700 v.Chr.) kennt man Fragmente von Listen, auf denen mehr als 600 Namen von Göttern aufgeführt sind Spätere Berichte sprechen gar von mehreren Tausenden (W. von Soden: Sumer, Babylon und Hethiter bis zur Mitte des zweiten Jahrtausends v.Chr. In: Propyläen Weltgeschichte. Bd. 1. 2. Halbbd. Frankfurt/Berlin 1961, S. 523ff.).

Die mythisch-religiöse Vorstellungswelt der alten Ägypter, wie auch der etwa zeitgenössischen Sumerer, zeichnete sich durch eine Dreistufigkeit aus, wie sie in allen religiösen Weltbildern wiederkehrt: an oberster Stelle die den Göttern vorbehaltene Dimension der Unsterblichkeit, die dem *Teilhabe*-Modell entspricht; im Mittelbereich dann die Welt der ›unsterblichen Sterblichen‹: die Dimension der Helden der sagenhaften Vorzeit (Gilgamesch, Herkules), der Ursprungsvölker (Völker der Gründerväter wie das israelitische Gottesvolk unter Moses) und der Göttersöhne (Halbgötter der griechischen Mythologie, römische Gottkaiser, Christus als Sohn Gottes, Mohammed als ›Prophet und Gesandter Gottes‹). Das ist die dem Modell der *Selbstbehauptung* gleich strukturierte Schicht. Beide Schichten sind jedoch entsprechend dem Primat des Teilhabe-Modells auch miteinander verknüpft, indem zum einen alle Versuche der ›individualistischen‹ Selbstbehauptung, die die Helden repräsentieren, tragisch enden müssen und zum anderen eine Art Entschädigung erfolgt, wenn sie zu Göttersöhnen erhöht oder als Beauftragte der Gottheiten erscheinen. Auf unterster Ebene sind dann die normalen Sterblichen angesiedelt, deren Stellung allein als Teilhabe gedeutet werden kann und die darin deren Primat bekundet. Darüber hinaus weisen die Kulte der Ägypter wie der Sumerer die beiden Grundfunktionen der Herrschaft aus: Fürstlich-königliche, d.h. politisch-weltliche, und priesterliche Herrschaft waren getrennt und im Getrenntsein auch aufeinander bezogen.[101]

Das Angewiesensein der weltlichen Regierung auf Mythos und Religion zeigte sich insbesondere darin, daß sie der menschlichen Gemeinschaft die effektivsten *Belohnungen und Sanktionen für Befolgen und Nichtbefolgen der kollektiven Moral* zur Verfügung gestellt haben. Die Belohnungen liegen im Versprechen einer Entlastung vom Dauerdruck der Todesfurcht durch Formen der Teilhabe an der Unsterblichkeit. In ihnen sind die starken Empfindungen inkorporiert, die sich mit dem Wunsch nach Unsterblichkeit verbinden, um die Todesfurcht, zumindest was die Endgültigkeit des Todes angeht, zu dementieren. Die Sanktio-

---

101 M. Weber hat in seiner Herrschaftssoziologie gezeigt, wie unter Berufung auf die Religionsstifter religiöse weltliche Herrschaft auf Dauer gestellt wurde. Es geht dabei stets um Erhalt des persönlichen Charismas großer ›erleuchteter‹ oder ›gottgesandter‹ Persönlichkeiten nach deren Tod. Weber gibt sechs verschiedene Arten an, wie die Nachfolge des Führers durch Übertragung seines Charismas auf Institutionen gelöst wurde: durch Suche eines neuen Herrschers aufgrund qualifizierender Merkmale, wie dies noch heute im tibetanischen Lamaismus geschieht; durch Offenbarung wie bei Paulus und Mohammed; durch Designation seitens des bisherigen charismatischen Führers, so wie etwa Moses seinen Bruder Aaron als Nachfolger bestimmte; durch den Glauben an das Charisma als Qualität des Blutes, d.h. durch Erbcharisma, eine der historisch verbreitetesten Arten, wie dies die Herrschermythen bei vielen Völkern bezeugen; durch die Wahl des Führers durch die kultische Gemeinde und letztlich durch Versachlichung des Charismas als Amtscharisma. Webers wichtigste Beispiele für Amtscharisma sind die Ämter der Priester, die in vielen kultischen Traditionen durch Weihe, Handauflegen und ähnliche rituelle Handlungen übermittelt werden, und die königlichen Ämter, die beispielsweise durch Krönung und Salbung verliehen werden (vgl. M. Weber, Wirtschaft und Gesellschaft. Grundriß der verstehenden Soziologie. Tübingen 1985.

nen bestehen in der Drohung, den Ungehorsamen der endgültigen Vernichtung oder aber dessen Seele ewigen Qualen auszuliefern.
Die erste historische Mythenkultur, über die wir hinreichend informiert sind, ist – in Anlehnung an den Titel von R. Ottos grundlegendem Werk – die der › Götter Griechenlands‹.
Am Anfang steht der Ursprungsmythos. In Hesiods ›Theogonie‹, dem ältesten Bericht über eine religiöse Kultur, wird das Werden der Götter so beschrieben, daß man ihre Entstehung aus menschlichen Schicksalen noch nachempfinden kann.[102] Die Götter sind, wie auch die Menschen, sterblich. Da wurden noch schrecklichere Tode als im wirklichen Leben gestorben, war doch die menschliche Phantasie in der Lage, sich die Unumgänglichkeit des Todes durch dauernd erlebbare Todesangst, wie bereits in prähistorischer Epoche, zu vergegenwärtigen. Die ersten Götter trugen Züge von Tiergöttern, möglicherweise Reminiszenz an schreckliche Erfahrungen mit Raubtieren. So etwa die Göttin Echnida mit dem Kopf einer Nymphe und dem Leib einer riesigen Schlange, die auf dem Grund einer tiefen Erdhöhle hauste und von rohem Fleisch lebte. In der ›Theogonie‹ befanden sich die Götter ständig im Krieg gegeneinander, bekämpften sich gnadenlos und waren nur auf den Tod der anderen aus. Kinder wurden dort von ihren Göttereltern verschlungen und Ungeheuer, Halbgöttern ähnlich, brachten sich gegenseitig um oder wurden wiedergeboren.
Erst die Götter Homers wurden zivilisierter.[103] In Gestalt ihrer mehr oder minder harmonischen Ordnung werden die ständigen Versuche der griechischen Kleinfürstentümer und Städte, eine für alle Griechen gültige Friedensordnung herzustellen, zu einem göttlich verordneten Projekt mit Zügen einer vergleichsweise nationalen Großgruppengesellschaft. Ihr Charakteristikum bestand darin, daß ›Gemeinde‹ und ›Gemeinschaft‹[104] gleichwohl auseinanderklafften. Die Verehrung derselben Götter verband alle Griechen. Der Streit ihrer politischen Einheiten trennte sie. Dennoch waren auch die politischen Einheiten der klassischen Zeit, in der Mehrheit Stadtstaaten wie Athen, Sparta und Theben, durch gewaltsame Zusammenfassungen dörflicher Gemeinschaften zustande gekommen.[105]
Der Mythos des Theseus, eines frühzeitlichen Königs von Athen, ist die Geschichte einer solchen Großgruppenbildung. Obwohl als Familiengeschichte erzählt, betont sie schon im Hinblick auf die Herkunft des Theseus die Fremdherrschaft. Zwar war sein Vater Ägeus bereits athenischer König. Doch da er kinderlos geblieben war, ging er mit der Tochter eines befreundeten Nachbarkönigs

---

102 Vgl. W. Burkert: Griechische Religion der archaischen und klassischen Periode. Stuttgart 1971; K. Hübner: Die Wahrheit des Mythos. München 1985.
103 Vgl. M. Eliade/J.P. Couliano, a.a.O., S. 92.
104 Ich verwende die beiden Begriffe auch künftig terminologisch so, daß ›Gemeinde‹ den *religiösen* und ›Gemeinschaft‹ den *säkular-politischen* Verband bezeichnet.
105 Vgl. H. Müller-Karpe, a.a.O., Bd. 4, S. 211.

auf dem Peloponnes eine Mesalliance ein, aus der Theseus hervorging. Um dessen Herkunft zu verbergen, ließ der Großvater die Sage verbreiten, Gott Poseidon sei der wirkliche Vater des Theseus. Seine Mutter klärte ihn als jungen Mann über seine wahre Herkunft auf. Theseus machte sich daraufhin auf den Weg nach dem entfernten Athen. Sein Marsch vom Peleponnes nach Athen wurde zu einem Zug der Unterwerfung der kleinen Herrschaften in Attika. Er nahm sich den heldischen Halbgott Herakles zum Vorbild und vernichtete einen Feind nach dem anderen. All dies ist als Hinweis auf die Unterwerfung der Gottheiten der besiegten kleinen Orte zu verstehen, denn um Menschen zu unterwerfen, mußten sich die Eroberer stärker als deren Götter erweisen.[106]
Man kann auch die ›Ilias‹ als dichterische Verarbeitung des Übergangs vom Kleingruppenzusammenhang zur Großgruppenkultur lesen. Die Geschichte des Achill vertritt historisch die älteste Schicht. Er ist gleichsam ›letzter‹ Vertreter einer Epoche der Kleingruppengesellschaft, in der der Herrscher aufgrund seines persönlichen Gewaltpotentials sich durchzusetzen vermochte. Er gehört wohl, ähnlich wie Herakles, in einen Zusammenhang mit den Kriegerfürsten der Bronzezeit.
Achill, Vertreter der untergehenden Kleingruppentyrannis, ist Hauptfigur des Epos, das mit seinem heroischem Untergang endet.[107] Er nimmt als einziger keine Rücksicht auf das Gesamtinteresse, sondern kämpft lediglich für seine persönliche Ehre und seinen Ruhm. In Homers Darstellung kümmert ihn das Schicksal der anderen Griechen wenig. Hektor vertritt die nächste Schicht, historisch eine der autarken Siedlung. Ihm geht es zu keiner Zeit um persönlichen Ruhm oder um Konkurrenz zu den Göttern. Allein aus dem Gefühl der Pflicht für das Gemeinwesen will er seine Familie und die Heimatstadt schützen.
Die dritte Schicht im Prozeß der Großgruppenbildung verkörpert Agamemnon, der, Führer der anderen Fürsten, das Interesse der Griechen als Gesamtheit repräsentiert, das sich am Ende siegreich durchsetzt. Es erfüllt sich in Niederlage und Zerstörung Trojas. Zur dritten Schicht gehört jedoch auch das göttliche Geschehen: einerseits durch die Konflikte zwischen den Göttern geprägt, andererseits durch Göttervater Zeus in einer Weise gelenkt, die keinen Zweifel daran lassen soll, daß eine Friedensordnung das Ziel aller Griechen sein muß. Dennoch spiegelt das Bild der Götter im homerischen Epos zugleich die Phase des Übergangs von den Regionalgottheiten zum hierarchisch geordneten Vielgötterhimmel, der

---

106 Theseus erreichte am Ende der Reise den Hof seines Vaters Ägeus in Athen und mußte sich noch vor dessen Tod mit den Erbansprüchen der Söhne des Onkels auseinandersetzen, die sich dagegen wandten, daß ein ‚hergelaufener Fremder' den Anspruch auf die Thronfolge stellte. Er erschlug alle 50 Söhne des Pallas und nach dem Tod seines Vater Ägeus wurde er der König, dem es gelang, alle attischen Gebiete zu einem großen Königreich zusammenzufassen. Vgl. auch M. Eliade: Myth and Reality. New York 1950.

107 Der Tod des Achill selbst ist im überlieferten Text der Ilias nicht mehr enthalten. Doch gehört er zur Geschichte und ist Teil von ihr.

bereits von Homer aus Sicht der erreichten Ordnung dargestellt wird. Die Konflikte zwischen den Göttern erinnern ebenfalls an bereits vergangene Auseinandersetzungen der gesellschaftlichen Prinzipien der Klein- und der Großgruppe. Selbst Zeus erscheint nicht durchweg als ›Obergott‹, der von Anfang bis Ende den Ablauf des Geschehens überblickt und lenkt, obwohl der Rahmen, in dem sein Auftreten und das der anderen Götter geschildert werden, stets einer des als Götterreich befriedeten gesamtgriechischen Zusammenhangs ist. Zeus steht im Konflikt des Achill mit Agamemnon und den anderen Griechenfürsten zunächst auf seiten des Achill und läßt die Trojaner eine Zeitlang gegen die Griechen siegen, damit der von Anderen beleidigte Achill Genugtuung erfahren kann. Auch im Schlußteil greifen die Götter in das lange unentschiedene irdische Geschehen ein, ohne daß der Ausgang feststünde. Zunächst unterstützt die Götterbotin Iris Achill in einem Gefecht mit Trojanern. Dann werden Äneas und Hektor dank göttlicher Unterstützung vor dem Tod im Kampf bewahrt. Die Götter geraten sogar selbst in einen Kampf gegeneinander: Pallas Athene kämpft Ares und Aphrodite, Poseidon den Apollo und Hera die Artemis nieder. Am Ende hat selbst Zeus das Geschick nicht mehr in der Hand: aus der Deutung der ›Todeslose‹ erst wird das deutlich.

In erkennbarer Form enthält auch das Homerische Epos beide Dimensionen des *Teilhabe-* und des *Selbstbehauptungsmodells* und darüber hinaus noch Spuren des ursprünglichen Konflikts beider. In der ersten Dimension werden die griechischen und trojanischen Könige und Heerführer als Teilhaber an einem Geschehen dargestellt, das im Kern eine Auseinandersetzung zwischen Göttern und Göttinnen ist.[108] In der zweiten Dimension ist es ein kriegerisches Ringen der Helden gegeneinander, dessen Ausgang bis zum Ende hin offen bleibt, weil es vom Dichter auch so dargestellt wird, als könnten die Kämpfenden gegen die göttliche Vorbestimmung handeln, indem sie wähnen, sie könnten ihren Krieg allein mit eigenen Kräften führen. Für Achill und Hektor, die beiden Hauptfiguren, endet es tragisch, wodurch sich auch hier wieder der Primat des Teilhabe-Modells in Gestalt der ›letzten‹ Entscheidungsgewalt der Götter bestätigt.[109]

Der Großgruppenzusammenhang stand bei den antiken Griechen immer unter dem Primat einer mythisch-religiösen ›Gemeinde‹, deren Gemeinsamkeit nicht nur in Verehrung derselben Gottheiten bestand, sondern auch in gemeinsam veranstalteten sportlichen Wettkämpfen, vorzugsweise den Olympischen Spielen. In der Organisation politischer Gemeinschaft blieben die Griechen der klassischen Zeit bis zur Einbeziehung in die Fremdherrschaft Alexanders des Großen auf die konfliktreiche Konkurrenz der Stadtstaaten beschränkt.

---

108 Vgl. U. v. Wilamowitz-Moellendorff: Der Glaube der Hellenen. Bd. II. Darmstadt 1955, S. 100ff.

109 Vgl. W. Burkert, a.a.O., S. 194ff.

Dem Holokauston, einer bestimmten Opferart, bei dem Opfertiere verbrannt wurden, galt im antiken Griechenland besondere Aufmerksamkeit. Man betrachtete alles, was mit Geburt und Tod zu tun hatte, als unrein. Götterbildern und Kultstätten durfte man sich ohnehin nur im Zustand der Reinheit nähern. Kultische Reinigungsriten erstreckten sich auch auf das politische Leben, wenn etwa in Athen Sitzungen der Bürgerversammlung eröffnet wurden. Jedes Haus, in dem jemand verstorben war, mußte zusammen mit seinen Bewohnern rituell gereinigt werden. Waren Opfer darzubringen, schlachtete man meistens ein Schwein, wurde doch dessen Blut eine kathartische Wirkung zugeschrieben.[110]

Ein weithin bekanntes Beispiel eines mythischen Opferritus ist die Geschichte um Agamemnon und Iphigenie. Sie handelt vom Frevel an göttlichem Eigentum und zeigt, wie eifersüchtig und mißtrauisch die Götter sein konnten.

Man hatte sich bereits für den Krieg gegen Troja versammelt. Auf einer Jagd in Aulis, wo sich die griechische Flotte für die Überfahrt nach Troja vorbereitete, erlegte Agamemnon, gerade erst zum Führer des griechischen Heers gewählt, eine der Göttin Artemis geweihte Hirschkuh. Die Göttin rächte sich für den Frevel, indem sie Windstille schickte, so daß die Flotte nicht nach Troja in See stechen konnte. Der Seher Kalchas verkündete das Götterurteil, wonach Agamemnon die Göttin nur durch Opferung seiner Lieblingstochter Iphigenie wieder versöhnen konnte. Agamemnon bot den anderen griechischen Führern seinen Rücktritt vom Oberbefehl an, um der Forderung zu entgehen. Die mythische Geschichte endet mit einer versöhnlichen Wendung, Beginn der Ablösung der Menschenopfer durch Tieropfer: Der Seher Kalchas zog in Anwesenheit des griechischen Heeres und aller Führer, von Achilles bis Odysseus, vor dem Altar der Göttin das Schwert, um das Blutopfer zu vollziehen. „Aber, oh Wunder, in diesem Augenblick war die Jungfrau auch schon dem Auge des Heeres entschwunden – Artemis hatte sich ihrer erbarmt: nun lag statt ihrer eine Hirschkuh von hohem Wuchs und herrlicher Gestalt zappelnd auf dem Boden und besprengte den Altar mit reichlichem Opferblut.“[111]

Auch für einen heiligen Krieg ist die Ilias Beispiel par excellence. Da wird der trojanische Krieg von Homer zugleich als Krieg der Götter untereinander dargestellt, in dem die Helden als Statthalter ihrer göttlichen Auftraggeber kämpfen.

Beispiel einer *Deckungsgleichheit* von Gemeinde und Gemeinschaft beschreibt die *Bibel* im Zusammenhang mit der Entstehung des Volkes Israel, wiederum einer *Großgruppenbildung*. Dem biblischen Bericht zufolge erging das göttliche Versprechen an Abraham, ihn zum Stammvater eines großen und mächtigen

---

110 Vgl. M. Eliade/J.P. Couliano, a.a.O., S. 93.

111 G. Schwab: Die schönsten Sagen des klassischen Altertums. Wien/Heidelberg 1953, S. 278.

Volkes zu machen, dessen Schicksal von nun an durch den Willen Jahwes beherrscht wird.

Unter Jakob kam es zur Bildung der zwölf Stämme, die künftig die Zusammensetzung des Volkes Israel ausmachen sollten und deren Arbeitsteilung in einer Großgruppengesellschaft gründete. Ausdrücklich wurde die natürliche Erbfolge in Ausübung der Herrschaft durchbrochen: Jakob verkündete dem Erstgeborenen Ruben, daß nicht er und seine Nachkommen die ›Ersten an Macht und Hoheit‹ sein werden, sondern Juda, der viertälteste Sohn, und dessen Kinder und Kindeskinder.[112] Die anderen Brüder bekamen für ihre Sippen und deren Nachkommenschaft arbeitsteilige Aufgaben im großen Zusammenhang des Volkes zugewiesen: Sebulon die Schiffahrt und den Handel, Issachar die Dienstleistungen, Dan die Rechtsprechung, Gad die innere Sicherheit, Ascher die Landwirtschaft, Naftali die Jagd, Josef die Verteidigung und die Aufgabe, die Stämme zusammenzuhalten. An späterer Stelle werden die Mitgliederzahlen der zwölf Stämme im Stil gut organisierter Volkszählung aufgeführt. Sie dokumentieren eindrucksvoll, wie eine Zusammensetzung großer Gruppen auszusehen hätte. Der Stamm ›Ruben‹ soll 46 500 Menschen umfaßt haben, der Stamm ›Gad‹ 45 650, der Stamm ›Juda‹ 74 600, der Stamm ›Issachar‹ 54 400, der Stamm ›Sebulon‹ 57 400 und der Stamm ›Dan‹ 62 700, das Volk Israel also danach insgesamt 603 550 Menschen. Wie immer man als Historiker zu den genannten Zahlen stehen mag: Sie sollen in jedem Fall bekunden, daß es sich dabei um Mitgliederzahlen im Stil von Großgruppengesellschaften gehandelt hat.

Der Übergang von den ›Richtern‹ – der letzte war Samuel – zu den ›Königen‹ – hier war Saul der erste und David, Begründer des Erbkönigtums in Israel, der zweite – weist auf zwei wichtige Etappen der Großgruppenbildung hin. In der ersten Etappe existierten lediglich lockere Bünde von Sippen, nur über Verträge und Absprachen der Sippenältesten zusammengehalten. Die Etappe des Königtums markiert dann den Übergang zur hierarchischen Form der Großgruppengesellschaft, in der der lockere Zusammenschluß der Sippen in eine neue selbständige politische Organisation verändert wird.

Was die Opferrituale angeht, so verkörperte Jahwe ebenfalls eine eher mißtrauische Gottheit. Im Mittelpunkt stand das Motiv ›Tod als Strafe‹. Nach biblischer Lehre gibt es keine Sühne für das Ausmaß des Verbrechens, das nach dem Genesis-Bericht zur Trennung von Gott geführt hat und das ich als Reaktion auf das historisch erreichte Wissen um den Tod interpretiert habe.[113] Von Gott zum Leben in der Sünde verurteilt, bietet Gott dann Hoffnung auf Erlösung von der Sünde an, wenn die Gemeinschaft ein Leben im Gehorsam gegenüber seinen Befehlen zu führen bereit ist.

---

[112] 1. Mose 49,3–8.

[113] Vgl. hier S. 30.

Ein bekanntes Zeugnis für eine derartige Gehorsamsbezeugung ist der von Jahwe an den Stammvater Abraham gerichtete Befehl, ihm den Sohn Isaak als Blutopfer darzubringen. In Genesis 1 befiehlt Gott Abraham: „Nimm deinen Sohn, deinen einzigen, der dir ans Herz gewachsen ist, den Isaak! Geh mit ihm ins Land Morija auf einen Berg, den ich dir nennen werde und bringe ihn mir dort als Brandopfer dar."[114]. Abraham machte sich auf die dreitägige Reise zum Berg Morija und ließ Isaak selbst die Holzscheite für das Brandopfer auf den Gipfel tragen, um die rituelle Tötung an dem Kind zu vollziehen, als die Stimme des Engels des Herrn vom Himmel ertönte: „Abraham, Abraham … halt ein! Tu dem Jungen nichts zuleide! Jetzt weiß ich, daß du Gott gehorsam bist. Du warst bereit, mir sogar deinen einzigen Sohn zu opfern."[115] Gott schickte einen Schafbock, den Abraham anstelle seines Sohnes auf dem Altar opferte. Daraufhin machte er Abraham zum Stammvater eines großen und mächtigen Volks: „Ich will dich reich beschenken und deine Nachkommenschaft so zahlreich werden lassen wie die Sterne am Himmel oder die Sandkörner am Meeresstrand. Sie werden ihre Feinde besiegen und deren Städte erobern. Bei allen Völkern der Erde wird man dann zueinander sagen: Gott segne dich wie die Nachkommen Abrahams! Das ist die Belohnung dafür, daß du meinem Befehl gehorcht hast."[116]

Und noch etwas läßt sich an zahlreichen Belegen der Bibel besonders gut aufzeigen: den Aspekt des heiligen Krieges.[117]

Der erste Kriegszug im Auftrag Gottes war der von Moses geleitete Auszug aus Ägypten. Unter ihm bekam das Volk in Gestalt der Zehn Gebote seine erste ›Verfassung‹. Nachdem Gott den Bund, den er mit Abraham zwecks Konstituierung des Volkes geschlossen hatte, mit Moses und dem Volk erneuerte, versprach er ihm für den Fall des Gehorsams das Land Israel und Unterstützung beim Sieg über die anderen Völker, die dort wohnten: "Mein Engel wird vor euch hergehen und euch in das Land der Amoriter, Hetiter, Perisiter, Kanaaniter, Hiwiter und Jebusiter bringen, und ich werde alle diese Völker vernichten."[118] Auch der Zweck wurde von Jahwe klar und deutlich ausgesprochen: In Konkurrenz mit den Göttern anderer Völker will er sich nicht nur als der überlegene, sondern als der einzige und allein zu verehrende Gott erweisen: „Übernehmt nicht ihren Götzendienst, betet nicht zu ihren Göttern! Stürzt ihre Götzenbilder um und zerschlagt ihre heiligen Steinmale. … Angst und Schrecken werde ich vor euch hersenden. Ich werde die Völker, zu denen ihr kommt, in Verwirrung stürzen; alle eure Feinde werden vor euch die Flucht ergreifen." Jahwe beschrieb

---

114 1. Mose 22,1 u. 2.
115 1. Mose 22,12.
116 1. Mose 22,18.
117 Vgl. M. Eliade/P. Couliano, a.a.O., S. 151f.
118 2. Mose 23,23.

auch die großen räumlichen Ausmaße, die das Reich seines Volkes annehmen sollte: "Zuletzt aber werdet ihr ein Gebiet besitzen, das vom Roten Meer bis zum Mittelmeer und von der Wüste im Süden bis an den Euphrat reicht. Alle Bewohner dieses Landes gebe ich in eure Gewalt, so daß ihr sie vertreiben könnt. Schließt keine Abkommen mit ihnen und laßt euch nicht mit ihren Göttern ein, sonst werden sie euch verleiten, mir untreu zu werden und ihre Götter zu verehren. Und das würde euch den Untergang bringen." Nach innen stand auf Verehrung anderer Götter die Todesstrafe: „Wer anderen Göttern opfert außer dem Herrn, muß aus Israel ausgerottet werden."[119] und: „Wer seinem Gott flucht, muß die Folgen tragen. Jeder der den Herrn lästert, hat sein Leben verwirkt und muß von der ganzen Gemeinde gesteinigt werden. Das gilt nicht nur für euch selbst, sondern auch für jeden Fremden, der bei euch wohnt."[120] Der eher mißtrauische Charakter Gottes und die Leistungen, die zu seiner Besänftigung zu erbringen waren, wurden immer wieder deutlich. Nachdem Moses vom Berg Sinai zurückgekehrt war und und die Abkehr des Volkes von Gott hatte feststellen müssen, befahl er den Leviten: „Nehmt euer Schwert und geht durch das ganze Lager, von einem Tor zum anderen! Tötet alle, die schuldig geworden sind, selbst eure Brüder, Verwandten und Freunde." Die Leviten befolgten den Befehl „und töteten an jenem Tag dreitausend Mann. Darauf sagte Moses zu den Leviten: Ihr habt dem Herrn gehorcht und nicht einmal eure Söhne und Brüder geschont. Damit habt ihr euer Einsetzungsopfer als Priester dargebracht, und auf euch liegt von nun an der Segen des Herrn."[121] Doch Jahwe reichte auch diese Strafe als Sühne nicht aus. Wegen dieser und weiterer Bekundungen des Ungehorsams und der Ungeduld verlängerte er die Wüstenexistenz des Volkes um 40 Jahre: „In dieser Wüste sollt ihr sterben, alle wehrfähigen Männer von 20 Jahren an aufwärts. Das ist die Strafe dafür, daß ihr euch gegen mich aufgelehnt habt. ... Ihr werdet in dieser Wüste sterben. Doch auch eure Söhne werden wegen eurer Untreue zu leiden haben: Noch vierzig Jahre müssen sie mit ihrem Vieh in der Wüste umherziehen, bis von eurer Generation keiner mehr am Leben ist."[122] Daß Jahwe nicht davor zurückgeschreckt hat, die seinem Volk angedrohten Strafen für den Fall des Ungehorsams auch zu vollziehen, hat er häufig unter Beweis gestellt, nicht zuletzt durch die Babylonische Gefangenschaft unter der Herrschaft des Assyrerkönigs.[123]

---

[119] 2. Mose 22,19.
[120] 3. Mose 23,14.
[121] 2. Mose 27–29.
[122] 4. Mose 14.
[123] Weitere biblische Beispiele für die Rolle Gottes als ›Kriegsherrn‹ finden sich etwa noch an typischen Stellen wie den folgenden: Josua 6, 2 u. 3: „Da sprach der Herr zu Josua: Siehe, ich gebe Jericho in deine Gewalt, seinen König und seine Kriegsmannen. Ziehet nun, sämtliche streitbare Männer, um die Stadt herum und kreiset sie einmal ein! So sollt ihr sechs Tage lang tun"; Richter 4, 6 u. 7: „Sie sprach zu ihm: Fürwahr, der Herr, der Gott Israels, befiehlt: Auf, zieh zum Berge Tabor und nimm mit die 10000 Mann von den Naphtaliten

Aus Sicht beider Grundmodelle, Teilhabe und Selbstbehauptung, besteht das Charakteristikum der jüdischen Tradition darin, daß der Repräsentant der individualistischen Selbstbehauptung nicht ein Einzelner ist, wie etwa im sumerischen und griechischen Mythos, sondern das Volk als Kollektivsubjekt.[124]

3. Mythen der Selbstbehauptung

Ich bin von der These ausgegangen, menschliche Großgruppenbildung sei durch das Zusammenwirken der beiden Modelle ›Teilhabe‹ und ›Selbstbehauptung‹ erklärbar, wobei wesentliche inhaltliche Eigenschaften beider in Gegensatz zueinander stehen.

Im Modell der Teilhabe ist der Verzicht auf einzelmenschliche Individualität Grundbedingung, im Modell der Selbstbehauptung ist dies die gesellschaftliche Anerkennung der einzelmenschlichen Individualität.

Zeugnisse dieses Gegensatzes sind in vielen bedeutenden Kulturen nachweisbar. Sie dokumentieren zugleich, daß der Gegensatz bei aller Betonung des Selbstbehauptungsmodells stets zugunsten eines Primats des Teilhabemodells entschärft wurde. Die innere Spannung, die der im Grundsatz unaufhebbare Gegensatz erst bewirkt, ließ sich jedoch nicht beseitigen.

Beides, Teilhabe wie Selbstbehauptung, jeweils gemäß dem Typ der linear-autoritativen Sprache dargestellt, sind für nahezu alle kulturellen Traditionen der Menschheitsgeschichte strukturbildend. Sie geben wieder, wie menschliche Großgruppenbildung durch kultische Reaktionsformen auf das Wissen um den Tod befördert wurde, ein Vorgang, der sich weder durch evolutive Fortsetzung der biologischen Kollektivität noch durch normale vertragliche Verabredungen der Menschen allein erklären läßt. Unstrittig ist, daß die Dominanz des religiösen Sprachtyps sowohl für die Form der Teilhabe als auch für die der Selbstbehauptung besteht. Für die Selbstbehauptung gilt, daß es sich bei gesellschaftlicher Anerkennung der Individualität um eine dem ›Normal-Menschlichen‹ entzogene Unerreichbarkeit handelt.[125]

In den Mythen der Völker wird dieser Gegensatz im Verhältnis der Gottheiten zu

---

und Sebuluniten. Dann will ich dir an den Kinschonbach den Sisera, den Feldherrn Jabins, und seine Streitmacht heranlocken und ihn in deine Gewalt geben.“, 1. Samuel 18, 17: „Da sprach Saul zu David: Siehe, ich will dir meine älteste Tochter Merab zur Frau geben. Sei ein tapferer Mann und führe des Herrn Kriege.“

124 Vgl. M. Eliade/J.P. Couliano, a.a.O., S. 153.

125 In ›Dynamik des Todes. Die Überwindung der Todesfurcht – Ursprung der Kultur‹ (1976) geht E. Becker von der Annahme aus, daß historische Gesellschaften ein kodifiziertes Heldensystem (Heroismus) bereitstellen, indem sie überlebenswichtige mythologische und religiöse Strukturen für das menschliche Dasein ausbilden. Grundlegende Motivation ist nach ihm, daß ›der Mensch, vom Schrecken vor dem Tode angetrieben‹ als ›Kehrseite den Heroismus entwickelt, d.h. den Mut, dem Tod ins Gesicht zu sehen‹ (S. 28ff).

den heldischen Gestalten zum Ausdruck gebracht. Dieses Verhältnis ist so für viele kulturelle Traditionen charakteristisch. Aus Sicht des ›reziproken‹ Sprachtyps sind die mythischen Helden zugleich Repräsentanten der Dramatisierung, denn auch sie verkörpern Individualitäten als ›Extremwerte der Besonderheit‹. In vielen Traditionen kennt man sie als Menschen mit wunderbaren Fähigkeiten und Kräften. Sie haben größere physische Stärke als Normale und sind übermenschlich sowohl in der Herausforderung des Todes als auch in der Akzeptanz des eigenen tragischen Schicksals. Auch ist ihr Sterben in der Regel exzentrischer, ihr Tod schrecklicher als derjenige Normaler, eben weil sie Halbgötter sind, hervorgegangen aus Verbindungen von Göttern und Menschen.

Im sumerischen Mythos geht es um das Schicksal Gilgameschs, dem bereits der grundlegende Gegensatz zwischen ›Helden‹ und ›Göttern‹ zugrunde liegt, einer Geschichte, die sich um die Absicht des Helden rankt, unsterblich wie die Götter werden zu wollen. Am Ende steht das Scheitern des Helden, typisches Kennzeichen auch anderer Heldenmythen. Es ist das Schicksal des Scheiterns, das die Art und Weise dokumentiert, wie der Gegensatz zwischen den beiden Modellen entschärft wird: Die Gottheiten weisen den hybriden Anspruch der Heroen, Individualität behaupten zu wollen, zurück. Sie entschädigen sie, indem sie die Gescheiterten in den Rang von Halbgöttern erheben.

Der griechische Mythos ist ein weiteres historisches Dokument, in dem Gegensatz und Entschärfung im Mittelpunkt vieler Erzählungen stehen. Die frühen Schichten der Prometheus-, Theseus- und Herkules-Sagen gehören ebenso hierher wie die spätere der homerischen Erzählung vom Fall Trojas.

Prometheus, der Halbgott, ist in der griechischen Sage Erzeuger der ersten Menschen, die er aus Wasser und Lehm als Ebenbilder der Götter formt und mit Geist beseelt. Die olympischen Götter betrachteten Prometheus' Tat als größte Herabsetzung und Beleidigung ihrer Einzigkeit. Sie rächten sich an den Menschen und schickten Krankheiten, die zum Tode führten. Noch schrecklicher war der Götter Rache an Prometheus: Von Hephästos an einen Felsen geschmiedet, sollte er dort ›dreißigtausend Jahre‹ hängen, auch dies Ausdruck eines exzentrischen Sterbens. Einerseits wird Prometheus als Held dargestellt, d.h. als Repräsentant der Auflehnung gegen die Götter, und als einer, der Menschen neu erschafft, Zeichen einer anderen Auflehung: Hier erweist sich der Mythos als Fall des Selbstbehauptungsmodells. Andererseits gehört er als Halbgott selbst entfernt zur Götterfamilie: Darin bekundet sich der Primat der Teilhabe vor der Selbstbehauptung.[126]

Prometheus wurde von seinen Qualen durch einen größeren Helden, Herkules, befreit. Auch er, halbgottähnlicher Herkunft, bestätigt ebenso wie Prometheus zuvor den Gegensatz der Modelle und repräsentiert darüber hinaus die spezifi-

126 Vgl. M. Eliade/J.P. Couliano, a.a.O., S. 97.

sche Art der Aufhebung dieses Gegensatzes. Mit seinen übermenschlichen Fähigkeiten konnte er wilde Tiere bezwingen (so erwürgte er den nemeischen Löwen, bändigte die Rosse des Diomedes und überwandt die Hindin Kerynitis und den kretischen Stier) und trotzte sogar dem Tod durch furchtloses Eindringen in die Unterwelt und seine Rückkehr von dort (Befreiung des Theseus, Besiegung des Höllenhunds Zerberus). Seine nahezu übermenschliche Arbeitskraft bewies er nicht zuletzt durch die Reinigung des Augias-Stalls. Doch auch sein Tod war von nahezu übermenschlicher Tragik. Beim Darbringen von Opfergaben kleidete er sich in ein Gewand, das ihm seine Frau gewebt und unwissentlich mit vergifteter Farbe bestrichen hatte. Nach und nach drang das Gift in den Körper des Helden ein, der tagelang zu leiden hat. Um sein nahes Ende zu beschleunigen, ließ er auf einem Berg einen Scheiterhaufen errichten. In letzter Minute senkte sich dann eine von den Göttern gesandte Wolke herab und nahm den Halbgott auf, um ihn ins Reich der Unsterblichen zu entführen. Im versöhnlichen Abschluß kommt dann erneut der Primat der religiösen Teilhabe zum Vorschein.
In der Ilias ist Hektor Exponent für das tragische Schicksal eines Helden. In der im Unterschied zu frühen mythischen Schichten bereits kultivierten Form, in der Homer den Gegensatz entwickelt, dominiert hier die Entschärfung des Gott-Mensch-Konflikts. Mit anderen Worten: Der Konflikt ist bereits in die göttliche Sphäre ›aufgehoben‹, denn schon im menschlich-irdischen Konflikt spiegelt sich bei Homer ein Götterstreit.
In der biblisch-jüdischen Tradition findet sich der Gegensatz beider Modelle im Konflikt zwischen dem Volk und Jahwe. Im Judentum wird die Individualität des Selbstbehauptungsmodells bekanntlich durch das Kollektiv des ›Volkes Israel‹ repräsentiert. Darin unterscheidet sich die jüdische Tradition dieses Modells von den meisten anderen. Im Bund, den Gott mit den Stammesvätern geschlossen hat, vertreten sie die Gesamtheit der Stämme. Die Intensität der Dramatisierung, die in anderen Traditionen die Helden auszeichnet, kommt im Anspruch auf göttliche Auserwähltheit zum Ausdruck. Die Bücher Mose handeln von nichts Anderem als von dem für die jüdische Tradition spezifischen Gegensatz der beiden Modelle der Teilhabe und der Selbstbehauptung, machen doch die Geschichten von Abfall und Gehorsam des Volkes ihren größten Teil aus. Die Stellung, die die genaue und bis ins Einzelne gehende Darstellung der von Gott aufgestellten Vorschriften für einen ihm gefälligen Lebenswandel – von den Zehn Geboten bis zu den rituellen Essensgeboten – dort einnimmt, spiegelt lediglich die Kehrseite einer ständigen Bereitschaft des Volkes zur Abkehr von ihm. Wäre Gott sich seines Volkes – wenn auch nur bedingt – sicher gewesen oder anders: hätte er weniger Grund für permanentes Mißtrauen haben müssen, hätte es der strengen Normierung des Verhaltens nicht bedurft, wie es für die Bücher des Alten Testaments charakteristisch ist. So erklärt sich auch die religiöse Grundeinstellung, die das Gottesverhältnis dort bestimmt: Gott ist zu fürchten, weil er in seiner aus

Mißtrauen geborenen Strenge weder geliebt wird noch geliebt werden will. Im Unterschied zur griechischen Situation bleibt im Judentum der Ausgang des Grundkonflikts offen, denn der Messias, der die Versöhnung zwischen Gott und Volk endgültig herstellen soll, bleibt Gestalt einer quasi ewig sich in die Zukunft hinausschiebenden Verheißung. Man kann sich die Erhaltung des Konflikts im Judentum dadurch erklären, daß nicht die Einzelnen Träger des Individualitätsbewußtsein sind, sondern daß sie sich vom Dilemma zu entlasten suchen, indem sie Individualität ganz auf das Kollektiv übertragen. Die Geschichte des jüdischen Mythos kennt darum auch keine ›einzelmenschlichen‹ Helden wie Gilgamesch oder Herkules. Ihre Helden, von Abraham über Moses bis zu den Propheten, sind nicht Repräsentanten ›individualistischer‹ Selbstbehauptung, sondern im Gegenteil: Sie sind Repräsentanten des Gottes Jahwe gegenüber einem ständig zum Ungehorsam neigenden Volk. Im jüdischen Mythos verkörpern große Führer wie Abraham und Moses den Willen Gottes – und damit das Teilhabe-Modell – und nicht etwa eine ›individualistische‹ Selbstbehauptung gegenüber Gott. Der große Einzelne kommt in dieser Rolle zwar auch vor, doch einzig und allein als der immer zu erwartende Messias. Bezeichnenderweise wurde in der Geschichte des Judentums jedoch jeder Einzelne noch als Häretiker abgelehnt, der von sich behauptete, er sei der Messias in realer Gestalt. Jesus Christus ist nur einer unter vielen mit diesem Anspruch, ohne je, wie die Anderen auch, von der jüdischen Gemeinschaft als solcher akzeptiert worden zu sein.

Die europäische Kultur wurde zweifelsohne am intensivsten dadurch geprägt, wie das Christentum das religiöse Grundverhältnis von Teilhabe und Selbstbehauptung bestimmt hat.

Seit den Berichten der Evangelisten steht fest, daß der Bruch mit dem Judentum durch die Akzeptanz der Messias-Erwartung in der Person Jesu Christi endgültig ist. Damit gewinnt die Selbstbehauptung des Individuums ein erheblich größeres Gewicht als im vorchristlichen Judentum, denn der erschienene Messias tritt nunmehr als Mensch und ›Sohn Gottes‹ in der Geschichte dem nichtbennbaren ›jenseitigen‹ Gott gegenüber. Als menschliches Individuum soll er zugleich göttlicher Natur sein. Mit Christus wird bereits in den Evangelienberichten mehr verbunden als nur der eines klassischen Propheten- und Sendbotenstatus. Er selbst hat sich als ›Sohn‹, d.h. in einem Kindschaftsverhältnis stehend, verstanden. Daß Jesus vielen auch als einer mit ›höchstem‹ weltlich-politischem Anspruch erschien, geht aus Berichten hervor, wonach ihm die ›Hohen Priester‹ in ihrer Anklage unterstellten, er strebe nach dem ›Königtum der Juden‹. Auf jeden Fall handelt sich um einen Anspruch, den in zuvor geschilderten anderen Traditionen Heroen bzw. Helden verkörperten. Auch Jesus Christus will als sterblicher Mensch ›sein wie Gott‹, nämlich *individuell* (im Sinn der Einzigartigkeit) wie dieser. Seine übermenschliche Fähigkeit beweist er, indem er Wunder bewirkt, von denen das Neue Testament zu berichten weiß. Jesus muß jedoch, ebenso wie die Helden anderer Religionen, als Preis für diesen Anspruch in seiner Lebensgeschichte jene Tragik erleben, die in der ›individualistischen‹ Konfrontation von je her mit dem Wissen um den Tod verbunden ist: Sterbenmüssen als zentralem Schicksal, und zwar ohne Teilhabe an der Unsterblichkeit, wie die Entlastung im Kollektiv sie gewährte. Die Evangelisten sind sich in der Schilderung des Lebens Jesu als Leidensgeschichte – als eines ›Seins zum Tode‹ – einig. Im Markus-Evangelium wird das Wissen um die Trostlosigkeit von Christi Tod bis zum letzten Atemzug am Kreuz genau wiedergegeben, drücken doch die letzten Worte Jesu das Gefühl endgültiger Verlassenheit aus. Obwohl die Kreuzigung eine im römischen Gerichtsverfahren durchaus übliche Todesstrafe war, wird sie in der christlichen Mythologie zum Symbol auch für die Exzentrik von Jesu Leid und Sterben. Der klassische Primat des Teilhabemodells in der gegensätzlichen Spannung zum Selbstbehauptungsmodell wird endgültig wieder bei Paulus hergestellt, der das Bild von Jesus Christus als einzelmenschlicher Erscheinung Gottes auf Erden mit dem jüdischen Bild vom verhüllten und transzendenten Gott zum Bild einer neuen Religion vereinigt.

Im germanischen Sagenkreis finden sich Beispiele aus dem Bereich des Selbstbehauptungsmodells im Nibelungenkreis und im Umkreis Diedrichs von Bern. In der altnordischen Version ist die Nibelungensage Teil des Geschehens um Diedrich (Thidrek).[127] Während unsere Kenntnis über die germanische Götterwelt eher bescheiden ist,[128] sind die Heldensagen gut belegt. Die Helden sind zwar keine Halbgötter wie bei den Griechen, doch verfügen sie im Guten wie im Bösen über Fähigkeiten und Kräfte, die nur mit ›überirdischer‹ Hilfe über das Normale hinaus gesteigert werden können.[129]

Das Nibelungenlied handelt von Siegfrieds Werbung um die Königstochter Kriemhild und seiner Vermählung mit ihr, von seiner Ermordung durch Hagen und von Kriemhilds furchtbarer Rache. Siegfried besitzt das unbesiegbare Schwert ›Balmung‹ und die Tarnkappe des Zwergs Alberich, um sich unsichtbar machen zu können. Nach Siegfrieds Ermordung durch Hagen rächt sich Kriemhild schrecklich an ihren burgundischen Verwandten, indem sie die Frau des Hunnenkönigs Etzel wird und ihre Sippe an dessen Hof einlädt. Es kommt zu einem ungeheuren Gemetzel, bei dem die Toten in die Tausende gehen.[130] Auch dabei handelt es sich um die Darstellung eines für Helden charakteristischen ex-

127 Die Geschichte Diedrichs von Bern (übertragen von S. Erichson). München 1996, S. 23ff.

128 Sie sind uns allein in lateinischen und mittelalterlichen Quellen überliefert, in denen Autoren wie Cäsar und Tacitus für die römische und Paulus Diaconus und Alkuin für die christliche Seite möglicherweise Uminterpretationen vorgenommen haben, die durch ihre jeweiligen Göttervorstellungen geprägt sind. Vgl. hierzu W. Betz: Die altgermanische Religion. In: Deutsche Philologie im Aufriß. Bd. 3, hg. v. W. Stammler. Berlin, S. 1547ff.

129 Vgl. W. Grimm: Die deutschen Heldensagen. Darmstadt 1957.

130 Vgl R. Wisniewski: Darstellung des Nifelungenuntergangs in der Thidreksage. Tübingen 1961.

zentrischen Sterbens. Am Ende geht das Nibelungenlied in die Diedrich-Sage über. Als historisches Vorbild gilt Theoderich, der Gründer des ostgotischen Reichs. Schon der junge Diedrich, der vom ›halbriesenhaften‹ Ritter Samson abstammen soll, gibt Beweise seiner übermenschlichen Fähigkeiten: Er besiegt Riesen und tierische Ungeheuer. Sein weiteres Leben besteht aus Abenteuern, in denen er, meistens unterstützt von seinem Gefolgsmann Heime, durch Heldentaten zu Ruhm und Ehre gelangt. Etappen sind Begegnungen mit Welend dem Schmied, Ecke, Theleif dem Dänen und Attila, für den Diedrich siegreich Kriege führt. Sowohl das Nibelungen-Geschehen als auch die Novellen von Waltahari und Hildegund sind in die altnordische Version der Diedrich-Sage eingegangen. Die Geschichte von Diedrichs Ende ist sehr wahrscheinlich christlich gefärbt. Doch gibt auch sie deutlich wieder, welch schrecklichen Tod der Held erleiden mußte: Er wird dazu verdammt, auf einem schwarzen Roß zur Hölle zu reiten, wo der Teufel ihn für ein Nachleben in ewigen Qualen empfängt.

Mythen des ›heldischen‹ Stils existieren auch in nichteuropäischen Traditionen, so beispielsweise in indischen und afrikanischen. In beiden wird allerdings mehr die Kontinuität zwischen Teilhabe und Selbstbehauptung herausgestellt, weniger ihr Gegensatz. Das erklärt, warum Helden in diesen Traditionen nicht wie in den angeführten Beispielen europäischer Tradition mit einem tragischen Lebensschicksal als Strafe für die Auflehnung gegen die Götter haben büßen müssen.

Berühmtestes Beispiel aus dem indischen Sagenkreis ist das ›Ramayana‹[131], ein im zweiten Jahrhundert weitgehend abgeschlossenes Versepos, das dem legendären Sänger Valmiki zugeschrieben wird.[132] Es enthält Taten und Leiden des mythischen Helden Rama, vor allem die Geschichte der Entführung und Wiedergewinnung seiner Gattin Sita. Rama war in frühen Fassungen rein als menschlicher Held konzipiert. In späteren Zusätzen wird er zur Inkarnation des Gottes Vishnu.[133]

Aus der Zeit von Gana, des ersten großen sudanesischen Reichs um die Jahrtausendwende, stammen jene epischen Erzählungen afrikanischer Tradition, die der

---

131 Ramayana. Die Geschichte vom Prinzen Rama, der schönen Sita und dem Großen Affen Hanuman. München 1981.

132 Vgl. Artikel ›Ramayana‹ in: Kindlers Literaturlexikon. München 1962; sowie H. Jacobi: Das Ramayana. Geschichte und Inhalt. Darmstadt 1976.

133 Im indischen Königreich am Ganges gewinnt Rama die schöne Prinzessin Sita zur Frau. Eine Art Halbgöttin verliebt sich in ihn. Rama weist sie ab und wird vom ›zehnköpfigen und zwanzigarmigen, proteusartig die Gestalt wechselnden‹ Dämon Ravana, dem Bruder der Abgewiesenen, in schreckliche Kämpfe verwickelt. Dem Dämon gelingt es, Sita zu entführen. Mit Hilfe von Hanuman, ›weiser Berater des Affenkönigs Sugriva‹, verfolgt er den Entführer. In einem später hinzugekommenen Teil, aus dem ein ursprünglich tragisches Konzept herauszuhören ist, wird Sita, nachdem Zweifel an ihrer Unschuld nicht ganz haben beseitigt werden können, wie Genoveva in einem Wald ausgesetzt. Nachdem sie dort den Sohn des Rama zur Welt gebracht hat, versinkt sie ›in den Tiefen der Erde‹, woher sie aufgrund ihrer mütterlichen Herkunft stammt. Rama muß sich auf ein Wiedersehen im Götterhimmel vertrösten lassen.

Afrikaforscher L. Frobenius gesammelt hat.[134] Im Heldenbuch ›Dausi‹ ist Lagarre einer der Helden, der durch außergewöhnliche Klugheit in der Lage ist, böse Geister und Drachen zu überlisten. Ein weiterer Held ist Gossi, „der tapferste aller Fulbe, die je gelebt haben. Er ertrug jeden Schmerz."[135] Er kann wilde Löwen besiegen und tötet einen heiligen Stier zum Zeichen, daß er es sogar wagt, sich gegen Götter aufzulehnen.

Allen angeführten Beispielen für ›heldische‹ Mythen ist gemeinsam, das Außergewöhnliche großer Menschen (bzw. Kollektive wie im Fall des Judentums) in einer Sprache des ›Extremwerts der Besonderheit‹ darzustellen. Sie verdeutlichen so die eigentümliche Problematik, die sich mit gesellschaftlicher Anerkennung der Individualität verbindet. Denn erst die Steigerung der Bedeutung eines Menschen auf ›Extremwerte der Besonderheit‹, durch die er in die Nähe von Gottheiten gerät, erlaubte eine gesellschaftliche Berücksichtigung. Die sagenhaften Berichte zeigen stets, welch enorme Leistungen erbracht werden mußten, jenen hohen Grad der Anerkennung von Individualität zu erreichen. Den Helden geht es dabei immer um Anerkennung durch die Gesamtheit Anderer, d.h. um ›Ehre‹, nicht um persönliche Bereicherung oder Besitz. Die Mythen trösten so zugleich den ›einfachen Sterblichen‹ darüber hinweg, daß ihm diese Anerkennung nicht zuteil geworden ist, weil dies selbst Helden nur durch übermenschliche Fähigkeiten und Kräfte gelingen kann, die aber einem Normalen nicht zur Verfügung stehen. Darüber hinaus wird an schrecklichen Schicksalen der Helden jener hohe Preis deutlich, der für die gesellschaftliche Anerkennung der Individualität gezahlt werden muß. Er versöhnt all die normalen Sterblichen mit ihrem Schicksal, die auf Anerkennung ihrer Individualität in der wirklichen Gesellschaft vergebens gehofft haben. Die normalen Sterblichen bleiben immer in den gesellschaftlichen Rollen der Besonderheit und der Gleichheit, in denen jedoch ihre Individualität nicht sichtbar werden kann. Der Unterschied zwischen den bekannten europäischen und den nichteuropäischen Helden-Mythen liegt wohl darin, daß die europäischen eher als die afrikanischen und indischen den Gegensatz zwischen dem Teilhabe-Modell und dem Selbstbehauptungsmodell betonen wollen. Letzteres wird stärker als Modell der Auflehnung gegen die Götter gedeutet, während in den Mythentraditionen jener anderen Kulturen der Primat der Teilhabe klarer betont wird.

4. Teilhabe, Selbstbehauptung und Komplementarität

Innerhalb der geschichtlichen Dominanz des Modells mythisch-religiöser Sprache kann man von zwei Formen der Teilhabe sprechen: Vorstellungen einer Di-

---

134 L. Frobenius: Schwarze Sonne Afrika. München 1980.

135 L. Frobenius, a.a.O., S. 52.

lemmaentlastung durch Teilhabe an mythisch-göttlicher Individualität und solchen durch Auslöschung der Individualität schlechthin. Auch bei einer Auslöschung der Individualität ist der Begriff der Teilhabe angebracht, obzwar es sich hier um die einer umfassenden, subjektlosen Einheit handelt, in der der Mensch als Individuum nach dem Tod verschwindet. Der Sache nach soll mit der Methode der Dilemmaentlastung als Individualitätsauslöschung die animalisch-kindhafte Unbewußtheit wiederhergestellt werden, die die Menschen noch vor der Anerkennung des Todes besaßen. Wie wir wissen, wächst noch immer ein Jeder als Kind mit einer naiven Unbewußtheit seines Todes auf, Grund genug für den Erwachsenen, auf eine mögliche Wiedererlangung dieser Unbewußtheit auf ›höherer‹ Stufe zu hoffen. Die Methode der Dilemmaentlastung, die der Vorstellung folgt, Individualität lasse sich nach dem Maßstab exzentrischer Besonderheit in eine metaphysische Wirklichkeit transponieren, stellt hingegen den Versuch dar, Individualität vom Makel der Endlichkeit zu befreien. Unter ›Komplementarität‹, einem Begriff aus der Religionswissenschaft, verstehe ich die unaufhebbare Relation, in der die zwei Seiten des existenziellen Dilemmas stehen. Die eine bezeichnet die Anerkennung des Todes im Wissen um ihn, die andere die Abwehr des Todes aus Gründen der Selbsterhaltung[136]
Die Komplementarität ist eine grundlegende Eigenschaft mythisch-religiöser Auffassungen. Daß es sich dabei um eine jeweils eine der Seiten hervorhebende Akzentuierung handelt, nicht jedoch um die ausschließliche Gültigkeit der einen oder der anderen Seite des Dilemmas, wird noch deutlich werden.
Überall in Mythen und Religionen findet sich die Symbolik der Scheidung von Gegensätzen, so etwa von Körper und Seele, Sterblichkeit und Unsterblichkeit, Endlichkeit und Unendlichkeit, Diesseits und Jenseits, des Reiches von Ober- und Unterwelt, irdischer Wirklichkeit und Paradies.
Im kultischen Bereich beginnt die Symbolik der Trennung mit Vorstellungen vom Inneren und Äußeren. So wurden Tiere, Pflanzen und Steine als beseelte Lebewesen und Dinge betrachtet. Sie werden im Zustand ihrer empirischen Naturhaftigkeit zu Trägern schicksalhafter Bedeutungen. In vielen Mythen ist die Überwirklichkeit hingegen eine Art vorgeschichtlicher Unvordenklichkeit. Sie gibt ein Geschehen wieder, das in den Erzählungen an die Gründung der Stämme und Völker anknüpft, in vielen Fällen auch eine Form der Schöpfungsgeschichte wiedergibt. Wirklichkeit und Überwirklichkeit rücken darin zeitlich weit auseinander. In späteren Religionen wird die Jenseitigkeit zu einer nicht mehr historisch, sondern in Permanenz vorhandenen Transzendenz, einer Über- bzw. Unterwelt.

[136] Zum religionswissenschaftlichen Begriff der Komplementarität vgl. C.-A. Keller: Komplementarität von Leben und Tod im Mythus. In: G. Stephenson (Hg.): Leben und Tod in den Religionen, Symbol und Wirklichkeit. Darmstadt 1985.

Im Gilgamesch-Epos etwa wird sie in Bildern der Ober- und der Unterwelt zum Ausdruck gebracht. In der vedischen Zeit der indischen Mythologie ist es Prajapati, der die Welt und die Geschöpfe aus sich entläßt und von daher Unsterblichkeit besitzt. Im griechischen Mythos kommen die Trennungen in Gestalt einer Schöpfungsgeschichte vor, die mit dem ›unvordenklichen‹ Anfang der Welt aus dem Chaos beginnt, als Innen und Außen in Form der unsterblichen Seele im sterblichen Menschen und dann als Gegensatz zwischen der göttlichen und der menschlichen Wirklichkeit fortgeführt wird. So sehr die Griechen die Anwesenheit der Götter hervorhoben – das Göttliche ist bei ihnen allgegenwärtig –, so deutlich legten sie auch auf die Betonung der Andersheit des Göttlichen im Verhältnis zum Menschlichen wert, denn das Attribut, worin sich die griechischen Gottheiten am ehesten von den Menschen unterscheiden, ist Unsterblichkeit.[137]
Doch nicht nur die Trennung der Sphären ist wichtig, sondern auch ihr Zusammenhang, der als Komplementarität von Leben und Tod die Notwendigkeit einer Verknüpfung von Anerkennung und Abwehr des Todes widerspiegelt. Viele mythischen und religiösen Erzählungen kreisen darum: Leben und Tod werden „nicht einfach als Gegensätze (betrachtet); vielmehr gehören sie aufs engste zusammen, bedingen und ergänzen sich gegenseitig. Das Leben setzt Tod voraus – der Tod des einen ermöglicht das Leben des anderen –, wie auch der Tod das Leben voraussetzt. Leben und Tod sind komplementär, sie bilden ein Ganzes, sie greifen ineinander über. Darum wird auch das Symbolsystem der Mythologie diese Komplementarität zeigen: der Mythos wird die offen zutage liegende Komplementarität beschreiben, deuten, in Symbole fassen und so den Kontakt mit den Mächten ermöglichen, die diese Komplementarität verursachen und sich in ihr manifestieren."[138]
Im Hinduismus beispielsweise verkörpert der Gott Prajapati sowohl die Schöpfung als auch deren Untergang. Er ist der ›Herr der Zeugung‹, als solcher ›Vater der Geschöpfe, Erzeuger allen Lebens‹. Daneben ist er ›Urbild des Opfers‹.[139] Doch bereits im hinduistischen Mythos wird die Komplementarität auf zwei Gottheiten verteilt. Während Prajapati für einige Richtungen die gedoppelte Natur verkörpert, werden die Pole in anderen Richtungen auf ihn und Siva, Gott der Askese, der Lebensverneinung, des Todes und der Zerstörung, aufgeteilt. Anders, wiewohl im Prinzipiellen ähnlich, haben die mesopotamischen Mythen die Komplementarität von Leben und Tod gestaltet. Ein beeindruckendes Beispiel liegt im Mythos vom Gang der Göttin Innana (Istar) in die Unterwelt vor. Sie ist die Göttin des Lebens auf der Erde und wird auf ihrem Weg durch die ›sieben

137 „Die Idee des göttlichen Seins ist nicht von der Art, daß ein Mensch durch Steigerung und Verlängerung seines Daseins zum Gott werden könnte" (W.F. Otto: Die Götter Griechenlands. Frankfurt 1956 (1929), S. 237).
138 C.-A. Keller, a.a.O., S. 21.
139 C.-A.-Keller, a.a.O., S. 23.

Tore des Landes ohne Rückkehr‹ nach und nach aller Lebenskräfte beraubt. Im selben Maß verkümmert auf der Erde, der Oberwelt, alles Liebesleben und jegliche Fortpflanzung unter den Menschen. Ein Obergott greift mit Hilfe eines Ersatzmannes ein und so wird die Göttin des Lebens wieder aus der Unterwelt des Todes entlassen, damit sie nach ihrer Rückkehr in die Lebenswelt erneut für die Fortpflanzung der Menschen – damit für die Erneuerung des Lebens – sorgen könne.

In vielen mythischen Kulturen werden die Pole der Komplementarität auf verschiedene Gottheiten, solche des Erzeugens und Erschaffens oder der Lebensverneinung und des Todes, aufgespalten.

In den großen monotheistischen Religionen sind die Pole der Komplementarität in der einen Gottheit vereinigt.

Im biblischen Judentum ist Jahwe Herr und Meister der beiden das Leben beherrschenden Kräfte des Wachsens und Sterbens. „Der Mensch ist dabei abhängig von seiner Aneignung oder Verwerfung des Gebotsanspruchs Jahwes an ihn. Heil und Unheil, Leben und Tod werden verstanden als dem Menschen, seinem Tun gemäß, zugemessener Teil."[140] Ein Charakteristikum des jüdischen Glaubens ist, „die von Geburt und Tod umgrenzte Existenz des Menschen prinzipiell als Gerichtssituation zu verstehen."[141] Dem Bund des Volkes Israel mit Gott gemäß führt Gehorsam gegenüber Jahwe zu einem Leben unter göttlichem Segen, während eine Abkehr den Tod als Fluch erleiden heißt. Die Propheten weisen immer wieder auf die Dynamik des richtenden und rettenden, Leben verleihenden und Leben nehmenden Gottes hin, je nachdem, ob der Mensch Gottes Befehle befolgte oder gegen Gott rebellierte.

Im Christentum wird die Komplementarität von Leben und Sterben in die Lehre von der göttlichen Natur Jesu Christi eingebunden. Danach ist Christus als ›Sohn‹ der ›geoffenbarte Gott-Vater‹. Als ›Vater‹ ist Gott ›Schöpfer Himmels und der Erden‹, Erzeuger und Erhalter allen Lebens. Als ›Sohn‹ erleidet er das Schicksal des Todes in besonderer Weise. Durch das Leiden am Kreuz macht er selbst sein Sterben zu einem sinnstiftenden Geschehen, zumal das göttlichem Willen entspricht, wie die ›Schrift‹ es verheißt. Im Islam verfügt Gott ebenfalls über Leben und Tod der Gläubigen. „Gott ist der Schöpfer von Leben und Tod, um den Menschen in seinem Handeln zu prüfen. Dieser Tod und dieses Leben sind an die Erde gebunden, wie Gott bei der Vertreibung aus dem Paradies den Menschen prophezeite – wobei er andeutete, daß auch aus Erde Auferstehung stattfinden werde. Wichtig ist, daß die Prüfung des Menschen während seiner

---

140 J. Waardenburg: ›Leben verlieren‹ oder ›Leben gewinnen‹ als Alternative. In: G. Stephenson (Hg), a.a.O., S. 48.

141 M.-L. Henry: ›Tod‹ und ›Leben‹. Unheil und Heil als Funktionen des richtenden und rettenden Gottes im Alten Testament. In: Leben angesichts des Todes. Festschrift für H. Thielicke. Tübingen 1968. S. 1ff.

Lebenszeit nach einem göttlichen Logos oder Plan geschieht, wobei in der Regel gilt, daß der Mensch Gott dienen solle."[142]

Die andere Seite der Komplementarität besteht in der Auflehnung gegen das Todesschicksal, was in Mythen und Religionen zu unterschiedlichen Formen geführt hat. Zum einen wird sie durch Klagen und Empörung der Menschen über die Unverständlichkeit des Todesmysteriums zum Ausdruck gebracht, zum anderen durch Bilder einer im Tod geläuterten ewigen Existenz des Menschen bzw. der menschlichen Seele dargestellt, offenbar eine Form des überwundenen Widerstands, den Tod als endgültiges Schicksal anzunehmen. Das mesopotamische Gilgamesch-Epos und der griechische Mythos enhalten Zeugnisse der Empörung über eine uneingeschränkte Akzeptanz des Todes. Im Gilgamesch-Epos kämpft der Held gegen die Unausweichlichkeit des Todes und im griechischen Mythos ist der Hades als Unterwelt der Ort, dem die Auflehnung gilt; darin sind sich Menschen und Gottheiten sogar einig. Die mythischen und religiösen Vorstellungen, die eine Art ewiger Existenz des Menschen – in der Regel als Seele oder Geist – annehmen, geben zugleich Antwort auf das existenzielle Dilemma des Menschen – und damit auf die nur schwer zu akzeptierende Komplementarität von Leben und Tod –, indem sie den Sieg des Lebens über den Tod feiern. Die Überwindung des Todes besteht durchweg in Formen menschlicher Teilhabe am Göttlichen und damit an Unsterblichkeit.

Die Vorstellung von der Überwindung des Todes ist weltweit verbreitet. Nach einem polynesischen Mythos war ›Veetini‹ der erste Mensch, der stellvertretend für alle Anderen den Tod erlitt. Sein Leben wurde zum Urbild für menschliches Schicksal nach dem Tod. Innerhalb der Sonnen-Metaphysik fand er seinen Platz: Veetini stirbt im Westen, wo die Sonne untergeht, und wird danach Teil der Geisterwelt. Er erscheint am nächsten Morgen mit dem Aufgang der Sonne im Osten wieder, um den Hinterbliebenen Ehrfurcht gegenüber den Toten zu lehren und den Irdischen die Gewißheit zu geben, daß es auch nach dem Sterben zu einem Auf und Ab der Seelen kommen werde.

Auch der mehrfach erwähnte Gilgamesch ist ein Sonnenheros, stellvertretend für alle anderen Menschen auf der Suche nach dem ewigen Leben. Ähnliche Vorstellungen sind aus Hawaii und Melanesien bekannt.[143] Ebenso ist die osirische Theologie der alten Ägypter an einen Sonnenmythos gebunden, in dem Initiationsriten zur Vorbereitung auf das Lebensende wichtig sind. Mittelpunkt ist das ›letzte Gericht‹ mit der Waage der Gerechtigkeit als Symbol, die moralische Qualität der Menschen nach deren Ableben prüfend, ob sie es auch verdient haben, in die Ewigkeit aufgenommen zu werden. Bei den nordamerikanischen Pueblo-Indianern hingegen ist der Wechsel vom Tod zum ewigen Leben in einer tief

---

142 J. Waardenburg, a.a.O., S. 41.

143 Vgl. D.I. Lauf: Im Zeichen des großen Übergangs. In: G. Stephenson (Hg.), a.a.O., S. 91ff.

matriarchalischen Symbolik aufgehoben. Tod heißt bei ihnen: Eingehen in den Ort der Großen Mutter Sipapuni.

Es sind die Stifter der Hochreligionen, die das Thema der Abwehr des Todes in den Mittelpunkt ihres Denkens gestellt haben. Während im antiken Judentum das Jenseits Metapher für eine dunkle Unerkennbarkeit bleibt, besitzt das Christentum ausgeprägte metaphysische Vorstellungen über die Transzendenz von Himmel und Hölle. Im Jenseits werden die Seelen von Gott, dem Weltenrichter, empfangen, an dessen Stelle häufig auch Jesus Christus tritt. Bereits in der patristischen Theologie wurde die göttliche Himmelswelt um eine Sphäre unsterblicher Engel erweitert. Der Islam hat die christliche Transzendenzmetaphysik noch erheblich phantasievoller ausgebaut. Nicht nur Himmel und Hölle haben wie im Christentum klare Örtlichkeiten. Auch die Lebensräume und die Existenzarten der Seelen der Gläubigen, denen verheißen ist, nach dem Tod in der himmlischen Welt bei Gott zu wohnen, werden phantasievoll geschildert. Im Hinduismus, der synkretistischen Hochreligion par excellence, ist es eher schwierig, zu einheitlichen Merkmalen zu gelangen. Doch auch dort kennt man eine sich aus verschiedenen Lehren und Glaubensinhalten speisende einheitliche Auffassung eines die natürliche und die sittliche Ordnung umfassenden ›Weltgesetzes‹ (Dharma), das nur durch Unterscheidung zwischen einer Welt der Sterblichen und einer der Unsterblichen verständlich wird. Im Buddhismus geht es zwar hauptsächlich um ein Ethos und nicht um eine Metaphysik überirdischer räumlicher und zeitlicher Welten, denn nach der Lehre Buddhas verwandeln die Seelen solange ihre körperlichen Gestalten, bis sie einen Zustand der Erlösung erreichen, in dem sie die Dynamik der Verkörperungen verlassen dürfen. Doch ohne eine Grundvorstellung vom Gegensatz zwischen Vergänglichkeit und Ewigkeit kommt auch der Buddhismus nicht aus. Denn es ist ein Etwas, in das der erlöste Mensch eingeht, wenn er das ›Nirvana‹, den Zustand der ›restlosen Vernichtung von Gier, Haß und Wahn‹ einmal erreicht haben wird.

In den Religionen, die wie das Christentum und der Islam Versionen der Dilemmaentlastung durch ›transzendente‹ Verewigung der Individualität darstellen, erscheint die Komplementarität in Gestalt von polaren Orten der Ewigkeit. In beider Transzendenzvorstellungen sind es ›Himmel‹ und ›Hölle‹, das eine Ort des ewigen Lebens, das andere Ort der ewigen Verdammnis. Der ›himmlische‹ Ort repräsentiert die eine Seite des Dilemmas, nämlich Abwehr des Todes durch Verewigung der Individualität über den irdischen Tod hinaus. Der ›höllische‹ Ort spiegelt demgegenüber die andere, nämlich das im Wissen um den eigenen Tod gelegene endgültige Nichtsein. Die Entlastung des Einzelnen vom Dilemma liegt dabei in der Übertragung der dilemmatischen Struktur auf eine kollektive Vorstellungswelt, an der alle Mitglieder einer bestimmten religiösen Tradition partizipieren.

Zahlreiche mythisch-religiöse Bilder des Himmels sind darüber hinaus Zeugnis-

se, daß auch in den Epochen der Dominanz linear-autoritativer Sprache in mythisch-religiöser Metaphysik der Verweis auf Vorstellungen einer reziprok-kommunikativen Sprache nicht zu umgehen ist. In manchen Traditionen wird der Himmel als Zeltdach vorgestellt, in anderen als Weltenbaum oder als von Pfeilern oder von einem Titanen (z.B. dem griechischen Atlas) gestützte Kuppel. In der altchinesischen Religion wird der Himmel als Scheibe gedacht, in der frühen jüdischen als Trennwand zwischen ›oberen und unteren Gewässern‹.[144] Dante stellt ihn in der ›Göttlichen Komödie‹ als ein in mehrere Sphären gegliedertes Gewölbe dar. Anleihen beim reziproken Sprachtyp machen auch Vorstellungen, nach denen die Heiligkeit des Himmels sich in der Verehrung der Berge spiegelt, sind diese doch jenem am nächsten. Viele Religionen erblicken im Himmel den Wohnort ihres obersten Gottes. Zeus, auch Jupiter und der Gott der Christen wie der der Muslime, gehören in diesen Zusammenhang. Der altchinesische Shang-ti (›der Herrscher in der Höhe‹) ist Urbild des Kaisers, der als ›Sohn des Himmels‹ betrachtet wird. In allen indogermanischen Religionen besitzt ein himmlischer Hochgott hervorragende Bedeutung. Sein ursprünglicher Name, ›der Leuchtende‹, drückt dessen engen Bezug zum Himmel aus. Im Alten Testament kommt der Himmel als Wohnort Gottes vor. Er ist zugleich auch Geschöpf seiner Allmacht. Ein zunehmender Rückgang des topographischen Interesses am Himmel als ›Wohnort Gottes‹ ist im Neuen Testament zu beobachten, wo mit den Begriffen ›Himmel‹ und ›Himmelreich‹ der Zustand der unmittelbaren Gottesnähe umschrieben und – gleichsam chiliastisch – eine verklärende Umwandlung der Schöpfung zu einem ›neuen Himmel und einer neuen Erde‹ erwartet wird.
Die Hoffnung auf das ewige Leben, charakteristisch für die christliche Vorstellungsweise, wird am nachdrücklichsten von der Vorstellungswelt des Apostels Paulus geprägt.[145] Paulus knüpfte an den Glauben der Urgemeinde an, für die bereits die Auffassung leitend war, daß Jesus Christus stellvertretend für alle Menschen gelitten hat und gestorben ist, um sie ›in Erfüllung der Schrift‹ von ihren Sünden zu befreien. Jesu Tod ist Sühneopfer. Paulus ergänzt die ›urgemeindliche‹ Auffassung durch eine spezifisch christliche Spiritualität. Ihm zufolge ist vom Tod in vierfacher Weise zu sprechen. Erstens ist der Tod Ausdruck des ›dilemmatischen‹ Bewußtseins des allgemein menschlichen Schicksals. Zweitens ist der Tod Opfer- und Sühneleistung. In diesem Sinn faßt Paulus sein eigenes Märtyrerschicksal auf, nämlich allein für den Glauben Treue bis zum Tod zu üben. Drittens verliert der Tod für den Menschen niemals seinen Schrecken. Er bleibt ›Feind des Menschen‹. Erst durch Christi Sieg über den Tod verliert er

---

144 Matth. 5,17.
145 Vgl H. Häring: Paulus. In: Wörterbuch des Christentums. Düsseldorf 1988, S. 949ff.

seinen ›Stachel‹. Viertens werden in der Beurteilung des Todes Tod und Sünde zusammengefaßt. In dieser Sicht erscheint der Tod als Folge der Sünde und als Strafe. Die Sünde ist mit den ersten Menschen in die Welt gekommen, indem schon Adam zusammen mit Eva Gott den Gehorsam verweigert hat. In Form der ›Erbsünde‹ trägt der Mensch selbst die Schuld für den Tod. Er kann sich aus Gründen der Erbsünde und deren Schuld nicht selbst von der Strafe des Todes befreien. Er braucht jenen Erlöser, den Gott aus Gnade den Menschen zur Befreiung ihrer sündigen Natur geschickt hat. Während bei Paulus Sündhaftigkeit und Erlösungsbedürftigkeit des Menschen wesentliche Elemente der Metaphysik des ewigen Lebens sind, betont das Evangelium des Johannes Überwindung und Befreiung vom Schrecken des Todes. Bei Johannes gewinnt der Tod triumphalen Charakter. So läßt er sich am ehesten mit einer Himmelsvorstellung in Beziehung bringen, wie sie später auch vom Islam gelehrt wird. In Fortführung der johanneischen Lehre hat Ignatius, Bischof von Antiochien, im zweiten nachchristlichen Jahrhundert den Märtyrertod als ›sicherste Möglichkeit‹ gepriesen, um bei Gott ein ewiges Leben führen zu können. Für ihn ist der Tod ›imitatio Christi‹.[146]
Die Hölle, Ort ewiger Verdammnis, wird in der Vorstellungswelt vieler Religionen als Gegenstück zum Himmel gefaßt, etwa als Unterwelt, Reich der Verstorbenen und oft mit der Vorstellung von einem Totengericht verbunden. In jedem Fall wird, wenn nicht gleich eine endgültige Vernichtung, so doch eine vollständige Umkehrung aller bisherigen Lebensbedingungen ins Negative erwogen. Das trifft sowohl für das babylonische ›Land ohne Heimkehr‹ als auch für das griechische Schattenreich des Hades, für den römischen Orkus wie für das germanische Totenreich Hel zu. Im Alten Testament entspricht der Hölle die Scheol, ebenfalls jenseitiger Strafort der auf ewig Verdammten. Im Neuen Testament ist die Gehenna Ort der eschatologischen Strafe, die nach dem Jüngsten Gericht für Leib und Seele der Verdammten verhängt wird, Wohnort für Dämonen und den Satan. Mit der Hölle wird hier häufig die Vorstellung von einem unauslöschlichen Feuer verbunden.[147] Daneben gibt es einen zwischenzeitlichen Ort, eine Art ›Vorhölle‹ für die Seelen Verstorbener bis zum Jüngsten Gericht. Seit der Scholastik bezeichnet die christlich-katholische Theologie mit ›Hölle‹ den Ort, wo der Mensch die Strafe ewiger Verdammnis zu erleiden hat. Die evangelische Theologie lehrte bis in die neuere Zeit hinein das gleiche. Im Islam gibt es ebenfalls die Hölle, in die Allah die Bösen schickt, nachdem er die Seelen der Toten im Jüngsten Gericht beurteilt hat. Wer der Hölle verfällt, muß die ›Qualen des ewigen Feuers‹ erdulden.
In der christlichen wie in der islamischen Tradition geht der Dualismus von

---

146 Vgl. H. Thyen: Johannes. In: Wörterbuch des Christentums, a.a.O., S. 562.
147 Matth. 25,30.

Himmel und Hölle wahrscheinlich auf den persischen Kult des Zarathustra (Zoroaster) zurück. Nach dessen Lehre erscheint in der Todesstunde der unsichtbare Todesengel, der die Seelen der Verstorbenen nach einer stark verbreiteten Vorstellung über eine einen Fluß überspannende Brücke führt, wobei sich die guten von den schlechten scheiden. Die guten gelangen in die drei Paradiese der guten Gedanken, der guten Worte und der guten Taten und werden Ahura Mazda, den Gott des Lichts, schauen. Die schlechten kommen in die Hölle der bösen Gedanken, Worte und Taten. Sie versinken schließlich in der ewigen Finsternis des Höllenorts, der vom Todesgott Ahriman, Vorbild für den Teufel, beherrscht wird.[148]

In der islamischen Denkweise ist der letzte Weg des Menschen auf Erden der Pfad der Wandlung (sharia). Der Tod leitet zu einem Zwischenzustand über (bazakh), auf dem sich die Existenz der Seelen in zwei Daseinsformen vorentscheidet. Der Engel des Todes steht mit einem Fuß an der Brücke der Hölle und mit dem anderen auf dem Thron des Paradieses. Die gläubigen Seelen erreichen den Übergang, der in den Garten der Seligkeit führt, während die Ungläubigen in die Hölle abstürzen. Die Seele, deren Gläubigkeit im irdischen Leben so groß war, daß sie verdient, die ewige Seligkeit zu gewinnen, erreicht ein glückliches Leben, dessen paradiesische Lust weit über alles hinausreicht, was Menschen sich je haben vorstellen können. Ähnlich wie bei den Ägyptern und im Gegensatz zu den Griechen werden die Gläubigen des Islam vom unendlichen Vorzug des Lebens erst nach dem Tode, verglichen mit dem vorherigen, zu überzeugen gesucht.

In allen diesen Fällen, Beispielen für die klassische Dominanz des religiösen Sprachtyps, bietet das mythische Geschehen den Menschen eine doppelte Botschaft: Auf der einen Seite lehrt es die Notwendigkeit des Zusammenhangs von Leben und Tod, Entstehen und Vergehen; insofern erzieht es zur Akzeptanz des Todes. Auf der anderen Seite bringt es im Sinn der Präferenz für das Lebensprinzip die Ablehnung der Herrschaft des Todes und eine entschiedene Auflehnung dagegen zum Ausdruck. In beiden Seiten spiegeln sich die Elemente des existenziellen Dilemmas mit dem Akzent auf der Ablehnung des Todes und auf ›unendlicher‹ Erhaltung der Individualität.

Es gibt jedoch auch einflußreiche Traditionen, in denen die *Auslöschung der Individualität* die Stelle einnimmt, die in den anderen – meist westlichen – die ewige Erhaltung der Individualität innehat. Während in den religiösen Traditionen der letzteren Kategorie die Seite des existenziellen Dilemmas den Ausschlag gibt, die die Abwehr des Todes und die Vorstellung einer verewigten Individualität akzentuiert, liegen die Dinge bei den Traditionen der ersteren Kategorie umgekehrt: In ihnen setzt sich die andere Akzentuierung des Dilemmas durch, d.h.: die Anerkennung des Todes als definitiven Abschluß individueller Existenz.

---

148 Vgl. H. v. Glasenapp: Die fünf Weltreligionen. München 1996, S. 364f.

Man kann sagen, daß die religiösen Vorstellungen der ersten Kategorie die Idee einer Wiederkehr kindhafter Unwissenheit verfolgen, während die der zweiten das Todesbewußtsein des Erwachsenenalters ins Zentrum rücken.
Der Buddhismus ist die einflußreichste Tradition dieser zweiten Art religiöser Weltanschauung.[149] Schon im Namen drückt sich aus, daß es sich bei ihm um eine religiöse Lehre handelt, die das Todeswissen ernst nimmt. Das Wort ›Buddha‹ bedeutet ›der Erwachte‹, womit derjenige bezeichnet werden soll, der aus der Nacht des Irrtums zum Licht der Erkenntnis erwacht ist. Die Position des Erwachsenseins kommt im Buddhismus im Anspruch zum Ausdruck, wonach Buddha sein Wissen aus eigener Kraft und nicht durch Offenbarung oder das Studium heiliger Schriften erlangt habe. Die Zugehörigkeit zum Modell der Selbstbehauptung wird durch die Grundauffassung dokumentiert, daß ein ›Buddha‹ weder ein Gott ist noch sich als Inkarnation eines solchen versteht. Die aus dem existenziellen Dilemma abgeleitete Komplementarität kommt jedoch auch im ›buddhistischen‹ Selbstverständnis zum Vorschein: Einerseits zielt die Lehre auf Aufhebung der menschlichen Individuation im Zustand des ›Nichtseins‹, andererseits will ein ›Buddha‹ Anerkennung seiner Individualität nach den ›exzentrischen‹ Maßstäben der Besonderheit, indem er sich zu einer heroischen Menschengestalt zu entwickeln sucht, von Normalen gänzlich abgehoben. H. v. Glasenapp beschreibt diese Intention folgendermaßen: „Ein Buddha unterscheidet sich von ... anderen Menschen dadurch, daß er alle Verblendung und Leidenschaft überwunden hat und infolge dieser seiner geistigen und menschlichen Vollkommenheit Wunderkräfte an sich entfalten kann, die anderen versagt sind. Er vermag sich nicht nur seiner zahllosen früheren Existenzen zu erinnern, sondern er kennt auch die früheren und zukünftigen Geburten anderer Wesen, er besitzt eine vollständige Kenntnis des Baues des Kosmos und des Denkens anderer Personen, er kann sich magisch vervielfältigen, durch den Raum schweben und dergleichen mehr. Die meisten dieser magischen Fähigkeiten treten an ihm zutage, wenn er die vollkommene Erleuchtung (bodhi) erreicht hat und dadurch aus einem Anwärter auf die Buddhawürde, aus einem Bodhisattva, zu einem Buddha, einem Erwachten, einem Erleuchteten, gekommen ist."[150] Das Nirvana wird als Zustand verstanden, in dem schon in diesem Leben ›die restlose Vernichtung von Gier, Haß und Wahn verwirklicht ist‹[151] und in dem nach dem Tod

---

149 Der historische Buddha hat von ca. 560 bis ca. 480 v.Chr. gelebt. Er stammte aus einer Adelsfamilie eines kleinen Staates an der Grenze zwischen Indien und Nepal. Überlieferte biografische Berichte sind so stark mit mythischen Erzählungen durchsetzt, daß aus ihnen wenig über sein wirkliches Leben zu entnehmen ist. Es ist nicht einmal klar, ob die zentrale Lehre von den Reinkarnationen und dem Nirvana auf den historischen Buddha direkt zurückgeht oder nicht schon älteren Datums ist.

150 H. v. Glasenapp, a.a.O., S. 77.

151 Anguttura-Nikaya, Sammlung der ›angereihten‹ Reden Buddhas 3, 55 zit. nach v. Glasenapp, a.a.O., S. 89.

alles Körperliche, alle Empfindung, alles körperliche Streben und Wollen sowie jegliches Bewußtsein aufhören.
Im Rahmen westlicher Weltanschauung gehört die Philosophie A. Schopenhauers zu den wenigen Repräsentationen der zweiten Kategorie der Dilemmaentlastung, deren Akzent auf der Anerkennung des Todes und der Verneinung der Individualität liegt. In ›Die Welt als Wille und Vorstellung‹ wird kantianisch zunächst zwischen der subjektiven Sphäre der Erscheinungen und einer bewußtseinstranszendenten Sphäre eines ›Dings an sich‹ unterschieden. Schopenhauer findet den Zugang zur Erkenntnis des ›Dinges an sich‹ im menschlichen Selbstbewußtsein. Jeder sei sich selbst in zweifacher Weise gegeben: als ›Leib‹, der der Welt der Vorstellung angehört, und als ›Wille‹, unter dem Schopenhauer jede bewußte und unbewußte Regung versteht. In der künstlerischen ›Erkenntnis‹ der ›Ideen‹ löst sich nach ihm das menschliche Bewußtsein vom Willen, dem es in den anderen Ausdruckformen dienstbar ist. Durch eine Verdrängung des Willens zum Leben als dem Ursprung allen Leidens werde das individuelle Subjekt in ruhiger Kontemplation in den willen-, zeit- und schmerzlosen Zustand der Entindividuiertheit entrückt. Die Überwindung des Leidens könne der Kunst jedoch nur für die Dauer der Kontemplation gelingen. Eine endgültige Überwindung erfordere, dem Willen zum Leben die Dienstbarkeit der Erkenntnis überhaupt zu entziehen, und ihn durch Abtötung aller Bedürfnisse in der Askese zur Ruhe zu bringen. So werde der Eingang in das Nirvana, das bewußtlose Nichts, erreicht.
Am Ende des Durchgangs durch die komplementären Eigenschaften repräsentativer Methoden der Dilemmaentlastung läßt sich feststellen, daß diese in Gestalt von metaphysischen Weltbildern sowohl die Dominanz des mythisch-religiösen Sprachtyps als auch den Primat der Teilhabe vor der Selbstbehauptung dokumentieren. Ich habe zwar darauf hingewiesen, daß der Buddhismus ausschließlich als Fall einer Selbstbehauptung zu interpretieren ist. Doch wie die anderen Ausgestaltungen dieses Modells der Dilemmabewältigung werden auch seine Lehren im Zeichen der epochalen Dominanz der mythisch-religiösen Sprache in Vorstellungen zum Ausdruck gebracht, die mehr zum Trost der Teilhabe an einem ewigen und unendlichen ›Sein‹ passen als zu einem Wissen um die endgültige Endlichkeit, wie es zum Konzept der Selbstbehauptung gehört. Sowohl im buddhistischen als auch im Schopenhauerschen Nirvana ist die Hoffnung enthalten, durch meditative oder künstlerische Techniken Teil eines ›Nichtseins‹ zu werden, das dem sterblichen Menschen noch während des Lebens versichert, daß das ›Nichts‹ zugleich mit einem ›ewigen Aufgehobensein‹ identisch sei. Es geht zu Lasten der internen Deutungsproblematik dieser Lehren, daß nicht klar auszumachen ist, ob es sich letztlich um ein Aufgehobensein oder um eine Negation der Individualität handelt.

IV. Der europäische Sonderweg: ›Verdiesseitigung der Individualität‹

1. Die Vorgeschichte

Das Christentum ist exemplarisch für das religiöse Teilhabe-Modell, wie es das Menschenbild der europäischen Völker am intensivsten geprägt hat. Ich nenne die wesentlichen Inhalte christlicher Vorstellungen über das Verhältnis zwischen Individualität und Todesbewußtsein: An erster Stelle steht die Überzeugung, daß alle Menschen unabhängig von ihrer nationalen und kulturellen Zugehörigkeit und unabhängig von ihrer gesellschaftlichen Stellung in der politischen Gemeinschaft einen Anspruch auf Berücksichtigung ihrer Individualität haben, denn alle sind von Gott geschaffene und mit einer individuellen Seele begabte Lebewesen. An zweiter Stelle geht es um die Bedingungen, die an die Verwirklichung dieses Anspruchs gebunden sind: um die Zugehörigkeit zur christlichen Gemeinde, wodurch sich der Glaube an Christus als ›geoffenbarten‹ Mittler zwischen Menschen und Gott bekundet, und um göttliche Auserwähltheit.[152]
Mit dem Christentum tritt ein religiöser Universalismus in Erscheinung, wie er in der Geschichte wahrscheinlich einzig ist, denn gemeinhin galt für religiöse Kultur, den eigenen Kult schlechthin für überlegen zu halten und Mitglieder anderer Kulte weit unter sich zu wissen oder gar zu verachten. Die eigenen Götter betrachtete man als nicht zuständig für Mitglieder anderer Gemeinschaften. Im christlichen Selbstverständnis soll sich jedoch grundsätzlich ein Jeder durch die christliche Botschaft angesprochen fühlen. Folgende Grundzüge kennzeichnen den christlichen Glauben seit den Anfängen: die Wirklichkeit des einen Gottes und die Rede von ihm in trinitarischer Form des Vaters, des Sohnes und des Heiligen Geistes, göttliche Schöpfung der Welt, sündiger Charakter des Menschen, Gottes Offenbarung in der Person Jesu Christi, Gründung der Kirche im göttlichen Auftrag und in Christi Namen sowie die Wirksamkeit des Heiligen Geistes in der kirchlichen Gemeinde und die Verwirklichung eines göttlichen Auftrags durch die Geschichte der Menschheit bzw. die menschliche Existenz.[153]
Dennoch ruft der große Erfolg des Christentums in der Welt der Spätantike noch immer unser Erstaunen hervor. Die christliche Lehre stand im Gegensatz zu fast allem, was die Traditionen der Völker bis dahin an Mythen und religiösen Kulten kannten. Sie schloß an die religiöse Tradition eines kleinen Volks im Vorderen

---

152 Vgl. H.v. Glasenapp, a.a.O., S. 237ff.
153 Vgl. Artikel ›Christianity‹. In: The Encyclopedia of Philosophy. Bd. 1, hg. v. P. Edwards. New York 1967, S. 104.

Orient an. Als politische Macht hatten die Juden in der Alten Welt nie eine wirkliche Rolle gespielt, die von benachbarten oder gar entfernter lebenden Völkern hätte beachtet werden müssen. Allein aus jüdischer Mitgift ist der Einfluß des Christentums nicht verständlich zu machen. Doch auch dessen religiöses Grundverständnis unterschied sich von solchen führender Religionen der damaligen Zeit. Es war vom jüdischen Erbe her monotheistisch. Die meisten anderen Kulte waren traditionell polytheistisch und außerdem kollektivistisch, d.h. am kultischen Geschehen einer ›Gemeinde‹ ausgerichtet, und nicht wie das Christentum trotz des Gemeindecharakters auf das einzelne Individuum bezogen. Dieses strahlte von Anfang an eine ungewöhnliche Sparsamkeit im Hinblick auf die für jede Religion charakteristischen mythischen Elemente aus. Der eine Gott – schon das im Vergleich mit dem Reichtum der üblichen Geister- und Götterwelt in den großen polytheistischen Traditionen Ausdruck höchster Genügsamkeit – war von der jüdischen Vorstellung her ein verhüllter und unsichtbarer Gott. Standbilder konnte man ihm keine errichten und Bilder von ihm durfte man auch nicht anfertigen. Das eigentlich Mythische bestand in einer eher abschreckenden denn Zuneigung erweckenden Leidensgeschichte des in Jesus Christus Mensch gewordenen Gottes, der die Todesstrafe an seinem eigenen ›Sohn‹ vollziehen ließ, um in Stellvertretung die Menschen der ›Erlösung‹ teilhaftig werden zu lassen. Außerdem war das Christentum ursprünglich alles Andere als eine Religion für die Masse. Es war – auf der Linie von Jesu Bergpredigtpostulaten – mehr eine Religion religiöser Asketen: ein Religionsbekenntnis eher für einen Mönchsorden als für einen Staat, dazu noch einen von der Größe des damaligen römischen Weltreichs.[154]

Dennoch brachte es wesentliche Voraussetzungen mit, um im einzigen Weltreich der damaligen Geschichtsepoche zur politischen Religion zu werden: Sein Monotheismus paßte zum Zentralismus der römischen Kaiserherrschaft.

Durch die Ablösung von der ethnischen Verankerung im Judentum sprach es zudem den Individualismus an, der sich in den großen Städten entwickelt hatte. In der Verbindung von abstraktem Gott und Christus als Weltenherrscher konnte einerseits einem hohen Maß innergesellschaftlicher *Fremdheit* Rechnung getragen und andererseits an die römische Tradition der Vergöttlichung der Kaiser angeknüpft werden.

Den Erfolg verdankte das Christentum jedoch in erster Linie nicht seiner Mythologie, sondern der spezifischen Art und Weise, wie es seit der Zeit von Petrus und Paulus organisiert wurde. Die frühen Gemeinden waren in großen Städten wie Thessaloniki und Rom von der Einbindung in eine politische Obrigkeit un-

---

[154] Vgl. K.J. Kuschel: Jesus Christus. In: Wörterbuch des Christentums, a.a.O., S. 547ff.; ebenso G. Bornkamm: Jesus von Nazareth. Stuttgart 1963, S. 20f.

abhängig. Sie konnten sich weitgehend frei von politischen Rücksichten entfalten. Im zweiten Jahrhundert hatte sich der monarchische Episkopat in den Gemeinden der größeren Städte herausgebildet. In dieser Epoche kam es allmählich auch zum theologischen Primat des Bischofs von Rom. Aus dieser Entwicklung ging die Kirche und damit eine Organisation hervor, wie es sie in der bisherigen Geschichte des Priestertums noch nicht gegeben hatte. Weder früher noch später ist es der Priesterelite einer Glaubensgemeinschaft gelungen, sich in Gestalt einer derart selbständigen und unabhängigen Institution zu organisieren. Die religiöse Legitimation der römischen Kirche geht auf den Anspruch zurück, in der Nachfolge der Apostel die Stellvertretung Christi auf Erden wahrzunehmen. Die ersten ausdrücklichen Überlegungen über die Rolle der Gemeinde im Christentum stammen von Paulus. Für ihn waren die Gemeinden die Repräsentanten der einen Kirche, die den Leib Christi symbolisiert. Bereits in den Epheser-Briefen spricht er von Ämtern, durch deren Wahrnehmung sich Gemeindemitglieder mit priesterlichen Funktionen herausheben können.[155] Priester und Bischöfe verfügen über die Gnadenmittel, die im irdischen Leben an die sündigen Menschen im göttlichen Auftrag ausgeteilt werden. Sie sind im Besitz des Erlösungsmonopols.[156]

Die Selbständigkeit der Kirche, die sich in der Zerfallsepoche des Römischen Reichs im frühen Mittelalter herausbildete, hatte, zumindest für den gesellschaftlichen Status des europäischen Christentums, einen positiven und einen negativen Effekt. Der positive lag in der Entwicklung einer eigenständigen religiösen Institution, die seitdem eine relative Unabhängigkeit von der politischen Gewalt besaß: eine Tradition religiöser Organisation, die bis in die Gegenwart Bestand hat. Der negative Effekt besteht darin, daß es dem Christentum nicht gelungen ist, die politische ›Gemeinschaft‹ der religiösen ›Gemeinde‹ unterzuordnen, denn auch die politische Gewalt behielt in der christlichen Epoche der europäischen Völker immer eine im historischen Vergleich außerordentlich große Selbständigkeit gegenüber den kultischen Instanzen.

Im historischen Regelfall war der Geltungsbereich der religiös-kultischen ›Gemeinde‹ immer größer als der der politischen ›Gemeinschaft‹. Klassisches Beispiel aus der Antike waren die griechischen Stadtstaaten, die sich nie zu einer übergeordneten politischen Einheit auf Dauer haben vereinigen können. Dennoch gehörten die Bürger aller griechischen Gemeinschaften zur Gemeinde eines mehr oder minder einheitlichen religiösen Kults. Nach einer Phase der Konsolidierung

---

155 Beim Kirchenvater Irenaeus heißt es: „Ubi ecclesia, ibi spiritus sanctus dei, et ubi spiritus dei, illic ecclesia et omnis gratia (Wo die Kirche, dort ist auch der Heilige Geist, und wo der Geist Gottes, dort ist die Kirche und alle Gnade)“ (Historisches Wörterbuch der Philosophie. Bd. 9, a.a.O., S. 10).

156 Vgl. B. Altaner/A. Stuiber: Patrologie. Freiburg 1983; K. Beyschlag: Grundriß der Dogmengeschichte. Bd. 1. Darmstadt 1982.

war der olympische Götterhimmel mit den ›elterlichen‹ Gottheiten Zeus und Hera an der Spitze bei den Griechen aller politischen Gemeinschaften anerkannt. In der alten Welt war das römische Reich der Sonderfall, bei dem die Gemeinschaft weit über die Grenzen der Gemeinde hinausreichte. Nach der Eroberung der griechischen Halbinsel war den Römern noch eine gewisse Vereinheitlichung ihrer eigenen mit den griechischen Gottheiten gelungen. Doch alle weiteren Eroberungen vermochten sie nicht durch ein einheitliches ›Gemeinde‹-Bewußtsein zusammenzufassen. Je multiethnischer das Reich wurde, desto mehr wurde Rom gezwungen, von den Untertanen lediglich eine Verehrung von Göttern – in der Regel der jeweils regionalen – zu verlangen. Es kam auf diese Weise zur viel gerühmten religiösen Toleranz, einem historischen Erkennungszeichen des Römischen Imperiums. Man beließ den eroberten Völkern die eigenen Gottheiten und die eigenen Kulte mit dem dazugehörenden ›Gemeinde‹-Bewußtsein. In der Kaiserzeit wurde nur verlangt, die Religionen der unterworfenen Völker mit dem Gottkaiser-Kult in Übereinstimmung zu bringen. So hatten beispielsweise die frühen Christen nach der Gründung der ersten Gemeinden durch Paulus und die anderen Apostel nur deshalb Schwierigkeiten mit der römischen Toleranz, weil ihr Glaube es nicht zuließ, die Göttlichkeit des Kaisers anzuerkennen.
Erst Konstantin der Große hat im vierten Jahrhundert n.Chr. den grandiosen Versuch unternommen, Gemeinschaft und Gemeinde für das Weltreich wieder in Einklang zu bringen. Seine Entscheidung fiel für das Christentum, eine universalistische und monotheistische Religion. Das im dritten Jahrhundert zu einer einflußreichen Religion herangewachsene Christentum schien dafür geeignet, war es doch durch die Auflösung der Verbindung mit dem Judentum universalistisch geworden. Es bot ein ›Gemeinde‹-Bewußtsein als ›Verfassungsmoral‹ mit universalem Geltungsanspruch an, durch die man als Bürger des Imperiums darauf verpflichtet wurde, ›dem Kaiser zu geben, was des Kaisers ist‹. Das Angebot war durch die Verankerung der christlichen Gemeinden überall im Reich, vor allem im Offizierkorps des Heeres, der wichtigsten Säule der Kaiserherrschaft, realistisch fundiert. Es existierten schon Anfänge der Kirche als eigenständiger Institution, denn es gab gemeinsame Treffen und Vereinigungen von Ortsbischöfen und Gemeindevorstehern. Konstantin war bereit, die Gegenleistung zu erbringen: Der Kaiser mußte darauf verzichten, selbst als Gott verehrt zu werden. Was man in dieser Form durchaus als eine Art Handel zwischen Kaisertum und Kirche beschreiben kann, führte zu einer Kooperation zwischen Politik und Religion, wie sie im weltgeschichtlichen Rahmen weder zuvor noch anschließend erfolgreicher zustande gekommen ist.[157]

---

[157] Vgl. C. Schneider: Das Christentum. In: Propyläen-Weltgeschichte. Bd. 4. 2. Halbbd., hg. v. G. Mann/A. Heuss. Berlin 1976, S. 429ff.

Der Kaiser ließ sich gewiß nicht von eigenen Bekehrungserlebnissen leiten. Was über den Einfluß seiner christlich gewordenen Mutter Monika und über derartige Erlebnisse in Umlauf gesetzt wurde, sind spätere fromme Erfindungen. Konstantin ging es allein aus praktisch-politischem Kalkül darum, dasjenige Gemeindebewußtsein für die Leerstelle des Gemeinschaftsbewußtseins in seinem Reich zu wählen, das diese Aufgabe voraussichtlich am effektivsten zu lösen imstande war. Es hätte dies ebenso der seinerzeit sehr verbreitete Mithraskult sein können, weshalb auch die nachfolgende weltgeschichtliche Bedeutung des Christentums aus dem Odium der Zufälligkeit, das allem geschichtlichen Geschehen anhaftet, nicht herausgenommen werden kann. Wir wissen, daß Konstantin sich in seiner Erwartung hinsichtlich des Christentums nicht getäuscht hat. Man muß von einer gebildeten, mehrheitlich städtisch geprägten Führungsschicht in seinem Reich ausgehen, einer Schicht, die sich durch den Individualismus der christlichen Botschaft und in ihrem Rationalismus von der kultisch-mythischen Sparsamkeit der christlichen Lehre angesprochen fühlte. Die Anonymität der großen Städte, von denen einige mehr als 100 000 Einwohner zählten und die Hauptstadt Rom mehr als eine Million, hatte sich in einem individualistischen Selbstverständnis als Lebensgrundgefühl der Menschen niedergeschlagen. Diese städtischen Bevölkerungen mußte er durch ein neues legitimatorisches Gemeindebewußtsein gewinnen, weil sie zugleich bestimmend für das Gemeinschaftsbewußtsein waren, das die kaiserliche Monarchie trug. Nachdem Konstantins Entschluß zum Erfolg geführt hatte – wie wir wissen: auch dies erst nach harten Auseinandersetzungen in den Regierungsepochen seiner Nachfolger –, war die Vorbildlichkeit des Christentums als ausschlaggebender politischer Religion der europäischen Völker gewährleistet. Zugleich war jedoch auch die klassische Einheit von Gemeinschaft und Gemeinde, die noch die Verhältnisse im republikanischen Rom im Sinn der Tradition des Priesterkönigtums bestimmt hatte, mit der Einführung der christlichen Staatsreligion aufgehoben und in ein Duopol von Herrschaftsansprüchen umgewandelt worden.

Bereits in der Epoche der römischen Kaiser hatte sich der Charakterzug des neuen Verhältnisses zwischen Gemeinschaft und Gemeinde gezeigt: die unüberbrückbare Spannung der beiden politisch dominanten Mächte, trat doch der römische Bischof dem Herrscher der politischen Gemeinschaft von Anfang an mit dem Anspruch auf Gleichstellung gegenüber. Dieser Gegensatz wurde charakteristisch für die spätere politische Geschichte Europas, in der sich im Zeichen des Christentums nie eine Einheit von Gemeinde und Gemeinschaft hatte durchsetzen können. Man kann sagen, daß der für die Europäer charakteristische Gegensatz ein Erbe der griechischen Geschichte des klassischen Altertums wieder aufgenommen hat. Der Gegensatz zwischen Staat und Kirche, der bereits die Geschichte der Christianisierung des spätrömischen Reichs bestimmte, geht voll und ganz in die spätere Geschichte der Wiederaufnahme der römischen Reichstradition durch die fränkischen Germanen ein.[158]

Auch dem von Karl dem Großen im neunten Jahrhundert n. Chr. begründeten römischen Kaisertum der deutschen Könige liegt, wie bei Konstantin, nicht Gläubigkeit, sondern ein politischer Kalkül zugrunde. Der fränkische König konnte sich hingegen schon auf die Jahrhunderte lang bewährte Tradition des spätrömischen Staatsverständnisses stützen. In seiner Zeit war das Problem auf seiten der Völker, die für das Christentum gewonnen werden mußten. Denn speziell die germanischen Stämme, die sich nicht – wie die Langobarden und die Goten – in den Bereich der römisch-christlichen Zivilisation hatten einbeziehen lassen, gehörten auch im achten, neunten und zehnten Jahrhundert in der Mehrheit zu einem Gemeindebewußtsein, das dem der griechischen Götterwelt nicht unähnlich war. Für Karl war es von Anfang an klar, daß die Anknüpfung an die großartige Tradition des römischen Imperiums nur im Zeichen eines einheitlichen Gemeindebewußtseins gelingen konnte, denn für die Stabilität der Großgruppenordnung war zu keiner Zeit der Erfolg der Waffen ausschlaggebend, sondern das Verfügen über ein mythisch-religiöses Gemeindebewußtsein, das dem Umfang des politischen Gemeinschaftsbewußtseins entsprach.[159] Die historische Situation war der Absicht des Frankenkönigs günstig: Einerseits war das Christentum als das passende Gemeindebewußtsein im Anspruch auf die Fortführung der imperialen Tradition Roms mitenthalten, hatte es doch diese bereits Jahrhunderte lang getragen. Andererseits besaßen die germanischen Stämme keinen Kultus, den man im Hinblick auf dessen Fähigkeit, Gemeindebewußtsein für ein Imperium hervorzubringen, mit dem christlichen Monotheismus hätte vergleichen können.[160]

Karl hatte von Anfang an die Selbständigkeit der vom römischen Bischof geleiteten Kirche akzeptiert. Damit wurde der Gegensatz zwischen politischer Gemeinschaft und religiöser Gemeinde auch in das gesellschaftliche Bewußtsein der Europäer hineingetragen. Er bestimmte dann im Mittelalter den grundlegenden Konflikt zwischen Kaisertum und Papsttum.

Aus kirchlicher Sicht wurde der Erfolg des christlichen Universalanspruchs im Reich der mittelalterlichen Kaiser durch Beibehaltung der kirchlichen Selbständigkeit noch einmal gesteigert. Im Hochmittelalter wurde die Kirche gleichsam ein Staat für sich. Der weltliche Staat, der auf die Kirche angewiesen war, weil diese für ihn als Staatsreligion fungierte, stand gleichzeitig in Opposition zu

---

158 Vgl. A. Nitschke: Frühe christliche Reiche. In: Propyläen-Weltgeschichte, a.a.O., Bd. 5. 1. Halbbd., S. 275ff.

159 Vgl. E.F. Jung: Die Germanen. Von der Frühzeit bis zu Karl dem Großen. Augsburg 1993.

160 Man geht im Anschluß an Hinweise, die Plinius der Ältere in seiner ›Naturgeschichte‹ gegeben hat, von der Existenz von ca. 50 germanischen Kultverbänden aus. Mehrere Stämme gehörten jeweils zu einem Kultverband. Jeder Kultverband war durch eigene Götter, eigene Mythen und eigene Grabsitten gekennzeichnet.

ihr. Beide waren im Hinblick auf den Anspruch ihrer politischen Wertideen universalistisch ausgerichtet. Bei der Kirche handelte es sich um einen menschheitlichen Universalismus, beim Staat um einen auf das europäische Umfeld begrenzten. Die Kirche vertrat das menschheitliche Welt- und Gottesbild des Gekreuzigten, während der Staat den universalistischen Anspruch in der Nachfolge des Imperium Romanum stellte. Beide Institutionen waren unbeschadet ihres Gegensatzes in der Zwecksetzung zugleich auch aufeinander bezogen.

Das antagonistische Ineinander von Gemeinschafts- und Gemeindebewußtsein war durch zentrale Züge der christlichen Theologie vorgegeben. Schon für Paulus und dessen Umgebung war das Reich Gottes als mystischer Leib in geschichtlicher Wirklichkeit gegenwärtig. So hat sich demnach in der Fleischwerdung Gottes in Christus Gottes Wille in der Geschichte geoffenbart. Jüdische Eschatologie war durch christliche Geschichtsmetaphysik ersetzt worden, deren kirchlich autorisierte Lehre jedoch stets auf die Verbreitung des Glaubens an den die Welt und den Tod überwindenden Erlöser ausgerichtet war. Das durch Karl den Großen neubegründete römische Kaisertum hatte sich von Anfang an als geschichtliche Verwirklichung des christlichen Geschichtsauftrags verstanden.

Indem die Kirche durch den politisch-übernationalen Anspruch der römischen Päpste ihre Unabhängigkeit vom politischen Machtbezirk der deutschen Kaiser wahrte, stützte sie zugleich mit großer Überzeugungskraft eine über den Völkern und Nationen stehende Universalität ihrer Wertideen. Das ganze Mittelalter hindurch hat sie es erreicht, wenigstens den glaubensmäßigen Zusammenhalt aller europäischen Völker herzustellen. Das Kaisertum, das sich auch zu seinen Höhepunkten im 12. Jahrhundert im Kern allerdings immer nur auf die Länder der deutschen Vasallen stützen konnte, verdankte allein dem Anspruch auf Universalität, den die Kirche verwirklichte, sein eigenes übernationales Gewicht.[161] Es verhalf der Kirche wiederum zur realpolitischen Verankerung der religiösen Universalität der christlichen Lehre. Dadurch, daß die Kirche einen überstaatlichen Universalismus als etablierte Institution vertrat, erzeugte sie erfolgreich den Eindruck, daß auch der Staat – generell die christliche Monarchie der Epoche – durch eine ebenso überstaatliche ›Verfassungsmoral‹ im Sinn echter Universalgeltung legitimiert war. Der Eindruck war für die meisten Menschen jener Zeit völlig überzeugend, da eine konkurrierende Religion nirgendwo weder bestand noch in Sicht war.

Die Folge dieses universalistischen Anspruchs war jedoch, daß sich die Führer der wichtigsten Institutionen, Monarchen und Päpste, im europäischen Urkonflikt zwischen Gemeinschaft und Gemeinde zu keiner Zeit auf eine klare Arbeitsteilung der politisch-weltlichen und der kirchlich-religiösen Aufgaben eini-

---

161 Vgl. F.L. Ganshof: Das Hochmittelalter. In: Propyläen-Weltgeschichte, a.a.O., S. 395ff.

gen konnten.[162] Die Monarchen, mit dem Kaiser an der Spitze, mußten sich selbst als ›Gottes Stellvertreter auf Erden‹ verstehen, denn sie beriefen sich in ihrer Machtausübung auf eine christlich-religiöse Legitimation. Sie mischten sich mit dieser Begründung in die Organisation der Kirche ein, was auch nahelag, hatten sich doch die Bischöfe zu Landesfürsten und Territorialherren entwickelt. Die vom römischen Papst geführte Kirche empfand sich dessen ungeachtet nicht als Institution, die allein für das seelische Heil der Gläubigen zuständig war, sondern blieb das ganze Mittelalter hindurch auch eine der stärksten politischen Mächte in Europa. Der Kirchenstaat, auf dem die politische Macht der Päpste basierte, umfaßte zur Zeit seiner größten Ausdehnung ganz Mittel- und Süditalien. Bereits die erste Kaiserkrönung, die Karls des Großen im Jahr 800 in Rom, hatte die unaufhebbare Spannung zwischen Gemeinschaft und Gemeinde symbolisch wiedergegeben: Der Papst krönte den Kaiser, den er dazu überredet hatte, und huldigte ihm anschließend niederknieend nach byzantinischem Ritus.
Der Konflikt war von weitreichender Bedeutung, denn sowohl Kaisertum als auch römisches Papsttum vertraten gesamteuropäische Konzeptionen. Das Kaisertum sollte die Christenheit in Gestalt einer über den Stämmen und Völkern stehenden politischen Einheit zusammenfassen, während die Papstkirche die entsprechende religiöse Glaubensgemeinschaft bildete. Durch den unauflösbaren Konflikt zwischen beiden ›Regimen‹ war das europäische Konzept des mittelalterlichen Christentums letztlich jedoch zum Scheitern verurteilt. Zwar hatte sich die Kirche erstmals im 13. Jahrhundert gegen den Kaiser siegreich durchgesetzt, doch blieben die eigentlichen Sieger die nationalstaatlichen Könige und Fürsten, die sich im Konflikt von Kaisertum und Papsttum ihre Souveränität erkämpft hatten. Das Papsttum ging als politische Macht im 14. Jahrhunderts ebenfalls unter, als es zwischen der Konzilsbewegung in den eigenen Reihen und den nationalstaatlichen Ansprüchen der französischen und englischen Könige aufgerieben wurde. Den Höhepunkt päpstlicher Machtlosigkeit bildete die ›babylonische Gefangenschaft‹ des Papstes Bonifatius VIII. in Avignon.[163]

---

162 Vg.. P.E. Schramm: Kaiser, Könige und Päpste. Bd. 3. Stuttgart 1969.

163 Der europäische Grundkonflikt zwischen politischer und religiöser Autorität hat jedoch nicht nur zum Mißlingen der Einheit der europäischen Völker geführt. Er lieferte darüber hinaus die Grundlage für eine unzweifelhaft positive Erbschaft der europäischen Völker, nämlich für ihre Tradition des Rechtsstaats.
Durch die Trennung von Gemeinschafts- und Gemeindebewußtsein entwickelte sich die Grundeinstellung, wonach Despotismus eine nicht zu rechtfertigende politische Machtausübung darstellt. In allen westeuropäischen Staaten und Völkern, bei denen die Unabhängigkeit der römischen Kirche von der politischen Autorität des Monarchen akzeptiert war, wurde – im Gegensatz zur Entwicklung des Kirche-Staat-Verhältnisses in Osteuropa, insbesondere in Rußland – das Bewußtsein herrschend, daß auch Fürsten und Monarchen als gläubige Christen auf gleicher Ebene standen wie ihre Untertanen und daß sie in ihrer Amtsführung an die Moral einer höheren Autorität, nämlich an die des dreieinigen Gottes, gebunden waren. Auch das den europäischen Rechtsstaat konstituierende Konzept der Teilung der Gewalten hat Wurzeln in der Machtaufteilung zwischen kirchlicher und weltlicher Herr-

2. *Das christliche Konzept der Teilhabe in der Spannung zwischen Gleichheit und Pluralität*

Als wesentlichen Punkt der christlichen Botschaft habe ich bereits herausgestellt, daß ihr Verständnis der menschlichen Gleichheit nicht – wie in anderen religiösen Kulturen – ethnisch oder national begrenzt ist. Sie richtete sich von Anfang an an alle Menschen, von denen jeder Einzelne als ›Kind Gottes‹ angesehen wird. Die Art der Teilhabe des Einzelnen an der göttlichen Individualität bestimmt sich durch die christliche Lehre von der ›Erlösung‹. Nun stellt sich aus systematischen Gründen das Teilhabe-Problem in keiner anderen religiösen Lehre so scharf wie im Christentum, das die Gleichheit der Ansprüche auf Teilhabe an der göttlichen Individualität extensiv betont.

Wir erinnern uns, daß die Teilhabe an göttlicher Individualität erst im reziproken Sprachtyp als Nähe zum *Extrem der Besonderheit* verdeutlicht wird. Die Götter sind dort die Repräsentanten der Individualität in der Form derartiger ›Extreme der Besonderheit‹. Wenn, wie im Christentum, die *Gleichheit* des Rechts auf Teilhabe in den Mittelpunkt gerückt wird, müssen jedoch sehr hohe Ansprüche an die Verwirklichung der Teilhabe gestellt werden, stellt doch jede Steigerung im Bereich der Besonderheit in Richtung einer Annäherung an Gott zugleich eine Entfernung von der Gleichheit dar. Das Christentum hat dieser internen Logik einer jeden Beziehung zwischen Besonderheit und Gleichheit durch sein Menschenbild Rechnung getragen. Es ist das Bild eines Menschen, dessen ›Natur‹ durch eine besonders große Entfernung von der göttlichen ›Natur‹ definiert ist, an der er gleichwohl durch Eingehen in die göttliche Unsterblichkeit nach dem Tod werde teilhaben können.[164]

Die Kirchenväter haben eine Anthropologie entwickelt, die sowohl der universalistischen Gleichheit menschlicher Ansprüche auf Teilhabe an der Unsterblichkeit als auch der Schwierigkeit einer Verwirklichung des Teilhabeanspuchs Rechnung tragen sollte. So haben sie das Seelenkonzept der antiken Philosophie mit dem Erlösungsgedanken der Bibel verbunden. Um den Zusammenhang zu verdeutlichen, muß ich etwas weiter ausholen.

Die europäische Kultur unterscheidet sich bis heute von anderen Kulturen der Welt, indem sie zwei divergierende Reaktionsformen der Kollektivierung des existenziellen Dilemmas hervorgebracht hat. Einerseits ist es die auch in anderen

---

schaft in der mittelalterlichen Universalmonarchie. Vgl. hierzu G. Althoff: Verwandte, Freunde und Getreue. Zum politischen Stellenwert der Gruppenbindungen im frühen Mittelalter. Darmstadt 1990.

164 Vgl. H. Lamer: Wörterbuch der Antike. Leipzig 1933, S. 500ff.

Kulturen vorhandene mythisch-religiöse Reaktionsform, andererseits die *philosophische*.[165]

Was die philosophische Reaktionsform angeht, ist auch hier Plato Begründer der Konzeption. Er hat eine Philosophie von ›Dingen‹ entwickelt, die Eigenschaften des Göttlichen haben, ohne im klassisch-religiösen Sinn göttlichen Charakter zu besitzen. Ich beschränke mich auf die beiden wichtigsten Fragestellungen, die Plato zum Konzept der ›Ideen‹ geführt haben: Bei der ersten geht es um die Erforschung des identischen Wesens der Vielheit der sichtbaren Gegenstände und Lebewesen, bei der zweiten um die Beziehung, in welcher die einzelnen Gegenstände und Lebewesen zu den sie bestimmenden Ideen stehen.[166] Plato nimmt an, daß man auf das Wesen der Vielheit des Einzelseienden stößt, indem man die Begriffe analysiert, mit deren Hilfe wir das Einzelseiende der äußeren Welt bestimmen. Die Begriffsanalyse ist die Methode der *Dialektik*. Das Wesen einer begrifflich bestimmbaren Vielheit verkörpert ihm zufolge diese Bestimmtheit im *höchsten* Maß. Im ›Symposium‹ spricht er vom Wesen als von ›einem seiner Natur nach wunderbar Schönen, das weder vergeht noch entsteht‹. Derartige Wesenheiten gibt es von allen Vielheiten von Gegenständen und Lebewesen, für die wir selbständige Begriffe besitzen, so von Häusern, Tischen, Pflanzen, Pferden, Menschen und den Gestirnen. Um es beim Beispiel des Menschen zu belassen: Danach ist die ›Idee‹, die das Wesen aller Menschen verkörpert, der einzige und unsterbliche Mensch, in dem die positiven Eigenschaften des Menschlichen in der zur Vollendung gesteigerten Form ausgedrückt sind. Kein wirklicher Mensch wird diese Bedingung je erfüllen können, denn selbst der Außergewöhnlichste ist ein sterbliches Wesen und kein unsterblicher ›Idealmensch‹. Um sich ein anschauliches Bild von dem Gemeinten zu machen, kann man etwa an die Plastiken des Praxiteles und anderer Künstler jener Zeit erinnern, Versuche, den idealen Menschen für die sinnliche Anschauung näherungsweise zu modellieren.[167]

Bei der anderen Fragestellung geht es um die Beziehung, in der das Einzelseiende zu seiner Idee steht. In Bezug auf den Menschen führt Plato im ›Menon‹ die Lehre der Wiedererinnerung (anamnesis) ein. Nach ihr stammen die Seelen der Menschen aus dem Reich der Ideen, von wo sie ein durch die Geburt schattenhaft gewordenes Wissen um die idealen Wesenheiten mitgebracht haben. Aufgrund ihrer Seelen-Mitgift können die Menschen mit Hilfe der Vernunft etwas von der Erinnerung an die idealen Wesenheiten rekonstruieren. Plato läßt in den mytho-

---

165 Vgl. W. Durant: Die großen Denker. Zürich 1945, S. 60ff.

166 Vgl. etwa O. Höffe (Hg.): Platon, Politeia. Berlin 1997.

167 Vgl. N. Hartmann: Zur Lehre vom Eidos bei Platon und Aristoteles. Berlin 1941; W. Ross: Plato's Theory of Ideas. Oxford 1951; H.J. Kraemer: Arete bei Platon und Aristoteles. Zum Wesen und zur Geschichte der Platonischen Ontologie. Heidelberg 1959; A. Graeser: Platons Ideenlehre. Sprache, Logik und Metaphysik. Stuttgart 1975; K. Bormann: Platon. Freiburg/München 1973.

logisierenden Bildern, die er gebraucht, offen, wie man sich Präexistenz und Postexistenz der Seele vorstellen soll: als Existenzweisen der einzelnen Seele oder als Identität mit der *allgemeinen Idee*.
Nimmt man die Antworten auf die beiden Fragestellungen zusammen, stößt man auf eine Nähe zur religiösen Erfahrung: Die Ideen sind göttergleiche Wesenheiten, denn sie besitzen die Qualität der Unvergänglichkeit in Analogie zur göttlichen Unsterblichkeit. Sie sind zugleich einzigartige Individualitäten, denn so wie es unter den griechischen Göttern nur den *einzigen* Zeus, den *einzigen* Apollo und die *einzige* Pallas Athene gibt, so existieren die Ideen der Gegenstände, der Lebewesen und des Menschen jeweils in *singulärer Individualität*. Auch das Verhältnis zwischen dem sterblichen Menschen und der unvergänglichen Idealität ist dem religiösen Verhältnis nachgebildet. Wie im religiösen Kult eine Teilhabe am göttlichen Wesen hergestellt wird, so soll im ›dialektischen‹ Philosophieren eine Teilhabe an den unvergänglichen Ideen möglich werden. Man muß deshalb beachten, daß Platons Erkenntnisbegriff – wie vermutlich derjenige aller antiken Denker – nicht die harmlose Version eines der Wahrnehmung nachgebildeten Begriffs von Erkenntnis ist, wie wir ihn uns unter dem Einfluß der modernen Wissenschaft zugelegt haben. Für Plato ist die Bemühung um das Wissen vermittels der dialektischen Analyse der Begriffe vielmehr gleichbedeutend mit einer *kultischen* Handlung, jener denkerischen Handlung, durch die wir in Beziehung zum Göttlichen, d.h. zur Welt der unvergänglichen Ideen, treten. Philosophieren ist für ihn – so besehen – ›Gottesdienst‹. Man wird schwerlich bestreiten, daß der Philosoph damit auf das kulturelle Traditionsbewußtsein der Europäer einen großen Einfluß ausgeübt hat, der sich in einer nahezu religiösen Hochschätzung des philosophischen und später – indirekt – auch des wissenschaftlichen Denkens ausdrückte, von der wir heute allerdings lange schon abgerückt sind.[168]
Probleme hat Plato allein für die Bestimmung des inneren Aufbaus der Dimension der Wesenheiten gesehen. Einmal geht er von einer ›polytheistischen‹ Pluralität der idealen Wesenheiten aus, die der Pluralität der vielen selbständigen begrifflichen Bestimmungen entspricht. Zum anderen nimmt er eine Ordnung des Reichs der Wesenheiten an, die von einer obersten Idee, der Idee des Guten, ›monotheistisch‹ regiert wird.[169] Sein Konzept der Teilhabe steht jedoch deutlich unter der Voraussetzung der Trennung – ›chorismos‹ – der Dimensionen: der Sterblichen und der ewigen Wesenheiten. Die singuläre Individualität ist bei ihm allein für die rein idealen Wesenheiten reserviert. Das bedeutet: Sterbliche können zwar keine singulären Individualitäten von der Art der Ideen sein. Ihnen

---

168 Doch ist etwa W. v. Humboldts Einschätzung der führenden Rolle der Philosophie im Kranz der Wissenschaften noch tief davon geprägt.

169 In diesen Zusammenhang gehört das berühmte Sonnengleichnis aus der ›Politeia‹ [508b ff.].

steht jedoch durch die Philosophie so etwas wie ein ›milchglasiges Fenster‹ – und damit eine Beziehung – zur Ewigkeit offen.[170]

Letztendlich haben wir ein Menschenbild vor uns, zu dem im Kern die Vorstellung einer Teilhabe des Menschen an einer Dimension unendlich und ewig existierender ›Dinge‹ gehört. Denn in Gestalt der Individualität des Idealmenschen ist das Allgemeinmenschliche Bestandteil des ewig und unendlich dauernden Ideenreichs. Die irdischen Menschen stellen demgegenüber die sterblichen und endlichen Verkörperungen des *einen* Idealmenschen dar. Die europäische Philosophie eröffnet mit dieser Platonischen Konzeption eine folgenreiche Konkurrenz zur Religion, die in anderen Kulturen die Vermittlung mit der Unsterblichkeit herstellt.[171]

Die erste Abkehr von der Platonischen Ideenkonzeption wird bereits durch dessen bedeutendsten Schüler Aristoteles vollzogen.[172] Schon mit ihm ist der grundlegende Konflikt in der geistigen Welt, der von nun an die philosophisch-wissenschaftliche Denkweise der Europäer prägt: der zwischen *anthropomorphen* Vorstellungen der unendlichen Individualität und der ewigen Dauer, wie Platos Konzept sie enthält, und *nichtanthropomorphen* Vorstellungen unendlicher Individualität und Dauer, die auf Aristoteles rekurrieren.

Die aristotelische Metaphysik ist im Wesentlichen von zwei Gedanken beherrscht. Zum ersten werden Unendlichkeit und Endlichkeit näher aneinander gerückt. Aristoteles kritisiert den von Plato angenommenen ›chorismos‹ zwischen den Ideen und den Einzeldingen. Die Ideen werden bei ihm „eindeutig zu immanenten Prinzipien der Dinge".[173] Die ›göttlich-ewige‹ Sphäre der Individualität erhebt sich nicht mehr ›transzendent‹ über der Sphäre der vergänglichen

---

[170] Vgl. J. Hirschberger: Geschichte der Philosophie. Bd. 1. Freiburg 1991, S. 88f.

[171] Bereits bei Platon finden sich die Vorstellungen, die christliches Denken in der Scholastik stark prägen. Im Dialog Phaidon läßt er Sokrates, den zum Tode Verurteilten, einen Mythos erzählen. Einzelne Passagen der sokratischen Schilderung liefern gleichsam eine Blaupause für die spätere christliche Mythologie. Nach dem Tode löst sich nach Platon die Seele vom Körper. Wenn nun die Seelen der Verstorbenen „an den Ort gelangen, wohin einen jeden sein Daimon führt, dann wird zuerst Gericht über sie gehalten, über die, welche gut und fromm, und auch über die, welche nicht so gelebt haben." […] „Welche aber in ihrem Lebenswandel als besonders heilig empfunden werden, die bleiben von diesen unterirdischen Orten verschont und wie aus Kerkern entlassen; sie fahren auf zu jener reinen Stätte und erhalten ihre Wohnungen über der Erde." (Platon: Meisterdialoge. Phaidon – Symposion – Phaidros. Zürich 1958, S. 96f.). Hier kommt schon deutlich die christliche Erlösungsvorstellung zum Ausdruck. Über jeden Menschen wird nach dessen Ableben geurteilt, ob – wie es später im Christentum heißen wird – sein Leben „gottgefällig" war. „Wenn sie sich gereinigt und für ihre Sünden gebüßt haben, werden sie erlöst, wenn einer etwas Unrechtes begangen hat; für ihre guten Werke aber werden sie belohnt, ein jeder nach seinem Verdienst" (S. 96).

[172] Aristoteles wendet sich auch aus ethischen Gründen gegen den platonischen Dualismus und dessen „Zweiweltenlehre". Um ein glückliches Leben führen zu können bedarf es nach ihm nicht einer Schau des Reiches der Ideen, sondern einer Bewährung in der Praxis. Ein sittlich guter Mensch braucht keine Metaphysik. Vgl. G. Müller: Probleme der aristotelischen Eudaimonielehre. In: F.-P. Hager (Hg.): Ethik und Politik des Aristoteles. Darmstadt 1972, S. 368–402.

[173] H. Meinhardt: ›Idee‹. In: Historisches Wörterbuch der Philosophie. Bd. 4. Darmstadt 1976, S. 59.

Dinge und der sterblichen Menschen. Sie wird vielmehr zu deren Innerlichkeit. Dadurch werden die Bereiche der Einzeldinge, zu denen auch die Menschen gehören, fraglos stark aufgewertet. Es ist bis heute umstritten, wie man sich die Wirksamkeit der idealen Formen in den Einzeldingen bei Aristoteles vorstellen soll. Doch wie immer es damit bestellt sei: Mit ihm ist ein das europäische Denken tief prägender Gedanke in der Welt: die Vorstellung, daß die singuläre Individualität in Gestalt der ›ewigen Dinge‹ ›Form‹ und ›Materie‹ im vergänglichen und sterblichen Einzelseienden anwesend ist. Denn das Einzelseiende ist eine aus der Verbindung einer ewigen Form und einer ewigen Materie hervorgegangene Einheit. Man kann den aristotelischen Ansatz als einen des ›Immanentismus der Unvergänglichkeit‹ charakterisieren.[174]

Unbeschadet dieses ›Immanentismus der Unvergänglichkeit‹ geht Aristoteles jedoch – zweitens – *nicht* von der Teilhabe des Menschen an der Ewigkeit aus. Der Mensch ist nach ihm wie die anderen Dinge auch eine vergängliche, sterbliche Einheit von Form und Materie. Die Qualität der Unvergänglichkeit kommt allein den erzeugenden Prinzipien Form und Materie selbst zu, nicht jedoch den durch sie erzeugten einzelseienden Einheiten wie etwa den Menschen. Die Seele existiert als der Form-Bestandteil der Menschen immer nur in Einheit mit dem Körper. Stirbt der Körper, stirbt auch die Seele als dessen Lebensprinzip. Aristoteles erwägt zwar, ob nicht die höchste Seelenform, der denkende Geist, vom Körper getrennt vorgestellt werden kann. Doch verneint er letztendlich diese Möglichkeit, weil auch das Denken stets an sinnenhafte Vorstellungen gebunden sei.

Zweifelsohne hat Aristoteles mit seiner nichtanthropomorphen Konzeption der unvergänglichen und unendlich existierenden Individualitäten ›Form‹ und ›Materie‹ einen Gegenentwurf zur mythisch-religiösen Tradition der Menschheit entwickelt. Im Gegensatz zum Platonischen Konzept gibt es bei ihm keine mit der Religion konkurrierende Teilhabe des endlichen und sterblichen Menschen an der Ewigkeit. Aus seiner Lehre läßt sich kein Trost für ein Weiterleben nach dem Tod gewinnen. Für ihn besteht im Hinblick auf den Tod die Pflicht der Menschen allein darin, sich mit ihm als dem natürlichen Schicksal alles Lebendigen abzufinden.

Die stoische Schule und die Schule des Epikur haben sich anschließend überwiegend an der nichtanthropomorphen Konzeption des Aristoteles orientiert. Auch bei ihnen gehört die Seele, die auch den tierischen und pflanzlichen Lebewesen zugesprochen wird, zum sterblichen Organismus.[175]

---

[174] Vgl. H. Flashar: Die Philosophie der Antike. Bd. 3, Basel 1983; J. Barnes: Aristoteles. Stuttgart 1992; W. Wieland: Geschichte der Philosophie in Text und Darstellung: Antike. Stuttgart 1978, S. 30ff.

[175] Vgl. M. Hossenfelder: Stoa. Epikuräismus und Skepsis. In: W. Röd (Hg.): Geschichte der Philosophie Bd. III, München 1985; H.J. Kraemer: Platonismus und hellenistische Philosophie. Berlin 1971.

Die lange Tradition einer Beerbung des platonischen Anthropomorphismus setzt erst mit der philosophisch geprägten Theologie der Kirchenväter ein. Der erste von ihnen ist Justinus (gest. ca. 165 n. Chr.), der sich auf Plato beruft, dessen Lehre der Präexistenz der Seele jedoch ablehnt, weil der Mensch andernfalls wie Gott selbst ›ungeschaffen‹ wäre. Er und Irenäus, ebenfalls einer der bedeutenden Kirchenväter, haben die Konzepte begründet, mit denen die christliche Vorstellung der Unsterblichkeit der Seele mit der ›Geschaffenheit‹ des Menschen vermittelt werden konnte. Beide führen die neutestamentliche Lehre der ›Ausgießung des Heiligen Geistes‹ weiter, indem sie zusätzlich zur Seele einen ›lebendigmachenden Geist‹ (pneuma) postulierten, den Gott jenen Menschen verleiht, die er über den Tod hinaus retten wolle. In der philosophischen Perspektive setzte sich damit der platonische Anthropomorphismus durch. Dies war zugleich die Nahtstelle, an der die Seelenkonzeption der griechischen Philosophie mit dem christlichen Erlösungsgedanken verbunden wurde. Aufgrund der großen Entfernung zwischen Gott und Mensch, die bereits zum religiösen Grundverständnis des biblischen Judentums gehörte, wurde in der Kirchenvätertheologie die Sündenauffassung des Alten Testaments zur Lehre der menschlichen Erbsünde hin erweitert. Tertullian (155–223 n. Chr.) prägte die leitbildsetzenden Begriffe ›vitium originis‹, ›naturae corruptio‹ und ›tradux peccati‹. Sie drücken aus, daß die Seele durch die geschlechtliche Zeugung des Menschen mit der Sünde behaftet sei. Sie sei ›defekte Individualität‹ und trotz der Qualität der Unsterblichkeit mit der göttlichen Individualität nicht zu vergleichen. Auch Augustin zufolge konnte der Mensch dem ›peccatum originale‹ d.h. der Erbsünde, nicht entgehen. Die Erbsündenlehre bestimmt von da an das christliche Menschenbild bis in die Gegenwart hinein: Die Sündennatur des Menschen erforderte Erlösungsbedürftigkeit.

Aus diesem Bild eines ›von Natur aus‹ sündigen und erlösungsbedürftigen Menschen ergibt sich folgende Spannung: Zwar besteht der Anspruch aller Menschen in Gleichheit auf Teilhabe an göttlicher Individualität, doch können eben nur wenige die Teilhabe verwirklichen, weil die *Nähe* zur göttlichen Natur alleiniger Maßstab für diese Verwirklichung bleibt. In der christlichen Metaphysik wird das Problem der Teilhabe an göttlicher Individualität noch zusätzlich dadurch erschwert, daß es sich um die Nähe zu einer *monotheistischen* Individualität handelt. Im Unterschied zur Pluralität der Götterindividualitäten im Polytheismus besteht im Gottesbild der christlichen Metaphysik jedoch kein Raum, dem Gedanken einer Gleichheit der Teilhabe-Berechtigten Rechnung zu tragen. Denn ›Gleichheit‹ bedeutet immer eine Gleichheit vieler. Wie aber sollen ›viele‹ an göttlicher Individualität teilhaben können – d.h. wie soll die Vielheit mit der Einheit verbindbar sein –, wenn sich die ›Göttlichkeit‹ in einer *einzigen* (= monotheistischen) Individualität erschöpft?

Die christliche Lehre hat Lösungen des Problems auf zwei Ebenen gefunden und für beide Lösungen hat Augustinus (354–430 n.Chr.) die wegweisenden Antworten formuliert.[176]

Bei den Lösungen spielt das Verhältnis der beiden Sprachtypen, des religiös-autoritativen und des kommunikativ-reziproken, eine wichtige Rolle.[177]

Die Vereinbarkeit der Pluralität mit göttlicher Individualität wird auf der Ebene des Gottesbildes durch die Annahme der dreifachen göttlichen Natur hergestellt. Danach ist der christliche Gott, wie nach monotheistischem Konzept, nicht schlechthin einzig, sondern seine ›individualistisch-einzige‹ Natur entfaltet sich bekanntlich in den Gestalten des ›Vaters‹, des ›Sohnes‹ und des ›Heiligen Geistes‹. Jede dieser Gestalten soll ihrerseits eine ›einzige‹ Individualität sein, denn es gibt auch den Sohn und den Heiligen Geist jeweils nur ein einziges Mal. Es kommt zu einer Einbeziehung der ›Pluralität von Individualitäten‹ in die monotheistische Individualität, denn Vielheit gehört so selbst zur göttlichen Einheit. Grundsätzlich läßt sich auf diese Weise auch die Gottesnähe einer Vielheit von Menschenseelen nach dem Tod vorstellen. Augustin zufolge reicht die menschliche Vernunft jedoch nur bis zur Erkenntnis der *Faktizität* der dreieinigen Natur Gottes. Sie erkennt, *daß* Gott so beschaffen ist. Mit ›Vernunft‹ läßt sich hingegen nicht erklären, *warum* Gott dreifaltig ist. Daß Gott eine Einheit von drei – wiederum in sich göttlichen – Gestalten ist, kann nur Gegenstand des *Glaubens* sein. Bei Augustin heißt es: „Ist es also so, daß wir, wie wir in all dem mit Sicherheit bestimmte Dreiheiten (als Bestandteile oder Eigenschaften der Wahrnehmungswelt, W.B.) sehen, die in uns entstehen oder in uns sind, wenn wir an jene Vorgänge (in der Wahrnehmungswelt, W.B.) uns erinnern, sie erblicken und wollen, daß wir so auch die Dreieinigkeit Gottes sehen, weil wir auch hier durch unsere Einsicht gleichsam einen Sprechenden und sein Wort, das ist der Vater und der Sohn, und die von ihnen hervorgehende, beiden gemeinsame Liebe, nämlich den Heiligen Geist, erblicken? Oder ist es so, daß wir jene zum Bereich unserer Sinne oder der Seele gehörigen Dreiheiten eher sehen als glauben, Gott hingegen, die Dreieinigkeit, eher glauben als sehen? Wenn dem so ist, dann erblicken wir in der Tat durch das, was geschaffen ist, in geistiger Einsicht nichts von dem Unsichtbaren an ihm, oder wenn wir etwas erblicken, dann erblicken wir in diesem Bereiche des Unsichtbaren an Gott keine Dreieinigkeit; und es gibt in ihm etwas, was wir erblicken, und etwas, was wir nicht erblicken und darum

176 Vgl. K. Flasch: Was ist Zeit? Das XI. Buch der Confessiones. Frankfurt a.M. 1993

177 Für das Christentum ist seit den Anfängen die Existenz einer Theologie Charakteristikum, d.h. die Existenz einer Gotteslehre, die so extensiv wie möglich in der Sprache des kommunikativ-reziproken Typs formuliert wird. Man kann diese Forderung durch den Umstand erklären, daß bereits die frühen Urgemeinden im ersten und zweiten Jahrhundert großstädtisch geprägt waren und eine Mitgliedschaft besaßen, die an die Religion intellektuelle Ansprüche stellte. Vgl. A. Schöpf: Augustinus. Eine Einführung in seine Philosophie. Freiburg/München 1970; K. Flasch: Augustin. Einführung in sein Denken. Stuttgart 1980.

glauben müssen."[178] ›Glaube‹ ist von daher in der christlichen Theologie Name derjenigen Lehrbestandteile, die nach den Maßstäben der religiös-autoritativen Sprache zum Ausdruck gebracht werden.

Es ist ein steiniger Weg, den die christliche Lehre abverlangt: den Weg von einer Existenz in sterblich ›sündiger‹ Menschennatur hin zu einer Existenz in enger Nähe zu göttlicher Individualität. Im Typ kommunikativ-reziproker Sprache ist das definiert als Nähe zum ›Extrem der Besonderheit‹. Danach müssen immense Leistungen von den dazu Berechtigten erbracht werden, damit sie der Teilhabe an göttlicher Unsterblichkeit im Jenseits auch wirklich teilhaftig werden können. In Bezug auf diesen Aspekt der christlichen Lehre hatte bereits Jesus durch die Bergpredigtpostulate den Schwierigkeitsgrad vorgegeben. Nimmt man die moralischen Bedingungen zur Kenntnis, die er den Jüngern und allen, die ihm ›nachfolgen‹ wollen, setzt, muß man schlußfolgern, daß wohl nur ganz Wenige zu solchen Leistungen in der Lage sein könnten. Jesus hat bei seiner Aufforderung zur Nachfolge wahrscheinlich auch nur an die kleine Schar der Jünger gedacht. Im Christentum der Spätantike wurde jedoch mit dem Gleichheitsangebot ernstgemacht, so daß letztendlich Hundertausende und mehr für die ›Nachfolge Christi‹ infrage kämen. Wie aber sollten die wenigen Plätze, die in der Umgebung Gottes freigehalten werden können, vergeben werden, wenn sich eine solche Vielzahl darum ›bewürbe‹?

Augustin hat die Antwort auch hier beispielhaft für die spätere christliche Theologie gegeben. In Begriffen des kommunikativ-reziproken Sprachtypus hat er herausgestellt, wie schwer es ist, die Anwartschaft eines jeden Christen auf den Platz an der Seite Gottes zu verwirklichen. Unter Berufung auf die ›Offenbarung des Johannes‹ betonte er, daß der Maßstab für eine mögliche Verwirklichung in einem Lebenswandel bestünde, wie von den Märtyrern bekannt,[179] denn nur die Wenigsten unter den Christen könnten darauf bauen, ›in den Himmel zu kommen‹ und das ›ewige Gericht‹ auch wirklich schadlos überstehen: „Wenn die Vorschriften der christlichen Religion über guten und rechtschaffenen Lebenswandel Gehör und Aufmerksamkeit fänden ›bei den Königen auf Erden und allen Völkern, bei den Fürsten und allen Richtern auf Erden, den Jünglingen und Jungfrauen, den Alten mit den Jungen‹, bei Menschen jedes Alters und jeden Geschlechts, dazu auch bei denen, die Johannes der Täufer anspricht, den Zöllnern und Soldaten, dann würde der glückliche Staat ein Schmuckstück sein unter den Ländern dieser Erdenwelt und sich zu den Höhen des ewigen Lebens erheben, um dort selig zu herrschen! Doch der eine hört's, der andere verachtet's, und die meisten freunden sich mehr mit den Lastern, die so verführerisch zu schmeicheln

---

178 Augustinus: Über die Dreieinigkeit. In: Geschichte der Philosophie in Text und Darstellung. Bd. 2: Mittelalter, hg. v. K. Flasch. Stuttgart 1982, S. 95f.

179 Augustinus: De civitate Dei. Frankfurt 1961. S. 255.

verstehen, als mit der heilsamen Strenge der Tugend an."[180] So nimmt er schließlich doch Zuflucht zum Typ der religiös-autoritativen Sprache, um die abschreckende Wirkung der äußerst geringen Wahrscheinlichkeit, einen Platz bei Gott zu finden, in Grenzen zu halten. Letztendlich liegt bei ihm das Gewicht jedoch auf der Lehre der *Prädestination*, derzufolge kein Mensch, auch der frömmste bzw. streng asketische nicht, während seines Erdenlebens wissen könne, welches Schicksal ihm von Gott schon vor der Geburt zugeteilt worden sei: zu den zur ewigen Verdammnis oder zur ewigen Errettung Bestimmten zu gehören.

Im ›Gottesstaat‹ führt er aus, daß Gott die Menschen zum Zeitpunkt ihrer Erschaffung in zwei Gruppen eingeteilt habe: in die auf Kain zurückgehende Gruppe derer, die mit einer Menschenseele begabt sind, und in die der von Abel Abstammenden, die, abgesehen von der Seele, auch göttlichen ›Geist‹ besitzen. Die Kainsabkömmlinge stellten dabei den bei weitem größten Teil der Menschheit dar. Sie seien dazu verurteilt, daß für sie mit dem Tod alles zu Ende ist. Ein Weiterleben nach dem Tod sei nur den ›vergeistigten‹ Abel-Abkömmlingen von Gott zugesprochen. Die Trennung der beiden Gruppen stelle eine Vorstufe der irdischen Herrschaft Gottes dar, aufgerichtet durch dessen geschichtliche Inkarnation in Jesus Christus. Seit Gott Mensch geworden, bestünden die beiden Reiche auch auf Erden: das weltliche Reich der einen, die zum Tod bestimmt seien, und das göttliche Reich der anderen, die in den Himmel aufgenommen würden.[181]

Beide Seiten bezeichnen die Spannung in der christlichen Teilhabe-Theologie, die die Geschichte der christlichen Lehre bis in unsere Tage bestimmt. Auf der einen Seite hält das Christentum die Möglichkeit bereit, über Verdienste die Leistungserfordernisse durch ein Leben in der Nachfolge Christi zu erfüllen, die der Einzelne aufgrund eigener Entscheidung erwerben könne, um sich die Anwartschaft auf Teilhabe an der Unsterblichkeit zu sichern. Auf dieser Linie bewegen sich die Auffassungen über Priesterschaft und Mitgliedschaft in der Kirche als institutioneller Gemeinschaft der Gläubigen. Der Maßstab für die Teilhabe an der Unsterblichkeit ist dabei in den Mönchsorden am ausgeprägtesten. Die andere Seite ist in der Lehre inkorporiert, wonach Gott die Zuordnung der Menschen zu den für das ›ewige Leben‹ Geretteten oder zu den zum Untergang Verdammten in einer für die Gläubigen nicht erkennbaren Weise – aus ›unvordenklichem Ratschluß‹ – ›je schon‹ vollzogen habe, weil ›sein Geist größer ist als alle menschliche Vernunft‹. Nur so ließ sich das eine: die universalistisch an alle Menschen

---

180 A.a.O., S. 133.

181 Es liegt allerdings die bereits erwähnte Ambivalenz über der Bestimmung des Gottesreichs bei Augustinus vor. Einmal spricht er so, als sei die Kirche als Gemeinschaft der Priester und der mit den Sakramenten versehenen Laiengläubigen Bürger des Gottesreichs. An anderen Stellen – dort, wo er seine Lehre der Prädestination betont, – stellt er es so dar, daß auch die Mitglieder der Kirche zu Lebzeiten nicht wissen könnten, ob sie zu den Erlösten oder zu den Verdammten gehörten.

gerichtete Botschaft zusammen mit der ihr innewohnenden Unwahrscheinlichkeit, daß viele einen ›Platz im Himmel‹ bekommen könnten, mit dem anderen: der von der Kirche genährten Hoffnung der Vielen, ›in den Himmel zu kommen‹, einigermaßen harmonisch verbinden. Diese komplizierte Theologie aus Bestandteilen des kommunikativ-reziproken und des religiös-autoritativen Sprachtypus hat es über Jahrhunderte möglich gemacht, daß der klassische Primat der Teilhabe vor der Selbstbehauptung auch in der christlichen Kultur des Abendlands aufrechterhalten werden konnte.

Augustins Theologie wird im Hinblick auf das Verhältnis zwischen Unendlichkeit und Unsterblichkeit durch zwei charakteristische Züge bestimmt: Sie setzt erstens die Tradition des platonischen Anthropomorphismus fort, wonach ›göttliche‹ Unendlichkeit und menschliche Teilhabe an göttlicher Unsterblichkeit miteinander verwoben sind.[182] Zweitens bietet sie die spezifische christliche Lösung des Teilhabe-Problems, indem sie den Zusammenhang zwischen einzelmenschlicher ›Leistung‹ und göttlicher ›Gnade‹ herausstellt: Ist der Anspruch auf Teilhabe an der Unsterblichkeit unter den Gläubigen gleichverteilt, dann ergibt sich zwingend, daß Teilhabe nur in einem Wettbewerb der Einzelindividuen um das ›höchste‹ und deshalb knappste ›Gut‹, das der Unsterblichkeit, zu verwirklichen ist. Damit die aus der Sicht des Einzelnen sich aufdrängende Unwahrscheinlichkeit, an der göttlichen Unsterblichkeit teilzuhaben, sich jedoch nicht völlig demotivierend auswirkt, wird die Vergabe der Teilhabe letztlich von der ›Gnade Gottes‹ abhängig gemacht, d.h. in Bildern religiös-autoritativer Sprache dargestellt.

3. Die Erosion des Primats der Teilhabe im kulturellen Bewußtsein des Hochmittelalters: ›Demokratisierung des Seelenheils‹

Im europäischen Hochmittelalter kommt es zu einer äußerst folgenreichen Erosion des klassischen Primats der Teilhabe gegenüber der Selbstbehauptung, einem Vorgang, der den *Gegensatz* zwischen Teilhabe und Selbstbehauptung hervorgebracht hat, der zum Charakteristikum der europäischen Moderne geworden ist. Er mündet in etwas, was ich als *›Verdiesseitigung der Individualität‹* bezeichne.[183]

---

182 Vgl. C. Wittmann: Ascensus. Der Aufstieg zur Transzendenz in der Metaphysik Augustins. München 1980.

183 Die ›Verdiesseitigung der Individualität‹ ist ein wesentlicher Bestandteil des u.a. von M. Weber beschriebenen Prozesses der Säkularisierung. Zum Beitrag, den die Naturwissenschaften zur Säkularisierung geleistet haben, vgl. B. Kanitscheider: Auf der Suche nach Sinn. Frankfurt 1995, S. 52ff.

Ich rufe die Bedeutungen der beiden Modellbegriffe noch einmal in Erinnerung: ›Teilhabe‹ beinhaltet die Verzichtsleistung des Einzelnen auf Individualität, eine Leistung, die – als Entlastung vom existenziellen Dilemma – durch Teilhabe an einer kollektiv-göttlichen oder einer einzelmenschlich-heldischen Individualität entgolten wird. ›Selbstbehauptung‹ bedeutet Bestehen auf gesellschaftlicher Anerkennung der Individualität, ein Anspruch, dessen Verwirklichung durch die Akzeptanz der Endlichkeit, der Einsicht in die Sinnlosigkeit des Todes und mithin durch die Existenz im Dilemma zu bezahlen ist. Jedes der Modelle kann entweder in *religiös-autoritativer* oder in *reziprok-kommunikativer Sprache* zum Ausdruck gebracht werden.

Die metaphysische Welt der jeder Erfahrung entrückten unsterblichen Götter verkörpert den Sinn der Teilhabe in religiös-autoritativer Sprache.

Die Exponenten der ›individualistischen‹ Selbstbehauptung werden im gleichen Sprachtyp, wie Helden in der Sagenliteratur, als Göttersöhne bzw. als Halbgötter beschrieben. In reziprok-kommunikativer Sprache hingegen erfolgt die Darstellung der ›individualistischen‹ Selbstbehauptung am Maßstab des ›Extrems der Besonderheit‹. Die großen historischen Gestalten und Persönlichkeiten, angefangen von großen Kriegern und Königen wie Alexander und Cäsar bis hin zu den großen Religionsstiftern wie Buddha und Jesus, sind dafür Beispiele. Die genannten, sowie vergleichbare große historische Gestalten haben so gesellschaftliche Anerkennung ihrer Individualität nach Maßgabe eines ›Extrems der Besonderheit‹ erreicht. Mit den meisten verbindet sich im historischen Gedächtnis zugleich der Preis für die Anerkennung ihrer Individualität: der einer besonders schicksalhaften Tragik ihres Todes.

Ich habe schon darauf aufmerksam gemacht, daß die Zuordnung zum Modell der Teilhabe oder dem der Selbstbehauptung in vielen Fällen von der jeweiligen Perspektive abhängt: So gehörte beispielsweise Jesus aus der Perspektive seiner Gefolgschaft zum Bereich des Teilhabe-Modells; aus der Perspektive seines eigenen Anspruchs jedoch, nämlich die traditionelle Religiosität des Judentums seiner Zeit revolutionieren zu wollen, ist er Fall des Selbstbehauptungsmodells.

Im Hinblick auf das europäische Hochmittelalter vertrete ich nun folgende These:

Im kulturellen Bewußtsein dieser Epoche löst sich der traditionelle Primat der Teilhabe gegenüber dem der Selbstbehauptung auf. Es kommt zu einer ›Verdiesseitigung der Individualität‹, die von Zeitgenossen in Vorstellungen und Bildern religiös-autoritativer Sprache zum Ausdruck gebracht wird.

Ich werde diese These begründen, indem ich den Bewußtseinswandel an vier Beispielen festmache: am christlich-germanischen Ritterethos und an der Welt des Mönchswesens, innerhalb von Theologie und der Mystik.

1. Die Traditionen, aus denen die europäischen Völker ihre Vorbilder für die

Lebensform der ›individualistischen‹ Selbstbehauptung herleiteten, sind die nationalen. Die romanischen Völker haben teils aus antiken, teils aus keltischen, die germanischen und die slawischen jeweils aus ihren eigenen Quellen geschöpft. Im Horizont des die westeuropäische Geschichte kennzeichnenden Gegensatzes zwischen der politisch und der religiös-kirchlich ausgeübten Macht kam es im romanischen wie im germanischen Umkreis in der Epoche des Hochmittelalters nun zu einer Selbstbehauptungskultur der Eliten, die den Primat des christlichen Teilhabe-Modells zu sprengen drohte. Die Tatsache, daß die Quellen elitärer Selbstbehauptungskultur heidnischen Ursprungs waren, verschärfte den Gegensatz ungemein.

Sowohl im romanischen als auch im germanischen Bereich war die Beziehung zu den ›Sitten und Gebräuchen der Väter‹ nie gänzlich aufgegeben worden. Die gesamte religionsgeschichtliche Durchsetzung des mittelalterlichen Christentums verweist noch heute auf dessen Kompromisse mit den alten Religionen, was etwa Feiertage angeht, vom Weihnachts- bis zum Osterfest, die beide auf Umformungen älterer heidnischer Festtraditionen zurückgehen. Insbesondere brachten die germanischen Stämme ihr *Kriegerethos* in die christlich geprägte Kultur ein. Dieses Ethos hat sich nie in die moralische Kultur des Christentums integrieren lassen, denn seine Grundwerte befinden sich im Gegensatz zu den auf *altruistische* Leistungen bezogenen christlichen Grundwerten. Heidnische Akzente lassen sich in den historischen Zeugnissen deutlich nachweisen. Sie sind zwar immer mit christlichen Motiven verschmolzen, doch kommen jene mit der Zeit immer klarer zum Vorschein. Die früheste Literatur des Mittelalters ist durch christliche Mönchskultur bestimmt und in ihr aufgezeichnet worden, denn nur Mönche beherrschten damals die Schrift. Es kann darauf verwiesen werden, daß die historischen Darstellungen des Mittelalters wegen der Quellenlage bis heute leider noch immer zu stark und zu einseitig den christlichen Charakter des kulturellen Bewußtseins der Epoche zwischen dem neunten und dem elften Jahrhundert betonen. Sie berücksichtigen zu wenig den Umstand, daß die germanischen und keltischen Traditionen das zeitgenössische Bewußtsein wahrscheinlich intensiver und viel länger geprägt haben, als die historischen Dokumente das auszuweisen in der Lage sind.

Es war von Anfang an bemerkenswert für die Übernahme des Christentums durch die Germanen, daß Christus nicht als der ›Mann am Kreuz‹, als Leidensmann und Erlöser der Sterblichen, sondern als ›Weltenrichter‹, d.h. ›herrschaftlich‹, dargestellt wurde. Diese Linie verfolgten auch die ersten großen Dichtungen wie das Beowulflied und der Heliand, ein anonym überliefertes altsächsisches Epos aus der Mitte des 9. Jahrhunderts, in dem in 6000 Stabreimversen die Lebensgeschichte Christi im Stil des Weltenherrschers dargestellt wird. In der Evangeliendichtung des Otfried von Weissenburg (ca. 870) steht eine Christologie im Mittelpunkt, in der das ›Königtum Christi‹ domi-

niert.[184] Je weiter die Zeit fortschritt, umso mehr drängten nun heidnische Elemente in literarischen Zeugnissen in den Vordergrund. Die Dokumente im deutschen Sprachbereich zeigen auch thematisch eine Emanzipation der Dichtung weg von christlicher Thematik. Im 12. Jahrhundert kam es zu einer weltlichen Epik, die unter Bezugnahme auf orientalische, spätgriechisch-byzantinische Quellen und auf Vorbilder aus dem französischen Westen Werke hervorbrachte, in denen eine eigenständige ritterliche Kultur dargestellt und verherrlicht wird. Die Kreuzzüge haben dabei ohne Frage eine Mittlerrolle gespielt. Ein frühes Dokument aus dieser Epoche ist das Rothari-Lied. „Hier zuerst prägt sich literarisch das ritterliche Ethos aus: die Ehre, Zucht und ›milte‹, d.h. Freigebigkeit im vornehmen Sinn. Maß und Selbstbeherrschung, Mannestreue und politische Klugheit sind das Ideal des neuen, eine hohe Ehrgesinnung ausbildenden ritterlichen Standes."[185] Das Rolandslied des ›Pfaffen Konrad‹ (ca. 1150) ist ein Beispiel, wie eine Heldengeschichte, deren Grundmotiv das germanische Kriegerethos ist, mit der christlichen Lehre in Übereinstimmung gebracht wird. Im Unterschied zur ursprünglichen französischen Fassung der Rolandsage tritt hier das patriotische Pathos zurück. Rolands Kampf für Kaiser Karl wird symbolisch zum Kampf für den ›göttlichen Lehnsherrn‹.
Zwischen 1150 und 1250 erreichte das Rittertum einen selbständigen Platz in der mittelalterlichen Kultur, was im höfischen Epos auch literarisch zum Ausdruck kam. In ihm drängten die heidnisch-unchristlichen Motive in den Vordergrund, indem sie zugleich auch die Lebenshaltung einer gesellschaftlichen Elite in idealisierter Form darstellten. Die Vorbilder stammten aus der französischen Helden- und Hofdichtung. Große Dichternamen im deutschen Bereich sind Heinrich von Veldeke, Hartmann von Aue, Wolfram von Eschenbach und Gottfried von Straßburg.[186] Heinrich belebte die antike Heldensage neu, während Hartmann nach den Vorgaben des Chretien von Troyes die aus dem keltischen Sagenkreis stammenden Motive um König Artus und seiner Tafelrunde bearbeitete. Am nachdrücklichsten kam dann die Selbstständigkeit eines ritterlichen Ethos in den Dichtungen von Wolfram und Gottfried zum Vorschein, und zwar gerade umso mehr, je stärker man sich um eine christliche Deutung der Handlung bemühte.
In Wolframs Parzival-Dichtung mündet die Geschichte in eine Parallele zur Christologie ein, in der der Held nach dem Vorbild Christi den ›Weg zu Gott‹ sucht. Doch Wolframs Erzählung hatte mit der Christus-Darstellung der Evangelien inhaltlich wenig gemein. Parzival wurde vielmehr als einer dargestellt, der

---

[184] „Nicht nur seine Schöpfertätigkeit und seine Wiederkehr, auch sein Erlösungwerk werden aus der Macht seines geistlichen Königtums begriffen." (J. Schwietering: Die deutsche Dichtung des Mittelalters. In: Handbuch der Literaturwissenschaft, hg. v. O. Walzel. Darmstadt 1957, S. 5).

[185] F. Martini: Deutsche Literaturgeschichte. Stuttgart 1955, S. 33.

[186] Vgl. H. Bumke: Höfische Kultur. Literatur und Gesellschaft im hohen Mittelalter. Bd. 1. München 1981.

gerade ohne die Vermittlung Christi die ›Erlösung‹ sucht. So intensiv der christliche Gott im Werk auch beschworen wird, so fern lag dabei jeder Gedanke an den biblischen Jesus. Am Ende wird Parzival vom Dichter zur Gestalt Jesu hin stilisiert. Damit entfremdete er sich vom kirchlichen Christentum seiner Zeit, ja, es mußte wohl eher blasphemisch erscheinen, wenn ein Mensch, dem Gottessohn gleich, sich in ein direktes Verhältnis zu Gott zu bringen suchte. Wie schon bemerkt, entstammt die Gralsgeschichte dem keltischen Sagenkreis, d.h. sie kommt aus einer nichtchristlich geprägten Tradition. Die Symbole, in denen sich Gott verkörpern soll, sind dementsprechend dieser Tradition entnommen: so der Gral selbst, ein ›Wunderstein‹, den Gralsrittern irdische Speisen auf mystische Weise spendend. ›Gral‹ ist außerdem die Bezeichnung einer ritterlichen Bruderschaft, die sich von der Jüngerschaft des Neuen Testaments in allem Wesentlichen unterscheidet. Die Mitglieder waren keineswegs einfache Leute, sondern höfische Ritter, deren Ethos von einem elitären Bewußtsein gesellschaftlicher Herausgehobenheit geprägt war. Auch die menschliche Tragik des Helden, Teil ›individualistischer‹ Selbstbehauptung, hat ihren Platz im Wolframschen Epos, ist es doch in großen Teilen nichts Anderes als die Erzählung über das Scheitern eines Helden im Angesicht der ihm von Gott gestellten Aufgaben. Doch die stärkste Form der Auflehnung gegen das von der Kirche vertretene Lebensbild der christlichen ›Teilhabe‹-Lehre findet sich auf dem Höhepunkt der heldischen Erzählung: Parzival erreicht, durch die ›Gnade Gottes‹ als ›König des Gral‹ eingesetzt, bereits im irdischen Leben die ›Ruhe der Seele‹, nach christlicher Auffassung keinem Sterblichen je beschieden, weil sie erst im Jenseits nach strengen Prüfungen durch Christus, den Weltenrichter, erlangt werden könne. Er herrscht als Gralskönig schon hier auf Erden wie eine göttliche Instanz, eben weil seine Legitimation ohne jede Vermittlung durch eine religiöse Institution wie etwa die der Kirche direkt auf Gott zurückgeht.

Die zweite große höfische Dichtung der Epoche, Gottfrieds unvollendeter Roman ›Tristan und Isolde‹, bildet ebenfalls nach dem Ideal höfischer Ritterlichkeit einen Gegenentwurf zur klerikalen Christlichkeit. Schon die französische Vorlage ›Roman de Tristan et Iseut‹ des anglo-normannischen Mönches Thomas (ca. 1170) „war ein an Abenteuern reicher, von dem höfisch-ritterlichen Lebenstil durchzogener Ehebruchroman, der nun von Gottfried in das Innerlich-Religiöse gesteigert wurde – freilich in eine Religiosität, die sich in ihrer rauschhaften Liebesmystik vom asketischen Dogma und von der Kirche weit entfernte."[187] Gegenüber verbreiteten Deutungen[188], in denen die Kompatibilität mit christlicher Doktrin nachgewiesen werden soll, muß ausdrücklich darauf hingewiesen wer-

---

[187] A.a.O., S. 49.

[188] Vgl. G. Weber: Gottfrieds von Strassburg Tristan und die Krise des hochmittelalterlichen Weltbilds um 1200. 2 Bde. Stuttgart 1963.

den, daß gerade die Einbeziehung der Handlung in einen religiösen Kontext die nichtchristliche Absicht des Dichters hervortreten läßt. Zwar ist es in Gottfrieds Erzählung der christliche Gott, der die Geschicke der Personen lenkt. Doch äußert sich Gott bei Gottfried durch heidnischen Zauber und nicht durch Verkündigung. Darüber hinaus sind in der Erzählung biblische Motive nicht direkt erkennbar und wohl auch nicht enthalten. Sie handelt vom jungen Tristan, der von seinem Onkel, König Marke von Kornwal, als Brautwerber an den irischen Königshof geschickt wird, um für diesen die Königstochter Isolde zu gewinnen. Isolde folgt Tristan, der den Auftrag hat, sie zu König Marke zu bringen, als dessen Braut. Durch einen Liebestrank, über dessen Natur sie nichts ahnen, verfallen sie in leidenschaftliche Liebe zueinander.[189] Vermutlich war der unvollendet gebliebene Roman vom Dichter ganz auf den tragischen Tod der Liebenden hin angelegt, so daß die christlich-religiöse Metaphorik bei Gottfried allein im Dienst der Vergöttlichung einer sehr irdisch-menschlichen Leidenschaft steht. Das bedeutet jedoch eine Umkehr der durch das christliche Lebensbild vorgeschriebenen Richtung: Verlangt diese von ihren Gläubigen die Ausrichtung des Lebens auf eine die körperliche Lust unterdrückende Lebenshaltung, so wird in Gottfrieds Roman die höchste menschliche Leidenschaft gerade in ihrer gesellschaftsgefährdenden Zerstörungskraft geheiligt.

Zusammenfassend können wir die großen Werke der höfischen Epik jetzt so deuten, daß in ihnen die religiöse Symbolik der christlichen Teilhabe-Moral in den Dienst einer primär nichtchristlichen eigenständigen Elite-Ethik gestellt wird. Sie spiegeln in literarisch idealisierter Form das Ethos der Elite des hochmittelalterlichen höfischen Rittertums. Die Werte dieses Ethos stehen im Gegensatz zu den christlichen Grundwerten, die im Kern immer an einem Leben in der ›Nachfolge Christi‹ ausgerichtet sind und Leistungen des altruistischen Verzichts in den Vordergrund stellen. Die Werke der höfischen Epik sind demgegenüber auf den Kampf und den Wettbewerb bezogen und zeigen das schon dadurch, daß sie aus der Kultivierung eines keltisch-germanischen Kriegerethos hervorgegangen sind. Es geht um Tapferkeit, Ehre und ›reckenhaften‹ Mut, aber auch um die Fähigkeit, den Gegner mit intelligenter List zu Fall zu bringen. Im Zentrum der ritterlichen Ethik steht – wofür die Parzivalerzählung Zeugnis ablegt – die Entwicklung eines hochgezüchteten Regelempfindens einer gesellschaftlichen Führungsschicht, deren Mitglieder stolz darauf sind, als herrschende Minderheit von der Mehrheit abgesondert zu sein.[190]

---

[189] „Der zauberische Liebestrank gibt denen eine übernatürliche Liebeskraft, die sich rückhaltlos zu der Ganzheit der Liebe bekennen – zu ihrer Freude und ihrem Leid, ihrem Glück und Schmerz, zum Leben und zum Tod für die Liebe." (J. Schwietering, a.a.O., S. 51).

[190] N. Elias zufolge wird der ›Benehmensstandard‹ der weltlichen Oberschicht des Hochmittelalters durch ein gesellschaftliches Selbstbewußtsein bestimmt, das sich auf den Begriff des ›höfischen‹ Verhaltens reduzieren läßt: „ Dieser Inbegriff des Selbstbewußtseins und des ›gesellschaftsfähigen‹ Verhaltens hieß im französischen ›courtoisie‹, im englischen ›cour-

Theologisch liegt dem die cluniazensische Reformbewegung des 11. Jahrhunderts zugrunde. Gerade an ihr wird deutlich, wie sehr man die christliche Teilhabe-Moral in den Dienst einer politisch-weltlichen Zielsetzung gestellt hat. Nicht von ungefähr tauchen bei cluniazensischen Theologen Gedanken über die Errichtung eines Reiches Gottes auf Erden auf. Spätestens jetzt wird deutlich, daß darin die Kernbotschaft der christlichen Lehre, die seit Augustinus mit der Vorbereitung auf ein ›himmlisch-transzendentes‹ Leben nach dem Tod verbunden ist, zugunsten einer Verweltlichung der moralischen Zielsetzung aufgegeben werden sollte.[191]

Ich habe mehrfach darauf hingewiesen, daß die Gestalt des historischen Jesus ursprünglich als Fall ›individualistischer‹ Selbstbehauptung zu deuten war. Vermutlich lassen sich die vielen Ordensgründungen, zu denen es seit Benedikt von Nursia im ersten Drittel des 6. Jahrhunderts immer wieder kam, als ständige Erneuerung dieser inneren Logik verstehen, die dem Christentum seit den Anfängen innewohnt und die eine Verweltlichung des Gottesreichs postuliert. Man kann zwar den Ordensgründern die Absicht einer Auflehnung gegen die dominierende Teilhabe-Religiosität nicht direkt unterstellen, zumal sie alle – von Benedikt über Franz von Assisi bis zu Ignatius von Loyola – die Dominanz der Teilhabe-Religiösität anerkannt haben, wie sie von der Papstkirche repräsentiert wurde. Doch objektiv haben sie sehr wohl im Sinn des Modells ›individualistischer‹ Selbstbehauptung gewirkt, indem sie schon in ihrem Erdenleben bereit waren, in eine Art Konkurrenz zu Jesus Christus treten zu wollen. Die Mönche ihrer Gefolgschaft, die die Gründer ihrer Orden wieder im Teilhabe-Modell erleben, haben diese denn auch meist auf eine Ebene mit Halbgöttern gestellt. Die Kirche hatte frühzeitig vorgesorgt, indem sie zur Verteidigung des klassischen Teilhabe-Primats, jedenfalls für die Halbgötter ihres Bereichs, schon den Status der ›Heiligen‹ eingerichtet hatte.

Eine starke Revolte im Sinn des Selbstbehauptungsmodells ging am Anfang des

---

tesy‹, im italienischen ›cortezia‹ ..., er hieß in Deutschland, ebenfalls in verschiedenen Fassungen, etwa ›höveschei‹ oder ›hübescheit‹ oder auch ›zucht‹. All diese Begriffe weisen ganz unmittelbar und weit unverdeckter als die funktionsgleichen späteren auf einen bestimmten sozialen Ort hin. Sie sagen: Das ist die Art, wie man sich an den Höfen benimmt. Durch sie bezeichnen zunächst bestimmte Spitzengruppen der weltlichen Oberschicht, nicht etwa die Ritterschaft als Ganzes, sondern in erster Linie die ritterlich-höfischen Kreise um die großen Feudalherren, das, was sie für ihr Gefühl unterscheidet, die spezifischen Gebote und Verbote, die sich zunächst an den großen Feudalshöfen herausgebildet haben, und die dann in etwas breitere Schichten übergehen." (N. Elias: Über den Prozeß der Zivilisation. Bd. 1. Frankfurt 1997, S. 171).

[191] Zu den im Christlichen liegenden Anfängen der ›Verdiesseitigung‹ paßt auch, daß mit dem 12. Jahrhundert beginnend der Tod eine persönliche Bedeutung gewinnt: „Der Mensch der traditionellen Gesellschaften ... beschied sich ohne allzu große Mühe mit der Vorstellung, daß wir alle sterblich sind. Seit der Blütezeit des Mittelalters erkennt sich der wohlhabende, mächtige oder gebildete abendländische Mensch im Tod: Er hat den *eigenen* Tod entdeckt." (Ph. Ariès: Studien zur Geschichte des Todes im Abendland. München/Wien 1976, S. 42).

13. Jahrhunderts von Franz von Assisi (1181/82–1226) aus. Er entschied sich als junger Mann, wiewohl aus reichem Haus stammend, für ein Leben in der Nachfolge Christi. Er sammelte ›Brüder‹ um sich und führte in ihrer Gemeinschaft ein Leben in äußerster Bedürfnislosigkeit und Aufopferung für Kranke und Arme. Das ist eine Seite des Franz von Assisi. Eine andere wird durch die *Energie* verdeutlicht, mit der er seine Gefolgschaft von ›Brüdern‹ um sich sammelte. Die Bewegung mündete in die Gründung eines Ordens, der 1221 vom Papst anerkannt wurde. Dabei beschränkte er seine Missionstätigkeit keinesfalls nur auf die engere Umgebung, sondern wollte mit ihr auch entfernte Weltregionen erreichen. 1219 ging er nach Ägypten, um dem Sultan das Christentum zu predigen. Mitglieder seines Ordens traten noch zu Lebzeiten des Ordensgründers in China auf. Am Ende seines kurzen Lebens steigerte er seine asketische Lebensführung noch, indem er sich als Eremit aus der Welt zurückzog und durch Askese und Visionen Jesus Christus immer intensiver nachzueifern suchte. Es wird berichtet, daß sich bei ihm vor seinem Sterben die Wundmale Christi gezeigt haben. Vor allem wurde er nach seinem Tod für weite Kreise der wiedererstandene Messias und seine Ordensgründung als Erfüllung der Prophezeiung des Joachim von Floris über die Verwirklichung einer neuen ›Gemeinschaft des Heiligen Geistes‹ auf Erden angesehen.[192]

Ein *kollektive* Form des Selbstbehauptungsmodells bietet dann die Katharer-Bewegung in der Mitte des 12. Jahrhunderts. Von der Lehre dieser Bewegung, von der sich das Wort ›Ketzer‹ als Name für Abtrünnige herleitet, ist wenig bekannt. Das Wenige weist darauf hin, daß sie in Opposition zur Lehre der Kirche die Idee einer ›Selbsterlösung der Reinen‹ vertreten hat. „Sie verstehen sich als die Seelen der mit Luzifer gefallenen, in irdische Leiber eingesperrten Engel und erlösen sich durch Seelenwanderung endlich selbst, ohne der Vermittlung Christi zu bedürfen."[193] Daß die Kirche die Katharer-Bewegung als Angriff auf ihre Lehre des Teilhabe-Modells verstand, zeigte sich in deren grausamer Unterdrükkung und Vernichtung während des 13. Jahrhunderts.

Ein Theologe, dessen einflußreiche Lehre ebenfalls im Sinn des Selbstbehauptungsmodells wirksam wurde, ist der bereits genannte Joachim von Floris (1130–1202). Durch seine heilsgeschichtliche Lehre wurde der Kern der christlichen Teilhabe-Auffassung – Vergewisserung des Heils im göttlichen Jenseits – stark verweltlicht. Er deutete die Menschheitsgeschichte als Abfolge des alttestamentlichen ›Ersten Reichs des Vaters‹, eines von der Kirche beherrschten ›Zweiten Reichs des Sohnes‹ und eines in seiner Zeit beginnenden ›Dritten Reichs des Heiligen Geistes‹, was nichts Anderes meint, als daß göttliche Individualität sich

192 Vgl. A. Borst: Religiöse und geistige Bewegungen im Hochmittelalter. In: Propyläen-Weltgeschichte. Bd. 5. 2. Halbbd., hg. v. G. Mann/A. Heuss, Frankfurt u. Berlin 1976, S. 547.

193 A. Borst, a.a.O., S. 536.

zu verweltlichen anschickte. Ich zitiere den Mittelalterhistoriker A. Borst, der sich über Effekte der Joachimschen Geschichtstheorie wie folgt äußert: „Die Jenseitshoffnung wurde auf die Erde, auf die nächste Zukunft konzentriert, in die historische Welt hineingezogen; die geschichtliche Vielfalt war nur Vorstufe kommender Einheit, die Geschichte war Kirchengeschichte und würde bald nur noch Geistesgeschichte sein. Aus der Umklammerung der drohenden, ungewissen Zukunft befreite sich der denkende Mensch mit Hilfe der Bibelauslegung und gewann Macht über diese Zukunft selbst. Joachim von Floris wurde, ohne es zu wissen, der Ahnherr aller derer, die die Geschichte nicht mehr ertragen, sondern lenken wollen."[194]

Der wichtigste Einfluß im Sinn des Selbstbehauptungsmodells kam jedoch aus dem Zentrum der scholastischen Theologie. Deren Kernstück, die christliche Anthropologie, mündete in einer ›Verdiesseitigung der Individualität‹, die in ihren Konsequenzen sowohl die christliche Erlösungslehre als auch die klassische Teilhabe des sterblichen Menschen an göttlicher Individualität im Jenseits in Zweifel zog. Intellektueller Anlaß für die neue Orientierung der Theologie war die Wiederentdeckung des Aristoteles. In indirekter Art und Weise dürfte die zeitgenössische Notwendigkeit, auf die Verbreitung der im Wertgehalt nichtchristlichen höfischen Ethik der gesellschaftlichen Elite zu reagieren, ebenfalls eine Rolle gespielt haben.

Die christliche Theologie hat nämlich darauf geantwortet, daß es sich beim konkurrierenden höfischen Ethos um das Ethos der gesellschaftlichen Elite, d.h. um das einer gesellschaftlichen Minderheit handelte: ein exklusives Ethos, das die Lebensführung der Mehrheit der Menschen bewußt nicht nur nicht beachten wollte, sondern ausdrücklich aus seinem Geltungsanspruch ausschloß. Diese Ausrichtung stand zwar nicht im Gegensatz zu den politisch-gesellschaftlichen Einschätzungen der Zeit, denn ein demokratisches Bewußtsein im politischen Sinn existierte nicht. Man darf jedoch annehmen, daß es durchaus ein Bewußtsein von der *Gleichheit* der Menschen im Hinblick auf die Bewältigung des existenziellen Dilemmas gegeben hat. Denn wie erinnerlich, hat insbesondere das Christentum seit seinen Anfängen in der Spätantike die Gleichheit der Menschen ›vor Gott‹ in den Mittelpunkt seiner Botschaft gestellt. Im Sinn dieser urchristlichen ›Gleichheit vor Gott‹ hat die Theologie des Hochmittelalters nun eine Art ›Demokratisierung des Seelenheils‹, als Gegenbewegung gegen das Ritterethos der höfischen Elite, eingeleitet. Sie beruhte auf einer charakteristischen Veränderung des Seelenkonzepts der christlichen Anthropologie. Die Demokratisierung liegt darin, daß die schon immer höchst elitären moralischen Leistungsanprüche im christlichen Menschenbild abgesenkt wurden zugunsten der Zusicherung, je-

---

194 A. Borst, a.a.O., S. 535.

der gläubige Christ habe, allein schon durch seine ihm von Gott verliehene unsterbliche Seele, teil an göttlicher Individualität.
Die Theologen der Hochscholastik, die ich für diese ›Demokratisierung des Seelenheils‹ in Anspruch nehme, gehen ursprünglich von der augustinischen Auffassung über die Teilhabe-Bedingungen der Seele an der göttlichen Unsterblichkeit aus.[195] Für Augustin bestand das Charakteristikum der menschlichen Seele, unbeschadet ihrer Unsterblichkeit, im Defekt durch die Erbsünde. In der scholastischen Theologie kommt es nun zu einer folgenreichen Akzentverschiebung von der Defizienz hin zu einer ›Gottesebenbildlichkeit‹ des Menschen. Die Funktion, die in der Kirchenvätertheologie der ›heilige Geist‹ (pneuma) für die Möglichkeit der Teilhabe des sterblichen Menschen an der göttlichen Individualität spielte, wurde unter dem Einfluß der Aristoteles-Rezeption aufgehoben. Die Lehren der Vollkommenheitsgrade und der ›analogia entis‹ sind Ausführungen dieser folgenreichen Veränderung der christlichen Anthropologie, deren Konsequenz sich gegen die urchristliche Auffassung von der menschlichen Erbsünde richtet und die den Sinn der Erlösungsbedürftigkeit des Menschen in Frage stellt. Beide Lehren gehen auf Anselm von Canterbury (1033–1109), den ›Vater der Scholastik‹, zurück. Nach ihm rangiert die Erkenntnisfähigkeit vor dem Glauben, weil der Mensch gemäß der christlichen Lehre gottähnlich ist. Wahr sind für ihn Aussagen über Dinge in dem Maße, in dem sie dem göttlichen Urbild nahekommen. Auch alles Schöne an der Natur verweise so auf Gott. Gott habe alle Kreatur gut gemacht, weshalb sich auch in der Natur des Menschen die Grundeigenschaften der göttlichen Natur abbildeten. Dementsprechend spiegelten die drei Grundkräfte der Menschenseele auch die göttliche Dreifaltigkeit.[196]
Thomas von Aquin (1225–1274), der einflußreichste Vertreter der scholastischen Theologie, gab der Theorie der Vollkommenheitsgrade die gültige Gestalt.[197] In dieser Theorie werden die Stufen bezeichnet, auf denen alles Seiende – von Gott bis zu den innerweltlichen Dingen – an der Qualität der singulären Individualität teilhat. Im höchsten Grade individuell, schlechthin unteilbar einfach und einzig sei Gott als dasjenige Wesen, welches allein aus sich heraus bestehe (esse subsistens). Sofern sich der christliche Gott auf die dreieinige Art und Weise in die Gestalten des Vaters, des Sohnes und des Heiligen Geistes aufteilt, „wird das numerisch eine, individuelle göttliche Sein von drei göttlichen Personen vollzogen, die, nur durch relationale Gegensätze verschieden, in dieser Verschiedenheit aber

---

195 Vgl. B. Geyer: Die patristische und scholastische Philosophie. In: Friedrich Ueberwegs Grundriß der Geschichte der Philosophie. Bd. 2. Basel/Stuttgart 1956; I.C. Copleston: Geschichte der Philosophie im Mittelalter. München 1976.

196 Zur Philosophie dieser Epoche allgemein vgl. N. Kritzmann/A. Kenny/J. Pinborg: The Cambridge History of Later Medieval Philosophy. London/Cambridge 1982.

197 Vgl. M.D. Chenu: Das Werk des hl. Thomas von Aquin. Heidelberg 1960; M. Grabmann: Thomas von Aquin. München/Kempten 1946.

auch je individuell sind."[198] Bei der Übertragung auf die trinitarischen Personen Gottes machte Thomas von der logischen Möglichkeit Gebrauch, die singuläre Individualität auch pluralistisch zu fassen. Die Möglichkeit, eine Vielheit von Individualitäten anzunehmen, greift ihm zufolge jedoch erst bei der nächst tieferen Art der singulären Individualität. Auf dieser Ebene befinden sich nach Thomas die ›reinen Geister‹. Für sie gilt die Festlegung, wonach es genausoviele Individuen wie Arten gebe („quotquot sunt ibi individua, tot sunt species"). Diese Definition gilt für die Engel und für die bei Gott lebenden, weil zur Unsterblichkeit befreiten und erretteten Seelen. Thomas nahm hierfür bereits Leibnizens ›fensterlose Monade‹ vorweg, denn Engel und die unsterblichen Seelen können aufgrund ihrer solipsistischen Abgeschlossenheit nicht direkt miteinander kommunizieren. Sie sind zur Kommunikation miteinander vielmehr auf den Umweg über Gott angewiesen, zu dem hin sie allein offen sind. Die unterste Stufe der singulären Individualität ist diejenige des endlichen Seienden – in erster Linie die der sterblichen Menschen. Ihre Art der Individualität bestimmte Thomas aristotelisch sowohl von der Form als auch von der Materie her. Jedes endliche Seiende werde einmal von der Seite des Form-Prinzips her individuiert, „indem es den allgemeinen Seinsakt (esse commune) nach seiner Eigenart vollzieht"[199], und zum andern von der Seite des Materie-Prinzips her zu einem Einzelseienden gemacht. Die Stufen der Teilhabe an der Qualität singulärer Individualität sind dadurch von höherer und niederer Vollkommenheit, daß Gott auch als Dreifaltigkeit im vollen Sinn eine singuläre Individualität darstellt; d.h. er ist unteilbar bzw. unzerstörbar und von ewiger Existenz. Da die Einheit höher steht als die Vielheit, sei die ebenfalls unzerstörbare und ewige Existenzform der Engel und der unsterblichen Seelen niedriger als die Gottes und seiner trinitarischen Personalität. Auf der untersten Stufe befinden sich auch hier die Sterblichen. Sie besitzen von seiten der Form zwar eine unteilbare, nichtzerstörbare Seele, sind von seiten der Materie jedoch als körperliche Einzelwesen sterblich. Da die scholastischen Theologen nicht am aristotelischen Begriff der sterblichen, sondern vielmehr dem einer unsterblichen Seele festhalten, ergab sich auch für Thomas die Konsequenz, daß alle Menschen bereits als sterbliche, beseelte, irdische Lebewesen an ›göttlicher‹ Individualität teilhaben. Allerdings könnten sie ihr ›natürliches‹ Recht auf Unsterblichkeit durch ein unchristliches Leben noch verwirken. Hingegen behielten sie es, erwiesen sie sich dessen würdig. Die *natürliche* ›Würde der Individualität‹ wurde im Anschluß an Thomas ausdrücklich von seinem Zeitgenossen Roger Bacon (ca. 1210– ca. 1290) in den Mittelpunkt seiner Anthropologie gerückt. Zur Zeit von Nikolaus von Kues (1401–1464) war der Ge-

---

198 L. Oeing-Hanhoff: Art.: Individuum, Individualität, in: Historisches Wörterbuch der Philosophie, a.a.O., S. 307.

199 L. Oeing-Hanhoff, a.a.O., S. 307.

danke der *natürlichen Individualität* des Menschen bereits selbstverständlich.[200]
Bei ihm heißt es, daß „ein Jedes sich über seine Einzigkeit freut“.[201]
Das wichtigste Ergebnis der scholastischen Anthropologie lag in der Beförderung des Effekts, den ich als ›Demokratisierung des Seelenheils‹ bezeichnet habe, wonach jeder Mensch bereits von Geburt an göttlicher Individualität teilhaben solle. Diese Teilhabe an der göttlichen Individualität wurde damit folgerichtig ›verdiesseitigt‹: Die erbsündige ›Defektivität‹ der Seele rückte in den Hintergrund; Teilhabe an göttlicher Individualität sollte nicht erst über die Zuweisung des ›pneuma‹ durch Gott erreicht werden, sondern schon im irdischen Leben bestehen; zugleich ging die göttliche Transzendenz zu Teilen über in die Immanenz mit dem Ergebnis, daß auch die moralischen Leistungsbedingungen für die ›Erlösung‹ abgesenkt – d.h. ›demokratisiert‹ – werden konnten. Die Verbreitung dieser Auffassung hat charakteristische Vieldeutigkeiten hervorgebracht, die das Bild der Individualität von da an sowohl im religiösen und theologischen als auch im säkularen Denken und Vorstellen bestimmten. Ich verweise hier nur auf einige der Vieldeutigkeiten, weil ihre Thematik im Mittelpunkt der Ausführungen der nächsten Kapitel stehen wird. Im christlich-religiösen Bereich vermochte die Auffassung von der unsterblichen Seele im sterblichen Menschen nunmehr den Anspruch auf ein direktes Gottesverhältnis des einzelnen Gläubigen zu begründen. Die protestantischen Reformatoren haben genau diese Konsequenz gezogen, dehnten sie doch den sakralen Status des kirchlichen Priestertums auf die ›Gemeinschaft aller Gläubigen‹ aus. Im säkularen Bereich konnten, wie in der Renaissance geschehen, Auffassungen entstehen, die in eine ›Vergottung‹ beziehungsweise ›Heiligkeit‹ der einzelmenschlichen Individualität mündeten.
Die ›Verdiesseitigung der Individualität‹, wichtigster Beitrag zur mittelalterlichen Version des Selbstbehauptungsmodells, erfuhr in der zeitgenössischen Mystik ihren Höhepunkt. Die Bewegung nahm mit Bernhard von Clairvaux (1112–1153) ihren Anfang, der sowohl die Irrationalität der Sprache der mystischen Erfahrung als auch die Irrationalität ihrer Quelle im Menschen betonte: nämlich den ›Willen‹, im Gegensatz zum kontemplativen Vernunftcharakter der ›Seele‹. In der Charakterisierung durch Borst klingt das wie folgt: „Der menschliche Wille ist frei, er ist das Göttliche im Menschen und erglänzt in seiner Seele wie der Edelstein im Golde. Dieser Wille ist mächtiger als das Denken, am mächtigsten in der Selbstüberwindung. Sie aber steht am Anfang des Aufstiegs zu Gott; am Ende steht die bräutliche Einung der Seele mit Gott, in der das Ich zerrinnt, wie der Wassertropfen sich in der Menge des Weines verliert. Was sich da auf dem höchsten Gipfel der Kontemplation verbindet, ist nicht das Wesen von Gott

---

200 Vgl. K. Flasch: Nikolaus von Kues. Geschichte einer Entwicklung. Frankfurt a.M. 1998.
201 L. Oeing-Hanhoff, a.a.O., S. 307.

und Mensch, sondern der Wille, die Liebe Gottes und des Menschen, die das Irdische wunderbar über seinen Eigensinn hinaushebt.“[202]

Die Erfahrung der ›mystischen Sprachlosigkeit‹ wurde durch Nonnen wie Hadewich von Antwerpen, Hildegard von Bingen und Mechthild von Magdeburg fortgeführt.[203] Die Mystiker strebten ein Einswerden mit der göttlichen Individualität an. Sie mußten dafür die Sprache der reziproken Kommunikation, deren Ausdrucksmöglichkeit die scholastischen Theologen extensiv nutzen wollten, ganz aufgeben und versuchen, eine rein metaphorische Sprache zu finden, die auf intersubjektiv nicht zu vermittelnde Selbstgewißheiten hinweist. Gott spricht für sie nicht einmal mehr ›autoritativ‹ – nach dem klassischen Modell der religiös-autoritativen Sprache – *zu* ihnen, sondern wie in der ›Vereinigung von Braut und Bräutigam‹ *aus* ihnen. Deutlich wird, wie sehr hierbei auch der Gegensatz zwischen der eigenen menschlichen und der göttlichen Individualität verschwamm.

Meister Eckhart (1260–1328) ist derjenige unter den Mystikern, der sich am intensivsten bemühte, die mystische Erfahrung im argumentativen Medium der scholastischen Theologie in eine kommunikativ-reziproke, d.h. eine verständliche Sprache zu kleiden.[204] Er beschreibt sowohl die kontemplative Technik, durch die man auf dem Weg der verinnerlichten Transzendierung der diskursiv-logischen und der imaginativen Fähigkeiten zur Identifikation mit dem ›Seelenfünklein‹ gelangen konnte, als auch die unpersönliche Abstraktheit des göttlichen Geistes, die den Gedanken erst verständlich macht, daß in der Kontemplation die menschlich-individualistische Innerlichkeit mit der göttlichen Individualität zusammenzufallen vermag.[205]

Bei aller Kühnheit, mit der Mystiker wie Eckhart – und in seinem Gefolge Johannes Tauler, Heinrich Seuse und Jan van Ruysbroeck – die Identifizierung der menschlichen mit der göttlichen Individualität vortrugen, für die beispielsweise Eckhart vom Papst als Häretiker ›verdammt‹ wurde, verblieben sie dennoch im Rahmen des Weltbilds christlicher Metaphysik.[206] Das heißt: Sie negierten nicht die Existenz einer jenseitigen Welt göttlicher Unsterblichkeit, an welcher der Gläubige nach dem Tod durch die erlösende Kraft des ›Gottessohnes‹ teilhaben

---

202 A. Borst, a.a.O., S. 529.

203 Letztere verfaßt um 1250 ihre niederdeutschen Versionen vom ›fließenden Licht der Gottheit‹: „Wenn der Heilige Geist den Seligen vom ›minnenden Himmelsfluß einschenkt‹, werden sie so berauscht, ›daß sie vor Freude singen / Anmutig lachen und springen / In edler Weise / Und fließen und schwimmen / Und fliegen und klimmen / Von Chor zu Chor / Bis zu des Reiches Spitzen empor /‹.“ (zitiert nach A. Borst, a.a.O., S. 553.)

204 Zur Mystik vgl. R. Otto: Das Heilige. München 1987; G. Ruhbach/J. Sudbrack (Hg.): Große Mystiker. Leben und Wirken. München 1984. Speziell zu Meister Eckhart vgl. H. Fischer: Meister Eckhart. Einführung in sein Denken. Freiburg/München 1974.

205 Nach Meister Eckhart liegt der göttlichen Dreifaltigkeit noch eine abstrakte ›Göttlichkeit‹ zugrunde, aus der jene erst entspringt.

206 Späte Nachklänge finden sich im Barock bei Angelus Silesius: „Ich weiß, daß ohne mich Gott nicht ein Nun kann leben/ Werd ich zunicht, er muß von Not den Geist aufgeben“ (Angelius Silesius: Cherubinischer Wandersmann. Hg. L. Gnädinger, Stuttgart 1984, 1. Buch Nr. 8).

könne. Die mit der scholastischen Theologie verbundene Mystik der geschilderten Art blieb so durch die traditional-metaphysischen Begrenzungen gleichsam gebändigt. Beides bezeichnet allerdings auch die Doppeldeutigkeit der religiösen Sprache der Mystik: Einerseits wurde die im sterblichen Menschen sich vollziehende Identifizierung mit der göttlichen Individualität in Anspruch genommen, andererseits noch immer die Kluft zwischen der Welt der Sterblichen und einer göttlichen Sphäre der Unsterblichkeit betont.

Worin nun besteht die eigentliche Bedeutung der ›Verdiesseitigung der Individualität‹, die das Ergebnis des Bewußtseinswandels im europäischen Hochmittelalter ist?

Die ›Verdiesseitigung‹ läßt eine neue Anthropologie entstehen: Der Mensch ist bereits auf Erden gleichermaßen sterblich wie unsterblich oder anders: Er besitzt schon hier Anteile am Vergänglichen wie auch am Unvergänglichen. Das Neue zentriert sich in drei Kennzeichen: erstens im Verhältnis zwischen dem Vergänglichen und dem Unvergänglichen, zweitens in einem neuen Sinn des Prädikats der ›Unvergänglichkeit‹ und drittens in der Sakralisierung der menschlichen Gleichheit.

Das Verhältnis zwischen Sterblich-Vergänglichem und dem Unvergänglichen wird im Licht der ›Verdiesseitigung der Individualität‹ nicht mehr durch den klassischen Dimensionsunterschied zwischen Endlichkeit und einer der zeitlichen Dauer enthobenen Unendlichkeit bestimmt. Im neuen Weltbild wird nicht mehr dualistisch zwischen einer Welt der Immanenz und einer Welt der Transzendenz unterschieden. Vielmehr werden Vergänglichkeit und Unvergänglichkeit in einem beide Dimensionen umgreifenden Weltbild zusammengefaßt. Sofern das neue Weltbild in einer religiös-autoritativen Sprache gefaßt wird, verlieren klassische Vorstellungen der Transzendenz (wie die von Himmel und Hölle) in der Folge ihre realistische Bedeutung. Sie werden zu symbolhaften Chiffren einer der Vorstellung sich entziehenden Bedeutung.

Was den neuen Sinn des Prädikats der Unvergänglichkeit (Ewigkeit, Unendlichkeit) angeht, so bleibt zwar der Bezug zur Individualität nach Maßgabe des ›Extrems der Besonderheit‹ erhalten; doch wird das Außergewöhnliche als Kern der Unvergänglichkeit in Bildern einer *innerweltlichen* Dynamik zum Ausdruck gebracht.[207]

Sofern es um das Bild des Menschen selbst geht, wird dann die Gleichheit der Menschen im Hinblick auf die Zugangsberechtigung zum Unvergänglichen ein ›heiliger‹ Grundwert der neuen Anthropologie, was sich nicht zuletzt in der Behauptung spiegelt, die *Gleichheit* der Menschen sei Ausdruck ihrer *Natur*.

---

207 Eins der frühesten literarischen Zeugnisse der ›diesseitigen‹ Außerordentlichkeit ist N. Machiavellis des den klassisch-christlichen Monarchen ersetzenden ›Fürsten‹, der zugleich bereits den Anspruch der eigenen Nation auf kollektive Außerordentlichkeit verkörpert. Vgl. S. de Grazia: Machiavelli in Hell. Princeton 1989, S. 241ff.

Diese neue Anthropologie der ›verdiesseitigten Individualität‹ wird zur wichtigsten Schubkraft des europäischen Kollektivbewußtseins bis in die Moderne hinein.

4. Neue Anthropologie als religiöses Bewußtsein

a. Emanzipation des Todeswissens

Bereits seit den Zeiten der Bibel zeichnet das jüdisch-christliche Religionsverständnis ein Grundzug aus, den man als ›Verdiesseitigung der Individualität‹ charakterisieren kann. Es ist die Vorstellung vom Messias, der ein ›göttliches Reich‹ auf Erden errichten werde. In dieser traditionell jüdischen Sichtweise wurde schon Jesu Botschaft von seinen Jüngern interpretiert. Im Christentum, dessen Weltbild aus der Theologie der Kirchenväter stammt, wird nun der jüdische Messianismus in die transzendente Sphäre des *einen* unsterblichen Gottes verlegt. In Augustins ›Gottesstaat‹ vertritt die Kirche mandatorisch das göttliche Reich der für die Unsterblichkeit Bestimmten. Das irdische Leben der Gläubigen gilt demnach einzig und allein der strikten Vorbereitung auf das Leben mit Gott im ›himmlischen‹ Jenseits. Diese dualistische Metaphysik der Kirchenvätertheologie prägte das christliche Weltbild bis zum Vorgang der ›Verdiesseitigung der Individualität‹ im Spätmittelalter, wo es zu einer Renaissance messianischer Elemente kam. Das mag mit logischen Konsequenzen der ›Verdiesseitigung‹ zu tun zu haben. Verliert erst die ›himmlische‹ Transzendenzmetaphysik an Glaubwürdigkeit, büßt auch die Hoffnung auf individuelle Unsterblichkeit nach dem Tod notwendigerweise an Überzeugungskraft ein. Bezieht man sich auf den sachlichen Kern dieser Hoffnung: auf die Entlastung der Einzelnen vom existenziellen Dilemma, dann tritt mit den Konsequenzen der ›Verdiesseitigung‹ auch das Todesbewußtsein wieder in den Horizont des kollektiven Bewußtseins, eben weil es zu Zweifeln hinsichtlich der metaphysischen Entlastung kommt. Der Verlust von Transzendenzgewißheit wird als gleichbedeutend mit der Wiederkehr von Todesfurcht erfahren. Es treten folgerichtig religiöse Strömungen auf den Plan, die im Sinn der ›Verdiesseitigung‹ das ›Weltgericht‹, bei dem über ›Gute‹ und ›Böse‹ entschieden wird, zu einem irdischen Geschehen machen, das der weltlichen Verwirklichung des Gottesreiches vorangehen soll.

Im 14. Jahrhundert schwand die Zuversicht in die christliche Überzeugung, daß der Tod keine ›Wahrheit‹ mehr besitze, weil die menschliche Seele ewig lebe – sei es, wie sehnlichst erfleht und erbeten, im Himmel, sei es, wie schlimmstens befürchtet, in der Hölle. Zweifel an der Gewißheit des ewigen Lebens breiteten sich aus. Äußere Ursachen waren wohl Pestepedemien, die Europa heimsuchten und entvölkerten. Relativ zur Gesamtbevölkerung fielen der Krankheit ganze

Landstriche zum Opfer, wie man es weder zuvor noch danach je erfahren hatte. Das Ergebnis war ein Zusammenbruch der christlichen Moral im gesellschaftlichen Verbund. Auch vom Klerus waren viele Menschen enttäuscht und in ihrer Not alleingelassen. Verbreitet weigerten sich Priester aus Angst vor Ansteckung, den Kranken und Sterbenden die Sakramente zu spenden. Da das christliche Weltbild dennoch weitgehend intakt blieb, trug das Verhalten zur albtraumhaften Vorstellung eines unvorbereiteten Todes bei. Nach kirchlicher Lehre ohne Sterbesakramente vor Gott treten zu müssen, hieß, ewiger Verdammnis anheim zu fallen. Von diesem historischen Vertrauensverlust hat sich die Kirche nie wieder erholt.[208]

Ich habe im Zusammenhang mit der Pest nicht von ungefähr von ›äußeren Ursachen‹ gesprochen und so kann man sich dem Urteil von E. Friedell anschließen, wonach der „›neue Geist‹ in der europäischen Menschheit eine Art Entwicklungskrankheit (erzeugte), eine allgemeine Psychose, und eine der Formen dieser Erkrankung, und zwar die hervorstechendste, war die schwarze Pest."[209] Zwar ist bis heute „unenträtselt, unter welchen näheren Umständen die Pest, gemeinhin der schwarze Tod oder das große Sterben genannt, von Europa plötzlich Besitz ergriff. Einige behaupten, sie sei durch die Kreuzzüge eingeschleppt worden, aber es ist merkwürdig, daß sie unter Arabern niemals auch nur annähernd jene Furchtbarkeit erreicht hat wie bei uns."[210]

In dieser Epoche wurde christliche Frömmigkeit zu einer ›Kunst des Sterbens‹ und der Tod zum zentralen Geschehen im Leben eines Christen. Eine Schrift mit dem Titel ›Ars moriendi‹ fand weite Verbreitung. Sie begründete ein regelrechtes Genre religiöser Erbauungsliteratur. In nahezu allen westeuropäischen Ländern kam ein neues Todesbewußtsein auf, das mit der bisherigen christlichen Auffassung, wonach der Tod als zufälliges Ereignis im Durchgang zum jenseitigen Leben galt, in der Tat nicht zu vereinbaren war, wurde er doch bislang lediglich als eine auf die Erbsünde folgende Strafe angesehen. Der ›neue Geist‹ lehrte demgegenüber die ›ars moriendi‹ aus einem Gefühl des Entsetzens vor dem Tod und der Todesfurcht. Es entwickelte sich gänzlich unchristlich ein Sinn für das Makabre, auch ein Gefühl des Ekels, das eng mit dem menschlichen Los des körperlichen Zerfalls zusammenhing. Körperliche Zersetzung wurde bewußt gemacht und zum Gegenstand literarischer und künstlerischer Darstellungen. Der Tod erschien – wie im berühmten Bild A. Dürers – als irdische Gestalt: entweder als bewaffneter Sensenmann oder als stürmischer Reiter, alles um sich herum vernichtend. Am Ende des 14. Jahrhunderts wurde aus dem Todeskult sogar die Verehrung einer das Leben beherrschenden Universalmacht. R. Romano und A.

---

208 Vgl. B. Gebhardt: Handbuch der deutschen Geschichte. Bd. 1. Stuttgart 1954, S. 457ff.; A.R. Myers: Europa im 14. Jahrhundert. In: Propyläen-Weltgeschichte, a.a.O., S. 602ff.

209 E. Friedell: Kulturgeschichte der Neuzeit. Bd. 1. München 1991, S. 96.

210 Ebd.

Tenente charakterisieren sie wie folgt: „Der Tod war ein neues Wesen in der Welt der traditionellen Empfindung. Er war eine unpersönliche Kraft, weder wohl- noch übelwollend, ohne etwas Dämonisches oder Göttliches an sich zu haben. Natürlich versuchte man, ihm moralisierende Züge zu verleihen und Unglückliche darzustellen, die ihn umsonst anriefen, während er sich auf die Glücklichen und Fröhlichen stürzte, d.h. man wollte aus ihm weiterhin eine Strafe machen. Doch setzte sich diese Bewegung nicht durch. Der Tod blieb unparteiisch und übte keinerlei ethische Funktion aus. Er symbolisierte ein Gesetz, das jedem Menschen gegenüber unausweichlich und ohne moralische Begründung Anwendung fand. Er war die der Allgemeinheit zum Bewußtsein gekommene unerbittliche menschliche Endlichkeit.“[211]
Die Ablösung von der christlichen Heilsgewißheit fand in der Literatur des 15. Jahrhunderts ihre Entsprechung. Ein grenzenloses Selbstmitleid aufgrund der menschlichen Bestimmung zum Tod hin machte sich breit. „Wohl nie hat sich die Liebe zum leiblichen Leben so direkt aus dem Gefühl für seine zwangsläufige Zersetzung heraus entfaltet, nie ist die Hinfälligkeit der Materie so vital vermenschlicht worden wie bei den ersten Generationen des 15. Jahrhunderts.“[212]
So entwickelte sich der Totentanz, insbesondere in den deutschen Ländern, zu einer eigenständigen Gattung. „Der Totentanz war eine der ersten kollektiven Äußerungen der neuen Profankultur. Die gesamte Gesellschaft feierte hier die herbe Begegnung mit der körperlichen Endlichkeit. Hierarchisch abgestuft, treffen sich die Mitglieder jeglichen Standes (vom Papst und Kaiser bis zum Pfarrer und Bauern) mit einem Toten. Jedes Paar stellt einen Leichnam im Streit mit einem Lebenden dar, dessen Ebenbild man im täglichen Leben begegnen konnte. Die Toten überraschen die Lebenden nicht von hinten, ja, sie töten sie auch nicht physisch. Sie wissen sehr wohl, daß sie nicht bloß die fleischliche Hülle der Seele zugrunde richten, sondern eine ganze menschliche Wirklichkeit aus Macht und Duldsamkeit, Schmerz und Genuß. Der Tod zwingt allein durch seine Gegenwart jeden unter seinen Willen, mit einer einzigen Geste nahm er ihm die Lust zu widerstehen. Dadurch, daß sie so zahlreich erscheinen, um die Lebenden mitzunehmen, machten die Toten im Grunde ihren Zustand als den Endzustand geltend, der für die menschliche Wirklichkeit tatsächlich aktuell ist.“[213]
Was die ›Verdiesseitigung‹ des göttlichen ›Weltgerichts‹ anging, so handelte es sich um zwei Erscheinungen: zum einen um eine Bewegung auf dem ureigenen Boden der Kirche selbst, der Inquisition, und zum anderen um chiliastische Bewegungen, deren Botschaft in der Verwirklichung des ›Reiches Gottes auf Erden‹ lag.

---

211 R. Romano/A. Tenenti: Die Grundlegung der modernen Welt. In: Fischers Weltgeschichte. Bd. 12. Frankfurt 1967, S. 119.
212 R. Romano/A. Tenenti, a.a.O., S. 121.
213 Ebd.

Die Inquisition brachte die Überzeugung zum Ausdruck, daß das Gericht über die Guten und die Bösen, das nach klassisch-christlicher Metaphysik erst durch den Gottessohn im Jenseits gehalten wird, bereits im Diesseits seinen Ort hat. Nicht Gott befinde über die Zugehörigkeit zu den Erlösten oder zu den Verdammten, sondern die Kirche sei legitimiert, hier auf Erden über Erlösung oder Verdammnis – und damit über Leben und Tod – zu entscheiden. Das massenhafte Hinrichten von sogenannten ›Ungläubigen‹ und ›Abtrünnigen‹ wurde zu einem kultisch vollzogenen Ritual, wähnte man doch, der Verläßlichkeit des ›Weltgerichts‹ im göttlichen Jenseits nicht mehr trauen zu können.

In ihren Anfängen ging die Inquisition auf Auseinandersetzungen mit den Ketzerbewegungen der Waldenser und Albigenser zurück. Im 13. Jahrhundert wurden unter Papst Innozenz III. Sonderbeauftragte mit eigenen Rechten berufen. Gregor IX. richtete 1231 die päpstliche Inquisition ein und steigerte durch Zentralisierung ihre Wirksamkeit. 1352 genehmigte Innozenz IV. die Folter. Die Strafen waren abgestuft und reichten von Güterkonfiskationen bis zur Vollstreckung des Todesurteils auf dem Scheiterhaufen. Unter dem ›neuen Geist‹ gewann die Inquisition von der Mitte des 15. Jahrhunderts an ihre eigentliche Bedeutung. In Spanien wurde sie ab 1478 zur staatlichen Einrichtung unter einem Großinquisitor, die vor allem der Verfolgung von Marranen und Protestanten galt. Dabei rückten Autodafés, öffentliche Hinrichtungen, die zusammen mit der staatlichen Gerichtsbarkeit vollzogen wurden, in den Mittelpunkt, Charakteristikum der spanischen Inquisition. Als Maßnahme der Gegenreformation errichtete Papst Paul III. 1542 als oberste Gerichtsinstanz für Glaubensfälle die aus sechs Kardinälen bestehende Congregatio Romanae et universalis inquisitionis, das sogenannte Sanctum Officium.

Stärkste Exzesse religiösen Wahns fanden ihren Höhepunkt in den Hexenprozessen. Papst Innozenz VIII. lieferte mit der Bulle ›Summis desiderantes affectibus‹ 1484 die kirchliche Legitimation dafür. Das löste Hexenprozesse großen Maßstabs von der Mitte des 15. Jahrhunderts an aus, die sich bis ins 18. Jahrhundert hinein fortsetzten.[214] Millionen, in der Hauptsache Frauen, fielen ihnen zum Opfer. Es sei daran erinnert, daß nicht nur die Inquisition, sondern auch der Protestantismus im Anschluß an seine kirchliche Etablierung Hexenverfolgung betrieben hat.

Die Bewegungen des *Chiliasmus* fanden außerhalb des kirchlichen Umfelds statt. Die chiliastische Grundlehre geht auf die Idee einer tausendjährigen Herrschaft Christi am Ende der geschichtlichen Zeit zurück, einer Idee, die schon im frühen Christentum – vor allem in der Gnosis – im Anschluß an schwer zu deutende Aussagen der ›Apokalypse‹ des Neuen Testaments aufgekommen ist. Diese alte Vorstellung wurde im Mittelalter von Joachim von Floris aufgegriffen und im

---

214 Der letzte Hexenprozeß fand 1793 in Posen statt.

14. und 15. Jahrhundert durch sektiererische Gemeinschaften wie die Beginen und Fraticellen verbreitet. Während der Reformationsepoche brachten sie ›schwärmerische‹ Gruppierungen wie die des Thomas Müntzer unter die Leute. Allen Vorstellungen dieser Art ist die ›Verdiesseitigung‹ des Gottesreichs gemeinsam.

b. Das Teilhabebewußtsein in der religiösen Sprache der Reformation

Wichtigstes Ergebnis der ›Verdiesseitigung der Individualität‹ ist die *Gleichheit* der Teilhabeberechtigten. Darin liegt ihr Beitrag zur weltanschaulichen, gesellschaftlichen und politischen Anthropologie der Neuzeit. Die Entstehung des *Individualismus* galt bislang als Charakteristikum der europäischen Neuzeit.[215] Dieser Annahme setze ich die These entgegen, daß es vielmehr die Ausprägung der *menschlichen Gleichheit* war, die die entscheidende Neuerung im kulturellen Bewußtsein dieser Epoche darstellt. Denn die seit J. Burckhardt hervorgehobene Individualisierung ist in der Tat erst als Funktion der fundamentaleren Gleichheit zustandegekommen. Erst eine tiefgreifende Veränderung des religiösen Bewußtseins jedoch erzeugt die nötige Modalität, meine These zu begründen.

Die mittelalterliche Gesellschaft ist, wie wir wissen, durch hierarchische Strukturen gemäß der Kategorie der Besonderheit bestimmt. Die geistig-religiöse Legitimation dafür liegt im zeitgenössischen Welt- und Gottesbild. Danach hat Gott die natürliche wie die gesellschaftliche Ordnung nach dem Hierarchieprinzip geplant: als Schöpfung einer natürlichen Stufung, in der die unbelebte Materie die unterste, die organische Welt der Pflanzen und Tiere die mittlere und die Welt des Menschen als der ›Krone der Schöpfung‹ und der ›Ebenbildlichkeit Gottes‹ die höchste Stufe der Hierarchie darstellten. Dementsprechend hat Gott auch die Ordnung der menschlichen Gesellschaft vorgesehen: als Stufung der Klassen, angefangen bei der untersten der Leibeigenen und der ›dienstpflichtigen‹ Bauern über die mittlere der ›freien‹ Bauern und der Handeltreibenden bis hin zu den höheren der Kleriker und der Adeligen. Fürsten und Könige nahmen darin die höchsten Positionen ein – als Stellvertreter des göttlichen Willens auf Erden.

Teilhabe an göttlicher Individualität war ebenfalls nach dem Hierarchieprinzip geregelt. Die hierarchische Ordnung beherrschte sowohl die Teilhabe im ›himmlischen‹ Jenseits als auch die ihrer sterblichen Gläubigen im Diesseits. Im Jen-

---

215 Diese Sicht wurde durch J. Burckhardts These begründet, die italienische Renaissance, im Abendland zuerst, habe den Menschen zum Individuum hin entwickelt, ihn als solchen freigesetzt und bewußt gemacht. Vgl. J. Burckhardt: Die Cultur der Renaissance. In: ders.:Gesammelte Werke. Darmstadt 1964–70; H. Freyer: Weltgeschichte Europas. Stuttgart 1954, S. 467ff.

seits steht Jesus Christus als ›Gottessohn‹ Gott am nächsten. Unterhalb von ihm sind die Heiligen und die Engel positioniert. Die irdische Ordnung war durch die Unterscheidung zwischen den Mitgliedern der Kirche und denen der weltlichen Gesellschaft gekennzeichnet. Die ersteren standen im kirchlichen wie im öffentlichen Selbstverständnis über den letzteren, denn sie verwalteten durch ihre irdische Teilhabe am göttlichen Wesen in Gestalt priesterlicher Weihen göttliche Gnadenmittel, von deren Vergabe das Heil des Christen schon hier im irdischen Leben abhing. Parallel dazu waren die Chancen der Teilhabe an der göttlichen Individualität im Jenseits aufgrund der geforderten moralischen Leistungen äußerst ungleich verteilt. Bereits Augustinus hatte deutlich gemacht, daß es nur sehr wenigen heiligmäßig lebenden Gläubigen gelingen würde, die extrem hohen Anforderungen an ein Leben in der Nachfolge Christi zu erfüllen. Die große Mehrheit der Gläubigen hatte damit zu rechnen, im Jenseits zu den auf ewig Verdammten zu gehören. Durch die Prädestinationslehre war allerdings der ›Schleier des Nichtwissens‹ über die eine oder andere Wahrscheinlichkeit gelegt, so daß selbst der extrem asketisch Lebende und Christus Nacheifernde während seiner irdischen Existenz nur vage sein Schicksal im Jenseits zu erahnen vermochte. Diese christliche Leistungsmoral hat sich zusammen mit den geringen Heilsaussichten, einem ständig geübten Prinzip großer Ungleichheit, in der Lehre der Kirche im Kern bis ins späte Mittelalter erhalten. Sie hat vor allem die Ordensgründungen um die vorbildlich und heiligmäßig lebenden großen Männer und Frauen initiiert. In der Praxis der Kirche und im Bewußtsein der Laien kam dieses Prinzip der Ungleichheit, durchaus im Widerspruch zur augustinischen Prädestinationsauffassung, hauptsächlich in der privilegierten Stellung der Priester zum Ausdruck. Diese standen durch die im Auftrag Gottes empfangenen Weihen diesem näher als die gläubigen Laien, die mit Gott nur durch priesterliche Vermittlung in Kontakt kommen konnten. Sie hatten ihre privilegierte Stellung im Gottesverhältnis durch ein persönlich geprägtes Leben und Verhalten zu rechtfertigen, das im Wesentlichen den Postulaten der christlichen *Leistungsmoral* entsprach.

Der Geist der ›verdiesseitigten Individualität‹ wendete sich nun im Zusammenhang des Grundmusters der religiösen Teilhabe gegen die Ungleichheiten, die sich mit der privilegierten Stellung der Priester im Gottesverhältnis verbanden. Die Reformatoren verlangten eine *Egalisierung* der Privilegien, die die Priester als Vertreter Gottes auf Erden besaßen. Als Folge davon wurden die ursprünglichen – nämlich aus dem göttlichen Auftrag abgeleiteten – Rechte der Priester logischerweise zu nicht mehr legitimierbaren Vorrechten. Damit wurde das Kirchenverständnis direkt angegangen, lebte es doch bisher vom fundamentalen Unterschied zwischen den beiden Rollen der Priester und der Laien. Diese Konsequenz zeigte sich jedoch erst im Verlauf der Verbreitung des neuen Geistes, der zunächst als Teil des kirchlichen Bewußtseins selbst verstanden wird.

Die Forderungen nach einer Kirchenreform, durch die in erster Linie die klösterliche Ordnung wiederhergestellt, Mißbräuche im Bereich des Kultus beseitigt, die Sitten des Klerus verbessert und von den Priestern gefordert werden sollte, ihre geistliche und biblische Sendung wieder ernst zu nehmen, waren im 15. Jahrhundert in aller Munde. Man hat darüber hinaus aus theologisch-dogmatischer und moralischer Sicht die Verweltlichung des römischen Papsttums in der zweiten Hälfte des 15. und in der ersten des 16. Jahrhunderts stark kritisiert. Das Grundmuster der Erneuerung ist ein durchaus ›archetypischer‹ Appell: nämlich den ›ursprünglichen‹ Geist des urchristlichen Gemeindebewußtseins wieder zubeleben.

Auch anderswo dachte um die Wende vom 15. ins 16. Jahrhundert keiner ihrer Kritiker an eine neue Kirche in Gestalt einer Gegenorganisation gegenüber der einen christlichen Kirche, ja selbst ein so strenger Kritiker wie der florentinische Dominikanermönch Savonarola nicht. Insbesondere in deutschen Ländern haben christliche Mystik und christlicher Humanismus das Bedürfnis nach einer Verinnerlichung des Glaubens geweckt.[216] Erasmus von Rotterdam war einer der Wortführer dieser Bewegung. Viele der Humanisten verlangten, daß das Bibelstudium nicht Privileg der kirchlichen Priesterschaft bliebe, sondern Recht eines jeden Christen werden sollte. Entsprechend dem archetypischen Muster wurde Wert darauf gelegt, die Bibel im griechischen oder hebräischen Urtext zu lesen und nicht in der kanonisch geltenden lateinischen Vulgata, wie in interner Auslegung üblich. Da man die Bibel für die Treuhänderin göttlicher Offenbarung hielt, sollte sie auch in unverfälschter Gestalt aufgenommen werden. Die Humanisten traten damit allerdings bereits in einen Gegensatz zur herrschenden scholastischen Tradition, für die das christliche Gottesverständnis mehr die Sache philosophisch-theologischer Konstruktion als die biblischer Geschichten war. Ende des 15. Jahrhunderts erschienen dann die ersten Bibelübersetzungen in den damaligen westeuropäischen Nationalsprachen Deutsch, Holländisch, Italienisch und Französisch. Ihre durch Gutenbergs Erfindung des Buchdrucks große Verbreitung verstand man weithin als Rückkehr zum Evangelium. Schon vor dem Auftreten der großen Reformatoren ging damit eine Laisierung des religiösen Verhältnisses einher, waren doch die meisten humanistischen Gelehrten einfache Gläubige, die weder als Pfarrer noch als Mönche priesterliche Weihen empfangen hatten. Allein durch ihren wissenschaftlich-gelehrten Umgang mit den Bibeltexten bekundeten sie die Legitimität einer selbständigen Initiative christlicher Laien in Glaubensfragen. Der Anspruch allein gehörte bereits zum theoretischen Selbstverständnis vieler christlicher Humanisten. So behauptete etwa der französische Humanist Lefèvre d'Etaples, daß der um den Glauben ringende Christ

216 Vgl. E. Garin: Die Kultur der Renaissance. In: Propyläen-Weltgeschichte. Bd. 6. 2. Halbbd., a.a.O., S. 453ff.

zwar auf die Inspiration des Heiligen Geistes angewiesen sei; doch im Grunde könne jeder christliche Laie für diese Inspiration offen sein. In den Niederlanden nahm dann Wessel Gansfort um 1460 die meisten Lehren Luthers – beispielsweise die von der Rechtfertigung durch den Glauben – vorweg, so daß die zeitgenössische Öffentlichkeit also schon vor dem Erscheinen der großen Reformatoren auf deren Botschaft vorbereitet war. Martin Luther konnte sogar mit einem direkten Angriff auf den Papst in Rom einsetzen, ohne bei den Reformbereiten in Verdacht zu kommen, die Kircheneinheit aufgeben oder gar auflösen zu wollen. Andererseits war gerade das Papsttum in seiner Bedeutung für die Kirche stärker umstritten, als es die Idee von der Einheit der Kirche je war. Allein durch die ›Babylonische Gefangenschaft‹ in Avignon (1309–75) und durch das Schisma hatte die Konzilsbewegung das kanonische Recht erfolgreich in Zweifel gezogen, wonach der Papst den Konzilien übergeordnet sei.[217]

Von Luther weiß man, daß es auch ihm nicht um eine Neugründung ging, sondern um die in seiner Zeit und zuvor immer wieder postulierte und diskutierte innere Veränderung der ›allgemeinen‹ (und in diesem Sinn ›katholischen‹) Kirche.

Als Theologe war Luther durch Augustins Sünden- und Prädestinationslehre geprägt, in deren Licht er die für ihn typische existenzielle Grunderfahrung machte: die Angst vor einem Tod, der ihn nicht zu den durch Gott Erlösten, sondern zu den von Gott auf ewig Verdammten machen könnte.[218] Er quälte sich über Jahre mit der Frage, welche Kriterien es wohl sein könnten, die die Auswahl bestimmten. In seiner tiefen Angst um das persönliche Seelenheil spiegelt sich darüber hinaus der zeitgenössische Abbau der Glaubwürdigkeit einer Transzendenzgewißheit christlicher Metaphysik, wie sie bis ins Hochmittelalter hinein im allgemeinen Bewußtsein bestanden hatte. Hätte es für ihn diese metaphysische Gewißheit noch gegeben, wäre seine nahezu existenzielle Verzweiflung über die Möglichkeit jenseitiger Erlösung unverständlich.

In Auseinandersetzung mit den Römer-, Galater- und Hebräerbriefen des Apostels Paulus kam Luther zu seiner die künftige theologische Position definierenden Erkenntnis, daß die göttliche Entscheidung über Erlösung oder Verdammnis ›Gnadengeschenk‹ für den sei, der ›gläubig‹ auf Gott vertraue. Gott durch gute Werke beeindrucken oder beeinflussen zu wollen, bezeuge hingegen Mißtrauen und Mangel an Überzeugung, daß dieser auch dann immer nur ›richtig‹ und ›gut‹

---

217 Man kann so weit gehen zu sagen, daß die Reformation, indem sie sich als *Kirchenspaltung* vollzog, die Institution des römischen Papsttums wieder gerettet hat. Vermutlich hätte die Erhaltung der Kircheneinheit zu einer Abschaffung des Papsttums und zu einer ›Demokratisierung‹ der Kirche durch Stärkung der Konzilsbewegung geführt. Doch sind das Spekulationen, wenn auch nicht uninteressanter Art.

218 Vgl. M. Brecht: Martin Luther. Stuttgart 1983–87; B. Lohse: Martin Luther. Eine Einführung in sein Leben und Werk. München 1981. Für die Einordnung Luthers in die Neuzeit vgl. H. Kemler: Christentum. Reformation und Neuzeit. Stuttgart 1984.

entscheide, wenn der Mensch Gottes Entscheidungen nicht verstehe. *Bedingungsloses Vertrauen* ist nach Luther Voraussetzung für das Verhalten des Menschen zu Gott, denn jede Bemühung, Gott beeinflussen zu wollen, stelle eine gotteslästerliche Herabsetzung von dessen Größe und Allmacht dar. Luthers Lehre wird nur unzureichend mit dem Begriff des Glaubens wiedergegeben, obschon er meistens verwendet wird. Bei ihm heißt ›Glaube‹ nicht, was die Scholastiker darunter verstanden und was unserem alltagssprachlichen Verständnis heute noch immer entspricht: ein Fürwahrhalten, bei dem ein hohes Maß an Ungewißheit im Spiel ist. Luthers Glaubensbegriff wird in der Tat angemessener durch ›*bedingungsloses Vertrauen*‹ wiedergegeben. So übersetzt, versteht man auch jenes Moment ›überrationaler‹ Gewißheit besser, das allen protestantischen *Glaubens*überzeugungen seit Luther anhaftet. Die aus der Prädestination überkommene beängstigende Unsicherheit, was das in der Heils- und Christenpflicht gründende bedingungslose Vertrauen angeht, ist bei Luther Bestandteil eines Begründungsverhältnisses. Denn das einzige ›gute Werk‹, das der Christ Luther zufolge tun könne, bestehe angesichts der Heilsungewißheit im Vertrauen in das Versprechen Gottes, seinen Sohn Jesus Christus zum Zweck der Erlösung der erbsündigen Menschen geopfert zu haben.[219] Gerade die Erbsündigkeit, die die göttliche Erlösungstat erforderlich mache, begründete für ihn erst die Glaubwürdigkeit des göttlichen Versprechens, besagt sie doch, daß der Einzelne selbst letztlich nicht in einem moralisch verwerflichen Sinn schuld an *der* Schuld sei, die er spezifisch auf sich lade.

Letztendlich vermittelt Luthers – vom Protestantismus dieser Ausrichtung übernommene – Lehre einen Erlösungsoptimismus, der im Kontrast zum Pessimismus der Auffassung Augustins steht, auf die sie sich stützt. Das ›gläubige‹ Vertrauen erlaubt es bei Luther nahezu jedem, auf die eigene Erlösung zu hoffen, denn der Maßstab des Verhaltens dafür ist nicht mehr die augustinische Askemoral mit dem Postulat einer Selbstaufopferung, wobei nur eine verschwindende Minderheit sich Hoffnung auf Erlösung machen dürfe, sondern einzig und allein die Bereitschaft, Gottes Erlösungsversprechen anzunehmen.

Durch die Glaubenslehre ist es im lutherischen Protestantismus zu einem divergierenden Gemeindeverständnis gekommen: Einerseits sind die Mitglieder der protestantischen Gemeinden einander gleich, weil das sakrale Verhältnis allein im bedingungslosen Vertrauen der Einzelnen auf das göttliche Erlösungsversprechen besteht. Die Mittlerrolle, die die Priesterschaft als Kirche im bisherigen ›ka-

219 Ich übernehme hier die Charakterisierung des Lutherschen Glaubensbegriff von J. Schapp, der unter Hinweis auf Luthers ›Sermon von den guten Werken‹ darauf hinweist, daß „Luther den Zusammenhang mit seiner Lehre von Glaubensgerechtigkeit allein dadurch (wahrt), daß er den Glauben an Gott im Sinn des ersten Gebots selbst als ein gutes Werk bezeichnet, und zwar als das erste und entscheidende gute Werk für den Menschen." (J. Schapp: Freiheit, Moral und Recht. Grundzüge einer Philosophie des Rechts. Tübingen 1994, S. 73).

tholischen‹ Christentum spielte, fiel somit weg. Auf der anderen Seite steht der Einzelne immer nur ganz allein – sozusagen ›solipsistisch‹ – seinem Gott in einer Beziehung gegenüber, für die das Bewußtsein der Gemeinschaft der Gleichen nicht konstitutiv ist. Die Gottesbeziehung ist ›einsame Zwiesprache‹[220], während das Verhältnis mit den Gemeindemitgliedern voll und ganz ›weltlich‹ bleibt. Damit entstand ein äußerst einflußreiches gesellschaftliches Denkmuster, das sich später mit der Ausbreitung der protestantischen Bewegung in Europa und in Nordamerika weit über die Grenzen des religiösen Bewußtseins hinaus leitbildhaft durchgesetzt hat.

Wie sieht dieses neue Bild aus? Es handelt sich beim lutherisch-protestantischen Gemeindeverständnis um ein von Gleichheit und Individualität bestimmtes. Die Mitgliedschaft in der Gemeinde ist in einer säkularen und einer religiösen Eigenschaft begründet. Die Gleichheit der Gemeindemitglieder macht die säkulare Seite aus, wonach weder Rang noch Namen anderer gesellschaftlicher Einbindungen zählen. Als Mitglieder der Gemeinde sind sie alle gleichwertige und gleichartige ›Schwestern und Brüder‹, nämlich ›Kinder des einen Gottes‹. Dabei bedeutet Gleichheit in der ›Kindschaft Gottes‹ jedoch noch lange nichts Verdienstvolles im Hinblick auf die göttliche Gnade. Sie definiert vielmehr den rein weltlichen Zustand des christlichen Sünders. Die mit der Möglichkeit der Erlösung verknüpfte *religiöse* Beziehung besteht allein als eine glaubensmäßige Beziehung des Einzelnen zu Gott. Diese erst macht die religiöse Seite der Mitgliedschaft in der Gemeinde aus. In dieser tiefgreifenden religiösen Hinsicht zählt die Gleichheit überhaupt nicht. Auch wenn er sich darauf beriefe, mit den anderen Mitgliedern der Gemeinde auf gleicher Stufe zu stehen, verhülfe es dem Einzelnen mitnichten dazu, seine Aussicht auf Erlösung zu begründen oder zu stärken. So gesehen besteht die protestantische Gemeinde aus einer *Pluralität von Individualitäten*, ›Individualitäten‹ im genauen Sinn des Wortes, ist doch in der lutherischen Konzeption jeder ›Christenmensch‹ auf sich gestellt, mit seinem Gott allein.

Zwischen der säkularen Außenseite (der Gleichheit) und der religiösen Innenseite der Gemeindemitgliedschaft (der Individualität) gibt es eine beiden Bestimmungen entsprechende Gewichtung: Die Eigenschaft, Bestandteil des Pluralismus ›solipsistischer‹ Individualitäten zu sein, ist die primäre, weil religiös motivierte, die andere der Gleichheit ist die sekundäre, weil säkular-irdische.

Das historische Ergebnis der lutherisch-protestantischen Lehre ist zwiespältig. Zum einen kam mit ihr ein bewußtseinsprägendes religiöses Bekenntnis in die Welt, dessen Gemeindeverständnis zwar durch die Gleichheit der Gemeindemit-

---

[220] Ich verwende einen Begriff, den H.U. v. Balthasar mit seiner Studie zu Buber eingebracht hat. Vgl: ders.: Einsame Zwiesprache. Martin Buber und das Christentum. Köln-Olten 1958.

glieder gekennzeichnet war. Zum andern hatte die Gleichheit nur eine weltliche, keine sakrale Bedeutung.

Nicht das Plädoyer einer christlichen Konfession für die Gleichheit ist wirksam geworden, sondern die Entsakralisierung der weltlichen Gemeinschaft und die Heiligung der Individualität: Das ist die bis ins Politische hineinreichende Botschaft in der Geschichte des Lutheranertums.

Da die irdische Gemeinde nichts Heiliges verkörpern kann, bleibt die Gleichheit der Gemeindemitglieder ohne Vorbildcharakter für die reale Gesellschaft, in der die Menschen jener Zeit bekanntlich alles andere als gleich waren. Der lutherische Protestantismus vermochte sich von daher leicht an die Monarchie und die ständestaatliche Gesellschaftsordnung anzupassen, weil jede gesellschaftliche Organisationsform grundsätzlich weltlich ist, es ihm aber ausschließlich um das ›individualistisch-solipsistische‹ Glaubensverhältnis zu Gott ging. Aus dieser Einstellung heraus erklärt es sich, warum das Lutheranertum den weltlichen Fürsten einen solchen Einfluß bei der ›kirchlichen‹ Gemeindeorganisation eingeräumt hat. Der ausschlaggebende Impuls zur Sprengung der Kircheneinheit war bereits aus der Politik gekommen.

Die politischen Kräfte, die Luther zur Kirchengründung zwangen, waren Landesfürsten wie sein eigener Landesherr, der sächsische Kurfürst Friedrich der Weise, und Landgraf Philipp der Großmütige von Hessen. Ihnen schlossen sich der Hochmeister des Deutschen Ritterordens Albrecht von Brandenburg, die Herzöge von Braunschweig und andere – meist süddeutsche – Regionalfürsten rasch an. Nach dem ›Augsburger Religionsfrieden‹ von 1544 überließ man es den Landesfürsten, für ihre Untertanen die Konfession festzulegen, ein historisches Datum, auf das heute noch viele in Deutschland ihre Zugehörigkeit zu einer der Konfessionen zurückführen können. Es kam zur Gründung konfessionell eigenständiger christlicher Kirchen. Aus dem Luthertum gingen die protestantischen Landeskirchen hervor, die sich hauptsächlich in den deutschen und skandinavischen Ländern ausbreiteten. Damit setzte sich das Prinzip der national-partikularistischen Staatskirche durch. Der protestantische Staat wurde Träger der Kirchenverfassung. Er ernennt die Geistlichen, sorgt für ihre Ausbildung an staatlichen Universitäten und beaufsichtigt sie. Durch Herrschaft über die Kirche ging in den protestantischen Ländern das gesamte Erziehungswesen auf den Staat über. Diese Tradition besteht in Staaten mit solch protestantischer Tradition noch heute. Doch ich wiederhole: Der lutherische Protestantismus konnte diese Zugeständnisse an den irdischen Staat machen, weil sie die irdischen Bedingungen des sakralen Verhältnisses *nicht* berührten und die weltliche Gemeinschaft selbst *keine* sakrale Bedeutung besaß. Das trifft auch auf die gesamte Kirchenorganisation zu, die sich dadurch vom katholischen Kirchenverständnis unterschied.

Die Betonung des nichtreligiösen, d.h. rein weltlichen Charakters der Gleichheit für die Gemeindemitglieder wird durch Luthers Reaktion gegenüber den aufständischen Bauern im ›Bauernkrieg‹ 1523/25 verstärkt. Er stellte sich auf die Seite der Landesfürsten, die er in der Schrift ›Wider die räuberischen und mörderischen Rotten der Bauern‹ zur gewaltsamen Unterdrückung der Aufstände aufforderte. Es wäre jedoch ungerecht, wie F. Engels zu urteilen, der Luther in ›Der deutsche Bauernkrieg‹ kanonisch für den Marxismus zum „Tellerlecker der absoluten Monarchie" abgestempelt hatte, weil dieser angeblich seine ursprünglich revolutionäre Haltung nach 1521 aufgeben habe. Statt dessen verhielt es sich so, daß Luthers Ablehnung des Unternehmens, aus der ›gemeindlichen‹ Gleichheit eine *politische* Gleichheit zu machen, ganz auf der Linie der Gewichtung der Elemente seines Gemeindeverständisses lag. Man kann dem Protestantismus lutherischer Prägung nicht zum Vorwurf machen, daß er aus der Gleichheit keine politische Ethik im Sinn der Demokratie gemacht hat, denn er hat, mit Luther beginnend, so etwas von Anfang an nicht intendiert. Luther ging es, ich wiederhole, ausschließlich um eine Neubestimmung des sakralen Verhältnisses zu Gott, eine Neubestimmung, die die weltliche Gleichheit der Gemeindemitglieder lediglich als Nebenfolge hervorgebracht hat.

Mehr noch als das Lutheranertum hat jedoch der calvinistische Protestantismus für die religiöse Begründung der menschlichen Gleichheit in einem christlichen Sinn getan.

Johannes Calvin (1509–1564) übernahm von Luther die Ablehnung des Papsttums und des katholischen Kirchenbegriffs ebenso wie die Betonung des individuellen Glaubens und der Dominanz der Heiligen Schrift.[221] Doch anders als Luther betonte er, gleichsam ›mittelalterlicher‹ als dieser, das Weltbild christlicher Metaphysik im Sinn der ›analogia entis‹. Sein theologisches Hauptwerk ›Institutio Christianae Religionis‹ ist die einzige bedeutende Dogmatik, die die protestantische Bewegung hervorgebracht hat. In ihrer letzten Fassung von 1559 enthält sie vier ›Bücher‹: 1. ›die Lehre von Gott dem Schöpfer, 2. ›die Lehre von Gott dem Erlöser in Christo‹, 3. ›die Gnadenlehre‹ und 4. ›Kirche, Sakramente, bürgerliches Regiment‹. Im ersten Buch wird die ›Souveränität und Ehre Gottes‹ beschrieben. Hier entwickelt Calvin den der Analogie-Lehre entsprechenden Grundgedanken, wonach Gott alle Dinge und Lebewesen ›im Himmel und auf Erden‹ als Zeugnisse seiner ›Ehre‹ geschaffen habe. Insbesondere habe er die Menschen als Beweise göttlicher Ebenbildlichkeit erzeugt. Sie seien verpflichtet, aus dem Glauben heraus in allem Tun zu dokumentieren, daß sie sich des göttlichen Anspruches würdig erweisen. Durch den Sündenfall hätten sich die Menschen von Gott getrennt und seit der ›Menschwerdung Gottes in Christus‹ wüßten sie, daß sie von Gott – nach augustinischem Vorbild – in zur Erlösung oder

---

221 Vgl. G.W. Lochner: Johannes Calvin. In: Wörterbuch des Christentums, a.a.O., S. 186ff.; W. Niesel: Die Theologie Calvins. München 1938; J. Staedtke: Johannes Calvin. Göttingen 1969.

zur Verdammnis Bestimmte aufgeteilt würden. Auch nach Calvin gibt es im irdischen Leben keine Sicherheit darüber, wofür man von Gott vorbestimmt wurde: erlöst oder verdammt zu werden. Doch könne die christliche Gemeinde dazu beitragen, die Welt im Sinn der ›Größe Gottes‹ besser zu machen.

Mit dem calvinistischen Konzept verbindet sich ein anderes ›gemeindeliches‹ Selbstverständnis als mit demjenigen der Lutheraner. Während bei diesen die Gemeindeorganisation selbst zur irdischen Gesellschaft gehört und die Gleichheit der Gemeindemitglieder von daher nichts von der Qualität der Heiligkeit besitzt, gewinnt diese Gleichheit innerhalb des calvinistischen ›Priestertums aller Gläubigen‹ einen religiösen Sinn. Hier gehören Gleichheit der Mitgliedschaft in der Gemeinde und Individualität der Glaubensbeziehung der Einzelnen in ein und denselben *sakralen* Kontext. Die Gleichheit wird darin mit der Individualität zusammen zu einem Menschenbild verknüpft, das auch für die diesseitig-irdische Gesellschaft Vorbildfunktion erhält. Während der lutherische, auch der englisch-hochkirchliche Protestantismus Theologie an staatlichen Bedürfnissen ausrichten, soll sich der Staat Calvin zufolge nach den Vorschriften der Theologie richten. Diese *theokratische* Besonderheit des Calvinschen Protestantismus gründet nicht nur in dessen Gemeindekonzept. Sie wird auch dadurch begünstigt, daß sich Calvins Theologie zuerst in einem Staatswesen entfaltete, dessen Verfassung von der politischen Tendenz der Epoche zum fürstlichen Absolutismus hin nicht berührt wurde. Genf, die Heimatstadt des Reformators, hatte sich gerade, entgegen dieser Tendenz, durch einen Sieg über den Herzog von Savoyen 1536 zur Republik erklärt. Was kein König und kein Landesfürst einem der neuen Bekenntnisse zugestanden hätte, wurde in Genf durch Calvin und seine Lehre möglich: Der Staat konnte der Theologie untergeordnet werden. Das geschah in Genf zwar nur für einen historischen Augenblick. Doch war dessen Auswirkung so stark, daß sich mit dem Calvinismus von da an auch eine dem rein weltlichen Staat gegenüber mehr oder weniger offen erklärte kritische Ausrichtung verband. Insbesondere in den englischen Kolonien Nordamerikas und später in den aus ihnen hervorgegangenen Vereinigten Staaten hat der Calvinismus mit seinem Verständnis von Gemeinde auch das *allgemeine politische* Bewußtsein stärkstens geprägt.[222]

Mit der protestantischen Bewegung, am nachdrücklichsten in ihrer calvinistischen Form und indirekt auch in der lutheranischen, verbindet sich nun die Genese des *egalitären Individualismus* der Neuzeit. Es handelt sich um den Zu-

222 Aus diesem spezifisch calvinistischen Verständnis des sakralen Charakters einer Einheit von Gemeinschaft und Gemeinde erklärt sich erst die Motivation der Heiligkeit der Individualität des irdischen Menschen, wie sie von M. Weber in seiner berühmten Studie als Grundlage der protestantischen Ethik erkannt wurde. Aus dem Individualitätsverständnis des Lutheranertums allein hätte man die Weberschen Konsequenzen nicht ableiten können.

sammenhang von Gleichheit und Individualität, von dem oben die Rede war. Beide Reformatoren haben auf dem Weg über die von ihnen begründeten kirchlichen Institutionen die Auffassung verbreitet, nach der die Einzelnen unter der Bedingung ihrer Gleichheit Träger eines neuen christlich-religiösen Bewußtseins sind. Man kann den bei Luther und Calvin damit verbundenen Optimismus einer Erlösung für die Vielen auch als Ausdruck einer *›Demokratisierung des Heils‹* deuten. Die als abgelehnt beschiedene entgegengesetzte Auffassung fand sich nach wie vor im Kirchen- und Priesterverständnis des nunmehr ebenfalls zur Konfession gewordenen katholischen Christentums am deutlichsten repräsentiert.

Das Sakralverständnis des Protestantismus bedeutet historisch eine Novität, denn in allen bisherigen kulturellen Versionen des klassischen Bewußtseins von ›Gemeinde‹ steht das *Kollektiv* der Gläubigen und Verehrenden den Göttern gegenüber in der Pflicht. Wer es als Einzelner an Verehrung gegenüber den gemeinsamen Göttern fehlen ließ, wurde aus dem Kollektiv ausgeschlossen. Das Schicksal des Häretikers ist aus den jeweiligen Historien der religiösen Kultgemeinschaften hinlänglich bekannt. In keiner religiösen Tradition konzentrierte sich das sakrale Geschehen ausschließlich auf das Individuum. Individuen traten allein als Stifter religiöser Traditionen auf: Moses für das Judentum, Konfuzius und Laotse für die chinesische Religion, Jesus, Buddha und Mohammed für Christentum, Buddhismus und Islam. Im klassischen Religionsverständnis ist für die Individuen als Mitglieder einer kultischen Gemeinde die Rolle der Verehrenden, Empfangenden und Gehorchenden reserviert. Der Einzelne muß die Götter als höchste Autoritäten anbeten und verehren, er muß akzeptieren, daß sie sein Schicksal bestimmen, auch empfängt er von ihnen Wohltaten oder Leid und ist gegenüber ihren Wünschen und Befehlen zu unbedingtem Gehorsam verpflichtet. Doch bleibt er immer Mitglied einer kultischen Gemeinschaft. Erst durch den Protestantismus kommt der Einzelne – und dies sogar gegen die theologische Absicht sowohl Luthers als auch Calvins – zwangsläufig in die Rolle *religiöser Autonomie*.

Historisch war es zunächst Privileg der Fürsten, die sich, den Papst substituierend, in ihren Staaten faktisch zu Oberhäuptern der protestantischen Konfessionen machten. Im deutschen Kontext kodifiziert der ›Augsburger Religionsfriede‹ (1544) rechtlich die neue Situation nach der Kirchenspaltung. Doch Kern protestantischer Lehre ist und bleibt die Gleichheit derer, die sich je individuell um eine religiöse Beziehung bemühten.

In der weiteren Geschichte der reformatorisch geprägten europäischen Völker konnte denn auch am Privileg der Landesherren nicht festgehalten werden, wonach über die Bekenntnisse der Untertanen bestimmt werden könne. Von dem, was der Protestantismus den Menschen im Religiösen vermittelte, ging die liberale Glaubensfreiheit als gleiches Recht aller Staatsbürger hervor und als Folge davon eine *Privatisierung der Religion* auf der Grundlage einer Anthropologie der Gleichheit.

5. Der Grundkonflikt der europäischen Kultur im Licht ›verdiesseitigter Individualität‹

Die ›Verdiesseitigung der Individualität‹, Leitmotiv des Glaubens und Denkens im Hoch- und Spätmittelalter, wird durch die protestantische Bewegung zum Gehalt einer eigenständigen christlichen Religiösität und darüber hinaus zur Kernsubstanz des europäischen Menschenbilds der Neuzeit. In der Sache handelt es sich um die *Egalisierung* der Ansprüche auf Anerkennung der Individualität. Im Rahmen der protestantischen Theologie bleibt es allerdings in der Schwebe, in welcher Dimension der Anspruch auf Individualitätsanerkennung erfüllt werden soll: bereits im Diesseits oder aber nach klassisch-christlicher Auffassung erst im Jenseits. Nach der Luther und Calvin verbindenden Lehre eines ›Priestertums aller Gläubigen‹ sind alle Einzelnen in gleicher Weise ›unmittelbar zu Gott‹. Das besagt einerseits, daß jeder Gläubige bereits im ›irdischen Leben‹ von Gott in seiner einzigartigen Individualität anerkannt wird. So besehen haben die Einzelnen bereits im hiesigen Leben Anteil an Sakralem. Andererseits verbleiben beide Reformatoren im klassischen Weltbild der christlichen Metaphysik, wonach es letztlich immer um eine erst nach dem Tode mögliche Teilhabe an der unsterblichen Individualität der dreieinigen Gottheit geht. Der Grundkonflikt zwischen Teilhabe und Selbstbehauptung, prägend für die neuzeitliche Kulturgeschichte, ist latent jedoch bereits im Ansatz der protestantischen Theologie enthalten. Er kommt erst offen durch den Gegensatz zwischen dem Standpunkt der christlichen Konfessionen zum Ausdruck, die bis heute die Dilemmaentlastung durch Teilhabe an göttlicher Unsterblichkeit verkörpern, und dem Standpunkt der führenden politischen Philosophie, in deren Mittelpunkt die Dilemmaentlastung durch Selbstbehauptung in Gestalt von Konzepten ›verdiesseitigter Individualität‹ steht. Dieser Konflikt wird im Lauf der europäischen Neuzeitgeschichte dadurch entschärft, daß die Selbstbehauptungskonzepte der ›verdiesseitigten Individualität‹ nach und nach an prägender Dominanz gewinnen. Dennoch besteht er bis heute fort.

Dem Konflikt liegen zwei gegensätzliche gesellschaftliche Anthropologien zugrunde.

Die christlich-religiöse Anthropologie wurde auf der Grundlage der traditionellen Sozialnatur hierarchischer Ordnung entwickelt. Auch die Geschichte der europäischen Völker wird überwiegend durch die Dominanz von gesellschaftlichen Grundmustern der hierarchischen Art geprägt. In den meisten nationalen Traditionen trifft man vorrangig auf derart religiös legitimierte monarchische Formen der Herrschaftsausübung. Den Gesellschaftsbildern, die der religiösen Legitimation zugrunde liegen, ist die Überzeugung von der ›natürlichen‹ – d.h. im christlichen Fall: gottgewollten – *Ungleichheit* der Menschen im weltlichen Dasein gemeinsam. Von der Gleichheit der Menschen konnte allein im Hinblick auf das Gottesverhältnis die Rede sein. Ich weise darauf hin, zumal wir uns heute angewöhnt haben, die ›diesseitige‹ Gleichheit der Menschen als Ausdruck einer ›natürlichen‹ Sichtweise zu nehmen. In der Beurteilung aus einem historischen Kontext ist diese heute weithin geteilte Grundüberzeugung jedoch unzutreffend, denn auch die Europäer haben bis zur Schwelle der Neuzeit an die gottgewollte ›Natürlichkeit‹ gesellschaftlicher Ungleichheit geglaubt, die ihnen so selbstverständlich erschien wie uns heute die Gleichheit. So war beispielsweise die im Mittelalter vorherrschende Zugehörigkeit der Menschen zu gesellschaftlichen Ständen – zum Adel, zum Klerus und zum Bauerntum – in den Grundüberzeugungen der Menschen als einer von gottgewollt-natürlichen Ungleichheit fest verankert. Die hierarchisch-paternalistische Struktur der katholischen Kirche bringt die Abkünftigkeit der Herrschaftslegitimation von dieser Art ›Natürlichkeit‹ auch heute noch zum Ausdruck.

Die Überzeugung, daß der Anspruch auf eine ›diesseitige‹ Gleichheit vom Charakter gottgewollter Natürlichkeit abhängig sein soll, trat in der Geschichte hingegen erst mit dem Aufkommen des Konzepts der ›verdiesseitigten Individualität‹ in Erscheinung. Die Idee der Gleichheit der Menschen, in allen neuzeitlichen anthropologischen Grundannahmen der europäisch-westlichen Zivilisation enthalten, ist erst Produkt einer historischen Entwicklung. Sie ist nicht Spiegelbild menschlicher Natur, reflektiert sie doch erst das Menschenbild einer historischen Stufe der europäischen Geschichte.

Mit ihr, darauf kann gar nicht genug hingewiesen werden, breitete sich jedoch ein revolutionäres Gesellschaftsmuster aus. Ihm liegt der Bruch mit der uralten Metaphysik der ›göttlichen‹ Individualität zugrunde, in deren Rahmen die Menschen sich in unterschiedlichen kulturellen Traditionen der Teilhabe an der Unsterblichkeit versichert haben. Die Religion bestimmte dort das leitbildsetzende Konzept der Individualität: Identifizierung der Einzigartigkeit mit göttlicher *Unsterblichkeit*. Mit der ›verdiesseitigten Individualität‹ entstand nun eine Konzeption der Verbindung der Einzigartigkeit mit der *Endlichkeit* und der *Sterblichkeit*. Insbesondere war damit auch die menschliche Individualität betroffen, denn sie steht mit dem ›unendlich‹ großen Wert und Rang der göttlichen Individualität stets in einer wie auch immer gearteten Beziehung. Indem die objektivierbare Transzendenzmetaphysik allmählich aufgegeben wurde, verzichtete man jedoch tendenziell auf diejenige Form der Dilemmaentlastung, die historisch am längsten wirksam gewesen ist: auf die Dilemmaentlastung in Gestalt postmortaler Teilhabe an göttlicher Unsterblichkeit. Das machte es nötig, das Gewicht der Dilemmaentlastung auf die verbleibende andere Möglichkeit zu konzentrieren:

auf eine Entlastung vermittels der ›diesseitigen‹ gesellschaftlichen Anerkennung der Individualität.

Was im Licht der klassischen Identität der Einzigartigkeit und der Unsterblichkeit als Verlust erscheint, bedeutet in objektiver Betrachtung jedoch auch die Rückkehr zur Wahrheit.

Erinnern wir uns: Der Bewußtseinsinhalt der Individualität ist in seinem Ursprung sowohl gattungs- als auch individuell-lebensgeschichtlich Reflex auf das Wissen um den eigenen Tod. Dieses Wissen ist das Wissen um die definitive Endlichkeit des menschlichen Individuums. Die klassische Verbindung der individuellen Einzigartigkeit mit der Idee der Unsterblichkeit war bereits das Ergebnis einer ersten kulturellen Reaktion, die in dem existenziellen Bedürfnis gründete, die Wahrheit zu ›überwinden‹ und vergessen zu machen. Im neuen europäischen Konzept ist hingegen das Einzigartige des Individuums der bekannte hohe Wert in den *Grenzen der Vergänglichkeit.* Es enthält, ohne daß man sich darüber je ganz im Klaren war, im Kern die *Struktur des Tragischen*: Der Einzelne kämpft im Bewußtsein der definitiven Sterblichkeit um Anerkennung seiner Individualität durch die Anderen.[223] Die gesellschaftliche Anerkennung der Individualität wird gleichsam zur Entschädigung für den aus dem Bewußtsein nun nicht mehr zu verbannenden *Nihilismus der menschlichen Existenz.*

Mit der Rückkehr zur Wahrheit kommt nun wieder jene Gleichheit ins Spiel, die aus dem Urwissen der menschlichen Individuen um die Sterblichkeit des Einzelnen stammt. Sie wurde zum primären Leitbegriff der neuen europäischen Anthropologie.

In welchem Sinn wird im Rahmen des neuen Menschenbilds von der Gleichheit gesprochen? Es geht nicht um eine Gleichheit der menschlichen Individuen im Sinn von *Eigenschaften,* also nicht darum, daß Menschen biologisch oder kulturell unter diesem oder jenem Aspekt beispielsweise die gleichen Ausdrucks- bzw. Verhaltensweisen zeigen, sondern um Gleichheit im Besitz von individuellen *Rechten* (Ansprüchen, Möglichkeiten) und um Gleichheit der Mitgliedschaft in einem Kollektivsubjekt. Die Gleichheit besitzt deshalb von Anfang an den Doppelaspekt des Individuellen und des Kollektiven.

Unter dem *individuellen* Aspekt wurde die europäische Gleichheitsanthropologie themenbildend für die Entwicklung des Rechtsstaats mit dessen Ursprung und Beginn im Mittelalter. ›Herrschaftsverträge‹ belegen Anfänge, durch die im 12. und 13. Jahrhundert in England, Spanien, Ungarn, Polen, Schweden, Portugal und einigen deutschen Ländern ständische ›Freiheiten‹ durch die Monarchen garantiert wurden.[224] Es ging um rechtliche Gleichbehandlung der Untertanen,

---

223 Es ist wohl eine der zentralen Botschaften des ›Faust‹, auf den tragischen Kern im neuzeitlichen europäischen Menschenbild hingewiesen zu haben.

224 Vgl. W. Näf: Herrschaftsverträge des Spätmittelalters. Bern 1951; L. Kühnhardt: Die Universalität der Menschenrechte. Bonn 1987, S. 49ff; G. Oestreich: Geschichte der Menschen-

wenn auch im Rahmen unterschiedlicher ständischer Zugehörigkeiten. Es handelte sich dabei um den Beginn der ›Gleichheit vor dem Gesetz‹.[225] Die älteste Regelung dieser Art ist die Abmachung, in der der Cortes von Leon, die ständische Versammlung der Bischöfe, Magnaten und Bürger dieses spanischen Teilkönigreichs, sich vom König verschiedene Rechte – u.a. das Recht auf ein ordnungsgemäßes Verfahren, auch gegen den König, und das Mitspracherecht der Stände in politisch wichtigen Fragen – vertraglich ›für alle Zeit‹ zusichern ließ. Der berühmteste Vertrag dieser Epoche ist die ›Magna Charta Libertatum‹ von 1215, in der der englische König den Ständen seines Reichs in 63 Artikeln Grundrechte einräumte: vom Recht auf Eigentum und der Unverletzlichkeit der Person bis zur Mitwirkung an der politischen Gestaltung. Sind die mittelalterlichen Herrschaftsverträge noch in die ständisch-feudale Struktur der Gesellschaft eingepaßt, deren Absicherung sie zugleich dienen sollten, so wird durch die reformatorischen Bewegungen des 15. und 16. Jahrhunderts die Gleichheit aus dem Konzept der ›verdiesseitigten Individualität‹ wirksam. Ihnen entstammen die ersten philosophischen Konzeptionen der Neuzeit, denen die Vorstellung der Gleichheit von Natur- und Menschenrechten zugrunde liegt. Seither geht es um das Wechselverhältnis zwischen politischer Bewegung und philosophischer Konzeption. In England, wo der sich damit verbindende historische Prozeß am schnellsten und deshalb auch mit einer vorbildsetzenden Wirkung für die anderen europäischen Staaten ablief, kam es in der politischen Realität zum Konflikt zwischen Königtum und Parlament, einem Konflikt, der sich zum Bürgerkrieg ausweitete und über 200 Jahre hinzog. Auf der philosophischen Ebene begannen die Vertragstheoretiker[226] die Oberhand zu gewinnen, die von Ansätzen einer natürlichen Gleichheit der Menschen ausgingen. In diesen Zusammenhang gehören die englischen Staatsphilosophen Hobbes und Locke, auf dem Kontinent wären Grotius und Pufendorf zu nennen. Zunächst wird noch die Vereinbarkeit der Gleichheitsanthropologie mit dem christlichen Naturrecht angestrebt – dafür stehen Pufendorf und Locke.[227] Danach setzte sich jedoch die weltliche Konzeption durch, für die Hobbes bereits die Grundlagen gelegt hatte.

Im Zusammenhang mit der Grundlehre des Protestantismus handelt es sich um die Gleichheit aller Gläubigen im Hinblick auf das Recht, eine unmittelbare, d.h. nicht durch Priesterprivilegien erst vermittelte Beziehung zu Gott zu haben. Da diese Lehre das Modell für die anderen Gleichheitsbegriffe in der Neuzeit liefer-

---

rechte und Grundfreiheiten im Umriß. Berlin 1978, S. 25ff; K.D. Bracher: Menschenrechte und politische Verfassung. In: ders. Geschichte und Gewalt. Zur Politik des 20. Jahrhunderts. Berlin 1981, S. 34ff.

225 Vgl. F.A. von Hayek: Die Verfassung der Freiheit. Tübingen 1971, S. 106f.

226 Eine genauere Darstellung der Theorien der verschiedenen Kontraktualisten findet sich in: W. Kersting: Die politische Philosophie des Gesellschaftsvertrags. Darmstadt 1994.

227 Die Darstellung seiner politischen Philosophie findet sich in: J. Locke: Über die Regierung. Stuttgart 1974.

te, läßt sich an ihr auch das Spezifische dieses Rechtsbegriffs demonstrieren: Es liegt in seiner ›naturrechtlichen‹ Qualität. Ein Recht der Individuen auf direkten Zugang zu Gott kann nicht von einer weltlichen Autorität in Gestalt eines Staats oder dazu legitimierter großer Persönlichkeiten verliehen werden, denn zwischen Gott und dem einzelnen Gläubigen sollte ja gerade kein Vermittler stehen. Dieser überpositiv-rechtliche Charakter ist danach auch das Hauptkennzeichen *weltlicher* Gleichheitsbegriffe, die im Kontext des europäischen Menschenbilds aus dem protestantischen Konzept hervorgingen.
Mit der europäischen Gleichheitsanthropologie beginnt die zweite Ära eines Sich-Entfernens menschlicher Gesellschaftsbildung von der menschlichen Sozialnatur des Kleingruppenkontexts, der sogenannten Ersten Natur.[228] Die erste Ära einer Zweiten Natur steht im Zeichen der Mythen und Religionen. Die Menschen erlangten in ihr die Fähigkeit, die Plastizität ihrer biologischen Sozialnatur über die Grenzen der Kleingruppe hinaus auszudehnen. Eben weil sie sich in den dadurch ermöglichten Großgruppen nicht mehr entsprechend ihrer ›originären‹ Natur verhielten, machten sie Götter zu obersten Autoritäten ihrer gesellschaftlichen Ordnung. In der Geschichte der europäischen Völker währte die Ära der ersten Großgruppenbildung bis hin zur Entstehung der Gleichheitsanthropologie. Mit dieser verbindet sich die zweite Ära eines Sichentfernens von der Ersten Natur, hier als Ära der Dritten Natur bezeichnet, deren Ausmaße die früheren Großgruppenbildungen um vieles übertreffen. Im Licht der Gleichheitsanthropologie werden nicht nur einige Tausende oder Hunderttausende in politischen Ordnungen organisiert, sondern Millionen.
In der mythisch-religiösen Ära wurde eine Abweichung vom ›natürlichen‹ Sozialverhalten als göttliche Stiftung einer ›übernatürlichen‹ politischen Ordnung gerechtfertigt. In der Ära der neuzeitlichen Gleichheitsanthropologie verstehen die Menschen sich jedoch selbst als ›konstruktivistische‹ Stifter ihrer ebenfalls nicht mehr ›natürlichen‹ gesellschaftlichen Ordnungen. Sie können sich sowenig wie in der mythisch-religiösen Ära auf die ›Natürlichkeit‹ im Sinn der Ersten Natur verlassen. Sie müssen wie in der Ära der Zweiten Natur zum Zweck der Überwindung der Entfremdung von der Ersten Natur eine neue ›Natürlichkeit‹ *produzieren.* Im Zeichen der Dritten Natur handelt es sich nicht mehr um eine von Gottheiten gestiftete Natur, sondern um eine von ihnen selbst hergestellte: eine *Pseudo-Natürlichkeit.* Die Rollen, die der Liberalismus und die Demokratie in der Gleichheitsanthropologie spielen, werden so zu beispielhaften Zeugnissen.
Zeichen wachsender innerer Fremdheit innerhalb der Gesellschaft ließen sich dahingehend aufzeigen, daß die Kleingruppen – angefangen von der Familie in der bäuerlichen Selbsversorgungswirtschaft der Dörfer bis hin zum handwerkli-

228 Ich knüpfe hiermit an Hegels Unterscheidung zwischen ›Erster‹ und ›Zweiter Natur‹ an.

chen Kleinbetrieb in den Städten –, die bisher den Aufbau der Gesellschaft bestimmten, ihre Relevanz für den gesellschaftlichen Zusammenhang zu verlieren begannen. Anstelle der bisherigen Dominanz der Nahbeziehungen der Kleingruppe traten jetzt interindividuelle Fernbeziehungen: marktmäßige Handels- und Wettbewerbsbeziehungen, die über größere Entfernungen durch die Vermittlung einzelner Individuen aufrechterhalten wurden. Der Individualismus, Kennzeichen der neuen gesellschaftlichen Fernbereichsbeziehungen, führte in der Folge zu einer weiteren *Entfremdung* der Menschen von der Kleingruppenbeziehung, für die bekanntlich eine biologische Präferenz besteht. Diesbezügliche Phänomene moderner Entfremdung sind zur Genüge in der historischen Soziologie erörtert worden.

Gesteigerte Entfremdung bewirkte in erster Linie erhöhte Zerbrechlichkeit des gesellschaftlichen Zusammenhangs. Die Neuzeitgeschichte Europas liefert dafür hinreichend viele Beweise, insbesondere seit sich die Tendenz zur Individualisierung durchgesetzt hat.

Der Konflikt zwischen den politischen Grundmustern der Zweiten und der Dritten Natur bietet dafür einen ersten anschaulichen Beleg.

Die christlichen Konfessionen wurden zur Legitimationsgrundlage europäischer Monarchien. Die Legitimität der monarchischen Herrschaft stützte sich bis in die Neuzeit auf die christliche Lehre einer Einsetzung der weltlichen Herrschaft durch Gott. Ihre Auffassung über die ›legitima potestas‹ machte zwar verschiedene Wandlungen von der Souveränitätslehre des 16. Jahrhunderts bis zum Gottesgnadentum des Absolutismus und zur konstitutionellen Monarchie des 19. Jahrhunderts durch. Doch an ihrer Substanz, der Ableitung herrscherlicher Legitimation aus einer Ermächtigung des christlichen Schöpfergottes, wurde nicht gerüttelt. An der Verbindung der ständischen Ordnung mit dem christlichen Gesellschaftbild änderte auch der Erfolg der protestantischen Bewegung im 16. Jahrhunderts nichts. In erster Linie war es der lutherische Protestantismus, der unbeschadet der Lehre von der Gleichheit der Gläubigen an der Trennung zwischen dem ›Regiment‹ über den Körper und dem über die Seele festhielt, um dann in Ländern zur Stütze der weltlichen Herrschaft der Fürsten und Könige sowie der ständischen Gesellschaftsordnung zu werden, in denen er die landeskirchliche ›Herrschaft über die Seelen‹ antrat. Reale Durchsetzung der Gleichheit mußte jedoch über kurz oder lang zu einer Revolutionierung der staatlichen Legitimation führen, war doch der christliche Glaube – jedenfalls auf dem europäischen Kontinent – bis ins 19. Jahrhundert ausschließlich mit einer Legitimation der Monarchie verbunden.

In der politischen Geschichte Europas kommt es dann im 18. und 19. Jahrhundert zum Konflikt der beiden anthropologischen Grundmuster: des im Christentum verankerten Hierarchie-Musters der Zweiten Natur und des weltlichen Musters der Gleichheitsanthropologie der Dritten Natur. Der Konflikt prägte sich als

Auseinandersetzung zwischen religiös legitimierter Monarchie und demokratisch-weltlich legitimierter Republik aus.[229]
Die geschichtliche Phase, in der eine neue Balance zwischen Ordnungen der Zweiten und der Dritten Natur gesucht wird, ist durch eine äußerst folgenreiche Instabilität staatlicher Verfassung gekennzeichnet.
Diese Instabilität drückt mehr aus, als es das stets mit sozialen Kosten verbundene Werden neuer politischer Grundstrukturen je gekonnt hatte. In ihr bekundet sich darüber hinaus eine konstitutionelle Problematik der neuzeitlichen Großgruppengesellschaft: die ihr inhärente weitere Zunahme der Entfernung von der biologischen Sozialnatur, aufgrund derer wir eben jene natürliche Präferenz für die Kleingruppe besitzen.[230]
Es trat historisch jedoch ein Vorteil in Erscheinung, der den Preis für die Nachteile eines Wissens um den Tod seit dessen prähistorischer Erlangung erträglich gestaltet hat: die *Vorteile des Gleichheitsbewußtseins*, das mit dem Todeswissen zusammen entstanden ist. Sie bestehen in der Abkehr von gesellschaftlichen Formationen, in denen die *physische* Kraft der Einzelnen für die Verteilung der Plätze in der gesellschaftlichen Ordnung ausschlaggebend ist, und in der Hinwendung zu Formationen, in denen die Verteilung der Plätze in der gesellschaftlichen Ordnung durch *intellektuelle* Fähigkeiten bestimmt wird. In einer Gesellschaft, in der es mehr auf intellektuelle als auf körperliche Fähigkeiten ankommt, kann eine größere Zahl von Individuen jeweils individuell erfolgreicher sein als in einer Gesellschaft, in der die Gewichte andersherum verteilt sind. Im Licht des Gleichheitsbewußtseins lassen sich mehr humane Ressourcen intellektueller Art für die Gruppe mobilisieren als im Licht der Ungleichheit der hierarchischen Struktur, wie sie zu unserer ›animalischen‹ Sozialnatur gehört. Bis heute sind die Vorteile des Gleichheitsbewußtseins allerdings noch immer nicht mit der biologischen Veranlagung unserer ›Primatennatur‹ in Übereinstimmung gebracht worden, weshalb sie auch in jeder Generation erst durch kulturelle Veranstaltung, vor allem Erziehung und Ausbildung, neu erlernt werden müssen.
Ich mache diese Zusammenhänge zwischen Gleichheitsbewußtsein und unserer Sozialnatur deutlich, weil der damit verbundene Konflikt erst in der modernen

---

229 Eine Ausnahme stellt die englische Entwicklung dar, bei der die evolutionäre Veränderung der ständischen Gesellschaft in die Richtung einer ins Egalitäre sich wandelnden Gesellschaft gelingt.

230 Unter den Philosophen des 20. Jahrhunderts kann man Th.W. Adorno mit wesentlichen Grundzügen seiner ›Negativen Dialektik‹ für eine Theorie der Entfernung von der menschlichen Sozialnatur in Anspruch nehmen. Ihm geht es im Unterschied zu Marx nicht um die kritische Analyse von ›Widersprüchen‹, die sich *im Rahmen der geschichtlichen Entwicklung der menschlichen Gesellschaft* auf die Konflikte zwischen Gruppen beschränken lassen, sondern um einen grundlegenden ›Widerspruch‹ zwischen der im Licht der Naturbeherrschung zustandegekommenen Verfaßtheit der menschlichen Gesellschaft und der Natur. Eine andere Frage ist es , ob man die ›schwarzen‹ Konsequenzen teilt, die Adorno aus dem ›Widerspruch‹ zwischen Natur und Gesellschaft für die Gegenwart zieht. Vgl. Th.W. Adorno: Negative Dialektik. In: WW. Frankfurt 1984 S. 184ff., 221ff., 281ff.

westlichen Gesellschaft historisch in seiner ganzen Dynamik zum Ausbruch gekommen ist. Einerseits besteht in der modernen Gesellschaft, die ihr politisches Selbstverständnis sowohl auf dem Gleichheitsbewußtsein als auch auf dem Hierarchiebewußtsein errichtet, wie nie zuvor in der Menschenheitsgeschichte die Chance zu einer größtmöglichen Nutzung der menschlichen Ressourcen durch Hervorbringung von Gesellschaften, in denen das auschlaggebende Gewicht der Plätzeverteilung aufgrund der Dominanz der Gleichheit allein auf den intellektuellen Fähigkeiten der Gesellschaftsmitglieder liegt. Andererseits führte diese Gewichtsverlagerung zur Erhöhung der Instabilität der gesellschaftlichen Ordnung, weil sich der Konflikt zwischen dem Gleichheitsbewußtsein und der biologischen Kleingruppennatur verschärfte. Wir können bis heute nicht sagen, ob es der Menschheit, der dieser Weg durch die weltweite Dominanz der westlichen Industriegesellschaft insgesamt wohl vorgezeichnet ist, auf Dauer gelingen wird, eine einigermaßen stabile Balance für den Kernkonflikt der modernen Gesellschaft zu finden, denn dieser Konflikt wird auch in Zukunft nicht aufzuheben sein. Es ist nicht auszuschließen, daß sich die Menschheit aus Mangel an Konflikttoleranz selbst ausrottet, noch bevor ihr die adäquate Anpassung an die Vorteile des Gleichheitsbewußtseins unserer Dritten Natur gelungen sein wird.

Die *Entfernung* von der biologischen Sozialnatur, die in den neuen Gleichheitsrechten zum Ausdruck gebracht wird, wird durch die historischen Erschütterungen des Kollektivbewußtseins der Europäer seit dem Beginn der Neuzeit dokumentiert. Alle europäischen Völker haben bis in unsere Zeit hinein grundlegende Veränderungen ihrer gesellschaftlich-staatlichen Strukturen durchgemacht. Diese Veränderungen vollziehen sich bei einigen, wie etwa bei den Briten, mehr im Rahmen kontinuierlicher Prozesse, hingegen bei anderen – zu denen vor allem die Franzosen, die Deutschen und die Russen gehören – eher im revolutionären Rahmen. Wenn die US-Amerikaner beispielsweise, bis in die intellektuellen Kreise hinein, kein wesentliches Bewußtsein der grundlegenden Veränderung der Gesellschaftsstruktur besitzen, dann rührt dies daher, daß ihr Geschichtsbewußtsein erst mit der Neuzeit begonnen hat. Man gewinnt jedoch erst einen adäquaten Eindruck von der hierher gehörenden historischen Größendimension des neuzeitlichen Grundkonflikts, wenn man sich beim Vergleich der Epochen an der über tausend Jahre sich erstreckenden Stabilität der christlichen Monarchie orientiert.

Auf dem europäischen Kontinent lieferte die Französische Revolution die Dramaturgie für die Umbruchsepoche. Die Revolution der staatlich-gesellschaftlichen Grundstruktur findet seitdem permanent statt. Ich beschränke mich auf Beispiele aus der französischen und der deutschen Geschichte.

In Frankreich war bereits Napoleon der erste, der die republikanischen Errungenschaften der Revolution durch seine imperialistisch-plebiszitäre Monarchie revolutionierte.[231] Die Restauration der alten Bourbonen-Monarchie führte im Zeichen der Legitimität des ancien regime wiederum den Umsturz von Napoleons ›revolutionärem‹ Kaiserreich herbei. Es folgte die Juli-Revolution von 1830. Die konstitutionelle Monarchie des Bürgerkönigs Louis Philippe ging erneut in der Februar-Revolution von 1848 unter. Die daraus entstehende Republik wurde noch schneller durch den Staatsstreich ersetzt, mit dessen Hilfe sich ihr Präsident Louis Napoleon 1852 als ›Kaiser der Franzosen‹ an die Macht brachte. Die Niederlage Napoleons III. gegen die von Preußen angeführten deutschen Staaten bewirkte 1870 die Wiedereinführung der Republik. Doch die Republik blieb in Frankreich auch im 20. Jahrhundert allein als staatliche Hülle weiterer Revolutionierungen stabil, deren letzte 1958 in Gestalt der Gründung der Fünften Republik durch Charles de Gaulle zustande kam.

Im Sinn einer ›Revolutionierung des Politischen in Permanenz‹ hat die Französische Revolution auch die deutschen Verhältnisse beeinflußt. Zwar blieb die Monarchie hier das ganze 19. Jahrhundert hindurch die herrschende Staatsform. Doch die politisch-staatlichen Umbrüche, die im 19. und im 20. Jahrhundert auf dem Boden des ehemaligen Heiligen Römischen Reichs deutscher Nation stattfanden, waren in ihren leitenden Motiven nicht weniger auf jene Bewegung zurückzuführen, die in Europa durch die Französische Revolution ausgelöst wurde. Mit dem Export des neuen egalitären Nationalismus, den Napoleon bereits im französischen Rahmen mit Erfolg für seinen Imperialismus mobilisiert hatte, konnte die Revolution auf dem Kontinent zunächst ihre größten Erfolge verbuchen. Die im Widerstand gegen Napoleon sich bildenden Befreiungsbewegungen übernahmen mit dem egalitären Nationalismus auch Forderungen der demokratischen Republik. Die durch den Namen Metternichs symbolisierte Restauration führte zur Enttäuschung der Hoffnungen aller nationalen Demokraten. Über den egalitären Nationalismus kam es in dem von Bismarck gegründeten Deutschen Reich zu der für die Geschichte der deutschen Einigung charakteristischen Verbindung der Monarchie mit dem demokratischen Parlamentarismus. Nach dem Ersten Weltkrieg löste dann die demokratische Republik die konstitutionelle Monarchie ab. Hitlers ›Machtergreifung‹ führte 1933 zur nationalsozialistischen Diktatur des Dritten Reichs, an dessen Stelle 1949 in Westdeutschland wieder die demokratische Republik trat, während Ostdeutschland die kommunistische ›Diktatur des Proletariats‹ erhielt. 1990 kam es zur Wiedervereinigung im Rahmen einer demokratischen Republik.

Es ist wohl nicht vermessen, daran zu erinnern, daß auch die beiden Weltkriege, die von Anlaß und Zweck her ausschließlich Kriege zwischen Völkern europäischer Zivilisation waren, mit der neuzeitlichen Linie der Erschütterung des

---

[231] Vgl. Ch. Tilly: Die europäischen Revolutionen. München 1999, S. 211ff.; H. Arendt: Über die Revolution. München 1965.

grundlegenden Kollektivbewußtseins in Europa in Verbindung standen. Wie wir wissen, ist die Geschichte dieser Erschütterung noch lange nicht zu Ende, denn in der Gegenwart Europas ist kaum etwas weniger klar als die staatliche Grundverfassung: ob es beim klassischen Nationalstaat bleiben oder ob eine übernationale europäische Staatlichkeit etabliert werden wird, über deren Aussehen noch immer große Uneinigkeit besteht. Man ist sich allein im Grundgefühl einig, daß der gegenwärtige Zustand transitorischer Natur ist und daß man sich auf dem Weg hin zu einer neuen Form befindet.

Bei der in den philosophischen Strategien ›produzierten Natürlichkeit‹, die für die politische Struktur moderner Großgruppengesellschaft charakteristisch ist, reflektiert sich ebenfalls eine gesteigerte Entfremdung weg von der Kleingruppenveranlagung der Menschen.[232] Alle wesentlichen politischen Ordnungsvorstellungen der modernen Großgruppengesellschaft sind vom Typ derart ›produzierter Natürlichkeit‹.

Im Konzept des politischen Liberalismus werden die Natur- bzw. Menschenrechte erst auf dem Weg über eine Durchsetzung entsprechender Verfassungen hergestellt. Das zeigt, daß man sich nicht auf ihre ›natürliche‹ Gegebenheit bzw. ihr unstrittiges Vorhandensein verlassen kann. In der Regel werden sie mit Hilfe von Revolutionen, d.h. durch gewaltsam-kriegerische Veränderung bestehender politischer Ordnung, eingeführt. Rousseau, prominentester philosophischer Vertreter dieses politischen Liberalismus mit seiner zentralen Lehre von der ›Produktion der Natürlichkeit‹, wurde so zum theoretischen Wegbereiter der Französischen Revolution und der aus ihr hervorgegangenen Republik.

In der anderen zentralen politischen Leitidee der modernen Großgruppengesellschaft, dem Nationalismus, wird die gesellschaftliche Gemeinsamkeit durch eine Anknüpfung an stammes- bzw. volksgeschichtliche Wurzeln der Nation ebenso erst ›produziert‹. Der Charakter des Produzierten kommt darin zum Vorschein, daß es zwar historisch die stammes- und volksgeschichtlichen Wurzeln der Nationen fraglos gegeben hat, doch haben sie in ihrer eigenen historischen Zeit nicht die Rolle in der politischen Struktur gespielt, wie sie sie in den modernen Nationen, die sich in legitimatorischer Absicht auf sie berufen, einnehmen. Denn Nationen mit diesen ›produzierten Natürlichkeiten‹ gibt es erst seit Beginn des 19. Jahrhunderts.[233]

Die folgenreichste Widerspiegelung einer Entfernung von der menschlichen Sozialnatur besteht jedoch in der ›Künstlichkeit‹, wie sie der neuzeitliche und moderne Staat repräsentiert. Mit ihm wird die zwischenmenschlich-persönliche

---

232 In seiner Nationalismus-Theorie zeigt E. Gellner, daß ›das eindrucksvolle Bild von den Wurzeln des Menschen‹, das die kollektive Identitätsbildung im nationalen Sinn bestimmt, durch die romantische Bewegung um 1800 entworfen wurde. Vgl. E. Gellner, Nationalismus, Berlin 1999, S. 120ff.

233 Dies ist ein Gesichtspunkt, der von E. Gellner ebenfalls betont wird.

Unter- und Überordnung, die bisher die Struktur des politischen Zusammenhangs der Gesellschaft prägte, weitgehend durch Institutionen unpersönlicher Anonymität ersetzt. An die Stelle personalisierter politischer Herrschaft von Fürsten und Königen treten nun Bürokratien und Gerichte, die durch Funktionsträger besetzt werden, die für die Bürger des Staates anonym bleiben und die ihre Maßnahmen und Urteile nicht mehr am einzelnen Fall und an betroffenen Personen ausrichten, sondern an allgemeinen Regeln und Gesetzen.

Die historische Durchsetzung institutioneller ›Künstlichkeit‹ des Staates besitzt ihre helle Seite fraglos in der Befreiung des Individuums. Der Individualismus der europäischen Neuzeit, wie er sich in den politischen Anthropologien des Liberalismus und der Demokratie sowie in der Bedeutung des Wirtschaftlichen niederschlug, ist das historische Ergebnis der Entlastung der Individuen von den politischen Pflichten der Gemeinschaftlichkeit innerhalb einer hierarchischen Ordnung. Indem das Politische nach dem Grundsatz der Arbeitsteilung von Personen auf die staatlichen Institutionen der neuen ›Künstlichkeit‹ übergeht, werden die Menschen von seiner Last befreit und können sich folgerichtig in einem relativ abgetrennten gesellschaftlichen Bereich eigennützig betätigen. Damit wird nicht gesagt, die Menschen hätten nicht auch vorher eigennützig gehandelt; das haben sie immer schon getan. Das historisch Neue besteht vielmehr darin, daß oberster Zweck des menschlichen Eigennutzes im Zeitalter des ›künstlichen‹ Staats nicht mehr in der Aufrechterhaltung der Gemeinschaft besteht, sondern sich von dieser Jahrtausende alten Verpflichtung emanzipieren kann und darf.

Mit der dunklen Seite der neuzeitlich-modernen Befreiung des Individuums tut man sich hingegen schwer, hat sich doch durch Freisetzung der neuen Möglichkeiten im Rahmen der Anonymität sowohl im Fall innergesellschaftlicher Konflikte als auch im Fall von Kriegen zwischen den Staaten eine neue kollektive Aggressivität entwickelt, die dann im 20. Jahrhundert zu Exzessen des Tötens von Menschen führte, wie sie die Geschichte bislang nicht gekannt hat.[234] Der spezifische Charakter dieser kollektiven Aggressivität ist nicht die Grausamkeit im Umgang mit dem Feind, wie sie die Geschichte der Menschheit schon immer begleitet und die stets Ausdruck starker Emotionen wie Haß oder Rache war. Er besteht vielmehr in einer den Geist der staatlich-bürokratischen Anonymität widerspiegelnden Emotionslosigkeit, die auf der Basis einer Entpersonalisierung der Feindschaft zustandegekommen ist.[235] Die Einzelnen handeln, indem sie Andere im Krieg töten, ausschließlich mandatorisch für das Kollektivsubjekt,

---

[234] Mit dieser Doppelgesichtigkeit neuzeitlicher Kultur befaßt sich W. Fuchs: Herrschaft und Gewalt,in: H. Ebeling (Hg.): Der Tod in der Moderne. Frankfurt 1992. S. 152ff.

[235] H. Arendt: Eichmann in Jerusalem. Ein Bericht von der Banalität des Bösen. München 1986. Wie diese Tendenz zur bürokratischen Hierarchisierung und damit verbundenen Emotionslosigkeit selbst noch am Ort des reinen Terrors – dem Konzentrationslager – wirken, dazu vgl. W. Sofsky: Die Ordnung des Terrors: Das Konzentrationslager. Frankfurt 1993.

dessen Mitglieder sie sind.[236] Sie treten im auftragsgemäßen Töten als individuelle Menschen sowenig in Erscheinung, wie dies Verwaltungsbeamte und Richter in staatlichen Akten auch nicht tun. Man kann sagen, daß wir heute noch immer keine Kategorien gefunden haben, mit denen wir die neue Aggressivität der kollektivsubjektiven Mitgliedschaft angemessen erfassen und bewerten können. Wir sind darauf angewiesen, sie nach wie vor mit den klassischen psychologischen Kategorien der personal-intersubjektiven Emotionalität sowie den ethischen und rechtlichen Kategorien der personal-individuellen Verantwortlichkeit zu bezeichnen und zu bewerten, obwohl wir längst wissen, wie wenig wir dem damit gemeinten Phänomen gerecht werden.

6. Individualität in den Konfigurationen der ›Hobbes-Welt‹

Das Konzept ›verdiesseitigter Individualität‹ enthält die Forderung einer gesellschaftlichen Befriedigung der individualistischen Motivation unter dem Aspekt der Gleichheitsbedingung.[237] Mit anderen Worten: Diese Motivation soll nicht erst im Jenseits, sondern hier im Diesseits schon befriedigt werden. Darüber hinaus soll der Anspruch dieser Art Befriedigung allen Individuen in gleicher Weise zukommen.

Die früheste historische Gestalt der ›verdiesseitigten Individualität‹ im Zeichen der Gleichheit wird, wie zuvor erläutert, durch das protestantische Glaubenskonzept repräsentiert. Sein Kern besteht in einem unmittelbaren Verhältnis des einzelnen Gläubigen zu Gott und in der Überzeugung, daß sich der Einzelne durch den Besitz der unsterblichen Seele bereits im Diesseits auf ein ihm innewohnendes Sakral mit Gewißheit verlassen kann. Im protestantischen Konzept ist unbeschadet der zugleich in Anspruch genommenen Gleichheit der Gläubigen im Hinblick auf das Gottesverhältnis fraglos auch die Individualität des gläubigen Menschen aufgehoben. Denn Gleichheit wird nicht so verstanden, als sollten in diesem Verhältnis ausschließlich gleiche Eigenschaften berücksichtigt werden.

---

[236] So werden die grauenhaften Vergewaltigungen bei oder nach Kriegshandlungen, die H.P. Duerr beschreibt (in: ders: Obszönität und Gewalt. Der Mythos vom Zivilisationsprozeß. Bd. 3. Frankfurt 1995, S. 413ff.), wie auch das Massaker, dessen Darstellung sich bei W. Sofsky (Traktat über die Gewalt. Frankfurt 1996, S. 173ff.) findet, von Kollektiven begangen. Sofsky hält es für einen Irrglauben, daß Gräueltaten der sozialen Entfernung zwischen Täter und Opfer und der Dehumanisation des Opfers bedürften (a.a.O., S. 181), was die Massaker zwischen ehemaligen Nachbarn in Bosnien und im Kosovo kürzlich erst wieder zeigten. In der Regel bedurfte es eines hierarchisch organisierten Kollektivs, um diese auszuführen.

[237] Dieses Konzept der verdiesseitigten Individualität gehört auch in den Kontext der Selbsterhaltung (conservatio sui), die in der Neuzeit als fundamentale Kategorie alles Seienden betrachtet wird und deren Bestätigung man im Trägheitsprinzip der Physik, in der biologischen Triebstruktur und auch in der Gesetzlichkeit der Staatsbildung zu finden glaubte. Vgl. H. Blumenberg: Die Legitimität der Neuzeit. Frankfurt 1966, S. 97.

So wie der Begriff der Seele in Verlängerung klassisch-christlicher Vorstellungsweise die unverwechselbare Einzigartigkeit des menschlichen Individuums bezeichnen soll, so geht es auch im protestantischen Glaubensverhältnis sowohl um die Herstellung einer ›individualistischen‹ Beziehung zu Gott als auch um die Erwartung, im Jenseits als ›Individualität‹ fortzuleben, so einem die göttliche Gnade zuteil werde. Luther und Calvin lassen mit ihren Lehren die traditionelle Aufteilung zwischen dem Diesseits und Jenseits unangetastet. Das erklärt, warum im normalen Protestantismus offen bleibt, was der Anspruch auf Individualität im Diesseitigen konsequenterweise genau meint.
Protestantische Sekten betonen demgegenüber, daß eben gerade die ›diesseitige‹ Berücksichtigung der Individualität die Verwirklichung des Gottesreichs auf Erden bedeute. Das galt bereits, noch bevor Luther mit seiner Botschaft volkstümlich wurde. So versichern beispielsweise Luthers Lehrer Karlstadt und ›wiedertäuferische‹ Volksprediger wie Thomas Müntzer und Nikolaus Storch den einfachen Leuten ihrer Umgebung, daß in ihnen selbst die Inspiration des Heiligen Geistes wirksam sei. Sie wenden sich gegen ›äußerlichen‹ Kirchenkult und fordern eine wirtschaftliche und soziale Gleichheit aller Gläubigen aus dem Geist des Evangeliums. Bestehende ›ungerechte‹ politische Gewalt soll vernichtet werden, um an ihrer Stelle ein ›sozialistisches‹ Reich Christi auf Erden zu errichten. Hier wird deutlich, wie sehr sie damit zugleich auch ein uraltes, von Zeit zu Zeit immer wieder aufgegriffenes Motiv jüdisch-christlicher Theologie wieder erwekken, nämlich die Hoffnung auf die von Gott zugesagte Ankunft des Messias, nach der das Reich Gottes auf Erden verwirklicht werden solle.
Von nun an begleitet dieses Motiv, das dem Konzept der ›verdiesseitigten Individualität‹ entspricht, die geistige und politische Geschichte Europas. Es hat sich durch den europäischen Monopolismus der Wirtschaft und der Technik im 19. und 20. Jahrhundert auch als Bestandteil einer damit verbundenen Tendenz kultureller Monopolisierung über die ganze Welt ausgedehnt. Die bedeutende Kraft des Motivs wird in seiner ›messianischen‹ Idee bezeugt: Sie geht in revolutionäre Forderungen ein, die sich unter Berufung auf die ›protestantische‹ Gleichheit der Gläubigen für eine sozialistische Umwälzung der Gesellschaft einsetzen. Die erste Bewegung, die damit politischen Erfolg hatte, waren die ›Leveller‹-Demokraten, die sich in England im 17. Jahrhundert unter Oliver Cromwell im Bürgerkrieg gegen die Monarchie durchsetzten. Diese Idee war beispielsweise auch in der politischen Philosophie von J.J. Rousseau enthalten, durch den sie zu einem wirksamen Bestandteil der Französischen Aufklärung und der revolutionären Bewegung von 1789 wurde und, unter Berufung u.a. auf ihn, die Monarchie in Frankreich zu stürzen und die Republik einzuführen half. Größte Bedeutung gewann die sozialistische Idee zusammen mit ihrem revolutionären utopischen Kern eines Anspruchs auf die Verwirklichung eines ›Gottesreichs auf Erden‹ fraglos durch die sozialistische Bewegung des 19. Jahrhunderts, zu der Namen

wie die von R. Owen, P.J. Proudhon sowie des Grafen von Saint-Simon gehörten. Einflußreichster Philosoph des Sozialismus mit diesem utopischen Kern wurde fraglos Marx, ohne den das von Lenin begonnene sowjetrussische Experiment, nämlich den Sozialismus-Kommunismus gemäß dieser utopischen Botschaft realgesellschaftlich in die Tat umzusetzen, nicht vorstellbar gewesen wäre.
Wie sich das Konzept der ›verdiesseitigen Individualität‹ nun mit Hilfe eines der beiden Typen der ›linear-autoritativen‹ und der ›reziproken‹ Sprache darstellen läßt, werde ich erläutern, um anschließend darzulegen, daß für diese Darstellung drei Arten einer ›Hobbes-Welt‹ in Frage kommen.[238] Mit dem Ausdruck ›Hobbes-Welt‹ bezeichne ich modellhafte Konstrukte gesellschaftlicher Situationen, die den Bedingungen entsprechen, die Thomas Hobbes in seiner politischen Philosophie für die Entstehung der menschlichen Gesellschaft entwickelt hat.
Ich rufe zu diesem Zweck zunächst noch einmal die zentralen Bestimmungsstücke der beiden Sprachtypen in Erinnerung. Im Anschluß daran übertrage ich die sprachlichen Modellierungen auf die historische Situation des ›Europäischen Sonderwegs‹ der Neuzeit. In Verbindung mit den Arten der ›Hobbes-Welt‹ werden sich neue Perspektiven im Hinblick auf die europäische Geschichte der Neuzeit ergeben, Perspektiven, wie sie meines Wissens so bislang noch nicht vertreten wurden.
Im Hinblick auf die Sprachtypen gehe ich von den früher bereits dargestellten Minimalbedingungen zweier Arten der Kommunikation aus.[239]
Der Begriff der ›reziprok-kommunikativen‹ Sprache gibt die minimalen Erfordernisse wieder, die wir an rationale Sprachen im engeren Sinn zu stellen gewohnt sind. ›Reziprozität‹ besagt, jede sprachliche Kommunikation habe a) mindestens einen Sprecher und einen Hörer und b) das Verfügen über identische sprachliche Kriterien sei gewährleistet. Die Verfügung über die identischen sprachlichen Kriterien ermöglicht es Sprecher wie Hörer, die diesbezüglichen Plätze im Verlauf ihrer sprachlichen Kommunikation ständig zu wechseln: Wer im ersten Schritt der sprachlichen Kommunikation Sprecher ist, wird im zweiten zum Hörer und vice versa. Darüber hinaus tritt als grundlegende Bedingung hinzu, jeder Gesprächsteilnehmer betrachte sich als Wahrheitsinstanz seiner Behauptungen, d.h.: jeder Teilnehmer besitze die Kompetenz, zwischen wahren und falschen Behauptungen unterscheiden zu können.
Der Typ ›religiös-autoritativer‹ Sprache orientiert sich demgegenüber an einer anderen Form der Sprecher-Hörer-Beziehung. Charakteristikum ist, daß es dabei um ein lineares Verhältnis geht, in dem die Identität der Verständigungkriterien nicht garantiert ist, weil allein der Sprecher im Stil einer ›obersten‹ Autorität

---

238 Vgl. K.-M. Kodalle: Sprache und Bewußtsein bei Thomas Hobbes. In: Zeitschrift für philosophische Forschung. Bd. 25. 1971, S. 345–371.
239 Vgl. S. 47ff.

darüber verfügt. Sprachen dieser Art vermitteln die Verständigung zwischen mythischen und religiösen Autoritäten auf der einen und ihren Anhängern, Gläubigen und ›Kindern‹ auf der anderen Seite. In mythischen und religiösen Sprachen verfügen die Hörer weder über ein volles Verständnis der von den göttlichen Sprechern geäußerten Meinungen noch über eine Ebenbürtigkeit im Anspruch, autonome Wahrheitsinstanz zu sein. In ihnen besitzt eine mythische oder religiöse Instanz die Rolle des ›autoritativen‹ Sprechers und die zur mythischen bzw. religiösen Sprachgemeinschaft Gehörenden befinden sich ausschließlich in der Rolle der Hörer. Die von den Göttern als Sprechern definierten Bedeutungen brauchen nicht von den Adressaten im reziprok-kommunikativen Sinn ›verstanden‹ zu werden. Sie bleiben im Gegenteil ihren Hörern in den meisten Fällen unverständlich. Das Konzept der ›religiös-autoritativen‹ Sprache schließt lediglich die Verstehbarkeit durch die Hörer nicht vollständig aus. Seiner Logik gemäß kommt eine Verständigung mit den ›gläubigen‹ Hörern als ›Geschenk‹ des göttlichen Sprechers zustande. In aller Regel verfügen nur Priester und heilige Männer und Frauen über die ›hohe‹ Kunst der Deutung göttlicher Worte.
Es bleibt die Konstellation der Sprachtypen und ihr Verhältnis zueinander: Vergleicht man es mit den Kriterien der ›reziprok-kommunikativen‹ Sprache, besteht die wesentliche Funktion der ›religiös-autoritativen‹ Sprache darin, den immens hohen Grad der *Knappheit* von gesellschaftlichen Positionen der individualistischen Anerkennung zu *verschleiern.* Die Methode der Verschleierung ist die einer metaphysischen *Abspaltung bzw. Externalisierung der Individualität.* So könnte man sich, davon bin ich ausgegangen, auch die Entstehung der Göttervorstellungen erklären: Die Menschen haben sich vom existenziellen Dilemma entlastet, indem sie kollektiv das Individualitätsbewußtsein in Gestalt ›metaphysischer‹ Gottheiten externalisiert und sich selbst in die Rolle sterblicher Teilhaber an der unsterblichen Individualität der Götter versetzt haben.
Bei der Erfassung der neuzeitlichen Situation der ›verdiesseitigten Individualität‹ spielen nun sowohl die beiden Sprachtypen als auch bestimmte gesellschaftliche Grundformen eine Rolle, sozusagen *Konfigurationen einer ›Hobbes-Welt‹*. Mit ihrer Hilfe lassen sich zusammen mit den Sprachtypen die grundlegenden gesellschaftlichen Formen analysieren, die das Projekt der ›verdiesseitigten Individualität‹ auf dem europäischen Sonderweg in der Neuzeit angenommen hat.
Das Gemeinte läßt sich beispielhaft an Hobbes' politischer Philosophie aufzeigen: In Gestalt ihrer Anthropologie stellt sie die erste einflußreiche Ausformulierung der Situation ›verdiesseitigter Individualität‹ dar.[240]

---

[240] Für eine Übersicht vgl. W. Euchner: Thomas Hobbes. In: Pipers Handbuch der politischen Ideen. Bd. 3, hg. v. I. Fetscher/H. Münkler. München 1985, S. 35ff.; W. Röd: Thomas Hobbes. In: ders. (Hg.): Geschichte der Philosophie. Bd. III. München 1978, S. 164ff.; D.P. Gauthier: The Logic of Leviathan. The Moral and Political Theory of Thomas Hobbes. London 1969.

Ich skizziere zunächst den Hobbesschen Gedankengang und entwickele danach im Licht des Konzepts der ›verdiesseitigten Individualität‹ meine Interpretation. Man hat die Hobbessche Lehre vom Staat zu Recht als Staats-›Physik‹ bezeichnet, denn ihre Sätze sollen auf solche einer mechanistischen Anthropologie und letztlich der physikalischen Mechanik zurückgeführt werden.[241] Vorbild für die Vorgehensweise ist die ›ressolutiv-kompositorische‹ Methode der kopernikanisch-galileischen Physik. Danach wird ein komplexer Naturvorgang wie die Bewegung von Körpern dadurch erklärt, daß seine elementaren (= individuellen) Teile aufgesucht und aus Sätzen über diese elementaren Teile gesetzmäßige Zusammenhänge formuliert werden. Diese Gesetze erklären die komplexe Bewegung einzelner Körper, wenn sie sich durch empirische Beobachtung bestätigen lassen. Durch Übertragung dieses methodischen Konzepts auf die Gesellschaft will Hobbes diese erklären, indem er zunächst Aussagen über die menschlichen Individuen, als den Elementen der Gesellschaft, macht, die er durch empirische Plausibilitätsüberlegungen zu bestätigen trachtet. In Übertragung dieser Vorgehensweise auf die Anthropologie nimmt er an, daß die Menschen ›von Natur aus‹ isoliert voneinander – d.h. ohne gesellschaftliche Abmachungen und Institutionen – als ›einsame‹ Individuen existieren. Ich bezeichne diese Annahme als die ›Einzelgänger-Hypothese‹. Hobbes kritisiert folgerichtig die klassische Definition des Aristoteles, nach der der Mensch ›wie die Bienen und die Ameisen und die meisten anderen Tiere‹ von Haus aus ebenfalls zu den ›geselligen Lebewesen‹ gehöre. Ihm zufolge ist jedes menschliche Individuum vielmehr allein an seiner ›Selbsterhaltung‹ interessiert, einer Selbsterhaltung, die Rücksichtnahme auf die Interessen Anderer ausschließt. Er akzeptiert jedoch, daß die Einzelgänger-Individuen sich dennoch nicht konsequent aus dem Weg gehen können, leben sie doch in einer Umgebung knapper Lebensmittel. Die Knappheit zwingt ihnen eine gewalttätige Konkurrenz um diese auf, die sie nur – mangels gemeinsamer Regeln der Auseinandersetzung – durch ›Krieg in Permanenz‹ ausfechten können. Es ist ein ›Krieg aller gegen alle‹, weil Hobbes zudem von einer grundsätzlichen Gleichheit der Individuen im ›Naturzustand‹ ausgeht. Er malt die Konsequenzen der Einzelgängersituation nämlich so aus, daß die isoliert voneinander lebenden Menschen mehr oder minder über die gleichen natürlichen Eigenschaften verfügen. Danach gibt es weder in der körperlichen noch in der geistigen Ausstattung wesentliche Unterschiede. Diese ›natürliche‹ Gleichheit macht er insbesondere an der Fähigkeit fest, sich im Konfliktfall wechselseitig zu bedrohen. Jeder vermag in gleicher Weise im Anderen die Furcht vor dem Tod hervorzurufen: „Denn betrachtet man die erwachsenen Menschen und sieht man, wie gebrechlich der Bau des menschlichen Körpers ist (mit dessen Verfall auch

---

241 Ich halte mich an die Darstellung von W. Röd: Geschichte der Philosophie. Bd. II. München 1978, S. 164ff.

alle Kraft, Stärke und Weisheit des Menschen vergeht), wie leicht es selbst den Schwächsten ist, den Stärksten zu töten: so versteht man nicht, daß irgend jemand im Vertrauen auf seine Kraft sich anderen von Natur überlegen dünken kann. Die einander Gleiches tun können, sind gleich; und die, die das Größte vermögen, nämlich zu töten, können auch Gleiches tun. Deshalb sind alle Menschen von Natur einander gleich."[242] Da einerseits noch kein Rechtssystem existiert, ist es für jeden Einzelnen nur sinnvoll, sich durch ›unersättliches Machtstreben‹ zum Herrscher über die Anderen aufzuschwingen, um ihnen – dem eigenen Selbsterhaltungsinteresse folgend – die Bedingungen einer Aufteilung der Lebensmittel aufzuzwingen. Da andererseits auch der Mächtigste das Ziel diktatorischer Daseinssicherung nicht erreichen kann, weil ihm – beispielsweise durch Koalitionen – auch die Schwächeren gefährlich werden können, entsteht unter den angenommenen Bedingungen eine Situation andauernder wechselseitiger Bedrohung, so daß jeder im Zustand permanenter Todesfurcht leben muß. Die Vernunft sagt jedoch einem Jeden, daß der Zustand des friedlichen Miteinanderauskommens im Sinne der Selbsterhaltung besser sei als der permanenter Lebensbedrohung und Todesfurcht. Sie kommen zur Einsicht in die Notwendigkeit eines ›Vertrags aller mit allen‹, in dem die Einzelnen ihr individuelles ›Recht auf alles‹ an einen einzigen Inhaber der Macht delegieren, der als ›staatlicher Souverän‹ im Gegenzug den gesellschaftlichen Frieden garantiert.

In meiner Reinterpretation des Hobbesschen Konzepts führe ich nun zwei Veränderungen von grundlegender Bedeutung ein: Erstens gehe ich davon aus, daß Hobbes nicht die Erste, sondern die Zweite Natur des Menschen der Sache nach rekonstruiert, und daß er zweitens das menschliche Individuum im Modus der Individualität, nicht der Gleichheit, meint. Darüber hinaus mache ich deutlich, wie er in der Beschreibung der menschlichen Individuen im Naturzustand mehrfach die Sprachebenen wechselt, indem er sich mal einer ›autoritativ-religiösen‹, mal einer ›reziprok-kommunikativen‹ Sprache bedient.

Der Umstand, daß Hobbes die Zweite Natur rekonstruiert, kommt bei ihm in der Verknüpfung von Gleichheit und beständiger Todesfurcht zum Ausdruck. Bekanntlich geht die fundamentale Idee der menschlichen Gleichheit auf das Todeswissen zurück, ist doch der Tod das Schicksal, das alle Individuen in gleicher Weise betrifft. Todesfurcht bei Hobbes meint nicht die mehr oder weniger kontingente Wahrscheinlichkeit, mit der die Menschen bei dieser oder jener Unternehmung mit tödlichem Ausgang zu rechnen hätten. Vielmehr weist er darauf hin, daß „dieser Krieg seiner Natur nach ewig (ist), da er bei der Gleichheit der Streitenden durch keinen Sieg beendet werden kann. Denn selbst der Sieger bleibt weiter bedroht, so daß es fast ein Wunder scheint, wenn in diesem Zustand

[242] Th. Hobbes: Vom Menschen – Vom Bürger. Hamburg 1959, S. 80.

jemand, und sei er noch so stark, eines natürlichen Todes im Alter stirbt."[243] Einer Formulierung wird hier offensichtlich Raum gegeben, die intuitiv dem Todeswissen des existenziellen Dilemmas Rechnung trägt.

Während Hobbes nun glaubt, den Übergang vom ›Tiermenschen‹ zum ›Kulturmenschen‹ erfaßt zu haben, handelt er der Sache nach jedoch vom Übergang des Kulturmenschen, ante scientiam mortis (›Erste Natur‹), zum Kulturmenschen, post scientiam mortis (›Zweite Natur‹). Wir wissen, daß das Individualitätsbewußtsein der Menschen zusammen mit dem Todeswissen entstanden sein muß. Zum Individualitätsbewußtsein gehört – in ›reziprok-kommunikativer‹ Sprache – zugleich das Wissen um die extreme Knappheit gesellschaftlicher Positionen der Individualität. Die gedankliche Konstruktion, nach der alle Einzelnen in gleicher Weise einen Anspruch auf die gesellschaftliche Anerkennung ihrer Individualität erheben, enthält als letzte Konsequenz in der Tat einen ›Krieg aller gegen alle‹.

Wir können uns diese Konsequenz am besten durch Rückbesinnung auf die beiden Arten der Teilhabe und der Selbstbehauptung illustrieren. Während im ersten Fall die Entlastung von der Todesfurcht durch Verzicht auf gesellschaftliche Anerkennung der eigenen Individualität und durch Teilhabe an unsterblich-göttlicher Individualität zustande kommt, ergibt sich diese Entlastung im zweiten Fall durch eine gesellschaftliche Anerkennung der Individualität, deren paradigmatische Erscheinungsformen in der Geschichte der Menschheit die in den Sagen der Völker bezeugten Heroen bzw. Helden sind. Maßstab ihrer Taten, die ihnen Anerkennung verschaffen, ist jeweils ›das Außerordentliche‹, das ›Ungewöhnliche‹ und ›Übermenschliche‹. Die meisten Heldensagen bekunden die außergewöhnlichen Fähigkeiten ihrer ›Übermenschen‹, vorzugsweise in kriegerischen Auseinandersetzungen mit anderen außergewöhnlich starken Gegnern bzw. Feinden. Ich behaupte nun, daß sich der Hobbessche Ausdruck ›Krieg aller gegen alle‹ auf den Zustand bezieht, wonach *jeder Einzelne* zum Zweck der Durchsetzung seines Rechts auf individualistische Anerkennung sich als ›Held‹ erweisen muß, indem er den Kampf mit jedem Anderen aufnimmt, der für sich denselben Anspruch erhebt. Das hieße nichts Anderes, als daß Hobbes das Verhältnis der Individuen unter dem Gesichtspunkt ihrer Individualität als *Grenzwert der Gesellschaftlichkeit* darstellte.

Zweifelsohne ist ein derart imaginierter Zustand mit extremer Ungeselligkeit identisch. Gesellschaftliche Stabilität kann unter Bedingung einer Gleichheit von Ansprüchen auf Verwirklichung der Individualität einfach nicht zustande kommen. Dem liegt nämlich eine Entscheidungsalternative zugrunde: Entweder man spricht sich für die Anerkennung der Individualität eines Jeden unter Gleichheitsbedingungen aus – das hieße: höchste Leistungsanforderungen im Kampf eines Jeden gegen jeden mit dem Ergebnis extremer gesellschaftlicher Instabilität; oder

243 Th. Hobbes, a.a.O., S. 84.

man votierte für gesellschaftliche Stabilität – dann wäre die Übertragung des Rechts auf Anerkennung der Individualität auf eine einzige Person, aber der Verzicht aller Anderen auf die Beanspruchung des gleichen Rechts, die Folge.
Diese Deutung ist insofern neu, als in der traditionellen Hobbes-Forschung andere Auffassungen vertreten werden.
Einer verbreiteten Interpretation zufolge reagierte Hobbes mit seiner Darstellung des ›natürlichen‹ ›Krieges aller gegen alle‹ auf eine Grunderfahrung seiner Zeit, gemeint sind die katastrophalen Folgen des Bürgerkriegs in England.[244] In dieser Deutung, begrenzt auf eine historische Problemlage, büßt Hobbes' Gedankengang jedoch an philosophischer Bedeutung ein. Demgegenüber neige ich in meiner Interpretation dazu, einer beinahe zeitlos bestehenden existenziellen Problematik des Menschen den Vorrang zu geben.
Einer weiteren Interpretation zufolge gibt Hobbes durch Akzeptanz der Situation von Menschen in einem vorgesellschaftlichen Naturzustand bildhaft den Ansatz des methodischen Individualismus der neuzeitlichen Sozialwissenschaft wieder.[245] Danach ist die logische Struktur des spieltheoretischen ›Gefangenendilemmas‹[246] in diesem Rahmen gleichsam der sachliche Kern des Hobbesschen Gemäldes eines prähistorischen bzw. imaginierten Naturzustands menschlicher Existenz.
Heute wissen wir jedoch, wie fragwürdig es bleibt, den methodischen Individualismus allein auf Prämissen zu beschränken, die der Hobbesschen Einzelgängerhypothese entsprechen. Mit dem Methodenansatz des nutzenrational entscheidenden Individuums kann nicht nur diese Hypothese in Verbindung gebracht werden, vielmehr müssen auch Auffassungen einer menschlichen Sozialnatur berücksichtigt werden, wie sie in der klassischen Form Aristoteles beschrieben hat und wie sie heute wieder durch die moderne Soziobiologie vertreten werden.[247] Insbesondere deren Erkenntnisse haben uns darüber belehrt, daß die Urmenschen nicht viel anders als ihre biologisch nächsten Verwandten, die Schimpansen, in der Regel in strukturierten Kleingruppen zusammengelebt haben. Hat die moderne Soziobiologie recht, muß Hobbes' Annahme über den menschlichen Naturzustand als falsifiziert gelten. Zudem legen auch Folgerungen aus dem Ge-

---

244 So etwa C.B. Macpherson in: C.B. Macpherson (Hg.): Thomas Hobbes, Leviathan or The Matter, Forme and power of a Common-Wealth Ecclesiastical and Civil. Harmondsworth 1968; C.B. Macpherson: The Political Theory of Possessive Individualism. Hobbes to Locke. London 1964.

245 Vgl. H. Kliemt: Moralische Institutionen. Freiburg 1985, S. 21ff.

246 Der Name geht auf eine Anekdote zurück, die die Ausgangssituation eindrucksvoll verdeutlicht (vgl. H.W. Bierhoff: Sozialpsychologie. Stuttgart 1998, S. 329–337).

247 In der gegenwärtigen Hobbes-Deutung betont insbesondere Th. Mohrs, daß sich der ›Einzelgänger‹-Individualismus von Hobbes nicht mit den Erkenntnissen der modernen Soziobiologie verträgt. Vgl. ders.: Vom Weltstaat. Hobbes' Sozialphilosophie, Soziobiologie, Realpolitik. Berlin 1995.

fangenendilemma keineswegs die Dramatik nahe, die Hobbes in die Ausmalung eines ›Krieg aller gegen alle‹ hineingelegt hat.[248]
Zu einer angemesseneren Interpretation des Geschehens, als von Hobbes in dessen Beschreibung des ›Naturzustands‹ samt der dazu gehörigen Logik dargestellt, käme man, würde man zur normalen nutzenrationalen Selbsterhaltung des menschlichen Individuums die individualistische Motivation aus dem Todesfurchtgeschehen hinzunehmen. Hobbes geht es in der Sache nicht nur um menschliche Selbsterhaltung im Sinn des Nutzenkalküls, sondern darüber hinaus – so mein Interpretationsvorschlag – um die allein dem menschlichen Individuum eigene Weise einer ›Selbsterhaltung‹, deren spezifischer Charakter durch stetige Permanenz der Todesfurcht geprägt bleibt. Der Sache nach wird also von Hobbes nicht die Situation menschlicher Individuen in einem vorgeblich vorgesellschaftlichen Zustand beschrieben, sondern die Lage von *menschlichen Individualitäten*, die um ihre Einmaligkeit angesichts der Todesfurcht wissen und die sich deshalb, unbeschadet aller natürlichen und gesellschaftlichen Bindungen, auch als ihrer individualistischen Motivation folgende ›solipsistische‹ Einzelgänger verstehen *müssen*. Hobbes' politische Philosophie basierte demnach nicht allein auf dem Individuum-Sein des Menschen, sondern auf dessen *Individualität*, d.h. auf einem Selbstverständnis, das durch die Entstehung des Todeswissens erst relativ spät innerhalb der Evolution des Menschengeschlechts in Erscheinung getreten ist. Die Einzelgänger-Hypothese entpuppte sich – so besehen – als bildhafte Gestaltung einer Isoliertheit der Menschen voneinander, die sich ihrer Individualität bewußt sind. Einerseits hat sie in der Tat quasi-natürlichen Charakter, weil wir uns keine menschliche Situation – weder eine gegenwärtige noch eine zukünftige – vorstellen können, in der die Menschen ihre animalisch-unbewußte Naivität ante scientiam mortis wiedererlangen könnten. Von daher ist die Hobbessche Konfiguration des gesellschaftlichen Zustands, der die Grundform der ›verdiesseitigten Individualität‹ bezeichnet, auch mehr als bloß eine prähistorische Gestalt eines derartigen Zustandes. Sie stellt darüber hinaus eine der beiden logischen Möglichkeiten gesellschaftlicher Konfigurationen dar, die auch unser heutiges Bewußtsein prägen.
Was nämlich Hobbes in seinem Gedankengang als eine historische Abfolge faßt, die durch den Übergang vom vorstaatlichen zum staatlichen Zustand gekennzeichnet ist, ist nichts weiter als eine logische Abfolge, deren Bestimmungsstücke nicht in die Dimension einer geschichtlichen Zeit zu übertragen sind. Es

[248] Im Rahmen der vier Entscheidungsalternativen des Dilemmas geht es im einfachen Fall eines ›Zwei-Personen-Spiels‹ um den Unterschied zwischen Kooperation und Nicht-Kooperation: Kooperieren beide Personen nicht, dann ergibt sich für jeden nur eine suboptimale Lösung, weil beide sich im Fall ihrer Kooperation besser stellen würden. Jeder erhält lediglich das zweitbeste unter den möglichen Ergebnissen, so daß sie im Ergebnis die für beide schlechteste Lösung erhalten. Diese braucht aber in realistischer Sprache nicht notwendig mit einem Kriegszustand identifiziert zu werden.

handelt sich vielmehr um die beiden polar-entgegengesetzten *Konfigurationen der ›Hobbes-Welt‹*.

Das bekannte Hobbessche Bild des ›Krieges aller gegen alle‹ gibt nach der Interpretation, die ich vorschlage, die Art und Weise wieder, in der die Aufgabe gelöst werden soll, menschliche Individualität unter der Bedingung einer reziprok-verständlichen Sprache als die eines gesellschaftlichen Verhältnisses darzustellen. Unter dieser Bedingung ist es allein als sprachliche Wiedergabe eines Extremwerts ›schwacher‹ – d.h. kaum vorhandener – Gesellschaftlichkeit zu verstehen. In der ›Hobbes-Welt‹ des ›Naturzustands‹ kann es nämlich im Licht einer reziprok-verständlichen Sprache eine Darstellung gesellschaftlicher Verhältnisse menschlicher Individualitäten nur in Gestalt *extrem* ungeselliger Verhältnisse der Individuen geben. Das Bild des ›Krieges aller gegen alle‹ ist Wiedergabe eben gerade dieser *extremen* Ungeselligkeit.[249] Auf Sprache bezogen hieße das: In reziprok-kommunikativer Ausdrucksweise läßt sich die einzelmenschliche Individualität nur so ausdrücken, daß die Unvereinbarkeit einer jeden dieser ›individualistischen‹ Selbstzuschreibungen mit einer jeder anderen ›individualistischen‹ Selbstzuschreibung dokumentiert wird. Sie läßt sich eben nur als *Grenzwert der menschlichen Gesellschaftlichkeit* benennen, d.h. nach Maßgabe der für die Individualität in Anspruch zu nehmenden Ausdrücke für ›Extreme der Besonderheit‹. Solche Grenzwerte werden, wie wir wissen, sprachlich in superlativischen Termini fomuliert. Sie besagen letztendlich, daß der Anspruch eines Einzelnen auf gesellschaftliche Anerkennung der Individualität unter Gleichheitsbedingungen den gesellschaftlichen Zusammenhang bedroht bzw. zerstört.

Folgt man meiner Interpretation, die Ungeselligkeit der Einzelgänger als gleichsam negativen Extremwert der Geselligkeit auf der Skala gesellschaftlicher Beziehungen zu betrachten, wird man folgern müssen, daß die Annahme von Hobbes, es handele sich beim Naturzustand um einen *vorgesellschaftlichen* Zustand, fehl geht. Man kann ihn jetzt als Zustand einer extremen wechselseitigen Isoliertheit der Menschen voneinander fassen und in einer superlativischen Sprache wiedergeben. Daß die Ansprüche der Einzelnen auf ihre ›individualistische‹ Anerkennung im ›reziproken‹ Sprachmodell gemäß dem Maßstab für ›heroische‹ Selbstbehauptung wird dargestellt werden müssen, dürfte unstrittig sein.

Allerdings ist die für die Individualität gewählte superlativische Ausdrucksweise nur möglich, wenn Hobbes' Gleichheitsprämisse zusätzlich durch eine der Besonderheit ergänzt wird. Superlativische Ausdrücke, wie sie der Beschreibung

---

[249] Weil auch C.P.G. v. Clausewitz in ›Vom Kriege‹ diese Minimalbedingung eines gesellschaftlichen Verhältnisses zugrunde legt, kommt er zu seiner bekannten Formulierung: „Der Krieg ist eine bloße Fortsetzung der Politik mit anderen Mitteln" (vgl. ders.: Vom Kriege. Reinbek 1996, S. 22).

der ›kriegerischen‹ Ungeselligkeit zugrunde liegen, lassen sich nämlich nur im Medium der Besonderheit formulieren.

Um das Ergebnis im Sinn eines ›Krieges aller gegen alle‹ darstellen zu können, muß Hobbes, über die Gleichheit der Individuen im ›Naturzustand‹ hinaus, von einem solch ›individualistischen‹ Streben vieler – im logisch-konsequenten Fall: aller – ausgehen. Letztlich verfolgte damit jeder eine diktatorische Strategie, kann er doch nur als Diktator über die Anderen die Anerkennung seiner ›Einzigkeit‹ erreichen. Diese Strategie setzt allerdings voraus, daß die Gesellschaft gleicher Ansprüche auch hierarchische Verhältnisse entsprechend der Kategorie der Besonderheit kennt.

Ich habe bereits verdeutlicht, daß der Hobbessche ›Krieg aller gegen alle‹ nicht im genauen Sinn als *vor*gesellschaftlicher Zustand zu verstehen ist. Auch Krieg ist, wie immer man ihn sich vorstellen mag, ein gesellschaftlicher Zustand und nicht einer, in dem Individuen in Isolation voneinander existieren. Das ist – neben der Bedingung sprachlicher Kommunikation – der Grund, warum ich jetzt sage, daß Hobbes als politischer Philosoph Aristoteliker in dem Sinn geblieben ist, in dem auch für ihn der Mensch von ›Natur‹ aus ein *soziales* Wesen ist.

Führt man sein Konzept auf dieser Linie weiter, stellt sich nicht mehr die Frage eines Übergangs vom *vorgesellschaftlichen* zum *gesellschaftlichen* – letztlich staatlichen – Zustand. Vielmehr ist auch der ›kriegerische‹ Zustand ein gesellschaftlicher, nur ein sehr spezifischer, eben Zustand der gesellschaftlichen Auflösung, zu dem es kommt, wenn die Einzelnen in gleicher Weise die Zielsetzung ihrer individualistischen Anerkennung verfolgen. Es ist dies der am wenigsten stabile gesellschaftliche Zustand, gleichsam der Schritt in die Anarchie.

Ich nenne nun den Hobbesschen ›Kriegs‹-Zustand, im Licht meiner Reinterpretation, die *erste gesellschaftliche Konfiguration der Hobbes-Welt*. Sie repräsentiert die Normalform des Konzepts der ›verdiesseitigten Individualität‹, um auch den größeren Kontext der Gedankenführung wieder ins Spiel zu bringen. Da der ›Kriegs‹-Zustand den der größten gesellschaftlichen Instabilität bezeichnet, liegt die Überlegung nahe, ihn zu verlassen, um ihn gegen einen besseren einzutauschen, doch ohne jedweden logischen Zwang. Hobbes stellt die Dinge jedoch so dar, als handele es sich bei der Entscheidung für den gesellschaftlichen Zustand der Friedlichkeit um die ›rationale‹ Entscheidung schlechthin, eine Annahme, die in dieser Ausschließlichkeit nicht zuträfe. Man muß vielmehr von einem Kontinuum von Sicherheits- und Risikopräferenzen ausgehen, auf dem man sich je nach individueller Selbsteinschätzung seinen Platz suchen kann, um danach die Entscheidung zu treffen, ob man den ›Kriegs‹-Zustand mit der Möglichkeit, sich Anderen gegenüber durchzusetzen um den Preis einer instabilen gesellschaftlichen Umgebung präferiert, oder ob man den ›Friedens‹-Zustand, um den Preis des Verzichts auf gesellschaftliche Anerkennung der eigenen Individualität, vorzieht.

Abgesehen von der unzulässigen Übersetzung der logischen Alternative in eine historische Abfolge ist gegen Hobbes ein weiterer, ebenfalls folgenreicher Einwand vorzubringen: In der Wahl seines Sprachmodells trägt er der *Individualität* nicht genügend Rechnung, obwohl es ihm der Sache nach um deren Problematik geht. Während er den ›rechtlichen‹ Anspruch auf gesellschaftliche Anerkennung der Individualität zutreffend im Licht der Gleichheit beschreibt, wird die Motivation der Einzelnen unrichtig wiedergegeben, stellt man sie wie Hobbes ebenfalls in einer Sprache der Gleichheit von Merkmalen dar. In der Zielsetzung ihrer individualistischen Motivation sind sich die Individuen nämlich nicht *gleich*, vielmehr unterscheiden sie sich in geradezu extremer Weise. Man ist lediglich Opfer eines formalistischen Begriffs der Gleichheit, nimmt man an, Menschen verfolgten in *gleicher* Weise ihre *individualistische* Motivation. Vielmehr ist genau zu trennen zwischen dem für alle in gleicher Weise bestehenden Anspruch auf individualistischer Anerkennung und der dazu gehörigen Zielsetzung, in der sich die Individuen als schärfste Konkurrenten gegenüberstehen. Wir wissen, daß die Sprache dieser Zielsetzung nicht mehr die Sprache der Gleichheit sein kann, sondern eine superlativische Sprache sein muß, gemäß dem Maßstab für ›Extreme der Besonderheit‹. Erst in dieser Sprache kommt die Knappheitsproblematik der Individualität zum Vorschein, die Hobbes im dramatischen Bild des ›Kriegs aller gegen alle‹ darstellt.
Die Entscheidung für die polar-entgegengesetzte zweite Möglichkeit nenne ich die *zweite gesellschaftliche Konfiguration der ›Hobbes-Welt‹.* Bei Hobbes kommt sie als Ergebnis des ›Unterwerfungsvertrags‹ zustande, durch den die Einzelnen auf ihr individuelles ›Recht auf alles‹ verzichten, indem sie es auf den Inhaber der staatlichen Souveränität übertragen. So wie ich es interpretiere, verzichten sie im Kontext dieser Konfiguration auf das Recht gesellschaftlicher Anerkennung ihrer Individualität, indem sie die Verwirklichung dieses Rechts allein in einer einzigen Person aufgehoben sehen. Diese gesellschaftliche Situation wird dadurch charakterisiert, daß eine Anzahl gleicher Individuen einem großen Individuum gegenübersteht, das von ihnen nach Maßgabe ›heroischer‹ Selbstbehauptung bewertet wird. Daß Hobbes selbst die Individualität einer herausragenden Persönlichkeit im Auge hat und nicht einfach nur die Institution der Herrschaft, wird durch sein Insistieren auf der ›Absolutheit‹ des Souveräns belegt. Damit der Verzicht auf die eigene ›individualistische‹ Anerkennung und die Unterwerfung unter den Einen aus Sicht der Vielen ›vernünftig‹ ist, muß man nach dem Hobbesschen Vorbild ebenfalls wieder von einer Situation allgemeiner extremer Unsicherheit ausgehen. Die Individuen müssen sich in einem Ausmaß gefährdet sehen, daß sie Verzicht auf eigene individualistische Anerkennung leisten, um stattdessen die größere Sicherheit einer *gesellschaftlichen* Umgebung dafür einzutauschen. Um ein historisches Beispiel zu nennen, kann man auf das Staatsverständnis des Absolutismus verweisen, das in Frankreich in der Gestalt

Ludwigs XIV. die größtmögliche reale Entsprechung gefunden hat. Man wird der Entstehung der absolutistischen Monarchie historisch erst gerecht, wenn man ihren Ursprung in den überall äußerst grausam geführten konfessionell und sozial bedingten Bürgerkriegen des 17. Jahrhunderts sieht. Der absolutistische Monarch wird unter zwei Bedingungen als unumschränkter Herrscher anerkannt: indem er sich als außergewöhnliche (= heroische) politische Persönlichkeit seiner Epoche präsentiert und die Untertanen alle in gleicher Weise auf die gesellschaftliche Anerkennung ihrer Individualität auf politischer Ebene verzichten.[250]

Ich komme zur entscheidungslogischen Fragestellung des Hobbesschen Ansatzes zurück und stelle fest, daß die beiden dargestellten gesellschaftlichen Konfigurationen der ›Hobbes-Welt‹ noch nicht alle Möglichkeiten erschöpfen. Eine dritte Möglichkeit, die in ihrer Relevanz für die politische Neuzeitgeschichte Europas nicht hoch genug eingeschätzt werden kann, hat hier ihren Platz.

Die beiden bereits dargestellten Konfigurationen repräsentieren Möglichkeiten im Rahmen des strengen Individualismus. Sie beruhen auf der Annahme, daß der Umkreis des allein auf Individuen begrenzten Entscheidens an keiner Stelle überschritten werde, denn in beiden gesellschaftlichen Situationen treten auf allen Seiten ausschließlich Individuen als Akteure von Anspruch, Verzicht und Anerkennung in Erscheinung. Hebt man die Beschränkung des methodischen Individualismus jedoch auf, indem man darüber hinaus auch *Kollektivsubjekte* als logische Möglichkeiten zuläßt, ergibt sich eine weitere gesellschaftliche Konfiguration, die, wie sich zeigen wird, von erheblicher Tragweite ist. Ich übergehe die methodologische Diskussion über die Problematik der Kollektivsubjekte und stelle mich auf die Seite derer[251], die es als legitim erachten, mit dem Konzept der *kollektiven* Subjektivität theoretisch zu arbeiten.

Dies führt zur *dritten gesellschaftlichen Konfiguration der ›Hobbes-Welt‹:* Ihr grundlegendes Kennzeichen ist ebenfalls die *Gleichheit der Mitglieder.* Was die Einzelnen ihrem Status nach in den ersten beiden Konfigurationen im Licht gleicher Ansprüche als Individuen sind, sind sie im Rahmen kollektivsubjektiver Konfiguration als *gleiche Gruppenmitglieder.* Im Kollektiv verbinden sich darüber hinaus die entgegengesetzten Eigenschaften der Gleichheit und der Individualität, denn alle Mitglieder verstehen sich als Teile eines *Ganzen* mit dem Charakter ›individualistischer‹ Einmaligkeit. Um sie zum Ausdruck zu bringen, ist

---

[250] Doch auch hierfür weise ich darauf hin, daß dieser historische Fall nur als besonders plastisches Beispiel einer allgemeinen sozialanthropologischen Möglichkeit zu verstehen ist.

[251] Es sind in der Regel Soziologen, die mit ›kollektivsubjektiven‹ Konzepten arbeiten. Die Diskussion zwischen Individualisten und Kollektivisten, in moderner Diktion zwischen Mikro- und Makrotheoretikern, wird dargestellt bei V. Vanberg: Die zwei Soziologien. Individualismus und Kollektivismus in der Sozialtheorie. Tübingen 1975. Aber selbst Vertreter des methodologischen Individualismus beschäftigen sich mittlerweile mit kollektiven Akteuren, also handelnden sozialen Gebilden. Vgl. H. Esser: Soziologie. Allgemeine Grundlagen. Frankfurt/New York 1993, S. 85f.

man ebenfalls wieder auf die ›reziproke‹ Sprache der heroischen Selbstbehauptung angewiesen. Im Unterschied zu vorher Gesagtem geht es hier jedoch um die *Selbstbehauptung von Kollektivsubjekten*, die es erforderlich macht, daß diese gegeneinander kämpfen, damit jedes von ihnen den Anspruch auf Anerkennung der ›außerordentlichen‹ Individualität verwirklichen kann.

Welche Vorteile haben Individuen im Hinblick auf ihr existenzielles Dilemma, wenn sie sich als Mitglieder einer derartigen kollektiven Subjektivität verstehen? Einerseits bleibt ihnen der Umstand nicht verborgen, daß die Verwirklichung des Rechts auf gesellschaftliche Anerkennung der Individualität außergewöhnliche Leistungen erfordert, die zu erbringen die Wenigsten sich in der Lage sehen. Andererseits ist eine Existenz in gesellschaftlicher Anonymität angesichts des eigenen, mit dem Todeswissen einhergehenden Individualitätsbewußtseins nur schwer erträglich.[252] Entlastung vom existenziellen Dilemma findet man, wenn man Mitglied eines Kollektivs ist, das langfristig zwar selbst sterblich ist, jedoch mit Sicherheit länger als man selbst lebt, und das die ›superlativische‹ Qualität der Individualität besitzt, die für einen selbst unerreichbar bleibt.

Im Licht der die europäische Neuzeit beherrschenden ›Verdiesseitigung der Individualität‹ sind es die Kollektivsubjekte der *Nationen*, die für ihre Mitglieder diese Funktion der Dilemmaentlastung ausüben. Sie sind jeweils so ›einzig‹ wie die Gottheiten in den Weltbildern der Religionen. Von keiner Nation gibt es zweite oder dritte Exemplare. Auch sie müssen nach der Logik der heroischen Selbstbehauptung ihre Außerordentlichkeit im Kampf mit den anderen nationalen Kollektivsubjekten unter Beweis stellen. Die europäische Neuzeitgeschichte bietet den diesbezüglichen Anschauungsunterricht, worauf ich weiter unten zu sprechen kommen werde.

Die normativen Triebkräfte des Nationen-Konzepts wirken in zwei Richtungen: zum einen in der nach innen gewandten Richtung, in der die *Gleichheit der Mitglieder* betont und postuliert wird, zum anderen in der nach außen gewandten, in der die Nationen den Kampf um die ›heroische‹ Selbstbehauptung führen.

Die Mitgliedschaft in der nationalen Kollektivsubjektivität spielt eine große Rolle bei der Lösung der grundlegenden Problematik der beiden ersten Konfigurationen der ›Hobbes-Welt‹, eine Rolle, die man in der politischen Philosophie und Theorie des methodischen Individualismus bislang weitgehend übersehen hat. Hobbes selbst ist deren Bedeutung bereits entgangen. Vermutlich ist der systematische Bruch mit dem individualistischen Ansatz, der in der Einführung der Konzeption der Kollektivsubjektivität besteht, daran schuld.

Wir erinnern uns, daß das Recht auf gesellschaftliche Anerkennung der Indivi-

[252] Daß dabei die klassische religiöse Entlastung durch Hoffnung auf ein Fortleben nach dem Tod ihre Überzeugungskraft weitgehend verliert, wie dies für die Neuzeit zutrifft, dürfte unstrittig sein.

dualität unter Gleichheitsbedingungen einen gesellschaftlichen Zustand extremer Instabilität zur Folge hatte, weshalb Hobbes ihn mit der Metapher des ›Kriegs aller gegen alle‹ bedachte, in meiner Reinterpretation die erste gesellschaftliche Konfiguration der ›Hobbes-Welt‹. Bleibt man allein im Rahmen des individualistischen Ansatzes, hat man hinsichtlich der Möglichkeit der Anerkennung nur die Wahl zwischen ›Teufel‹ und ›Beelzebub‹: Läßt man sich auf den ›Krieg aller gegen alle‹ ein, ist die Wahrscheinlichkeit hoch, ›heldenhaft‹ unterzugehen. Votiert man nach dem Hobbesschen Vorbild jedoch für die existenzielle Sicherheit, ist man, durch Verzicht auf gesellschaftliche Anerkennung der eigenen Individualität unter einem ›absoluten‹ Herrscher, zu einem schwer erträglichen Leben in persönlicher Anonymität verurteilt.

Es liegt nahe, in den gesellschaftlichen Konfigurationen lediglich imaginierte potentielle Extremlagen zu sehen und anzunehmen, daß sich die gesellschaftliche Wirklichkeit der Menschen stets auf einem Kontinuum irgendwo zwischen den Extremlagen befindet. In der Tat verhält es sich so. Wie kann man in einer solchen theoretischen Konstruktion der Wirklichkeit Rechnung tragen?

Für die Beantwortung dieser Frage spielt die Einführung des Konzepts der Kollektivsubjektivität die entscheidende Rolle. Läßt man im individualistischen Ansatz die Mitgliedschaft in einem Kollektivsubjekt als Wahlmöglichkeit zu, zeigt sich, daß die Vorteile der Dilemmaentlastung, die diese Mitgliedschaft bietet, die meisten Menschen bewegen werden, sich für sie zu entscheiden. Diese Vorteile bestehen zum einen darin, daß man Teil eines zwar immer noch sterblichen Ganzen ist, das das einzelne Mitglied jedoch auf jeden Fall überleben wird, und zum anderen, daß man man sich mit den ›außergewöhnlichen‹ Qualitäten des Kollektivs identifizieren kann, dem man angehört. In diesem Fall braucht man die außergewöhnlichen Leistungen nicht selbst zu erbringen, sondern kann sich mit den vielen Anderen zusammen Verdienst und hohen Rang zurechnen, den die eigene Nation, gleichsam stellvertretend für einen selbst, in der Ansehensskala der anderen Nationen einnimmt.

Nimmt man nun an, daß eine reale gesellschaftliche ›Welt‹ keine reine ›Hobbes-Welt‹ ist – mit anderen Worten: keine ›Welt‹, in der Gleichheit aller Einzelnen hinsichtlich der Fähigkeiten tatsächlich bestünde –, dann darf man von einer Vielzahl unterschiedlicher Interessen ausgehen. So wird es Menschen geben, die sich bei gegebener Möglichkeit für die erste Konfiguration aussprechen und damit für die Möglichkeit, in der ›heroischen‹ Auseinandersetzung mit ähnlich eingestellten Anderen die gesellschaftliche Anerkennung ihrer Individualität durchzusetzen. Man darf auch annehmen, daß unter ihnen gerade diejenigen zu finden sein werden, die eine Beendigung des ›Krieges aller gegen alle‹ unter ihrer ›absoluten‹ Herrschaft anstreben. Bei ihnen handelt es sich um die, die eine gesellschaftliche Lage herbeiführen wollen, die der zweiten Konfiguration der ›Hobbes-Welt‹ entspräche. Man kann darüber hinaus noch unterstellen, daß sehr viele Menschen – wahrscheinlich die meisten – sich für die Vorteile entschieden, die eine Mitgliedschaft in der Kollektivsubjektivität hinsichtlich der Dilemmaentlastung böte. Stellt man für eine reale Gesellschaft von der Art der unsrigen eine derartige Mischung von Entscheidungen, durch unterschiedliche Fähigkeiten und Ausgangslagen bestimmt, in Rechnung, so läßt sie sich skizzenhaft folgendermaßen beschreiben: Zum einen besitzt sie eine rechtliche Plattform, aus Bedingungen der ersten und dritten Konfiguration gebildet. Die zweite Konfiguration muß ausgeklammert werden, weil sie die Bedingungen der ersten negiert und nur zu einer Diktatur paßt. Das Erscheinungsbild der den zugelassenen Bedingungen entsprechenden gesellschaftlichen Realität wird durch eine starke Betonung der dritten Konfiguration und durch eine ›gemilderte‹ Form der ersten Konfiguration bestimmt. Das heißt mit anderen Worten: Im Vordergrund des Erscheinungsbildes steht die Dilemmaentlastung der Einzelnen in Gestalt der Mitgliedschaft im Kollektivsubjekt der Nation. Dabei soll erinnert werden, daß das Nationen-Konzept normative Triebkräfte enthält, die einmal nach außen und zum anderen nach innen wirksam sind. Die nach außen gerichteten Triebkräfte bewirken die Notwendigkeit, im Kampf mit anderen Nationen ›heroische‹ Selbstbehauptung – und damit die Anerkennung der kollektiven Individualität – zu erreichen. Die nach innen gerichteten Triebkräfte stehen im Dienst der Herstellung der Gleichheit der Mitglieder des nationalen Kollektivs. Diese skizzenhafte Beschreibung kommt dem nahe, was wir unter einem mit individuellen und kollektiv-sozialen Grundrechten ausgestatteten Nationalstaat verstehen. Im Hinblick auf die erste Konfiguration ist das entscheidende Ergebnis der Betonung der Mitgliedschaft im nationalen Kollektivsubjekt die *Abschwächung bzw. Entschärfung des ›Krieges‹ hin zum Wettbewerb.*

Man darf davon ausgehen, daß in allen Menschen eine Ordnung der Präferenzen für die drei Konfigurationen wirksam ist, eine Annahme, die besagt, daß die Motivationen für die gesellschaftliche Anerkennung der Individualität ebenso wie die Motivation für die Mitgliedschaft in einem Kollektivsubjekt in jedem Einzelnen vorhanden ist. Die Motivationsstrukturen der Menschen unterscheiden sich in den Stellenwerten, die die Motivationen in ihren individuellen Präferenzordnungen besitzen. Einige werden aufgrund bestimmter Fähigkeiten und Begabungen in ihrer Präferenzordnung mehr durch ›individuelle‹ Motivation bestimmt: die eher kompetitiven Individuen. Andere lassen sich in der Stellenwertverteilung ihrer Präferenzordnung mehr durch ›kollektive‹ Motivation leiten. Realistischerweise geht man davon aus, letztere machten die überwiegende Mehrheit einer Bevölkerung aus.

Für das Verhältnis der Konfigurationen ist die bezeichnete Abschwächung bzw. Entschärfung von ausschlaggebender Bedeutung. Es besagt, daß es gesellschaftliche Stabilität der individualistischen Motivation im Rahmen ihrer Abschwächung bzw. Entschärfung hin zum Wettbewerb allein in einem Umfeld *kollekti-*

ver Motivationen geben kann. Eine gesellschaftliche Wirklichkeit, die in Reinheit allein die Bedingungen der ersten Konfiguration der ›Hobbes-Welt‹ erfüllen würde, wäre demgegenüber ein bürgerkriegsähnlicher Zustand. Als wichtige Einsicht sei darum festgehalten: Bedingung dafür, daß innergesellschaftlicher Wettbewerb in einer Gesellschaft, in der er zugelassen ist, nicht in Bürgerkrieg ausartet, besteht in der Funktion der Entschärfung, die durch die kollektive Motivation der Menschen zustandegebracht wird.
Wir konnten bei Hobbes beobachten, daß er eine sprachliche Metapher voller Dramatik – die des Bildes des ›Kriegs aller gegen alle‹ – wählt, um die ›individualistische‹ Motivationsstruktur zu charakterisieren, die nach meiner Reinterpretation zur ersten gesellschaftlichen Konfiguration der ›Hobbes-Welt‹ gehört. In ›reziproker‹ Sprache muß man superlativische Ausdrücke gebrauchen, wenn es im Licht der ›Verdiesseitigung‹ um realgesellschaftliche Anerkennung der Individualität unter der Bedingung des gleichen Anspruchsrechts für alle geht. Entgegen dieser Einsicht ist die neuzeitliche politische Philosophie allerdings von der Tendenz beherrscht, die Sprache der Gleichheit zu benutzen, um die Knappheit zu verschleiern, die in einer ›individualistischen‹ Sprache in Erscheinung tritt. Die Verschleierungstendenz läßt sich verständlich machen, wenn auch nicht rechtfertigen. Wir wissen, daß die Wenigsten mit Fähigkeiten ausgestattet sind, Taten und Leistungen zu vollbringen, um eine Anerkennung ihrer Einzigartigkeit durch die anderen Mitglieder der Gesellschaft zu erreichen. Die Unwahrscheinlichkeit einer Verwirklichung ›individualistischer‹ Zielsetzung ist gerade darum so hoch, weil das Anspruchsrecht für alle Mitglieder der Gesellschaft in *gleicher* Weise gelten soll. Das ist der Grund, warum der überwiegende Teil der politischen Philosophie, die auf diesem Ansatz der modernen Gesellschaft basiert, bemüht ist, die Konzeption der ›verdiesseitigten Individualität‹ aufrechtzuerhalten, ohne die *extreme Knappheit* der gesellschaftlichen Positionen einer ›individualistischen‹ Anerkennung einzugestehen.

7. Dominanz der Gleichheit in der Philosophie der Neuzeit

Seitdem die Gleichheit des Rechts ›individualistischer‹ Anerkennung das religiöse, juridische und philosophische Denken in Europa prägt, existiert der Zwang zur Ausblendung dieses Grundwiderspruchs des modernen Gesellschafts- und Menschenbildes, eines Widerspruchs, der zwischen der elitären Zielsetzung auf der einen Seite und dem Gleichheitsanspruch auf der anderen besteht. Würde man sich dem Widerspruch offen stellen, bliebe vom Recht auf Gleichheit unter sozialpsychologischem Gesichtspunkt bei den meisten wohl allein die bedrükkende Erkenntnis zurück, es nicht verwirklichen zu können. Man darf deshalb feststellen, daß die Ausblendung sowohl des Knappheitsthemas als auch des

Knappheitsbewußtseins grundlegende Bedingung für eine glaubwürdige Vertretung des Gleichheitsgrundsatzes ist. Mit anderen Worten: Die öffentliche Überzeugungskraft der ›individualistischen‹ Rechtsgleichheit hängt in einem Verhältnis umgekehrter Proportionalität vom Grad gelingender Ausblendung ihres internen Grundwiderspruchs ab. Für die protestantischen Glaubensbekenntnisse gab es von Anfang an den Ausweg christlich-religiöser Sprache, um sich der Benennung der Konsequenzen zu entziehen, die sich unter Gleichheitsbedingungen aus der ›diesseitigen‹ Anerkennung der Individualität einstellten, wie sie durch die Lehre vom ›Priestertum aller Gläubigen‹ gefordert wurde. Man braucht dort unter Bezugnahme auf die Sprache der klassisch-christlichen Transzendenzmetaphysik letzte Konsequenzen eines ausschließlich ›diesseitigen‹ Gottesverhältnisses eines jeden Gläubigen nicht zu ziehen.

Was die neuzeitliche Philosophie anbetrifft, soll nun eine bestimmt geartete Sprache der Gleichheit sowohl die Knappheit der Positionen ›individualistischer‹ Anerkennung verschleiern als auch die Hoffnungen und Erwartungen aufrechterhalten, die für eine möglichst kostenlose Verwirklichung ›individualistischer‹ Motivation durch gesellschaftliche Anerkennung erforderlich sind.[253] Gleichheit des Rechts auf Anerkennung der Individualität bedeutet jedoch stets die *Entfernung* von Möglichkeiten, Individualität gesellschaftlich anzuerkennen. Um diese Behauptung zu verdeutlichen, erinnere ich an die grundlegende Bedingung für jede Form einer Anerkennung von Individualität: an Möglichkeiten, Individualität in Gestalt von *Extremwerten der Besonderheit* – d.h. in einer superlativischen Sprache – zum Ausdruck zu bringen. Je mehr Menschen nach gesellschaftlicher Anerkennung ihrer Individualität streben, desto stärker wächst logischerweise die Knappheit ihrer Positionen. Wenn, wie im Zeichen ›verdiesseitigter Individualität‹, von der Gleichheit des Rechts auf Anerkennung der Individualität ausgegangen wird, ist die Knappheit der Positionen am größten, denn dann darf *jeder* seinen Anspruch auf Individualitätsanerkennung zu verwirklichen suchen. Das europäische Projekt der ›verdiesseitigten Individualität‹ ist bezüglich seiner Zielsetzung aus diesem Grund ein im Kern *elitäres* Programm, das sich folgendem Dilemma ausgesetzt sieht: Durch Egalisierung der Ansprüche wird zum einen ein sehr hoher gesellschaftlicher Erwartungsdruck erzeugt, zum anderen tritt die klassisch-religiöse Dilemmaentlastung durch Teilhabe an göttlicher Unsterblichkeit zunehmend in den Hintergrund. Eine Gesellschaft, die ihren Grundwert in der Gleichheit des Rechts auf Anerkennung der Individualität sieht,

[253] Das neuzeitliche Konzept der ›Verdiesseitigung der Individualität‹ unter Gleichheitsbedingungen liegt auch dem ›Prinzip der Moderne‹ zugrunde, das J. Habermas in ›Der philosophische Diskurs der Moderne‹ (Frankfurt 1988) analysiert. Bei ihm verbindet sich mit dem ›Prinzip‹ die Hoffnung, die Gleichheit und die ›individualistische‹ Anerkennung harmonisch zusammenführen zu können. Diese Hoffnung ist jedoch illusionär, weil die Erfahrung der Knappheit der gesellschaftlichen Positionen für die ›individualistische‹ Anerkennung gerade unter den Gleichheitsbedingungen unumgänglich und unaufhebbar ist.

muß sich in ihrem öffentlichten Bewußtsein vor dieser Logik schützen, führt diese doch zu einem extrem kontraproduktiven Ergebnis: zur Erkenntnis eines hohen Grades an Unwahrscheinlichkeit, daß Individuen unter der Bedingung der Gleichheit ihren Anspruch auf gesellschaftliche Anerkennung ihrer Individualität je werden verwirklichen können.

Die Sprache der Gleichheit gibt sich mithin auch als *quasi-religiöse* Sprache zu erkennen, ein Umstand, der umso merkwürdiger erscheinen muß, als sie bekanntlich durch Hobbes als wissenschaftliche Sprache in Analogie zur naturwissenschaftlichen Theoriebildung eingeführt worden ist. Dennoch erfüllt die neuzeitliche Gleichheitssprache dieselbe Funktion der Knappheitsverschleierung wie zuvor die klassischen religiösen Sprachen im Rahmen ihrer mythischen und metaphysischen Weltbilder. Ich nenne sie deswegen ›quasi-religiös‹, weil sie mit diesen allein in der bezeichneten Funktion übereinstimmt. Im Unterschied zu den klassisch-religiösen Sprachen und Weltbildern fehlt ihr der ›lineare‹ Bezug zu einer göttlichen Autorität.

In welcher Art und Weise findet nun Individualität in der Philosophie der Neuzeit ihre Berücksichtigung?

Ich zähle im folgenden drei Typen philosophischer Berücksichtigung von Individualität auf, charakteristische Sichtweisen des Individuums. Ich ordne jedem Typus repräsentative Denker zu, wobei die Sprache der Gleichheit eindeutig dominieren wird.

Im ersten Typus wird das Individuum allein im Modus der Gleichheit wiedergegeben. Das bedeutet, daß Vertreter dieses Typus die Einzelnen ausschließlich in der Perspektive *numerischer* Verschiedenheit betrachten. Die Perspektive der Individualität, im Hinblick auf das Individuum ausgeklammert, wird bei den Philosophen dieses Typus jedoch bestimmend für die Mitgliedschaft der Individuen in einem göttlichen bzw. quasi-göttlichen Subjekt sowie einem ›absoluten‹ Kollektivsubjekt.

B. Spinoza, G.W.F. Hegel und K. Marx sind solche repräsentativen Philosophen, die zu diesem Typus zählen.

Nach Spinoza ist das Individuum allein durch Eigenschaften der Gleichheit bestimmbar: Der menschliche Körper ist ein ›Modus‹ bzw. ein Einzelfall des einen ›göttlichen‹ Attributs der Ausdehnung und das menschliche Bewußtsein ein ›Modus‹ des anderen ›göttlichen‹ Attributs des Denkens.[254] Für eine ›individualistische‹ Seele wie in der christlichen Psychologie ist in der spinozistischen An-

[254] Zu Spinozas Philosophie vgl. H.E. Allison: Benedict de Spinoza: An Introduction. New Haven/London 1987; M. Gueroult: Spinoza. Hildesheim 1974. Die Darstellung der spinozistischen Philosophie, die diese mit philosophisch-systematischem Anspruch in den Zusammenhang der Entwicklung der modernen Philosophie stellt, stammt von Y. Yovel: Spinoza. Das Abenteuer der Immanenz. Göttingen 1994.

thropologie kein Platz.[255] Konsequenterweise ist der menschliche Geist für Spinoza auch kein von der körperlichen Natur des Menschen unabhängiges Vermögen. Er erschöpft sich zur Gänze in der Spiegelung seiner körperlichen Vorgänge. Spinozas darauf aufbauende Lehre des Bewußtseins und des Selbstbewußtseins arbeitet allein mit Eigenschaften des individuellen Denkens und Verhaltens, die jedem Einzelnen in *gleicher* Weise zukommen. Das gilt für seine Auffassung über die Selbsterhaltung, mit der er an Hobbes anknüpft, ebenso wie für seine Ethik und die dazu gehörige Freiheitslehre. Auf ihn geht bezüglich des Freiheitsbegriffs die später von Marx populär gemachte Definition zurück, wonach ›Freiheit die Einsicht in die Notwendigkeit‹ ist. Von Freiheit im Sinn eines Verfügens über verschiedene Entscheidungsmöglichkeiten kann bei Spinoza keine Rede sein.

Ihm zufolge darf das menschliche Subjekt nicht als ›Substanz‹ (= Individualität) aufgefaßt werden, da es nur eine einzige notwendig existierende Substanz, nämlich Gott, gibt. Für seinen Gottesbegriff ist die gesteigerte Einzigkeit bzw. Individualität des jüdisch-christlichen Gottesverständnisses charakteristisch: Gott ist nicht nur – wie etwa im griechischen und römischen Polytheismus – *einzig* im Rahmen einer Pluralität göttlicher Individualitäten. Seine Art Einzigkeit übersteigt noch den normalen Anspruch darauf, wie ihn viele Religionen für ihre einzelnen Götter kennen, da bekanntlich er der einzige Gott ist, der keine anderen Götter neben sich duldet.

Nach Spinoza gibt es für die Menschen mithin nur die eine Möglichkeit einer Einbezogenheit in die göttliche Substanz. Er lehnt die Teilhabe-Beziehung der jüdisch-christlichen Metaphysik ab, weil diese das Verhältnis zum Göttlichen in eine Existenz eines transzendenten Lebens nach dem Tod legt. Spinoza erweist sich in dieser Hinsicht als genuiner Vertreter des Konzepts ›verdiesseitigter Individualität‹. Ihm zufolge ist der Mensch moralisch verpflichtet, sein Erkenntnisstreben letztlich immer auf die göttliche Individualität hin auszurichten, die eben keine transzendente Gottheit nach christlichem Verständnis ist, sondern die ›unendliche Substanz‹, die alles Endliche mitsamt der Menschheit umfängt. Die spezielle Erkenntnisart, die den Menschen dazu befähigt, ist ›amor dei‹ (Liebe zu Gott). Da die Menschen nicht wie Gott über die vollständige Erkenntnis des göttlichen Universums verfügen, kann diese Erkenntnis immer nur auf die Vielzahl der Menschen verteilt und auf dem Weg ständiger Annäherung verfolgt werden.

Der zweite große philosophische Vertreter, in dessen System die Individuen ausschließlich im Modus der Gleichheit dargestellt werden, ist Hegel.[256] Die Rolle

---

255 Zu Spinozas Konzept der Unsterblichkeit vgl. Y. Yovel, a.a.O., S. 215.

256 Für eine Gesamtdarstellung vgl. I. Fetscher: Hegel – Größe und Grenzen. Stuttgart 1971; Ch. Taylor: Hegel. Frankfurt 1983; H. Althaus: Hegel. München 1992; W. Becker: G.W.F. Hegel. In: N. Hoerster (Hg.): Klassiker des philosophischen Denkens. Bd. 2. München 1982, S. 108ff. Für die ›Phänomenologie des Geistes‹ vgl. A. Graeser: Einleitung zur Phä-

der Individualität, die bei Spinoza der göttlichen Substanz zukommt, übernimmt bei Hegel eine Kollektivsubjektivität. Um dies zu demonstrieren, halte ich mich an die Theorie des ›subjektiven Geistes‹ im anthropologischen Teil der ›Enzyklopädie der philosophischen Wissenschaften (1830)‹. Hegel entwickelt dort entsprechend seinem generellen dialektischen Vorgehen eine Theorie des individuellen Subjekts. Diese Theorie beginnt mit der Beschreibung des untersten menschlichen Vermögens: der körperlichen Empfindung. Hegel legt von Anfang an auf die Feststellung wert, daß in dieser Art der Selbstwahrnehmung nichts Individualistisches enthalten ist. Er folgert, daß die Individualität der traditionellen ›individuum est ineffabile‹-These gemäß erstens bestimmunglos und zweitens eben darum allein in Form ihrer ›Aufbewahrung‹ in der begrifflichen ›Idealität‹ ›existiert‹. Bei ihm heißt es: „Jedes Individuum ist ein unendlicher Reichtum von Empfindungsbestimmungen, Vorstellungen, Kenntnissen, Gedanken usf.; aber *Ich* bin darum doch ein ganz *Einfaches*, ein bestimmungsloser Schacht, in welchem alles dieses aufbewahrt ist, ohne zu existieren. Erst wenn *Ich* mich *an eine* Vorstellung erinnere, bringe Ich sie aus jenem Innern heraus zur Existenz, vor das Bewußtsein.“[257] ›Wirklichkeit‹ besitzt nach Hegel die individuelle Empfindung erst in der begrifflich zum Ausdruck gebrachten Form, weshalb sie ihrem ›Wesen‹ nach auch etwas Allgemeines sei, das sich gleichsam in der Gestalt der ›einfachen Innerlichkeit‹ verberge. Doch ihre ›wahre‹ Bestimmung liege in der *begrifflichen* Artikulation, durch die die individuelle Selbstempfindung zur ›Einzelheit‹ eines ›Allgemeinen‹ gemacht wird. Das meint Hegel, wenn er formuliert: „ Die (fühlende und empfindende) Seele ist der *existierende* Begriff, die Existenz des Spekulativen.“[258] In seiner Theorie der menschlichen Subjektivität wird deren ›wahre‹ Gestalt durch den Zustand des begrifflich denkenden Bewußtseins und Selbstbewußtseins erreicht. Als ›Selbstbewußtsein‹ sei jeder Mensch bereits voll und ganz Mitglied eines gesellschaftlichen Kollektivs. Er gewinne das ›Selbstbewußtsein‹ sogar erst durch die Auseinandersetzung mit Anderen. In diesen Zusammenhang gehört die berühmte dialektische Theorie über ›Herrschaft und Knechtschaft‹, in der Hegel als einer der wenigen politischen Philosophen modellartig darstellt, daß die moderne Gleichheit, das Kernkonzept unserer Zweiten und Dritten Natur, sich erst auf dem Weg über Bürgerkriegsauseinandersetzungen herausgebildet hat, in denen eine Seite der kämpfenden Parteien die Fesseln der hierarchischen Sozialstruktur unserer Tradition zu sprengen versucht, mit dem Ergebnis, daß die zwei Seiten der revolutionären Auseinandersetzung erst in der von beiden vollzogenen Identifika-

---

nomenologie des Geistes. Frankfurt 1975; W. Becker: Hegels Phänomenologie des Geistes. Stuttgart 1971.

[257] G.W.F. Hegel: Enzyklopädie der philosophischen Wissenschaften im Grundrisse (1830). Hamburg 1959, S. 229

[258] Ebd.

tion mit der ›bürgerlichen‹ Gleichheit zu einem Ausgleich finden. Diese Theorie stellt fraglos einen der Höhepunkte der neuzeitlichen Sozialphilosophie dar. Dennoch steht sie im hier relevanten Zusammenhang auch im Dienst der allgemeinen Position, derzufolge das einzelne Individuum eine ›Wirklichkeit‹ allein als ein numerisch-*gleiches* Element eines begrifflich bestimmbaren Kollektivsubjekts besitzen soll. So durchläuft die Theorie des ›Geistes‹ noch mehrere besondere Stufen: vom Individuum in seiner psychologischen Beschaffenheit über das Individuum als Rechtsperson sowie als moralisch und sittlich verpflichtetes und handelndes Subjekt bis hin zum Individuum als Bürger eines Staats. Auf allen Stufen ist die begriffliche *Gleichheit* leitende Kategorie. In welchem Ausmaß das für Hegels Argumentation gilt, wird dadurch bekundet, daß auch das Konzept der individuellen Freiheit auf die Gleichheit als auf seinen Fokus bezogen wird. Denn nach Hegel „ist der Begriff der Freiheit … die abstrakte Subjektivität als *Person*; diese einzige abstrakte Bestimmung der Persönlichkeit macht die wirkliche *Gleichheit* der Menschen aus.“[259]

Das Ende der grandiosen ›Evolutions‹-Theorie Hegels bildet die Mitgliedschaft der menschlichen Individuen in demjenigen Kollektivsubjekt, dem einzig und allein das Kennzeichen der *Individualität* in einer superlativischen Sprache zugebilligt wird: im ›absoluten Geist‹, dessen ›höchste‹ Ausgestaltungen die Kunst, die Religion und die Philosophie sind. In der Mitgliedschaft im schlechthin ›einzigartigen‹ (= individualistischen) Erkenntnissubjekt der Philosopie vollendet sich damit die Bestimmung des menschlichen Individuums. Hegel denkt dabei nicht an die Gesamtheit der einzelnen Philosophen, die es in der europäischen Denktradition seit den Vorsokratikern gegeben hat und gibt, sondern an ›Philosophie‹ als der einzigartigen kollektiven Erkenntnispersönlichkeit in Gestalt des in seinem philosophischen System erreichten allgemeinen und umfassenden Wissens, eines Wissens, das in seinen Augen zweifellos die Erwartung erfüllt, die Goethes Faust in seinem Eingangsmonolog in den bekannten Sätzen zum Ausdruck bringt: „Daß ich erkenne, was die Welt – im Innersten zusammenhält.“[260]

Der dritte repräsentative Denker, der die Individuen ausschließlich im Modus der Gleichheit faßt und der die Individualität ebenfalls allein einem Kollektivsubjekt zuspricht, an dessen Individualität die Individuen durch Mitgliedschaft partizipieren, ist Karl Marx.[261] Die Bedeutung seines Einflusses für das öffentliche Bewußtsein unserer Epoche ist – im Gegensatz zu den beiden zuvor behandelten

---

[259] Hegel, a.a.O., S. 415.

[260] J.W. v. Goethe: Faust, hg.v. E.Beutler. Bremen 1958, S. 18.

[261] Vgl. W. Euchner: Karl Marx. München 1983; H. Fleischer: Marx und Engels. Freiburg/München 1974; K. Hartmann: Die Marxsche Theorie. Berlin 1970; W. Becker: Karl Marx. In: N. Hoerster (Hg.), a.a.O., S. 154ff. Für die ökonomische Theorie vgl. K. Pribram: Geschichte des ökonomischen Denkens. Frankfurt 1992, S. 467ff.

Philosophen – schwerlich zu überschätzen, denn man kann ihn darin ohne Frage mit den großen Religionsstiftern auf eine Stufe stellen.
In der Geschichts- und Gesellschaftsphilosophie von Marx ist der Begriff der Klasse für den Menschen als Individuum thematisch geworden. Das Individuum wird ausschließlich durch Mitgliedschaft in einer gesellschaftlichen Klasse definiert. Die Verschiedenheit kommt durch die Klassenunterschiede zum Ausdruck und nicht durch Unterschiede zwischen Einzelnen. Dementsprechend lautet die programmatische Eingangsformulierung des ›Kommunistischen Manifests‹: „Die Geschichte aller bisherigen Gesellschaft ist die Geschichte von Klassenkämpfen. Freier und Sklave, Patrizier und Plebejer, Baron und Leibeigner, Zunftbürger und Gesell, kurz, Unterdrücker und Unterdrückte standen in stetem Gegensatz zueinander, führten einen ununterbrochenen, bald versteckten, bald offenen Kampf, der jedesmal mit der revolutionären Umgestaltung der ganzen Gesellschaft endete oder mit dem gemeinsamen Untergang der kämpfenden Klassen."[262] Die Mitgliedschaft in einer Klasse, für die die Gleichheit der Einzelnen leitender Maßstab ist, bleibt die bestimmende Konstante bis in den fundamentalen Klassengegensatz der Moderne hinein. Es ist dies bekanntlich der Gegensatz zwischen den kapitalistischen Eigentümern der Produktionsmittel und der lohnabhängigen Arbeiterschaft, deren Status nach Marx zunehmend auf denjenigen des ›pauperisierten‹ Proletariats regrediert. Kennzeichnenderweise wird von Marx, Engels und im nachfolgenden Marxismus nicht mehr überwiegend in Form von Klassenbegriffen gesprochen, deren plurale Form die Mitgliedschaft der Einzelnen noch erkennbar werden ließe, sondern nur noch in Gestalt substanzialisierter Begriffe wie ›Kapital‹ und ›Arbeit‹, in denen selbst der Bezug zu den Einzelnen als Mitgliedern nicht mehr zum Ausdruck kommt. Nicht einmal Hegel hat den Primat der Gleichheit soweit getrieben, daß gerade noch die verselbständigte, zur ›Substanz‹ geronnene Gleichheitseigenschaft als Kennzeichnung der Mitgliedschaft gilt.
In der Marxschen Theorie wird die einzigartig-einmalige Individualität ebenfalls einzig und allein einem Kollektivsubjekt, nämlich der Menschheit, zugesprochen, genauer: dem einzigartigen progredierenden Entwicklungsverlauf, den die Menschheit nach Marxscher und marxistischer Prognose auf dem Weg über die geschichtlichen Klassenkämpfe zur klassenlosen Gesellschaft hin genommen hat und nehmen wird. ›Individualistische‹ Prädikate werden als Kennzeichnungen an die sozialistischen und kommunistischen Endstufen der Menschheitsentwicklung so überreichlich verschenkt, daß viele kritische Interpretationen auf eine Analogie mit der jüdisch-christlichen Heilserwartung des ›messianischen Reichs‹ verwiesen haben.[263] In den Schriften und Lehrbüchern des Marxismus

262 K. Marx: Das Kommunistische Manifest (1848). In: MEW. Bd. IV. Berlin 1956, S. 462.
263 Vgl. E. Topitsch: Erkenntnis und Illusion. Tübingen 1988, S. 217f.

wird die Sprache tatsächlich regelmäßig superlativisch-hymnisch, wenn es um die Beschreibung der ›Errungenschaften‹ von Sozialismus und Kommunismus geht. Nicht nur sollen alle wesentlichen Beziehungen zwischen Menschen und Nationen nach Erreichung der sozialistischen Stufe unvergleichlich neuartig werden, so neuartig, daß sich die gewöhnliche Phantasie die angestrebten Zustände realistisch kaum vorzustellen vermag: angefangen von der ›politisch-moralischen Einheit des Volkes‹ über die ›Überwindung des Gegensatzes von geistiger und körperlicher Arbeit‹ und der ›Entwicklung einer allseitig veranlagten und tätigen Persönlichkeit‹ bis endlich hin zu einem ›ewigen Weltfrieden‹. Auch die gesamte Geschichte der Menschheit soll eine durch und durch neue – ja: ihre eigentliche – Gestalt annehmen, denn mit „dem Sozialismus endet die Vorgeschichte der Menschheit und beginnt ihre eigentliche Geschichte, weil es erst jetzt objektiv möglich und notwendig geworden ist, daß die Werktätigen ihren eignen gesellschaftlichen Lebensprozeß, gestützt auf die Kenntnis seiner Entwicklungsgesetze, durch ihre eigne Tat bewußt beherrschen."[264] Die an wortmächtigem Pathos kaum zu überbietenden Sätze von Marx besagen, daß mit Errichtung der sozialistischen Diktatur der Arbeiterklasse „der Umkreis der die Menschen umgebenden Lebensbedingungen, der die Menschen bis jetzt beherrschte ..., unter die Herrschaft und Kontrolle der Menschen (tritt), die nun zum ersten Male bewußte, wirkliche Herren der Natur (sind), weil und indem sie Herren ihrer eignen Vergesellschaftung werden. ... Die eigne Vergesellschaftung der Menschen, die ihnen bisher als von Natur und Geschichte oktroyierte gegenüberstand, wird jetzt ihre eigne freie Tat ... Es ist der Sprung der Menschheit aus dem Reich der Notwendigkeit in das Reich der Freiheit."[265]

Das Bild des Individuums, wie durch die Vertreter des zweiten Typus entworfen, wird durch die Dominanz der Gleichheitssprache erkennbar geprägt. Im Unterschied zu den Denkern des ersten Typus weisen diese Philosophen den Individuen jedoch zusätzlich zu den Eigenschaften der Gleichheit eine rational nicht faßbare innere Verhaltensqualität zu. ›Willkürfreiheit‹ lautet die nichtrationalisierbare, deshalb auch vergleichsweise ›mystisch‹ erscheinende Verhaltenseigenschaft der Menschen, die es theoretischen Aussagen über die Grundstruktur des menschlichen Verhaltens unmöglich machen soll, sich durch Prädikate numerischer Gleichheit erschöpfen zu lassen. Begriffe dieser inneren Qualität kommen einerseits der superlativischen Sprache der Individualität nahe, andererseits spiegelt sich in ihnen die klassische Annahme der ›Ineffabilität‹ der Individualität. Letztenendes wird je-

264 Philosophisches Wörterbuch. Bd. 2, hg. v. G. Klaus/M. Buhr. Leipzig 1974, S. 1117.

265 K. Marx/F. Engels: Historisch-kritische Gesamtausgabe. Bd. 20. Berlin 1927ff., S. 264. Über das historische Desaster des ›realexistierenden Sozialismus‹ und das Versinken der durch die ›Diktatur des Proletariats‹ über Jahrzehnte beherrschten und bevormundeten Völker – insbesondere des russischen – in Armut und Elend braucht an dieser Stelle, abgesehen von diesem Hinweis, nichts hinzugefügt werden.

doch stets die Dominanz der Gleichheit bestätigt, zumal keine Knappheitskonsequenzen im Hinblick auf die Individualität gezogen werden.

Zu den großen Denkern, die hierher gehören, zählen in erster Linie Repräsentanten des britischen Empirismus.

Ich halte mich im Folgenden an Beispiele von John Locke, David Hume und Adam Smith, wobei ich mich auf die jeweiligen Konzepte des menschlichen Individuums beschränke, die diese Philosophen im Rahmen ihrer praktischen Philosophie entwickelt haben.

Zur praktischen Philosophie von Locke gehören Ethik und politische Philosophie. Beide Bereiche behandelt er unter dem Gesichtspunkt eines allgemeinen Interesses an dem, was der Mensch als vernünftiges und freies Wesen für sein ›Glück‹ zu tun habe.[266] In der Ethik befaßt er sich mit Regeln des auf das Ziel der Glückseligkeit gerichteten Handelns sowie Kriterien der Mittel, die zur Verwirklichung des Ziels erforderlich sind. Die ›teleologische‹ Normativität des menschlichen Handelns ist für ihn der Grund, Freiheit als zentrale Qualität des menschlichen Individuums anzusetzen. Sie wird als ›Vermögen‹ definiert, ›Handlungen vorzunehmen oder zu unterlassen‹. Im Deutschen handelt es sich um den Begriff der ›Willkürfreiheit‹. Locke leitet sie aus dem Gegensatz gegenüber der traditionsreichen ›Willensfreiheit‹ ab, weil diese die nichts sagende Verdopplung eines subjektiven ›Vermögens‹ darstelle. Die ›Willkürfreiheit‹ ist seiner Auffassung nach hingegen das primäre ›Vermögen‹ jedes menschlichen Individuums, unter einer Vielzahl von Motiven aufgrund von rationaler Abwägung dasjenige auszuwählen, das die ›beste‹ Handlungsweise zur Herstellung des persönlichen Glücks möglich mache. Im Optimimierungsgedanken, den Locke hiermit ins Spiel bringt, ist der Anspruch der Individualität auf einen superlativischen sprachlichen Ausdruck enthalten. Er bleibt jedoch für die weitere Gedankenführung folgenlos, in der Locke ausschließlich die Gleichheit der Freiheitsrechte betont.

Hume stellt die *Gleichheit* der wesentlichen menschlichen Verhaltenseigenschaften noch stärker als Locke heraus. Obwohl es keinen Zweifel daran gibt, daß auch er der menschlichen Natur eine Art von ›Willkürfreiheit‹ zubilligt, hat er dennoch große Probleme, mit ihr im Rahmen seines empiristischen Kausalismus zurechtzukommen.[267]

Er geht von einer grundsätzlichen Ähnlichkeit der Aufgabenstellungen in Moralphilosophie und Naturwissenschaft aus. In beiden Bereichen sollen Beobachtungstatsachen mit Hilfe empirischer Methoden durch Kausalgesetze erklärt werden: „Es ist hohe Zeit, bei allen moralischen Untersuchungen die gleiche Reform (wie in den Naturwissenschaften W.B.) anzustreben und jedes nicht auf Tatsa-

---

266 Bei meiner Darstellung der Positionen von Locke und Hume halte ich mich an die diesbezüglichen Zusammenfassungen, die W. Röd in seiner ›Geschichte der Philosophie‹ gegeben hat. Vgl. W. Röd: Geschichte der Philosophie. Bd. VIII. München 1978, S. 53ff.

267 Vgl. J. Kulenkampff: David Hume. München 1989, S. 79ff.

chen und Beobachtung beruhende ethische System abzulehnen, wie scharfsinnig und geistreich es auch sein mag."[268] Hume strebt eine Erklärung der menschlichen Moral auf der Grundlage psychologischer Gesetze an, denn moralische Urteile verkörpern ihm zufolge Gefühle von Sympathie und Antipathie, die ihrerseits wieder auf Motiven und Charaktereigenschaften der individuellen Nützlichkeit und Schädlichkeit beruhen. Den gewöhnlicherweise mit moralischen Urteilen verbundenen Anspruch allgemeiner Gültigkeit führt er ebenfalls auf die Wirksamkeit des Gesetzesbegriffs im Rahmen unserer Vernunft zurück. Danach empfiehlt uns die Vernunft, den Übergang vom individuellen Gefühlserlebnis zur moralischen Bewertung mit dem Anspruch auf eine allgemeine Gültigkeit dadurch zu vollziehen, daß wir von den partikularen zufälligen Umständen absehen, um allgemeine Urteile zu bilden. Wir können letztlich sogar erreichen, den Standpunkt eines neutralen Beobachters einzunehmen, um unseren werthaften Gefühlen und Empfindungen den Charakter genuin moralischer – d.h. allgemeine Geltung beanspruchender – Urteile zu geben.

Die Individualität, motivischer Kern neuzeitlicher Freiheitsbegriffe, kann in der philosophischen Sprache Humes aus zwei Gründen keine Berücksichtigung finden: Erstens läßt es der wissenschaftliche Gesetzesbegriff von seiten der empiristischen Methodologie nicht zu, im menschlichen Empfinden und Verhalten etwas Anderes als *gleiche* Elemente zu beobachten, und zweitens ist auch der Maßstab ethisch-moralischen Wertens, Standpunkt des neutralen Beobachters, ebenfalls wieder ausschließlich auf anonyme Gleichheit hin ausgerichtet.

Auch der Hume-Schüler und Begründer des Ansatzes der modernen Volkswirtschaftlehre, A. Smith, stellt in seiner praktischen Philosophie die Gleichheitskriterien in den Vordergrund.[269]

Im Mittelpunkt seiner Anthropologie steht die in der menschlichen Natur begründete ›Eigenliebe‹, ihm zufolge ein Mittleres aus Vernunft und Instinkt. Die weitere Kennzeichnung geht sogleich in ein ethisch-moralisches Konzept über: Die Eigenliebe kann einerseits zum Laster (als ›arrogance of selflove‹), andererseits zu Sorglosigkeit und Fahrlässigkeit degenerieren. In ihrer moralisch wertvollen Gestalt werde sie zum Selbstinteresse, aus dem einerseits das Motiv für Leistungswillen, Existenzsicherung, Wohlstand und Anerkennung hervorgehe, und das andererseits zu Degenerationsformen wie Egoismus und Faulheit tendiere. Die wünschenswerte Balance zwischen beiden sei durch eine moralische Fähigkeit des Individuums gewährleistet, nach der dieses zu rationaler Beurteilung seiner Gefühle und Neigungen und dadurch zur Bekämpfung seiner Degenerationsneigung in der Lage sei. Im gesellschaftlichen Nahbereich von Familie und

---

268 D. Hume: Of Morals (1751), zit. nach W. Röd, a.a.O., S. 330.

269 Vgl. K. Pribram, a.a.O., S. 243ff.; H.C. Recktenwald: Adam Smith. Sein Leben und sein Werk. München 1976; G. Streminger: Adam Smith in Selbstzeugnissen dargestellt. Reinbek 1989.

Freundschaft soll diese Bekämpfung auf dem Weg ethisch-moralischer Selbststeuerung des Einzelnen gelingen. Im gesellschaftlichen Fernbereich trete hingegen die Kontrolle durch Sitte und durch Rechtsregeln der Rivalität und des Wettbewerbs unterstützend hinzu. Die Wohlfahrt des Gemeinwesens werde dann gefördert, wenn Menschen sich in *gleicher* Weise um die Herstellung der Balance zwischen den ›degenerativen‹ Extremen bemühen. Die Unterscheidung zwischen Nah- und Fernbereich spielt im Zusammenhang der Bemühung der Individuen allein insoweit eine Rolle, als es diesen im Umkreis des ersteren leichter fällt, sich entsprechend der *Gleichheitskriterien* zu verhalten, als in letzterem.
Der dritte Typus von Philosophen, für die neuzeitliche Dominanz der Gleichheit repräsentativ, wird durch ein Kennzeichen definiert, das ich als ›deterministische Selbstbindung‹ bezeichne. Es handelt sich um Konzeptionen der Determiniertheit des Verhaltens, in denen sich nicht eine ›externe‹ naturgesetzliche Regelhaftigkeit, sondern eine ›interne‹ Determiniertheit zeigt – ›intern‹, weil sie ihren Ursprung in der Entscheidung der Individuen für eine regelgemäße Vernunftgemäßheit ihres Handelns besitzt. In diesem Konzept geht konsequenterweise die philosophische bzw. wissenschaftliche Erkenntnis der Vernunftgemäßheit bzw. der Rationalität des menschlichen Handelns einer diesbezüglichen Entscheidung voraus, einer ›echten‹ *Entscheidung* insofern, als Menschen sich auch wider- bzw. unvernünftig verhalten könnten. Zu diesem Typus gehört ein bedeutender Teil der Aufklärungsphilosophie. In diesem Zusammenhang gehe ich auf Kants Ethik, auf das Konzept des Homo oeconomicus, das bekanntlich eine ganze Epoche der volkswirtschaftlichen Methodik geprägt hat, und auf zwei moderne Erben Kants und des ökonomischen Ansatzes ein: John Rawls und Jürgen Habermas.
Die Ethik Kants basiert auf einer Anthropologie, derzufolge der Mensch aus zwei ›Naturen‹ zusammengesetzt ist: aus dem Anteil seiner an emotionale Vermögen gebundenen Körperlichkeit und aus dem seines rationalen Geistes.[270] Im Vergleich zu Humes leitender Auffassung, daß unser geistiges Vermögen letztlich immer nur als Sklave unserer Emotionen betrachtet werden kann, stellt Kant seine in der ›theoretischen‹ Philosophie gewonnene ›Entdeckung‹ heraus, wonach unser Verstand auch eine ›gesetzgebende‹ Funktion besitze, die in zweierlei Hinsicht wirksam wird: Als ›theoretische Vernunft‹ bleibe sie auf ›Bedingungen der Möglichkeit von Erkenntnis‹ eingeschränkt. Als ›praktische Vernunft‹ sei der menschliche Geist darüber hinaus in der Lage, sich ›autonom‹ selber ›Gesetze‹ des ›vernünftigen‹ Entscheidens und Handelns vorzuschreiben, durch die die Bindung an die Determiniertheit der Natur, wie sie für deren Erkenntnis besteht, überschritten werden kann. Im Unterschied zu den Naturgesetzen, um deren Er-

---

270 Zu Kants Ethik vgl. O. Höffe: Grundlegung zur Metaphysik der Sitten. Frankfurt 1989; J. Freudiger: Kants Begründung der praktischen Philosophie. Bern 1993; R.P. Wolff: The Autonomy of Reason. Gloucester 1986.

kenntnis es in den Wissenschaften geht, handelt es sich bei den Gesetzen aus vernunftgemäßer ›Autonomie‹ um ›Maximen‹ des Handelns. Kant definiert die Moralität unserer Handlungen deshalb nicht durch deren Gerichtetheit auf Zwecke, sondern durch die Befolgung von Maximen. Derartige Maximen des Handelns sind Kant zufolge im Hinblick auf ihre Bezugsobjekte und ihren Gültigkeitsanspruch dennoch nicht von Naturgesetzen unterschieden. Zwar seien ihre Bezugsobjekte Handlungen und nicht – wie bei den Naturgesetzen – Ereignisse. Nichtsdestoweniger sollen die einzelnen Handlungen im selben Sinn als *gleiche* Elemente gefaßt werden können, wie die Naturereignisse *gleiche* Elemente einer sie erklärenden Gesetzmäßigkeit sind. Ebenso soll nach Kant der Gültigkeitsanspruch der Maximen unseres Handelns so allgemein sein wie derjenige der Naturgesetze, d.h.: Er besteht wie diese im Rahmen aller räumlichen und zeitlichen Konstellationen, sofern es sich jeweils um gleichartige Handlungssituationen handelt. Daß Kant den Begriff der individuellen Freiheit in einer sehr eingeschränkten Bedeutung verwendet, wird deutlich. Während die ›Willkürfreiheit‹ der britischen Empiristen, der verbreitetste Begriff der Freiheit, dem Einzelnen die Entscheidung über eine unter mehr oder weniger gleichrangigen alternativen Handlungsmöglichkeiten offenläßt, reduziert sich Kants ›Freiheit als Autonomie‹ auf die Entscheidung zwischen Vernunft und Unvernunft. Übliche Freiheitsverständnisse legen es nahe, in Kants Autonomie-Konzept überhaupt keine Verbindung mit Entscheidungsfreiheit zu sehen, denn nichts ist so evident wie die Entscheidung für und nicht gegen die Vernunft. Wo soll da noch Raum für eine Freiheit der Entscheidung sein?

Die Vermutung, Kants ›Autonomie‹ habe wenig mit unserem gewohnten Freiheitsverständnis gemein, wird durch die hohe Wertigkeit des Kategorischen Imperativs als ›oberster‹ moralischer Maxime innerhalb seiner Ethik bestimmt. Sein definitiver Gehalt besteht im Prinzip der Universalisierung, oder anders formuliert: in der durch den Begriff des Gesetzes der ›Vernunft‹ auferlegten Pflicht, jede Handlungssituation daraufhin zu prüfen, ob sie als ›Fall einer allgemeinen Gesetzmäßigkeit‹ gedeutet werden könne. Ihr moralischer Charakter hängt für Kant davon ab, ob sie als *ein* Element im Rahmen aller möglichen *gleichartigen* Elemente eingeordnet werden kann. Besondere oder gar einzigartige Konstellationen von Handlungen werden von der Moralität ausgenommen. Jetzt wird klar, wie sehr die Gleichheitssprache auch in Kants Ethik-Konzept dominiert. Dennoch gibt es auch hier eine kennzeichende Konzession an die superlativische Sprache der Individualität, nämlich da, wo der Philosoph die Bedingungen einer realen Befolgung des Kategorischen Imperativs benennt. Da die Universalisierungspflicht verlangt, daß ein moralisches Subjekt von allem absieht, was es als ein besonderes oder einzigartiges Individuum ausmacht, läuft die moralische Intention nämlich auf einen *ethisch-moralischen Heroismus* hinaus. Kant selbst äußert die Vermutung, daß wohl nur Engel ›moralisch‹, seiner Definition gemäß, zu handeln vermögen, denn wirkliche Menschen würden sich wohl nie von der Beeinflussung durch ihre besonderen und individuellen Eigennutzinteressen befreien können.[271]

Der größte Einfluß geht im Hinblick auf die moderne Dominanz der Gleichheitssprache fraglos vom Konzept des Homo oeconomicus aus. Selbst wenn die modernen Wirtschaftswissenschaften sich heute methodologisch nur noch eingeschränkt daran orientieren, besitzt es noch immer den Stellenwert eines Ideals, dem man zwar nicht mehr in dem Maße nahekommen kann, wie seine Erfinder erhofft haben, und auf dessen Leitbildrolle man aus Gründen der wissenschaftlichen Rationalität dennoch nicht verzichten will.

Das Homo-oeconomicus-Konzept ist mit der Idee einer rationalen Kalkulierbarkeit individueller Entscheidungen verbunden und somit ›Entscheidungstheorie‹ im engeren Sinn des Worts. Es verfolgt einen ähnlichen Ansatz wie die Ethik Kants, nämlich eine Subsumierbarkeit des menschlichen Entscheidens unter rational ermittelbaren Gesetzmäßigkeiten derart, daß einzelne Entscheidungen als Fälle allgemeingültiger Gesetzmäßigkeiten interpretierbar werden. Auch sind innerhalb seines Rahmens Abstriche vom üblichen Freiheitsverständnis zu machen, spielt doch die wirkliche Entscheidungsfreiheit des Menschen dabei lediglich eine untergeordnete Rolle. Der Ausdruck ›Entscheidungstheorie‹, der sich insbesondere in unserer Zeit im Rahmen des liberalen Paradigmas durchgesetzt hat, ist eher irreführend. Der eigentliche Sinn des Begriffs müßte durch ›Theorie der Substitution des Entscheidens durch Wissen‹ wiedergegeben werden. Denn wer sich durch entscheidungstheoretisches Wissen belehren läßt, will selbst möglichst wenig entscheiden – es sei denn wie bei Kant: er wollte es wider die

---

[271] Ich merke hier an, daß in vielen gegenwärtigen Bezugnahmen auf Kants Kategorischen Imperativ dessen Gehalt auf unzulässige Art und Weise trivialisiert wird. Erstens besteht seit langem in der deutschen Strafrechtslehre und in der diesbezüglichen Rechtsprechung die Gewohnheit, den Kategorischen Imperativ auf die formale Struktur zu reduzieren, in der er verbietet, andere Menschen ›nur als Mittel und nicht zugleich auch als Zwecke‹ zu behandeln. Man benutzt den KI in diesem Kontext fälschlich zur Festlegung des ›Bösen‹, indem ihm eine ausschlaggebende Rolle bei der Interpretation der Merkmale für ›Mord‹ zugewiesen wird. Hier liegt ein schwerwiegendes Mißverständnis vor, weil die formale Zweck-Mittel-Beziehung erstens inhaltlich beliebig interpretierbar ist, und weil sich Kants KI zweitens allein zur Definition des Moralisch-Gebotenen – nicht jedoch zu derjenigen des Moralisch-Verbotenen bzw. Bösen – verwenden läßt. Zum ersten Punkt: Bei Kant liegt das Gewicht auf dem ›guten Willen‹ und der ›reinen Pflicht‹ (entsprechend der Logik des Universalisierungsprinzips) und der Ausschluß der Zweckrationalität ist erst die Folge des KI, nicht jedoch sein Gehalt. Zum zweiten Punkt: Für Kant steht das Moralisch-Gebotene bzw. das Gute nicht – wie nach der verbreiteten religiösen Auffassung – im Verhältnis einer ›vollständigen Disjunktion‹ mit dem Bösen. Mit anderen Worten: Man kann ihm zufolge aus der Definition des Moralisch-Gebotenen, d.h. des Guten, nicht im Umkehrschluß das Moralisch-Verbotene, d.h. das Böse, ermitteln. Die Negation des Moralisch-Gebotenen besitzt logisch, wie Kant richtig sieht, die Form einer ›unvollständigen Disjunktion‹: Sie kann sowohl das Nichtmoralische in einem weiten Sinn dieses Begriffs als auch das Moralisch-Verbotene im Sinn des Bösen bedeuten. Dementsprechend bezeichnet Kant das eigennützige Handeln nirgendwo als ›böse‹. Er schließt es lediglich – im Sinn des nichtmoralischen Handelns – aus dem Bereich des moralischen Handelns aus.

›Vernunft‹. Er will, im Gegenteil, sein Entscheidungsproblem durch Anwendung zweckrationalen Wissens *ersetzen.* ›Echte‹ Entscheidungen, in deren Rahmen mindestens zwei – wenn nicht mehr – Alternativen gleichrangig nebeneinander möglich sind, sind in diesem Konzept nicht vorgesehen. Es ist deshalb ein – wenn auch sehr populärer – Irrtum zu meinen, der Erfolg der ökonomischen Wissenschaften bestätige, soweit sie angewandte Entscheidungstheorie sind, die menschliche Freiheit (im Sinn der Wahl- und Entscheidungsfreiheit). Dieser Erfolg steht vielmehr für die Gleichförmigkeit des menschlichen Verhaltens ein, also umgekehrt gerade für den Sachverhalt, daß Menschen in aller Regel ihre Wahl- und Entscheidungsfreiheit selten im individualistischen Sinn nutzen; daß sie von Haus aus eher entscheidungs- und risikoscheu eingestellt sind.

Die Grundlagen des Homo-oeconomicus-Konzepts gehen auf die Ökonomik David Ricardos und dessen Methodologie zurück, die ursprünglich von John Stuart Mill stammt.

Nach Mills allgemeiner Methodenlehre sollen sämtliche allgemeinen Sätze, die als Prämissen wissenschaftlich-deduktiver Schlüsse dienen, aus induktiv gewonnenen Verallgemeinerungen abgeleitet werden.[272] Das Konzept läßt sich auf wissenschaftstheoretische Erwartungen zurückführen, wie sie Descartes am Beginn der Philosophie der Neuzeit im Rahmen seiner ›morale provisoire‹ geweckt hat. Descartes zufolge bemißt sich deren vorläufiger Charakter an der Möglichkeit, sie durch eine ›perfekte Moral‹ zu ersetzen, sobald erst einmal eine vollständige Erklärung menschlichen Verhaltens mit Hilfe mechanistischer Gesetze gelungen ist. Grundlage für diese Erwartung liefert die Naturwissenschaft vom Typ physikalischer Kosmologie eines Galilei und Newton. Im Hinblick auf Sozialwissenschaften wie der Politischen Ökonomie hebt Mill zwar einschränkend hervor, daß sich da mangels genauer Messungen nur ›Tendenzgesetze‹ formulieren ließen. Angeregt vom ›System der Soziologie‹ A. Comtes läßt er sich jedoch von der Existenz ›empirischer Gesetze der Gesellschaft‹ überzeugen. Um diesen eine axiomatische Grundlage zu liefern, entwirft er die Konzeption des Homo oeconomicus, aus der er ›Gesetze der menschlichen Natur‹ deduziert.[273] Mill verbindet darin den Utilitarismus, wie ihn schon J. Bentham und sein Vater J. Mill vertraten, mit dem hypothetischen Bild einer ›statischen‹ Volkswirtschaft, wie sie für die ökonomische Lehre Ricardos kennzeichnend ist. Der Homo oeconomicus wird als ein Individuum definiert, das „dem Zwang seiner Natur gehorchend, einen größeren Anteil am Reichtum einem kleineren vorzieht“ und außerdem „die relative Wirksamkeit der Mittel, sich in den Besitz von Reichtum zu brin-

---

272 Vgl. W. Röd: Der Weg der Philosophie. Bd. 2. München 1996, S. 316ff; J.C. Wolf: John Stuart Mills ›Utilitarianism‹. Ein kritischer Kommentar. Freiburg/München 1992; J. Plamenatz: The English Utilitarians. Oxford 1958.

273 Eine Prägung J.St. Mills.

gen, zu beurteilen weiß".[274] Diese Definition enthält zwei wesentliche Voraussetzungen: ein Maximierungsprinzip für das individuelle Verhalten und die Annahme, daß die Menschen ihren Erwartungen entsprechend den Lust-Maßstab der utilitaristischen Lehre unbegrenzt erfüllen könnten. Mill ist sich des hypothetischen Charakters des Konstrukts durchaus bewußt. Er vergleicht die ›willkürliche Definition‹ mit den Definitionen von Punkt und Linie in der Geometrie, die ihre Effizienz in den Raumvorstellungen der neuzeitlichen Physik hat unter Beweis stellen können.

Die Rationalität der Zwecke ökonomischen Handelns liegt nach Mill sowohl in der axiomatischen Rolle, die die Sätze über die Eigenschaften des Homo oeconomicus spielen, als auch in der Quantifizierung der Mittel, die für die Verwirklichung der Zwecke zur Verfügung stehen. Er geht im Hinblick auf die Quantifizierung der Mittel von der ricardianischen Annahme aus, daß sich alle Tauschwerte für ökonomische Güter als Vielfache einer Standardeinheit eines gemeinsamen Werts ausdrücken lassen. Gemäß dieser methodologischen Grundsätze soll sich eine ökonomische Wissenschaft entwickeln lassen, die einerseits einen deduktiv-logischen Systemaufbau besitzt und die andererseits die Ableitung von Hypothesen ermöglicht, die empirisch geprüft werden können. Es ist nicht schwer, die leitende Absicht einer Millschen Methodologie der Ökonomie zu entdecken: Verhalten soll unter der realistischen Bedingung ›mittlerer Knappheit‹ so berechenbar gemacht und vorhersagbar werden, wie dies in der Physik im Hinblick auf Bewegungen der materiellen Körper möglich ist. Das Individuum wird dabei, im Licht der Gleichheit, ausschließlich als Fall einer wissenschaftlich erkennbaren Gesetzmäßigkeit betrachtet. Doch stellt diese Aussage nur die eine Seite der Wahrheit dar. J.St. Mill trägt andererseits nämlich auch der Individualität Rechnung, ist doch das Maximierungsprinzip, eines der beiden Elemente der Homo-oeconomicus-Definition, nur als ›superlativischer‹ Ausdruck der Individualität zu verstehen.[275]

Als namhafte Repräsentanten des dritten Typs moderner Dominanz der Gleichheit führe ich aus der politischen Philosophie der Gegenwart Rawls und Habermas an. Beide knüpfen an traditionelle Konzepte an: Rawls an Kant und die ökonomische Entscheidungstheorie, Habermas unter dem hier interessierenden Gesichtspunkt an Kant und Rousseau. Beiden geht es um ein Bild des Menschen, in dem wiederum der Einzelne jeweils als *ein* Individuum unter einer unbegrenzten Zahl *seinesgleichen* betrachtet wird. Dennoch machen auch sie in einer *impliziten* Art und Weise Konzessionen an die Individualität, ohne sich allerdings einer entsprechenden superlativischen Sprache zu bedienen.

---

274 Zit. nach K. Pribram, a.a.O., Bd. 1., S. 330.

275 Ich komme auf diese andere Seite der Millschen Anthropologie nachfolgend im Rahmen der Behandlung der Denker, die die spezifische Knappheitsproblematik der Individualität berücksichtigen, noch einmal zurück.

In seinem Hauptwerk ›Eine Theorie der Gerechtigkeit‹ begründet Rawls im Hinblick auf das ethische Fundament des liberal-demokratischen Sozialstaats zwei Gerechtigkeitsprinzipien.[276] ›Gerechtigkeit als Fairness‹ ist die Kurzformel eines sowohl gegen den utilitaristischen als auch gegen den marxistischen Ansatz sich abgrenzenden Programms. Nach Rawls ist die Verteilung von gesellschaftlichen Positionen und Gütern dann gerecht, wenn Maßstäbe auf Prinzipien zurückgeführt werden können, die von ›freien und vernünftigen Personen in ihrem eigenen Interesse in einer fairen Entscheidungssituation anerkannt würden‹.[277] Er beschreibt eine Entscheidungssituation, die dieser Bedingung genügt: eine ›Ursituation‹ in der Tradition der Theorien des ›Naturzustands‹, wie sie in einem Gedankenexperiment simuliert werden kann. Ihre Ausformulierung muß einerseits der Problematik der Positionen- und Güterknappheit Rechnung tragen und andererseits Beschränkungen angeben, die die Einstellung der Unparteilichkeit und die Anerkennung durch jedes ›vernünftige‹ Individuum ermöglichen. Zum Menschenbild der ›Ursituation‹: Die Einzelnen dürfen lediglich über allgemeine Kenntnisse ihres Lebens in der Gesellschaft verfügen; sie müssen sich als moralische Subjekte betrachten, die befähigt sind, unparteilich zu urteilen; sie akzeptieren grundsätzlich individuelle und gesellschaftliche Interessengegensätze, die wegen der nicht zu beseitigenden Positionen- und Güterknappheit unausweichlich sind, und sie streben – gemäß dem ökonomischen Maximierungsprinzip – stets nach der Vergrößerung ihres Anteils an den gesellschaftlichen ›Grundgütern‹. Die Entscheidung in der durch diese Bedingungen festgelegten ›Ursituation‹ muß folglich wie hinter einem ›Schleier des Nichtwissens‹ erfolgen, der alle konkreten Kenntnisse verbirgt, die die Einzelnen über sich und ihre Lage besitzen, wenn sie in einer realen Gesellschaft leben. Es soll so erreicht werden, daß sich keiner in der ›Ursituation‹ in seiner Entscheidung über die ethische Grundstruktur der Gesellschaft von konkreten Erwartungen im Hinblick auf seine eigene Lage beeinflussen läßt. Zum zulässigen Minimalwissen der Einzelnen in der ›Ursituation‹ gehören nach Rawls Grundkenntnisse der ökonomischen Spieltheorie. Nach deren Modell handelt es sich um eine ›Entscheidung unter Unsicherheit‹, für die vier Grundregeln zur Verfügung stehen. Nach Rawls wird jeder vernünftige Mensch in der simulierten ›Ursituation‹ nun für eine gesellschaftliche Struktur votieren, wie sie die ›Maximin-Regel‹ fordert. Es ist dies eine Struktur, in der dafür gesorgt ist, daß es dem am schlechtest gestellten Ge-

---

276 Obwohl sich Rawls mittlerweile von zentralen Positionen der ›Theorie der Gerechtigkeit‹ verbabschiedet hat, halte ich mich an dieses sein Hauptwerk, mit dem sich sein Name bis heute – und wohl auch in Zukunft – verbinden wird.

277 Vgl. hierzu G. Rieger: John Rawls, In: Hauptwerke der politischen Theorie, hg. v. Th. Stammen, G. Riescher und W. Hofmann. Stuttgart 1997, S. 408f. Im deutschen Rahmen wurde die Auseinandersetzung mit Rawls in erster Linie von O. Höffe und J. Habermas geführt. Vgl. O. Höffe: Politik und Gerechtigkeit. Frankfurt 1987; J. Habermas: Faktizität und Geltung. Frankfurt 1992.

sellschaftmitglied besser geht, als es ihm unter den Bedingungen einer jeder anderen gesellschaftlichen Verteilungsstruktur gehen würde, die für Vergleiche herangezogen werden kann.

Zusammenfassend repräsentiert für Rawls der ›vernünftige‹ Einzelne in der ›Ursituation‹, in seinem Konzept Bedingung der ethisch-moralischen Entscheidungssituation, allein die *Gleichheit* aller ›vernünftigen‹ Subjekte. Denn hinter dem ›Schleier des Nichtwissens‹ soll jede Besonderheit, auch jede spezifische Individualität, verschwinden. Trotz dieser augenfälligen Dominanz der Gleichheit enthält sein Konzept, wenn auch in unausgesprochener Art und Weise, eine Konzession an die Individualität. Sie liegt in den Anforderungen, denen jeder von uns genügen muß, um in die Rolle des ›unparteiischen Moralbegutachters‹ hinter dem ›Schleier des Nichtwissens‹ zu gelangen. Einer normalen Situation der meisten in einer Industriegesellschaft des westlich-demokratischen Stils liegt diese von Rawls verlangte uneigennützige Selbstverleugnung keineswegs nahe. Geht man wie Rawls gerade vom eigennützigen Standpunkt des Individuums aus, so ist nicht zu erwarten, daß viele aus Sicht ihrer individuellen Lage gute Gründe haben, extrem risikoscheu damit zu rechnen, in ihrem Leben am unteren Ende der gesellschaftlichen Rangskala anzukommen. Im Gegenteil: Wer beispielsweise als junger Mensch sich auf so etwas einstellt, hat den Wettlauf um die gesellschaftlichen Positionen in einer Wettbewerbsgesellschaft wie der unseren von Anfang an bereits verloren. Es drängt sich mithin gerade aus der individuellen Vorteilseinstellung nicht auf, sich, sei es auch nur im Gedankenexperiment, auf dem Boden der Rawlsschen ›Ursituation‹ an der Maximin-Regel auszurichten. Wird dies dennoch verlangt, dann sinnvollerweise nur um den Preis eines *ethisch-moralischen Heroismus*, der auf diese implizite Weise im Rawlsschen Konzept den superlativischen Anspruch der Individualität repräsentiert. Da er von Rawls nicht ausdrücklich gemacht wird, kann er auch nicht im Bewußtsein der außerordentlichen Knappheit gesellschaftlicher Positionen der Individualität thematisiert werden.

Bei Habermas, dem zweiten Repräsentanten der politischen Philosophie unserer Tage, dessen Position ich zur Verdeutlichung der modernen Gleichheitsdominanz heranziehe, liegen die Dinge im Hinblick auf die Schlußfolgerungen ähnlich, obwohl er von einem anderen – nämlich einem kollektivistischen – Grundansatz ausgeht.

Nach Habermas ist die ›Idee des kommunikativen Handelns‹ normatives Leitbild der philosophischen Tradition unserer politischen Kultur in der Neuzeit. Er äußert sich in der ›Theorie des kommunikativen Handelns‹ nicht darüber, ob er die Rolle der Idee auf die europäische Kultur eingeschränkt sieht, was realistisch wäre, oder ob es sich für ihn um eine *menschheitliche* handelt.[278] Darüber hinaus

---

278 Vgl. J. Habermas: Theorie des kommunikativen Handelns. 2 Bde. Frankfurt 1981.

darf man den darin mitgemeinten Handlungsbegriff nicht zu ›praktizistisch‹ nehmen, denn Habermas denkt an die eher ›theoretische‹ Diskussion, in der Teilnehmer ihre einander entgegengesetzten Ansprüche auf der Grundlage von Argumenten durchsetzen wollen. Auseinandersetzungen mit Mitteln der Machtausübung und der Gewalt sind ihm zufolge a priori als irrational zu betrachten und werden dementsprechend von der Betrachtung ausgeschlossen, obwohl die ›rationale‹ Spekulation mit realer Gewalt bekanntlich den größten Teil der politischen Geschichte – und dies in allen Kulturen – durchzieht. Die zentrale Problematik der ›Theorie des kommunikativen Handelns‹ besteht für Habermas in der kritischen Auseinandersetzung mit soziologischen und philosophischen Theorien einer ›verkürzten Rationalität‹. Diese Theorien sind für ihn dadurch gekennzeichnet, daß sie ein ›einseitiges‹ und deshalb falsches Bild der ›praktischen Vernunft‹ der Menschen entwerfen und so die normative Leitidee des kommunikativen Handelns jeweils in zentralen Punkten verfehlen würden. Die einen – wie M. Weber und T. Parsons – stehen dem Leitbild ferner, andere – wie E. Durkheim und G.H. Mead – ihm näher. In der Zielsetzung geht es Habermas um die Herausarbeitung der einheitsstiftenden Funktion des ›kommunikativen Handelns‹ für die gesellschaftliche ›Lebenswelt‹. Er sieht darin die Hauptaufgabe der politischen Philosophie, weil die reale Entwicklung der modernen Gesellschaft durch den ›arbeitsteiligen‹ Zerfall der Teilsysteme bedroht sei. Vielen modernen soziologischen Theorien, insbesondere der soziologischen Systemtheorie, macht er den Vorwurf, sie wollten die gesellschaftliche Desintegration nicht nur beschreiben, sondern zusätzlich noch legitimieren. Zusammenfassend heißt es bei ihm: „Am Ende verdrängen systemische Mechanismen Formen der sozialen Integration auch in jenen Bereichen, wo die konsensabhängige Handlungskoordinierung nicht substituiert werden kann: also dort, wo die symbolische Reproduktion der Lebenswelt auf dem Spiel steht. Dann nimmt die Mediatisierung der Lebenswelt die Gestalt einer Kolonisierung an.“[279]

In seinem Werk ›Faktizität und Geltung‹ wird das ›Diskursprinzip‹ mit Begriff und Tradition des Rechtsstaats sowie der parlamentarischen Demokratie konfrontiert. Zunächst stellt Habermas die Bedeutung des leitenden Prinzips für die ›Kategorie des Rechts‹ dar. Es geht ihm „um die Ausarbeitung eines rekonstruktiven Ansatzes, der beide Perspektiven in sich aufnimmt: die des soziologischen Rechts und der philosophischen Gerechtigkeitstheorie.“[280] Im Anschluß wird der ›Gehalt des Rechtssystems und der Idee des Rechtsstaats‹ unter Bezugnahme auf das Diskursprinzip herausgestellt. Habermas findet in den Konsenskonzeptionen der Naturrechtstradition des klassischen Liberalismus die Idee des ›verständnisorientierten kommunikativen Handelns‹. Er nutzt mehr oder minder ausdrücklich

279 J. Habermas, a.a.O., Bd. 2, S. 293.
280 J. Habermas: Faktizität und Geltung. Frankfurt 1992, S. 21f.

die klassische Unterscheidung zwischen ›materialer‹ Gerechtigkeit und ›formalem‹ Recht, indem er sie durch seine Unterscheidung zwischen einer ›Normativität des Diskursprinzips‹ und der ›Faktizität‹ der historisch gewordenen Institutionen des Rechtsstaats und der Demokratie ersetzt. Am Ende wird eine ›konkrete‹ Utopie entworfen, mit deren Hilfe der bestehende ›Gegensatz zwischen den Sozialmodellen des bürgerlichen Formalrechts und des Sozialstaats‹ überwunden werden soll.

Habermas bringt sich mit diesem Entwurf jedoch in eine prekäre theoretische Lage: Einerseits grenzt er sich gegenüber dem bekannten, traditionsreichen Revolutionskonzept einer ausschließlich durch Vernunft der Individuen gesteuerten Anarchie ab, die stets die logische Konsequenz aller Konsensbegriffe ist, die auf dem naturrechtlichen Boden des klassischen Liberalismus gewachsen sind, und hält sich deshalb an die *kollektivistische* Idee der Volkssouveränität gemäß der Rousseauschen ›volonté générale‹, die er als die den bestehenden demokratischen Institutionen innewohnende normative Idealität interpretiert. Andererseits läuft er damit Gefahr, die angeblich nur tentativ denkbare ›radikal demokratische Republik‹ einfach nur mit dem Verfahrensprinzip der bestehenden Demokratie zu identifizieren und so die hochgespannte Erwartung einer ungewöhnlichen ›neuen‹ Utopie durch Trivialisierung zu enttäuschen. Er ist der Gefahr offensichtlich nicht entgangen, denn in seinen Überlegungen über den ›Geist‹ des demokratischen Mehrheitsverfahrens wird als eine Entdeckung ausgegeben, was immer schon zur Logik der Mehrheitsverfahren gehört, so man sie, wie in der westlichen Demokratie seit ihren Anfängen üblich, im Licht der Fraktionen von Mehrheit und Minderheit interpretiert und praktiziert. Denn er findet, daß „eine Mehrheitsentscheidung nur so zustandekommen (darf), daß ihr Inhalt als das rational motivierte, aber fehlbare Ergebnis einer unter Entscheidungsdruck vorläufig beendeten Diskussion über das, was das Richtige ist, gelten darf.“[281] Habermas will aus dieser schlichten Einsicht jedoch mehr machen, als in ihr enthalten ist, verbindet er doch diese Feststellung mit der ›Idee einer über Gesetze programmierten Selbsteinwirkung‹ des Volkes. In Wahrheit gibt jene Forderung entweder nur den politischen Meinungsbildungsprozeß in einer bestehenden Demokratie unter dem *dynamischen* Aspekt wieder oder sie soll dennoch das zuvor abgelehnte anarchistisch-utopistische Revolutionskonzept erneuern. Am Ende präsentiert er das Dilemma einer mit dem Anspruch auf ›konkrete‹ Gegenwärtigkeit auftretenden politischen Philosophie, aus dem man solange keinen Ausweg finden wird, wie man die Zustimmung zur bestehenden Demokratie zusätzlich mit der Präferenz für eine ›radikal demokratische Republik‹ belastet.

Ich halte im Ergebnis fest, daß Habermas bereits durch sein kollektivistisches Konsenskonzept ein Repräsentant der Dominanz der Gleichheit ist, denn in die-

[281] J. Habermas: Faktizität und Geltung, a.a.O., S. 613

sem Konzept sind die Einzelnen a priori gehalten, ihre individuellen Interessen in *gleicher* Weise allein als Bestandteile eines von *allen gemeinsam geteilten* Interesses zu artikulieren und zu verwirklichen. Er schließt außerdem noch die Möglichkeit einer Selbstbestimmung des Einzelnen aus, wie sie für den individualistischen Ansatz der klassischen Ökonomik charakteristisch ist und beispielsweise von Rawls vertreten wird. Dennoch kommt auch bei ihm die *Individualität* wieder implizit vor. Sie ist insofern Teil auch seines Konzepts, als im leitenden ›Diskursprinzip‹ unbeschadet der kollektivistischen Gleichheit *jeder Einzelne* berücksichtigt werden soll. Es liegt auf der Hand, daß sich Habermas im Licht realistischer Kriterien damit eine schlechthin utopische Bedingung zu eigen macht, denn wie soll man sich eine Beratungssituation vorstellen, in welcher Hunderte von Millionen oder gar mehr Menschen ihre jeweils individuellen Interessen in eine gemeinsame Willensbildung einzubringen versuchten? Doch ist die von ihm gesetzte Bedingung nicht nur unrealistisch, vielmehr erweist sie sich im Hinblick auf die Logik seines kollektivistischen Konsensbegriffs als überflüssig. Unterstellt man nämlich nicht wie Rawls den Individualismus der klassischen Ökonomik, muß man im kollektivistischen Konsensbegriff auf der Linie der rousseauistischen Tradition von einer ›homogenen‹ Gleichheit wesentlicher Verhaltenseigenschaften der Menschen ausgehen.[282] Tut man das nicht, verfügt man über kein Kriterium, um einen Unterschied zwischen dem Individualismus jenes und dem Kollektivismus dieses Ansatzes zu machen. Als Kritiker des individualistischen und als Anhänger des rousseauistischen Ansatzes bleibt Habermas bezüglich des Konsensbegriffs, der den Kern seines Diskursprinzips ausmacht, folglich keine andere Wahl als die der Homogenitätsannahme. Für diese Annahme ist es jedoch nicht erforderlich, die Ermittlung der Interessengleichheit von einer so strengen Bedingung abhängig zu machen, wie sie in der Bedingung liegt, daß auch *der letzte* sein Interesse zum Ausdruck gebracht haben muß. Wie wir aus der realen Praxis demokratischer Wahlen wissen, kommt man im Licht kollektivistischer Gleichheit mit Mehrheitsvoten recht gut aus. Wer Konsens vom ›letzten‹ Individuum abhängig macht, hat der Sache nach den kollektivistischen Konsens verlassen und, ohne es zuzugeben, eigentlich die *Individualität* der Individuen im Auge. Deren gesellschaftliche Rolle kann man jedoch nicht wie Habermas in einem logisch wie sachlich überforderten Konsensbegriff der kollektivistischen Art verstecken. Man muß sie einschließlich der Konsequenzen im Licht ihrer spezifischen Knappheitsproblematik darstellen und behandeln.

Die zuletzt dokumentierten philosophischen Theorien entrichten der superlativischen Sprache, wenn auch in verkappter Gestalt, dennoch ihren Tribut. Sie spre-

282 Zur Unterscheidung zwischen ›individualistischem‹ und ›kollektivistischem‹ Konsens vgl. W. Becker: Die Freiheit, die wir meinen. Entscheidung für die liberale Demokratie. München 1984, S. 138ff.

chen nämlich, indem sie die ›europäische Gleichheit‹ so nehmen, als gelte sie im Weltmaßstab, die Sprache einer schlechthin hypertrophen universalistischen Anthropologie, wie sie sachlich und von unserem Wissensstand her weder einer Sozialphilosophie noch einer Sozialwissenschaft zusteht. Zwar können und dürfen etwa Biologen, Mediziner und Psychologen von menschlichen Individuen im Modus gleicher Einzelfälle universaler Gesetzmäßigkeit des Verhaltens reden. Sozialphilosophen und Sozialwissenschaftler können sich jedoch bis auf den heutigen Tag nicht ernsthaft durch Ansätze gerechtfertigt sehen, in denen von einem einheitlichen Menschenbild der gleichen sozialen Grundeigenschaften ausgegangen wird. In diesen Bereichen sind kulturelle Unterschiede noch immer viel größer als Gleichheiten.

8. Die individualistische Motivation im Licht ihres spezifischen Knappheitsbewußtseins

a. Extreme Möglichkeiten

Ich rufe die beiden Eigenschaften der für die neuzeitliche Gesellschaft charakteristischen Grundtendenz in Erinnerung, wonach die ›individualistische Motivation‹ der Menschen unter den Gleichheitsbedingungen der ›verdiesseitigten Individualität‹ erzeugt und aufrechterhalten wird: *abnehmende* Wirksamkeit der klassischen Dilemmaentlastung der Menschen durch Hoffnung auf Teilhabe an göttlicher Unsterblichkeit im Sinn christlich-religiöser Metaphysik und *Verstärkung* des Drucks der Knappheit an gesellschaftlichen Positionen individualistischer Anerkennung, der anderen gegenläufigen Dilemmaentlastung unter den neuzeitlichen Gleichheitsbedingungen. Die ›quasi-religiöse‹ Sprache der Gleichheitsdominanz dient dabei der Knappheitsverschleierung im Dienst allgemeiner Ermutigung, durch die die Hoffnung aufrechterhalten wird, *jeder* könne grundsätzlich ans Ziel der Anerkennung seiner Individualität gelangen. In dieser Sprache wird der Eindruck erzeugt, es gäbe eine leistungs- bzw. kostenlose Anerkennung der Individualität, wobei diese Anerkennung dem Individuum allein aufgrund seiner Zugehörigkeit zur menschlichen Gattung bereits sicher sei.

Diese Grundtendenz der Neuzeit bewegt sich zwischen zwei extremen Möglichkeiten der ›individualistischen‹ Anerkennung, die jeweils einer der Konfigurationen der ›Hobbes-Welt‹ entsprechen. Eine extreme Möglichkeit paßt zur ersten Konfiguration, die andere wird durch die Bedingungen der beiden anderen Konfigurationen erfüllt.

Die Konfigurationen lassen sich in beiden Sprachtypen zum Ausdruck bringen. Im quasi-religiösen wird hinsichtlich der Individualität die Kategorie der Gleichheit zugrunde gelegt, im reziprok-rationalen die der Besonderheit. Im vorigen

Kapitel habe ich dargestellt, wie in einer quasi-religiösen Sprache die für die europäische Neuzeit charakteristische Dominanz der Gleichheit zum Ausdruck gebracht wird. Die Individualität ist darin ausgeblendet, da man das Bild des Menschen auf eine Sichtweise begrenzt, in der die Einzelnen allein als *gleiche* Individuen der menschlichen Gattung erscheinen. Einflußreichste Wiedergabe der ersten Konfiguration ist in diesem Rahmen die durch A. Smith begründete Politische Ökonomie: In der ökonomischen Modellsprache streben die Individuen in *gleicher* Weise nach Maximierung ihres Eigennutzes. Die rechtliche Institution des Wettbewerbs bildet die ausschlaggebende institutionelle Rahmenbedingung im Licht der jeweils angenommmen ›mittleren Knappheit‹ der Mittel, die den Einzelnen für die Verwirklichung ihres eigennützigen Strebens zur Verfügung stehen.

Geht man für den Ausdruck der Individualität hingegen vom Typ der reziprok-rationalen Sprache aus, wird man an das Hobbessche Bild des ›Kriegs aller gegen alle‹ verwiesen. Dieses Bild wird durch eine Beschreibung der ›individualistischen Motivation‹ geprägt, die sich am Leitfaden des superlativischen Kriteriums von ›Extremen der Besonderheit‹ ausrichtet.[283] Darin wird eine Situation menschlicher Individuen gezeichnet, die einerseits ebenfalls der Gleichheitsbedingung unterliegt, wie durch das Konzept der ›verdiesseitigten Individualität‹ vorgegeben, und die andererseits zugleich den schwächsten gesellschaftlichen Zusammenhalt repräsentiert, den man sich vorstellen kann. Jeder ist darin als einzelnes Individuum zugleich ein ›Heros *individualistischer* Selbstbehauptung‹, der die Anerkennung durch die jeweils Anderen nur unter Inkaufnahme des extremen Risikos kämpferischer Auseinandersetzung mit diesen erreichen will und kann. Ich habe bereits deutlich gemacht, daß diese gesellschaftliche Situation der Sache nach der Idee entspricht, die Hobbes in der Annahme des ›kriegerischen‹ vorgesellschaftlichen Naturzustands der Menschheit entwickelt. Der Wettbewerb der Einzelnen, in der Sprache klassischer Ökonomik der menschliche Normalzustand, kommt in der Sprache ›individualistischer Motivation‹ jedoch erst als Ergebnis einer *Entschärfung* des ›Kriegs aller gegen alle‹ zustande. Ich habe des weiteren darauf hingewiesen, daß Hobbes den Kriegszustand fälschlicherweise als einen prähistorisch-vorgesellschaftlichen einordnet. Das Bild des ›Kriegs aller gegen alle‹ entspricht im Gegenteil einer permanent wirksamen individualistischen Motivation, wenn auch lediglich als modellhafte Skizzierung einer extremen Möglichkeit.

Die andere extreme Möglichkeit der ›individualistischen‹ Anerkennung wird durch die zweite und dritte Konfiguration wiedergegeben. Die zweite Konfiguration ist bezüglich ihrer Bestimmungen polares Gegenteil der ersten. Sie unterstellt eine gesellschaftliche Lage, in der die Menschen ständig in der Furcht um

283 Vgl. S. 199ff.

Leib und Leben existieren und, dadurch bedingt, bereit werden, auf eigene ›individualistische‹ Anerkennung im Rahmen der Gesellschaft zu verzichten. Diese Anerkennung kommt dann nur einem einzigen ›großen‹ Individuum zu, das im Austausch für den Verzicht aller Anderen Sicherheit der gesellschaftlichen Umgebung verspricht. Historische Beispiele für die reale Annäherung an Modellvorstellungen dieser Konfiguration sind absolutistische Monarchien des 18. und Diktaturen des 20. Jahrhunderts.

In der verbleibenden dritten Konfiguration wird von einer Vereinigung der Individuen in Gestalt einer Kollektivpersönlichkeit ausgegangen, in unserem Fall einer Vereinigung unter der Bedingung der *Gleichheit* der Mitglieder. Diese Mitgliedschaft wird durch den spezifischen Charakter des Kollektivs als kollektive Persönlichkeit *heroischer Selbstbehauptung* begründet. Von diesen kollektiven Persönlichkeiten existieren *partikulare* und *universalistische* Versionen. Die Beispiele für erstere sind Mitgliedschaft der Einzelnen in der *Nation*, das Beispiel für die zweite ist die Mitgliedschaft im Kollektivsubjekt der *Menschheit*. Jede Nation versteht sich als ein einmaliges und einzigartiges Exemplar ihrer Gattung, d.h. als ›Individualität‹ im definierten Sinn. Ebenso wird die Menschheit als einzigartige Kollektivpersönlichkeit im Kontext des gesamten Lebens auf Erden verstanden.[284]

Die beiden extremen Möglichkeiten, die den Einzelnen für die Dilemmaentlastung im Licht der ›Verdiesseitigung der Individualität‹ offenstehen, sind durch Verfolgung und Verzicht auf die ›individualistische Motivation‹ gekennzeichnet. Da es sich in beiden Fällen um modellhafte Vereinfachungen handelt, muß man im Hinblick auf die historisch-gesellschaftliche Realität von einer *Gemengelage* ausgehen, in der sich Anteile der Konfigurationen verbinden. Die theoretischen Positionen tendieren regelmäßig aus Gründen der methodisch gebotenen modellhaften Vereinfachung zur einseitigen Hervorhebung allein einer der Konfigurationen. So findet, auf der einen Seite des Spektrums, die erste Konfiguration ihre Entsprechung in den theoretischen Ansätzen der klassischen und der modernen Ökonomik des Liberalismus. Ihr liegt ein Menschenbild zugrunde, innerhalb dessen die Nutzenmaximierung des Individuums unter mehr oder weniger eingeschränkten Randbedingungen den *positiven* Akzent und die Minimierung staatlich-gesellschaftlicher sowie geschichtlich-traditionaler Einwirkungen den *negativen* Akzent setzt. Die Theorie des marxistischen Sozialismus hingegen bildet, auf der anderen Seite des Spektrums, eine der ›menschheitlichen‹ Entsprechungen der dritten Konfiguration. Genau wie in jener wird auch im Menschenbild dieser äußerst einflußreichen politischen und ökonomischen Theorie angenommen, die Existenzweise des Einzelnen könne auf Mitgliedschaft unter Gleichheitsbedingungen in einer Klasse oder, was die Zukunftsprojektion angeht, in

---

284 Als zeitgenössisches Beispiel mag der Hinweis auf die Sprache der Menschenrechte dienen.

einer die gesamte Menschheit umfassenden klassenlosen Gesellschaft reduziert werden. In der historisch-gesellschaftlichen Realität hat es bis auf den heutigen Tag jedoch noch nie eine politische Praxis gegeben, die einer der ›theoretischen‹ Konfigurationen in Reinheit entsprochen hätte – weder unter dem Vorzeichen des Liberalismus in einer westlichen Demokratie noch unter dem des marxistischen Sozialismus in einer der östlichen Diktaturen.

Der Hinweis auf die Gemengelage der Konfigurationen in einer realen Gesellschaft ist insbesondere im Hinblick auf die geschichtliche Entwicklung der liberalen Demokratie von nicht zu überschätzender Bedeutung. Denn nur durch die Verbindung der ersten mit der dritten Konfiguration ist es im Kontext des geschichtlichen Werdens der Demokratie zu derjenigen Dynamik gekommen, die für die moderne Gesellschaft charakteristisch ist, nämlich zu dem für deren innere Friedlichkeit bedeutenden Effekt der Entschärfung des ›Kriegs‹ hin zum geregelten Wettbewerb. Ich wiederhole meinen Hinweis, daß es sich bei der Dynamik, die sich mit diesem Effekt verbindet, nicht um eine historische Abfolge von Entwicklungsschritten einer Gesellschaft handeln kann. Die Dynamik ist vielmehr in den demokratischen Gesellschaften permanent. Wir wissen, daß die individualistische Motivation in dem für die Moderne zutreffenden Modell der ›heroischen Selbstbehauptung‹ durch die Absicht des Einzelnen bestimmt wird, sich die gesellschaftliche Anerkennung der individualistischen Einzigartigkeit durch Leistungen zu verschaffen, die sich der ›kämpferischen‹ Auseinandersetzung mit anderen ebenso motivierten Individuen verdanken, Leistungen, die letztlich sogar den Einsatz des eigenen Lebens erforderlich machen und das Überleben des Gegners bewußt aufs Spiel setzen. Diese aggressive Absicht ist permanenter Teil individualistischer Motivation derjenigen, die Repräsentanten dieses ›Kämpfer‹-Typus sind. Eine Entschärfung der ›heroischen‹ Absicht dieser Individuen wird erst durch die Mitgliedschaft in einem nationalen Kollektivsubjekt bewirkt. Diese Entschärfung kommt in der Gesellschaft jedoch erst durch das Interesse derjenigen zustande, die entsprechend der Logik der dritten Konfiguration der Sicherheit ihrer gesellschaftlichen Umgebung einer Existenz unter dem Risiko einer dauernden Gefährdung von Leib und Leben den Vorzug geben. Zwar bezahlen sie mit dem Verzicht auf Verwirklichung der eigenen individualistischen Motivation im Großen, d.h. durch Verzicht auf Anerkennung ihrer Einzigartigkeit im Rahmen der Gesamtgesellschaft. Stattdessen aber gewinnen sie die Sicherheit einer friedlichen gesellschaftlichen Umgebung. Das dauerhafte Zustandekommen eines solchen Tausches zwischen unterschiedlichen individuellen Interessenlagen im Licht der individualistischen Motivation der modernen Menschen wird durch Geschichte und Wirklichkeit stabiler Demokratien unter Beweis gestellt.

b. Der Beitrag der klassischen Ökonomik: Mills Maximierungsprinzip

Im Kapitel über die Dominanz der Gleichheit habe ich ausführlich belegt, inwieweit die quasi-religiöse Sprache der Gleichheit sowohl in der Philosophie als auch in der ökonomischen Theorie hinsichtlich der Konzeption des Individuums eindeutig dominiert. Doch dadurch, daß man die quasi-religiöse gegenüber der rational-reziproken Sprache bevorzugt, wird weder dem Ausdruck der Individualität gemäß dem Kriterium ›Extrem der Besonderheit‹ noch der Knappheit von Möglichkeiten der gesellschaftlichen Verwirklichung in ausreichendem Maß Rechnung getragen. Erst einer rational-reziproken Sprache wird es gelingen, deutlich zu machen, welch großer Unterschied zwischen dem ›privatsprachlichen‹ Anspruch auf Anerkennung der Individualität und der Erreichung dieser Anerkennung im gesellschaftlichen Zusammenhang besteht. Letztere ist an die Bedingung einer *außerordentlichen Leistung* des Individuums im Licht *gesellschaftlicher Maßstäbe* gebunden. Die gesellschaftliche Anerkennung gibt es hier – im Gegensatz zur leistungs- und kostenlosen Anerkennung der Individualität in der Sprache der Gleichheitsdominanz – allein um den Preis eines hohen persönlichen Einsatzes.
Auch die klassische Ökonomik berücksichtigt, worauf ich zuvor bereits hingewiesen habe, das Erfordernis reziproker Sprache in einem Grundzug ihres Menschenbilds, und zwar durch Annahme des Maximierungsprinzips. Ich erinnere an Mills Definition des Homo oeconomicus, nach der dieser ›dem Zwang seiner Natur gehorchend, einen größeren Anteil am Reichtum einem kleineren vorzieht‹.[285]
In der Weiterentwicklung der ökonomischen Theorie wurde Mills Maximierungsprinzip allerdings durch die Grenznutzenlehre in Zweifel gezogen. Speziell in ihrer utilitaristischen Version läßt sich diese Lehre gegen das Prinzip der unbegrenzten Maximierung ins Feld führen.[286] Einer ihrer Repräsentanten, Mills Zeitgenosse R. Jennings, verwies auf die Beziehung zwischen Genüssen, Wertungen und Wünschen der Individuen einerseits und Handeln oder Austausch andererseits. Anstrengende Tätigkeit – so argumentierte er – werde bis zu dem Punkt fortgesetzt, an dem das damit verbundene Gefühl der Mühsal die Befriedigung überwiege, die sich aus dem Lohn und dem Verbrauch seines Werts in Gestalt von Waren ziehen ließe. Daß sich Art und Weise der Befriedigung unserer *körperlich* motivierten Lustempfindungen besser mit der Grundannahme der Grenznutzenlehre vereinbaren läßt als mit dem Prinzip unbegrenzter Maximie-

285 Vgl. K. Pribram, a.a.O., S. 330.
286 Ihr wichtigster Vertreter ist W. St. Jevons (Theory of Political Economy), der sich hinsichtlich seiner psychologisch-verhaltenstheoretischen Voraussetzungen an R. Jennings (The Natural Element of Political Economy) hält.

rung, dürfte unstrittig sein. Der zeitweise Erfolg der Grenznutzenlehre hängt damit zusammen, daß J.St. Mill nicht hat deutlich machen können, daß das Maximierungsprinzip auf individualistischer Motivation beruht und nicht, wie bei den Grenznutzentheoretikern, auf Motiven, die auf körperliche Bedürfnisse zurückzuführen sind, die in der Tat immer eine Sättigungsgrenze aufweisen. Das gilt so jedoch nicht für die individualistische Motivation, die in ihrer Zielsetzung nicht begrenzbar ist. Wir wissen aus Zusammenhängen religiöser Dilemmaentlastung, daß die individualistische Motivation gar auf eine Existenzform der zeitlichen bzw. zeitlosen Unendlichkeit zielt. Im irdisch-endlichen Rahmen ›verdiesseitigter Individualität‹ strebt sie nach immer weiter sich steigerndem Ausmaß gesellschaftlicher Anerkennung. Mill ist diese Unterscheidung zwischen emotionalen Motivationen, die aus der körperlichen Natur des Menschen stammen, und der individualistischen Motivation, ständigem Reflex des menschlichen Wissens um den eigenen Tod, nicht deutlich geworden, obwohl sein Maximierungsprinzip Ausdruck eben dieser unbegrenzten und gleichsam unersättlichen Motivation darstellt. Er besitzt zwar eine klare Vorstellung von Individualität. Doch im Hinblick auf den Gehalt ihrer Motivation bleibt er streng innerhalb der klassischen Ineffabilitätsthese, nach der Individualität nicht bestimmbar sein soll.

Wie stark das der Fall ist, zeigt sich in den beiden Grundaspekten seiner Ethik. Mill rückte, wie außer ihm kein anderer Philosoph des 19. Jahrhunderts – Wilhelm v. Humboldt möglicherweise ausgenommen –, Individualität im Sinn der Einzigartigkeit der Persönlichkeit in den Mittelpunkt; seiner Auffassung von Freiheit entspricht diese Philosophie individueller Selbstentfaltung. Um sie zu verteidigen, machte Mill sogar Abstriche an der von ihm sonst vertretenen unbeschränkten Geltung des deterministischen Weltbilds der Naturwissenschaften. Darüber hinaus ist für ihn gesellschaftlicher Fortschritt in Wissenschaft und Leben allein von dem Ausmaß abhängig, in dem der Staat individuelle Freiheitsmöglichkeiten gewährleistet. Wegen der Gefahren, die der individuellen Freiheit auch in der Demokratie aus dem Anwachsen des Kollektivismus in der sich abzeichnenden industriellen Massengesellschaft erwachsen, suchte Mill nach Argumenten, die selbst eine Exzentrizität des Denkens und Verhaltens als förderlicher für die Gesellschaft erwiesen als Uniformität.

Im Licht adäquat verstandener individualistischer Motivation gerät das Problem der Individualität auf eine noch tiefere Ebene als jene, auf der Mill es angesiedelt hat. Es geht dann um die *außerordentliche Knappheit gesellschaftlicher Möglichkeiten für die Anerkennung der Individualität*, einer Knappheit, die in erster Linie aus den ›extremen‹ Ansprüchen der Individualität auf gesellschaftliche Anerkennung stammt und erst in zweiter Linie sich den äußeren Bedingungen der Massengesellschaft verdankt.

Der methodische Ansatz der Wirtschaftswissenschaften krankt bis heute daran, daß von Smith über Mill bis zu den Vertretern der Grenznutzenschule verkannt worden ist, daß die spezifische Motivation der Menschen eben gerade in ›individualistischer Motivation‹ und nicht im ›natürlichen‹ Egoismus des Individuums besteht. Diesen Unterschied nicht gesehen zu haben, hat nicht nur eine mangelhafte Methodologie zur Folge, sondern hat auch der ›ökonomischen‹ Motivation bis in die Gegenwart hinein den Verruf der Unmoral eingebracht. Die Art und Weise, wie etwa der Marxismus die Ausbeutung der Arbeiter durch den privaten Egoismus der Kapitalisten moralisch abqualifizierend darstellt, bildet lediglich das Extreme. Auch im öffentlichen Bewußtsein westlicher Gesellschaften gilt noch immer die ›ökonomische‹ Motivation der Menschen als Ausdruck von privatem Egoismus, der durch offiziell anerkannte Moral zu verurteilen ist und den man nur hinnimmt und toleriert, weil er auf indirektem Weg zu Produktivitätserfolgen für die Gesellschaft führt.

Die Ökonomik hat seit Smith den Konflikt mit der offiziellen christlich geprägten Moral der ›altruistischen‹ Uneigennützigkeit auf sich genommen, weil sie sich, gleichsam im Tausch, eine naturalistische Begründungsbasis hat verschaffen können. Sich so im Bild des ›privat-egoistischen‹ Homo oeconomicus auf eine naturalistische Erkenntnisbasis stellen zu können, bedeutete damals gemäß wissenschaftlicher Kriterien, auf die die Physik Newtons in der Aufklärungsepoche des 18. Jahrhunderts den stärksten Eindruck ausübte, erheblich mehr als der absehbare Konflikt mit der christlichen Moralität.

Nichtsdestoweniger bewirkte die Entscheidung der Ökonomik für die naturalistische ›Bedürfnisevidenz‹ eine folgenreiche Verkennung der individualistischen Motivation. Diese ist nämlich nicht Ausdruck menschlichen Begehrens, das sich auf Ziele im Umkreis privat-egoistischen Nutzens der Einzelnen beschränkt. In der individualistischen Motivation geht es den Menschen gerade nicht um sich, sondern vielmehr um ein ›gesellschaftliches Gut‹, in ökonomischer Sprache: um ein ›Positionsgut‹. Die ›Positionsgüter‹ der indvidualistischen Motivation unterscheiden sich von den normalen Gütern des menschlichen Begehrens allein durch ihre extreme Knappheit. Dennoch liegt den Menschen an ihrem Besitz mehr als an Gütern des normalen Bedarfs. Bekanntlich ist Anerkennung der eigenen Individualität durch die Anderen Ziel individualistischer Motivation, die zu verwirklichen Individuen ›Außerordentliches‹ für andere leisten müssen. So besehen waren schon immer große Menschen, die im Ansehen großer Uneigennützigkeit stehen wie Jesus Christus und Buddha bessere Modelle individualistischer Motivation als etwa der privat-egoistische kapitalistische Unternehmer.

c. Friedrich Nietzsches ›Übermensch‹: Aufstand gegen die Gleichheit und Metaphorik der Individualität

Nietzsche ist neben Stirner einer der wenigen Denker des 19. Jahrhunderts, der sowohl der superlativischen Sprache als auch der extremen Knappheit gesellschaftlicher Möglichkeiten der Individualität Rechnung trägt.[287] Zwar kann man bei ihm nicht von einer systematisch-geschlossenen philosophischen Konzeption sprechen, doch spiegeln die Positionen, die er vertritt, regelmäßig die Konsequenzen eines Konzepts ›verdiesseitigter Individualität‹.
An erster Stelle steht seine Kritik des Christentums, mit der er zum Ausdruck bringt, daß die traditionsreiche religiöse ›Vertagung‹ der ›individualistischen‹ Anerkennung auf die Existenz in einer ›zeitlosen Zeit‹ post mortem nicht mehr in Frage kommt. Nietzsche ging es ausschließlich um individualistische Anerkennung während des endlichen Lebens und im Rahmen der realen Gesellschaft. Wie viele Interpreten zu Recht bemerkt haben, stehen in seiner Kritik des Christentums weder die ›irrationale‹ Metaphysik des religiösen Weltbildes noch die Geschichte des Christentums als ›politischer‹ Religion der Monarchie im Mittelpunkt. Er konzentriert die Kritik vielmehr auf die historische Rolle der christlichen *Moral* innerhalb der europäischen Kultur. Er bemißt sie am Maßstab christlicher Morallehre, die die Menschen angeblich dazu gebracht habe, als sterbliche Individuen an ihren eigenen Unwert zu glauben, um danach individualistische Anerkennung, allein von ›göttlicher Gnade‹ abhängig, erwarten zu dürfen, mit dem Verweis auf eine ›himmlische‹ Existenz nach dem Tod. In ›Menschliches, Allzumenschliches‹ heißt es: „Es ist ein Kunstgriff des Christentums, die völlige Unwürdigkeit, Sündhaftigkeit und Verächtlichkeit des Menschen überhaupt so laut zu lehren, dass die Verachtung der Mitmenschen dabei nicht mehr möglich ist. ›Er mag sündigen, wie er wolle, er unterscheidet sich doch nicht wesentlich von mir: ich bin es, der in jedem Fall unwürdig und verächtlich ist‹, so sagt sich der Christ. Aber auch dieses Gefühl hat seinen spitzigsten Stachel verloren, weil der Christ nicht an seine individuelle Verächtlichkeit glaubt: er ist böse als Mensch überhaupt und beruhigt sich ein wenig bei dem Satze: wir Alle sind Einer Art.“[288] Nietzsches eigener positiver Maßstab wird ersichtlich: individualistische Motivation, im Sinn des Anspruchs auf ›hiesige‹ Anerkennung der Individualität, wobei das eigentlich Verderbliche für ihn im Bewußtsein kollektiver *Gleichheit* in menschlicher Sündhaftigkeit besteht. Der abgelehnte Effekt der

[287] Zu Nietzsche allgemein: V. Gerhardt: Friedrich Nietzsche. München 1992; ders.: Pathos und Distanz. Studien zur Philosophie Friedrich Nietzsches. Stuttgart 1988; W. Kaufmann: Nietzsche. Philosoph, Psychologe, Antichrist. Darmstadt 1988; R. Schacht: Nietzsche. London 1983.

[288] F. Nietzsche: Menschliches, Allzumenschliches. In: Nietzsches Werke. 1. Abt. Bd. II. Stuttgart 1921, S. 129.

Gleichheit liegt auch den Bemerkungen zugrunde, in denen Nietzsche sich kritisch gegen die Rolle des Mitleidspostulats innerhalb der christlichen Morallehre wendet.[289] Gegen christliche Gleichheitsmoral bringt er den Vergleich mit dem religiösen Verhältnis der klassischen Griechen, die sich ihren Göttern nicht unterwarfen, sondern sich als ›Verwandte der Götter‹ betrachteten.[290]
Über die christliche Morallehre hinaus sind Wandlungen im Geschlechterverhältnis, im Wissenschafts- und im politischen Verständnis nichts weiter als andere Felder negativer Effekte neuzeitlicher *Gleichheit,* die sich für Nietzsche mit der Beförderung einer ›Sklavenmoral‹ verbindet. Was das Politische angeht, richtet sich seine Verachtung gegen Demokratisierung und Nationalisierung der Epoche. „Fügen wir uns in die Tatsachen: das Volk hat gesiegt – oder ›die Sklaven‹, oder ›der Pöbel‹ oder ›die Herde‹ … die Herren sind abgetan; die Moral des gemeinen Mannes hat gesiegt … Der Gang dieser Vergiftung, durch den ganzen Leib der Menschheit hindurch, scheint unaufhaltsam."[291] Vom europäischen Nationalismus spricht er als vom ›nationalen Nervenfieber‹, dem die Völker anheimgefallen sind und mit dem sich der kollektive Geist der ›ressentimentgeladenen Feindschaft‹ ausgebreitet habe.
Nietzsches Kritik der modernen Gleichheit basiert zunächst auf einem rückwärtsgewandten Bild der ›Vornehmheit‹ und des ›Herrentums‹: auf der Vorbildlichkeit der künstlerischen und philosophischen Lebensentwürfe der Griechen des Altertums, die in der deutschen Klassik bekanntlich zur ›Religion der Gebildeten‹ gemacht wurden. Die nostalgische Sicht blieb solange vorherrschend, wie das Christentum im Mittelpunkt der Kritik stand. In ihr erschien die Ausbreitung der Gleichheit als die einer Verfallsgeschichte europäischer Kultur. In Schriften der 80er Jahre wie ›Jenseits von Gut und Böse‹ meldet sich dann jedoch zunehmend eine Zukunftsvision zu Wort, von der Nietzsche allerdings in ambivalent-

---

[289] Die Mitleidsethik ist nach ihm in Europa über den Bereich des christlichen Glaubens hinaus zum Bestandteil der zeitgenössischen öffentlichen Moral geworden: „Wo heute Mitleiden gepredigt wird, – und, recht gehört, wird jetzt keine andre Religion mehr gepredigt – möge der Psycholog seine Ohren aufmachen: durch alle Eitelkeit, durch allen Lärm hindurch, der diesen Predigern (wie allen Predigern) zu eigen ist, wird er einen heiseren, stöhnenden, ächten Laut von Selbst-Verachtung hören. Sie gehört zu jener Verdüsterung und Verhässlichung Europas, welche jetzt ein Jahrhundert lang im Wachsen ist … wenn sie nicht deren Ursache ist! Der Mensch der ›modernen Ideen‹, dieser stolze Affe, ist unbändig mit sich selbst unzufrieden: dies steht fest. Er leidet: und seine Eitelkeit will, dass er nur ›mit leidet‹" (Jenseits von Gut und Böse, 1. Abt. Bd. VII, a.a.O., S. 175).

[290] „Die Griechen sahen über sich die homerischen Götter nicht als Herren und sich unter ihnen nicht als Knechte, wie die Juden. Sie sahen gleichsam nur das Spiegelbild der gelungensten Exemplare ihrer eignen Kaste, also ein Ideal, keinen Gegensatz des eignen Wesens. Man fühlt sich miteinander verwandt, es besteht ein gegenseitiges Interesse, eine Art Symmachie. Der Mensch denkt vornehm von sich, wenn er sich solche Götter giebt … Das Christentum dagegen zerdrückte und zerbrach den Menschen vollständig und versenkte ihn wie in tiefen Schlamm" (Menschliches, Allzumenschliches, a.a.O., S. 127).

[291] F. Nietzsche: Zur Genealogie der Moral. 1. Abt. Bd. VII, a.a.O., S. 315. Nietzsche läßt mit diesen Worten aus rhetorischen Gründen zwar einen ›demokratischen Freigeist‹ sprechen, doch gibt die Auffassung unzweifelhaft seine eigene Meinung wieder.

gemischtem Ton redet – so, als wisse er selbst nicht, ob er vor ihr warnen oder sie begrüßen solle. In einem der Kurzessays sieht er, nahezu prophetisch, die Entstehung eines neuen europäischen Menschentypus sich am Horizont abzeichnen: „Dieser Prozess des werdenden Europäers … läuft wahrscheinlich auf Resultate hinaus, auf welche seine naiven Beförderer und Lobredner, die Apostel der ›modernen Ideen‹, am wenigsten rechnen möchten. Dieselben neuen Bedingungen, unter denen im Durchschnitt eine Ausgleichung und Vermittelmässigung des Menschen sich herausbilden wird – ein nützliches, arbeitsames, vielfach brauchbares und anstelliges Herdentier Mensch –, sind im höchsten Grad dazu angetan, Ausnahmemenschen der gefährlichsten und anziehendsten Art den Ursprung zu geben … während also die Demokratisierung Europas auf die Erzeugung eines zur Sklaverei im feinsten Sinn vorbereiteten Typus hinausläuft, wird, im Einzel- und Ausnahmefall, der starke Mensch stärker und reicher geraten müssen, als er vielleicht jemals bisher geraten ist … ich wollte sagen: die Demokratisierung Europas ist zugleich eine unfreiwillige Veranstaltung zur Züchtung von Tyrannen – und das Wort in jedem Sinn verstanden, auch im geistigsten.“[292] Gerade wenn man in dieser Vorhersage auch ›Tyrannen‹ von der Art Mussolinis, Stalins, Hitlers und Francos angekündigt sieht, wird man mit ihnen heute gewiß nicht das ›Anziehende‹ und ›Reiche‹ verbinden, das Nietzsche sich von ihnen noch erhoffte. Man kann ihn im Hinblick auf Formulierungen wie diese nicht vom trügerischen Faszinosum einer hellsichtig prognostizierten Möglichkeit von Diktatur freisprechen.[293]

Nichtsdestoweniger hat der ›Übermensch‹, der sich in diesen Sätzen andeutet, für Nietzsche konzeptionell eine andere Funktion, als sie durch Identifizierung mit dem der Demokratisierung entstammenden modernen Typus des ›Tyrannen‹ zum Ausdruck käme. Wollte man ihm wohl, interpretierte man die fragmentarisch gebliebene Theorie des ›Übermenschen‹ im ›Zarathustra‹ in ihren poetischen Bildern als Wiedergabe einer Problematik der Individualität im Licht ihrer ›Verdiesseitigung‹. Der ›Übermensch‹ ist, so besehen, Platzhalter für die Individualität unter gesellschaftlichen Bedingungen moderner Gleichheitsdominanz. Von Nietzsche wird er nach dem *Modell der individuellen Selbstbehauptung* konzipiert. In seiner Einsamkeit allein auf sich gestellt, ist er der *heroische* Einzelne, der den Kampf gegen die nihilistische Wahrheit seiner Lebensbestimmung führt, indem er sich, gegen die mächtige Gleichheitstendenz zur Wehr setzend, in äußerste Randbereiche menschlicher Erfahrung und Vorstellungskraft vorwagt.

Mit dem ›Zarathustra‹, der diese Lehre verkündet, wird die Lebensleistung einer außerordentlichen persönlichen Existenz im Bewußtsein der Endlichkeit darge-

---

292 F. Nietzsche: Jenseits von Gut und Böse. 1. Abt. Bad. VII, a.a.O., S. 206f.

293 Für Nietzsches Verhältnis zum Politischen vgl. die umfassende Studie von H. Ottmann: Philosophie und Politik bei Nietzsche. Berlin 1999.

stellt. Nietzsche bedient sich einer superlativischen Sprache, die nicht von ungefähr nur so von Ausrufungszeichen strotzt. Er repräsentiert mit dem ›Zarathustra‹ das andere Extrem: Während bei den Philosophen der Gleichheitsdominanz die Individualität nicht vorkommt, weil sie den Menschen allein als Einzelexemplar einer biologischen oder politischen Gattung fassen, gibt die Sicht des Zarathustra die solipsistische Welt des Philosophen-Individuums ›Friedrich Nietzsche‹ wieder.

Zarathustra, hinter dessen Maske sich Nietzsche selbst verbirgt, versteht sich als ›größter‹ Denker unter den lebenden. Er erzählt die ›existenzielle‹ Geschichte des ›Philosophen vom Berg‹ in Sils-Maria, deren teils märchen- teils weisheitslehrenhafte Metaphorik so gewählt ist, daß sie weder zur Beschreibung der Gleichartigkeit noch zur Wiedergabe des Typischen menschlicher Leistungen herhalten könnte.

Der ›Übermensch‹ ist der ›Verehrer der Einsamkeit‹, der die Nächstenliebe mit Mißtrauen betrachtet, ›weil nur der sich nach einem Nächsten sehnt, der an sich nicht selber genug hat‹. Dennoch ist er kein Anachoret in der Wüste, denn für den gäbe es ohnehin nur einen Gott als Gegenüber. Er will, ganz im Gegenteil, die *gesellschaftliche* Anerkennung seiner Außerordentlichkeit, sieht er sich doch ausschließlich als der große ›Lehrer‹, dem es um die – allerdings noch zu findende – ›Jünger-‹ bzw. ›Schülerschaft‹ geht. Das Furchtbarste sei, sich durch die religiösen ›Verächter des Lebens überirdische Hoffnungen vorgaukeln zu lassen‹ und ›an der Erde zu freveln‹. Seinen Aufstieg im Leben erfährt er als dauernde Gegenwärtigkeit, in der die Vergangenheit entflieht und für den die Existenz in der Zukunft ungewiß ist: Auf der einen Seite löscht ›jeder Fußtritt den bereits zurückgelegten Weg‹ aus und in der Sicht nach oben ›steht geschrieben: Unmöglichkeit!‹. „Und wenn dir nunmehr alle Leitern fehlen, so mußt du verstehen, noch auf deinen eigenen Kopf zu steigen: wie wolltest du anders aufwärts steigen?" Auf der Lebenshöhe steht er auf dem ›letzten Gipfel‹ und blickt von dort auf die ›schwarze traurige See unter mir‹: „Ich erkenne mein Los, sagte er endlich mit Trauer. Wohlan! Ich bin bereit. Eben begann meine letzte Einsamkeit. … Ach, Schicksal und See! Zu euch muss ich nun *hinab* steigen!"[294] Der Nihilismus, Sinn menschlicher Existenz, ist doch das menschliche Individuum das Lebewesen, das um seine Auslöschung durch den Tod weiß, soll allein durch eine persönliche Entwicklung zu autonomer, selbstgestalterischer Größe ertragbar werden. Jedes andere Leben, das aus der Hoffung auf eine metaphysische Transzendenz gelebt wird oder in Anpassung an die Gleichheit aufgeht, sei eine verschenkte, eine umsonst gelebte Existenz.

Am Schluß hebt sich Zarathustras Botschaft auf: Sie endet in einer Paradoxie. Auf der einen Seite bezieht sie ihren Sinn aus dem individuellen ›Bewußtsein

[294] F. Nietzsche: Jenseits von Gut und Böse, a.a.O., S. 224.

zum Tode‹, d.h. aus der einzigartig-individualistischen Einsamkeit und Auflehnung sowohl gegen religiöse Transzendenz als auch gegen Anpassung an demokratische Gleichheit in der ›Menge‹, so daß ihr nichts Anderes bleibt, als die außerordentlichen Leistungen des ›Übermenschen‹ als Ausdruck der individuellen Selbstverwirklichung zu fordern. Auf der anderen Seite mündet das Werk des Verkünders des ›Übermenschen‹ in die Lehre von der ›ewigen Wiederkehr des Gleichen‹; mit ihr erneuert sich unter Berufung auf Individualität der Glaube an die individuelle Unsterblichkeit, wenn auch einer im Rahmen welthaft-irdischer Immanenz.

Dieses paradoxe Ergebnis wirkt sich auch auf die Konzeption der außerordentlichen Individualität selbst aus: Einerseits richtet sich die Lehre an eine Vielzahl möglicher Schüler und Nachfolger, geht es doch um die Belehrung von Menschen, nicht von Göttern. Andererseits sind Nietzsches Ansprüche an die Leistung einer außerordentlichen Individualität so hoch, daß, nicht anders als im jüdisch-christlichen Monotheismus auch, wohl – wenn überhaupt – nur ein Einziger sie erfüllen könnte.

Die Paradoxie gewinnt Verständlichkeit, sobald man Nietzsche in seiner Doppelrolle erkennt: einmal als Exponent der dezidiert *anti-egalitären* Individualitätsperspektive, zum anderen als Lehrer einer philosophischen Wahrheit für ›*Gleich*gesinnte‹. Als Exponent der Individualität übertreibt er die Ansprüche an diese bis zum radikalen Ausschluß aller denkbaren und wirklichen Arten der Gleichheit – von der Religion bis zur Politik. Als Lehrer einer Wahrheit tritt er hingegen aus dem solipsistischen Schneckenhaus heraus und erkennt eine Gleichheit an, wenn auch eine mit künftig erst noch zu gewinnenden ›Jüngern‹.

Nietzsche übertreibt allerdings den Aufstand gegen die Gleichheit so sehr, daß er die unerläßliche Abhängigkeit der Individualität von einer ›letzten‹ Gleichheit, nämlich der ›im Wissen um den Tod‹, ohne die es das menschliche Individualitätsbewußtsein nie gegeben hätte, aus dem Auge verliert. Denn von dem wissen wir, daß es erst als Reflex der Identifikation mit dem Sterbenmüssen im Bewußtsein der *Gleichheit* der Gattung zustandegekommen ist.

Durch eine übertrieben scharfe Entgegensetzung mit der Gleichheit ist jedoch Individualität für ihn zum höchsten und letztlich einzig positiven Wert geworden. Sie ist zu ihrer alten Bestimmung zurückgekehrt und wird unter dieser Voraussetzung wieder nach den klassisch-religiösen Maßstäben der unendlichen, d.h. unsterblichen Existenzform gewichtet. Einer möglichen Verwechslung mit der Religion glaubte Nietzsche dadurch entgehen zu können, daß er die unsterbliche Existenz nicht in der Transzendenz einer religiösen Metaphysik nach christlichem Vorbild ansiedelt, sondern – durch Anleihe bei der Lehre Buddhas – in einer irdisch-weltlichen Immanenz. Er hält dabei die traditionelle Identifizierung des Individualitätsbewußtseins, mit dem Anspruch auf Unsterblichkeit, in einer Weise aufrecht, als handele es sich um einen logischen Übergang. Mit dieser Identifizierung jedoch

wird er selbst Opfer des Grundkonzeptes der Hochreligionen, dessen christliche Ausgestaltung er zuvor mit so viel Verachtung abgelehnt hatte.
Als unverlierbar festzuhalten ist hingegen das mit dem ›Zarathustra‹ vorgetragene Modell einer ›existenziell‹- individualistischen Geschichte ›großer‹ Persönlichkeiten zusammen mit deren Logik des äußersten Knappheitsbewußtseins der Individualität im Licht ihrer ›Verdiesseitigung‹. Damit zwingt Nietzsche zu einer grundsätzlichen Stellungnahme im Verhältnis Gleichheit und Individualität, bei der der Gegensatz nicht notwendigerweise, wie von ihm selbst, im Sinne wechselseitiger Ausschließung zu verstehen ist. Wenn man – gegen Nietzsche und im Verein mit zahlreichen Philosophen und Intellektuellen unserer Zeit – die Gleichheit als gesellschaftlichen Basiswert bejaht, muß man logischerweise auch dem Preis, der dafür zu zahlen ist, zustimmen. Er besteht in der Bereitschaft, Klarheit über die Knappheit der Positionen einer gesellschaftlichen Anerkennung der Individualität zu gewinnen bzw. darin beträchtliche Einschränkungen als Folge eines Verzichts auf gesellschaftliche Anerkennung von Individualität hinzunehmen.
Nietzsches eigentlicher Grundfehler liegt jedoch in dem, was ich die ›philosophische Übertreibung‹ nenne: Er macht aus historischen und kulturspezifischen Prinzipien einen realen anthropologischen Gegensatz zwischen Individualität und Gleichheit. In Wirklichkeit handelt es sich bei beiden – und auch bei ihrem Gegensatz – jedoch um ›Tendenzprinzipien‹ auf der Grundlage historisch-kultureller Traditionen: Sowohl die Gleichheit als auch die ›diesseitige‹ Verwirklichung der Individualität entstammen einem Projekt der europäischen Moderne, das erst mit der protestantischen Bewegung im religiösen Bereich der europäischen Kultur seinen Anfang genommen hat.
Diese historisch-kulturellen Traditionen sind bis in unsere gegenwärtige Gesellschaft hinein in hohem Grade wirksam, ein Umstand, an dessen prinzipieller Bedeutung sich auch in naher Zukunft nicht allzu viel ändern wird.
Die wichtigste Tradition, über die hier zu sprechen ist, ist die im europäischen Kontext angesiedelte religiöse Tradition christlicher Konfessionen. Ich habe dargestellt, daß die moderne ›Verdiesseitigung der Individualität‹ mit ihren Veränderungen des christlichen Menschenbildes im Mittelalter eingesetzt und ihren ersten Niederschlag in der ›protestantischen Gleichheit‹, nämlich in der *gleichen* Gottunmittelbarkeit aller Gläubigen, gefunden hat. Zwar herrscht heute, insbesondere in der protestantischen Theologie, die Sprache der Gleichheitsdominanz vor, in der das individualistische Knappheitsthema ausgeklammert wird, indem man davon ausgeht, daß jeder Gläubige im Diesseits schon vertrauensvoll mit der jenseitigen Erlösung wird rechnen können. Doch grundsätzlich ist das Bewußtsein der Knappheit individualistischer Anerkennung in den religiösen Überzeugungen, die sich mit der Funktion der Dilemmaentlastung durch die christliche Hoffnung auf eine jenseitige Unsterblichkeit des menschlichen Individuums verbinden, nie gänzlich verlorengegangen.

Die wichtigste Darstellung, wie im neuzeitlichen Protestantismus der Knappheitsthematik Rechnung getragen wurde, verdanken wir Max Weber, der sich aus sozialphilosophisch-soziologischer Sichtweise damit befaßt hat.

d. Max Weber und das ›kapitalistische‹ Knappheitsbewußtsein des ›asketischen‹ Protestantismus

Zu seinen Untersuchungen über die Entstehung des Kapitalismus wurde Weber durch das Werk des Nationalökonomen W. Sombart ›Der moderne Kapitalismus‹[295] angeregt.[296] Sombart behandelt darin den Zusammenhang zwischen dem kapitalistischen Geist und der religiösen Ethik des amerikanischen Quäkertums. Weber erweitert die Themenstellung von Sombart um die Frage, wie es ganz allgemein zum westlichen Kapitalismus gekommen sei.[297] Ein Schüler von Weber – M. Offenbacher – hatte, im Sinn der Sombartschen Grundthese, bereits eine empirisch-soziologische Studie über den Zusammenhang zwischen der Zugehörigkeit zu bestimmten Berufen und der zu einer der christlichen Konfessionen vorgelegt. Die Leute, die Offenbacher befragte, lebten im südwestdeutschen Königreich Baden, mit konfessionell gemischter Bevölkerung. Er kam zu dem Ergebnis, daß die Angehörigen der protestantischen Konfession in einem auffallend höheren Maß als die Katholiken unter der Schicht der Fabrikanten, der Kapitalbesitzer, unter den Managern größerer Firmen und auf den höheren Stufen der Staatsverwaltung vertreten waren. In seinen historischen Studien war Weber bereits auf ähnliche Untersuchungen von Historikern gestoßen, denen zu entnehmen war, daß in den großen Städten des 16. Jahrhunderts, also unmittelbar nach den Reformationen, gerade die Mitglieder der neuen protestantischen Bekenntnisse sich am aktivsten und erfolgreichsten in der wirtschaftlichen Sphäre betätigten. Er stellt die These auf, daß sowohl die Betätigung auf dem Gebiet der Wirtschaft als auch der wirtschaftliche Erfolg auf einer Eigenart des protestantischen Ethos, des protestantischen ›Geistes‹, beruhe. Das soll hervorheben, daß erst der spezifische Geist des Protestantismus die Anstrengung erzeugt hat, den persönlichen Erfolg in wirtschaftlicher Betätigung zu suchen. Der Profit wird zum *ethischen* Zweck wirtschaftlicher Betätigung. Weber weist in diesem Zusammenhang darauf hin, daß es sich bei der Erklärung des ›kapitalistischen Geistes‹ um das Verständnis eines historisch-individuellen Phänomens handelt:

---

295 W. Sombart: Der moderne Kapitalismus. Berlin 1902.

296 Vgl. D. Käsler: Max Weber. Frankfurt/New York 1995; J. Winckelmann: Max Webers hinterlassenes Hauptwerk. Tübingen 1986.

297 Es handelt sich um folgende Schriften: Die protestantische Ethik und der Geist des Kapitalismus (1904); Die protestantischen Sekten und der Geist des Kapitalismus (1906); Die Wirtschaftethik der Weltreligionen (1915); alle in: M. Weber: Gesammelte Aufsätze zur Religionssoziologie. Bd. I. Tübingen 1988.

„Denn, daß hier nur von diesem westeuropäisch-amerikanischen Kapitalismus die Rede ist, versteht sich angesichts der Fragestellung von selbst. Kapitalismus hat es in China, Indien, Babylon, in der Antike und im Mittelalter gegeben. Aber jenes eigentümliche Ethos fehlte ihm, wie wir sehen werden."[298] Nach Webers Beobachtung ist der westliche Kapitalismus mit einem bestimmten ›Sozialethos‹ verbunden, dem Ethos der ›Berufspflicht‹. Nur als solches Ethos einer sozialen Gruppe kann es nach Weber zu eben jener Pflicht des Einzelnen kommen, als kapitalistischer Unternehmer Vermögen zu vermehren und nach persönlichem Profit zu streben.

Die der kapitalistischen Berufs- und Sozialethik entgegengesetzte Einstellung bezeichnet Weber als ›Traditionalismus‹. Er bezieht sich auf Denkweisen, nach denen „der Mensch ›von Natur‹ nicht Geld und mehr Geld verdienen will, sondern einfach leben, wie er zu leben gewohnt ist, und nur soviel erwerben, wie dazu erforderlich ist. Überall, wo der moderne Kapitalismus sein Werk der Steigerung der ›Produktivität‹ menschlicher Arbeit durch Steigerung ihrer Intensität begann, stieß er auf den unendlich zähen Widerstand dieses Leitmotivs präkapitalistischer wirtschaftlicher Arbeit."[299] Weber schließt sich Sombarts Feststellung an, wonach die Sozialethik des kapitalistischen Wirtschaftens in einem ›ökonomischen Rationalismus‹ wurzelt. Das wichtigste Implikat des Begriffs liegt in einem historischen Element ›allgemeiner Kulturbedeutung‹, das man aus Sicht der neuzeitlichen Rationalitätsbegriffe, da religiösem Glaube entstammend, als ›irrational‹ zu bezeichnen pflegt. Die deutsche Sprache enthält ein Wort, nach Weber besonders gut geeignet, das in einem Religionsbekenntnis wurzelnde kapitalistische Berufsethos zu bezeichnen: ›Berufung‹.

Die Leistung der Reformation besteht nun Weber zufolge darin, „daß, im Kontrast gegen die katholische Auffassung, der sittliche Akzent und die religiöse Prämie für die innerweltliche, beruflich geordnete Arbeit mächtig schwoll. Wie der ›Berufs‹-gedanke, der dies zum Ausdruck brachte, weiter entwickelt wurde, das hing von der näheren Ausprägung der Frömmigkeit ab, wie sie nunmehr in den einzelnen Reformationskirchen sich entfaltete."[300] Er glaubt belegen zu können, daß dieses reformatorische Konzept der ›Heiligung‹ individueller Berufsarbeit ausschließlich im protestantischen Calvinismus entstanden sei. In bezug auf die Berufsarbeit der Gläubigen bleibe Luther Anhänger der ›traditionalistischen‹ Auffassung, wie sie auch für die christlich-katholische Tradition kennzeichnend ist. Dies entspräche seiner Lehre von der Trennung des Bereichs des Glaubens, der der Beziehung zu Gott gewidmet ist, und den Bereichen des weltlichen ›Regiments‹, zu denen Politik und Wirtschaft gehören. Weber betont je-

---

298 M. Weber, a.a.O., S 34.
299 A.a.O., S. 44f.
300 A.a.O., S. 74.

doch, daß auch die Reformatoren der calvinistisch-protestantischen Konfession nicht ausdrücklich an die Erzeugung eines ›kapitalistischen Geistes‹ gedacht haben.[301]

Ein Hauptmotiv für die kapitalistische Berufsethik findet Weber im *asketischen* Grundzug des calvinistischen Protestantismus. Zu den calvinistischen Formen, die eben diesen Grundzug besonders ausgeprägt und entwickelt haben, zählen Pietismus, Methodismus und Puritanismus. Die Grundlage für die asketische Glaubensmoral bleibt die Lehre Calvins über die ›göttliche Gnadenwahl‹. Sie ist Kern einer umfassenderen theologischen Lehre der Prädestination. Nach calvinistischer Lehre von der Gnadenwahl ist ›Verherrlichung Gottes‹ Sinn und Zweck menschlichen Daseins. Danach ist ein Teil eines Jeden zur ›Verdammnis‹ bzw. zur ›Seligkeit‹bestimmt. Gottes Entschluß sei es anheimgegeben, welcher Teil bei jedem Einzelnen überwiegt. Verbindet man nun die Prädestinationslehre über Erlösung oder Verdammnis mit der ebenfalls calvinistischen Auffassung, daß das Leben des Christen der ›Verherrlichung Gottes‹ dienen solle, dann zeigen sich die Konsequenzen, die Weber im Hinblick auf das Berufsethos des calvinistischen Protestantismus gezogen hat. Einerseits kann der Einzelne an seiner Bestimmung nichts ändern. Einzig tröstlich für ihn bleibt, daß niemand, auch der Frömmste nicht, je erfahren wird, was auch immer Gott für ihn beschlossen habe. Andererseits ist allein die Verherrlichung Gottes Erfüllung menschlichen Lebens. Indem der Gläubige sich bemüht, Gottes Geboten zu gehorchen, kann er jedoch ›Zeichen der Erwählung (Heiligkeit)‹ durch Gott wahrnehmen. Ein Leben nach den Geboten heißt, ein Leben der Arbeit zu führen. Denn Gott will nicht das ›gute Leben‹, will sagen, die Menschen sollen ihrer ›sündigen Natur‹, dem Hang zu Bequemlichkeit und Müßiggang, gerade nicht nachgeben. Gott will vielmehr, daß Menschen diesen ›sündigen Hang‹, einer dauernden Lebensaufgabe gleich, unterdrücken. Auch soll man nach diesem reformierten Ethos durch Arbeit auch keinesfalls für Andere etwas tun. Es geht deshalb nicht etwa um Bekundung der Nächstenliebe, sonst durchaus einer der Grundwerte christlicher Moral. Denn auch der Zweck, für Andere etwas zu tun, ist in diesem Ethos nicht ausreichend, weil bei der Zwecksetzung, Anderen durch die Früchte der eigenen Arbeit behilflich zu sein, die Gefahr bestünde, daß die Dankbarkeit derer, für die man etwas tut, gar als eigene Befriedigung empfunden werden könnte. ›Irdische‹ Befriedigung aber soll der nach dem Gottesreich wahrhaft Strebende gerade nicht empfinden.

---

301 „Wenn wir demgemäß bei der Untersuchung der Beziehungen zwischen der altprotestantischen Ethik und der Entwicklung des kapitalistischen Geistes von den Schöpfungen Calvins, des Calvinismus und der anderen ›puritanischen‹ Sekten ausgehen, so darf das aber nicht dahin verstanden werden, als erwarteten wir, bei einem der Gründer oder Vertreter dieser Religionsgemeinschaften die Erweckung dessen, was wir hier ›kapitalistischen Geist‹ nennen, in irgendeinem Sinn als Ziel seiner Lebensarbeit vorzufinden" (a.a.O., S. 81).

Der wirtschaftliche Erfolg darf dann letztendlich als Zeichen der ›Erwählung durch Gott‹ verstanden werden. Da diese Zeichen aber höchst selten und nicht von Dauer sind, ist jeder gehalten, ständig an ihrer Verwirklichung zu arbeiten. Weber zieht aus diesen drei Kennzeichen der calvinistischen Morallehre seine Folgerungen für den ethischen Geist des Kapitalismus. Die Individualisierung der protestantischen Konfession wird für ihn zum Ausgangspunkt der These, mit ihr verbinde sich die Aufforderung zu einer dauernden rationalen Selbstkontrolle der Individuen. Rationale Selbstkontrolle wird so zum Fundament ökonomischer Nutzenrationalität.[302]

Weber zufolge ist der Kapitalismus der westlichen Welt, nicht wie bei Marx, durch Ausbeutung der Arbeiter entstanden, sondern in der Hauptsache Ergebnis einer ethisch-moralischen Einstellung, die in der Verpflichtung zu zweckrational organisierter Arbeit und im Auftrag besteht, durch Sparen, d.h. Konsumverzicht, Kapital zu bilden, um die Produktivität der Arbeit permanent zu steigern. Der puritanische Geist hat sich nach Weber nicht umsonst am stärksten dort entfaltet, wo der puritanische Calvinismus seine größte gesellschaftliche und weltanschauliche Wirksamkeit entwickelt hat: in der wirtschaftlichen Erfolgsgeschichte der Vereinigten Staaten von Amerika.

Man vermag sich des Eindrucks nur schwer zu entziehen, daß Weber mit der Herausarbeitung des kapitalistischen Ethos eine wichtige Seite der modernen Gesellschaftsentwicklung zutreffend bezeichnet hat. Sowohl die Durchsetzung des Primats der ökonomisch bestimmten Denk- und Handlungsweisen in Ländern mit christlich-religiösen Traditionen, die durch den Geist calvinistisch-protestantischer Ethik geprägt sind, als auch die signifikanten Unterschiede zwischen den wirtschaftlichen Entwicklungen in diesen Ländern und in jenen mit katholischer Tradition lassen sich dafür benennen. Ich möchte mich im Hinblick auf meine Fragestellung jedoch nicht mit der unter Soziologen umstrittenen Problematik empirischer Tragfähigkeit der Weberschen Theorie befassen. Mir geht es vielmehr darum, Webers Analyse der calvinistisch-protestantischen Askese als eindrucksvolles Dokument des modernen Knappheitsbewußtseins der Individualität darzustellen.

Zur inneren Logik dieses ›asketischen‹ Konzepts: Nicht einfache Leistungen wie das lutheranische ›gläubige Vertrauen‹ erfüllen in der spezifisch-calvinistischen

---

[302] In ›Die protestantische Ethik und der Geist des Kapitalismus‹ (1904–05) zeigt Weber, daß speziell der angelsächsische Puritanismus eine Spielart des Calvinismus darstelle, die der Entwicklung der kapitalistischen Berufsethik günstig gewesen sei. Bei einem längeren Aufenthalt in den Vereinigten Staaten im Jahr 1904 hat er viel historisches Material für diesen Teil seiner religionssoziologischen Studien durchgearbeitet. Danach sei der englische Puritanismus die konsequenteste Fundierung der wirtschaftsethischen Berufsidee, die im Kern den Geist des Kapitalismus ausmache. Er stützt sich in seiner Analyse vor allem auf die puritanische Ethik von Richard Baxter, eines in seiner Zeit bekannten englischen Geistlichen und Predigers (1615–1691).

Askese die Bedingung für ›diesseitige‹ Signale der ›Auserwähltheit‹, sondern erst Ergebnisse einer lebenslangen Arbeit, die in ständiger Selbstkontrolle auf den Genuß ihrer Früchte zu verzichten gelernt hat. Diese Ergebnisse signalisieren die Auserwähltheit derjenigen, die sich ihrer ›individualistischen‹ Anerkennung durch Gott in gewisser Weise sicher sein können. Die Qualität der Signale ist jedoch von der jeweils individuellen Durchsetzungsfähigkeit im Rahmen eines Konkurrenzkampfs mit anderen ebenso motivierten Individuen abhängig, wo ständig Gewinner und Verlierer abwechseln. Die Knappheit der Möglichkeiten, Signale der Auserwähltheit jedoch überhaupt wahrzunehmen, zeigt sich allein an kapitalbesitzenden Unternehmern, denn nur in dieser Rolle können Individuen sich am Konkurrenzkampf beteiligen. Die von den Unternehmern beschäftigten Arbeiter kommen realistischerweise in Ermangelung von Leistungen des Kapitalsparens für diese Konkurrenz nicht in Betracht. Darüber hinaus können auch Verlierer aus der Unternehmerschaft kein sichtbares Signal hinsichtlich ihrer möglichen Auserwähltheit reklamieren. Selbst unter den Gewinnern des kapitalistischen Konkurrenzkampfes fallen im Hinblick auf die Deutlichkeit der Signale noch einmal Abstände individueller Vermögensakkumulation untereinander ins Gewicht, denn nur bei den Erfolgreichsten kann es sich um klare Zeichen der ›Auserwähltheit‹ handeln, während die minder und mäßig Erfolgreichen im wenig aussagekräftigen Normalbereich ausharren müssen.

Selbstverständlich bleibt auch im Glaubensverständnis calvinistischer Christlichkeit die Frage *definitiver* Auserwähltheit letztlich unbeantwortbar. Deshalb können hier im Erdenleben im Prinzip alle Gläubigen bis zum Lebensende die Hoffnung auf Erlösung durch Unsterblichkeit für einen Jeden im Jenseits aufrechterhalten. Nichtsdestoweniger hält die Signal-Lehre der Auserwähltheit im calvinistischen Protestantismus ein Bewußtsein für die außerordentliche Knappheit der Plätze ›individualistischer‹ Anerkennung wach. Der markante Unterschied zwischen dem nordamerikanischen und dem europäischen Protestantismus verdankt sich bis heute genau diesem Bewußtsein für eine christliche Leistungsethik. Während es für Mitglieder der meisten protestantischen Kirchen in den USA selbstverständlich ist, persönliche Leistungen für ein Auserwähltsein durch Gott zu erbringen, beschränkt sich im europäischen, speziell auch im deutschen Protestantismus der persönliche Einsatz der Gläubigen auf den geistig-seelisch zu vollziehenden Akt des ›gläubigen Vertrauens‹. Von einem persönlichen Einsatz, etwa durch tätiges und handelndes ›Priestertum‹, ist hier wenig zu spüren.

e. ›Das Verschwinden des Subjekts‹?

Nietzsche ist, wie schon angedeutet, der letzte bedeutende Denker unserer Epoche, der den Aufstand gegen die moderne Dominanz der Gleichheit gewagt hat.

Seine Philosophie lebt von der Hoffnung, die europäische Menschheit werde sich vom Gleichheitsjoch befreien und zu einer neuen Kultur ›individualistischer‹ Außerordentlichkeit finden. Das Konzept des ›Übermenschen‹ verleiht dieser Hoffnung den ihr gemäßen Ausdruck. Im richtungsweisenden Denken des 20. Jahrhunderts wird hingegen die Dominanz der Gleichheit als gesellschaftliches Grundfaktum hingenommen. Soweit es in der Nachfolge Nietzsches zur Fortsetzung der individualistischen Auflehnung gegen die Gleichheit kommt, wird gerade deren Dominanz in Rechnung gestellt. Im Licht dieser Akzeptanz kommt es zu zwei typischen Reaktionen, die das intellektuelle Klima weit über die Philosophie hinaus bestimmen. Einerseits wird die ›Individualität‹ gegen die Gleichheitsdominanz verteidigt, indem man sie von jeder ›vernunftgemäßen‹ Artikulation ablöst und zu einer ›irrationalen Existenzerfahrung‹ macht. Andererseits wird die ›Individualität‹ gleichsam abgeschafft, indem man das Sprechen über menschliche Subjektivität auf naturwissenschaftliche Kategorien beschränkt.
Die erste Richtung nimmt die Form des mit der Irrationalität mehr als nur kokettierenden ›existenzialistischen‹ Protestes an, die zweite die einer ins Extrem getriebenen Unterwerfung unter eine ausschließlich wissenschaftliche Sichtweise, in der die Gleichheitsbedingung des Gesetzesbegriffs wesentlicher Faktor ist.
Die Theorie des Jahrhunderts, die am einflußreichsten die Entmachtung des individuellen Subjekts als eines ›vernunftgeleiteten‹ Akteurs seiner Gedanken und Handlungen betrieben hat, ist fraglos die psychoanalytische Freuds mit ihrer klassischen Zielsetzung, der Gewinnung bzw. Wiedergewinnung der ›Ichstärke‹.
In einer der Geschichte neuzeitlicher Subjektivität gewidmeten Studie sieht P. Bürger in P. Valéry und G. Bataille frühe Vertreter der Richtung, für die das individuelle Ich nur noch zu einer ohnmächtigen Gestik des ›Aufstands gegen die Gleichheit‹ in der Lage ist. Der Weg der Wiedergewinnung einer Art von Souveränität hinsichtlich seiner Gedanken und Handlungen, wie es ihn für Freud durchaus noch gab, ist ihm dort verschlossen.[303]
Valéry verbindet seine ›Weigerung‹ (refus), sich der Gleichheit auszuliefern, auch nicht mehr, wie Nietzsche noch, mit der Hoffnung auf deren Abschaffung. Bürger faßt Valérys Reaktion auf den übermächtigen Druck der Gleichheit wie folgt zusammen: „Nicht nur gegen die Wiederholungsstruktur des alltäglichen Lebens begehrt das Ich auf, es sträubt sich auch gegen die Zumutung, daß die anderen Menschen seinesgleichen seien. So konstituiert das Ich sich in einem

303 P. Bürger: Das Verschwinden des Subjekts. Eine Geschichte der Subjektivität von Montaigne bis Barthes. Frankfurt 1998. Bürger erinnert zu Recht daran, daß die frühen Formulierungen der ›existenziellen‹ Grunderfahrung des ›ennui‹ auf Michel de Montaigne und Blaise Pascal zurückgehen. Letzterer hat vor dem Hintergrund dieser Erfahrung seine Argumente für den christlichen Glauben entwickelt. Die Modernen sehen diesen klassischen Weg nicht mehr offenstehen.

Akt radikaler Verwerfung des Lebens und der Mitmenschen, dessen wahnhaften Zug Valéry beobachtet und erbarmungslos festhält."[304] Einen ›rational-verständlichen‹ Ausdruck kann das ›moi-pur‹ für Valéry nicht finden, weil es sich damit in den medialen Formen der Gleichheit mit den Anderen aufgäbe. Das ›refus‹ wird zu einem ›existenziellen Akt‹, in dem sich das Ich allein seinen Ängsten und Leidenschaften ausliefert. Die ›extreme Erfahrung‹ sei ein ›Glück‹, von ›Wahnsinn und Tod‹ allerdings nicht weit entfernt.[305]

Bei Bataille wird der irrational-existenzielle Charakter des ›Aufstands gegen die moderne Gleichheit‹ ohne Hoffnung auf Souveränität noch intensiver in die Nähe der völlig passiven Ausdrucklosigkeit gerückt: „Ich stelle jeden von uns vor folgendes Dilemma: entweder von Ausflüchten zu leben, sich mit Hilfe von Tricks eine Normalität zu schaffen, und um nicht sterben zu müssen, das Leben zu verweigern – oder: eine trunkene Tragödie sich abspielen zu lassen und dabei regungslos und schweigsam zu bleiben, wie das verlassene Haus, das seit langem aufgehört hat, sich zu wollen … ein Haus, das sich der Wahrheit der RUINE ergeben hat."[306] Das individuelle Ich zieht sich auf die Rolle des ausdrucklosen Beobachters zurück. Selbst seine Empfindungen sollen zu dem Geschehen gehören, das auf der Seite des Beobachteten an ihm als dem Beobachter vorüberzieht. Stärker läßt sich der Gegensatz gegenüber der klassischen Auffassung vom Ich als dem aktiven Verursacher der Gedanken und Handlungen des Subjekts in der Tat nicht ausprägen.

Der zweite Schritt, in dem die Idee des Subjekts als eines Sinnstifters seiner Ausdruckweisen aufgelöst wird, erfolgt unter dem Einfluß der philosophischen Anthropologie Martin Heideggers.

Im ersten Teil von ›Sein und Zeit‹ stellt Heidegger die für ihn zentrale Frage nach dem Sinn einzelmenschlicher Existenz unter den grundlegenden Bedingungen der ›Verfallenheit‹ an das ›Man‹, der ›Zukunftgerichtetheit‹ und der ›Geworfenheit des menschlichen Daseins‹. Von herausragender Bedeutung ist Heidegger zufolge das ›Gestimmtsein‹ des Menschen, dessen wichtigste Modifikation die ›Angst‹ sei. Die Angst lasse den Menschen an das Man verfallen und ermögliche ihm so einen vermeintlichen Halt in der anonymen Massengesellschaft.[307]

Das Leben des Menschen sei ›Sein zum Tode‹. Nur ein Lösen des Individuums von der Diktatur des ‹Man› im Modus der Eigentlichkeit könne ihn von der Verfallenheit befreien und ihn seine authentische Individualität erfassen lassen. „Da-

---

304 P. Bürger, a.a.O., S. 152.

305 Vgl. H. Radermacher: Humanismus und Kontingenz. Bern/Berlin 1998, S. 119ff.

306 G. Bataille: Oevres complètes. Paris 1970, S. 428 (Übersetzung von P. Bürger). (Zit. nach: P. Bürger, a.a.O.)

307 Heidegger selbst weist darauf hin, es handele sich seiner Analyse keineswegs um Zeitkritik, sondern er zeige grundlegende ontologische Strukturen des menschlichen Lebens auf.

sein kann nur dann eigentlich es selbst sein, wenn es sich von ihm selbst her dazu ermöglicht."[308]

Mit der Festlegung des Subjektverständnisses auf ein ›Sein zum Tod‹ erhält der Philosoph auch die Möglichkeit, die methodische Doppeldeutigkeit zu entfalten, für die seine ›Existenzialontologie‹ berühmt geworden, zu Recht aber auch kritisiert worden ist. Einerseits legt Heidegger auf die Feststellung wert, der Tod des Einzelnen sei ›ontologisch‹, d.h. als schicksalhafte Faktizität zu bestimmen. In dieser Hinsicht stellt der Tod – zu Recht – keinen zukünftigen Zustand einer zielgerichteten Intention des Menschen dar. Ich sage ›zu Recht‹, weil Menschen nur in extremen Lebenslagen zum Mittel der Selbsttötung greifen, hingegen empfindet im normalen Bewußtseinszustand ein Jeder die Gewißheit seines eigenen Todes als *abschreckende* zukünftige Faktizität.[309] Zugleich versteht Heidegger den Tod dennoch auch als möglichen Zustand einer bewußten Intentionalität des Menschen. In dieser Hinsicht gerät der Tod im Normalfall bereits zu einem Faktum, das er allgemeiner Lebenserfahrung nach nur im Extremfall sein kann. Heidegger will so die ›Verfallenheit‹ des Menschen an das gesellschaftliche ›Man‹ durch die Möglichkeit einer ›eigentlichen‹ individualistisch-authentischen Existenzweise überwinden.[310] Er bringt sich damit in den Besitz einer Methode, mittels derer er jedoch durch etymologisches ›Wurzelziehen‹ und Sinnverdrehungen traditionell-gewöhnliche Fragen mit vorgeblich revolutionären Antworten versieht. Das Grundmuster habe ich bezeichnet: Das ›Sein zum Tod‹ wird zur ›außergewöhnlichen‹ Antwort auf die Sinnfrage menschlicher Existenz, die traditioneller Weise im Rahmen einer religiösen Metaphysik mit dem Hinweis auf das Fortleben der menschlichen Seele nach dem Tod beantwortet wird.[311]

Trotz – oder vielleicht auch gerade wegen – unübersehbarer Schwächen systematischer Gedankenführung hat die Doppeldeutigkeit, zentrale Kategorie Heideggerscher Anthropologie, ihre immense Wirkung entfalten können. Die mehr traditionell orientierten Erben seines Denkens begnügen sich mit der ›Sinngebung des Sinnlosen‹, um einen Ausdruck von Theodor Lessing aufzunehmen, in der von Heidegger selbst bevorzugten Manier. Die auf ›revolutionäre‹ Konse-

---

308 M. Heidegger: Sein und Zeit. Tübingen 1963, §53.

309 In den Kontext dieser Deutung gehören alle Formulierungen in ›Sein und Zeit‹, in denen Heidegger zum Ausdruck bringt, daß der Tod ein ›Sein zum Ende eines Daseins‹ – und deshalb ein eigener ›Seinsmodus‹ sei. In dieser Hinsicht bleibt die ›Analyse des Todes‹ ›diesseitig‹. Sie interpretiere den Tod auf ›ontologische‹ Weise, wie er „als Seinsmöglichkeit des jeweiligen Daseins *in dieses hereinsteht*" (§49).

310 In den Kontext dieser Deutung gehören die Formulierungen, in denen das Wissen um den Tod als ein ›Vorlaufen zum Tod‹ gefaßt wird, indem sich „dem Dasein die Verlorenheit in das Man-selbst enthüllt und es vor die Möglichkeit bringt, ... es selbst zu sein ... in der leidenschaftlichen, von den Illusionen des Man gelösten, faktischen, ihrer gewissen und sich ängstigenden *Freiheit zum Tode*" (§53).

311 Zur Kritik an Heideggers Vorgehensweise vgl. H. Albert: Kritik der reinen Hermeneutik. Tübingen 1994; E. Topitsch: Zur Soziologie des Existenzialismus. In: Ders.: Sozialphilosophie zwischen Ideologie und Wissenschaft. Neuwied/Berlin 1966.

quenzen abzielenden Vertreter der ›Existenzialanalyse‹ orientieren sich demgegenüber an der inneren Sprengkraft des Konzepts, jedenfalls was ›Subjektivität‹ angeht. Ich gehe im Folgenden allein auf diese ein, weil von ihnen die ›zerstörerischen‹ Konsequenzen, im Sinn eines ›Verschwindens des Subjekts‹, gezogen werden.

An erster Stelle sei J.P. Sartre genannt, der in seiner ›existenzialistischen‹ Freiheitslehre an Heideggers Authentizitätskonzept anknüpft. Einer seiner zentralen Thesen entsprechend gibt es die ›individualistische‹ Authentizität allein in Form des ›Zukunftsentwurfs‹. Vergangenheit und Gegenwart seien hingegen jeweils schon Bestandteile der durch das Zusammenleben mit Anderen bestimmten Verneinung der Authentizität. Doch auch die vorgeblich ›selbstbestimmte‹ Zukunft werde, als aktualisierte Gegenwart erlebt, von der ›Uneigentlichkeit‹ gesellschaftlicher Existenz wieder eingeholt. Das ›eigentliche‹ Sein des Subjekts entziehe sich damit permanent dem subjektiven Erleben. Im Ergebnis bleibe die Frage offen, ob die Authentizität nicht mehr als eine Chimäre sei, hinter der das Ich herjage, ohne sie je zu erfahren. Im Alter äußerte Sartre in einem Interview die resignierende Einsicht: „Mein Leben hat mich erkennen lassen, daß es nichts Besonderes ist. Aber was soll's?“[312]

Der letzte Schritt hin zur Auflösung des Konzepts der Subjektivität wird von Philosophen der ›Postmoderne‹ gemacht, die aus dem Umkreis des heideggerschen und sartreschen Denkens stammen. Nietzsches Wort vom ›Tod Gottes‹ wird auf das Ich übertragen, indem nunmehr auch vom ›Tod des Subjekts‹ gesprochen wird. Bei R. Barthes heißt es: „Ein Subjekt, das nicht mehr das denkende der idealistischen Philosophie ist, das vielmehr, jeglicher Einheit entbehrend, in der doppelten Verkennung seines Unbewußten und seiner Ideologie verloren, sich nur durch ein Karussell von Sprachen aufrecht erhält.“[313]

Französische Denker der Gegenwart wie J. Lacan, M. Foucault, J. Derrida und J.F. Lyotard ziehen ähnliche Folgerungen. Im Mittelpunkt ihrer Auseinandersetzung mit dem Begriff der Subjektivität steht die Rolle der Sprache, denn gerade sie ist das nicht ›hintergehbare‹ Mittel menschlichen Ausdrucks. Für Lyotard löst sich die Identität des Subjekts auf, weil ›die Menschen nicht die Herren der Sprache sind‹. Sie können sich der Sprache nicht zu eigenen Zwecken bedienen, sondern das, was bisher ›Identität‹ genannt wurde, wird ihnen ›durch die Situation, die ihnen im Universum der Sätze geschaffen wurde, zugewiesen‹.[314] Für den Psychoanlytiker Lacan kann, auch als Therapie, nicht mehr an Freuds Zielsetzung einer Wiedergewinnung der Ichstärke festgehalten werden. Er schließt mit

---

312 J.P. Sartre: Autoportrait à soixante-dix ans, zit. nach P. Bürger, a.a.O., S. 185.

313 R. Barthes: Essais critiques IV: Le Bruissement de la language. Paris 1984, zit. nach P. Bürger, a.a.O., S. 203.

314 Vgl. J.F. Lyotard: Der Name und die Ausnahme. In: M. Frank u.a. (Hg.): Die Frage nach dem Subjekt. Frankfurt 1988, S. 180ff.

der Einsicht, daß das eigene Ich nichts Anderes sei als Resultat einer imaginären Spiegelung ursprünglicher Bezugspersonen. Für den Psychiater Foucault ist das Ich das Ergebnis von ›diskursiven und nichtdiskursiven Praktiken‹, die ihm durch äußere Macht angetan werden.

Man geht nicht fehl, sieht man in den ›postmodernen‹ Konzepten des ›Verschwindens des Subjekts‹ die äußerste Konsequenz jenes ›existenziellen‹ Ansatzes, den Heidegger dadurch begründet hat, daß er das Wissen um den Tod auch zum zielgerichteten Sinn der menschlichen Selbstverständnisse – und damit das schlechthin Sinnlose zum Sinn – machte.

Die diametral entgegengesetzte Richtung moderner Subjektivitätsphilosophie wird durch Vertreter der ›Philosophy of mind‹ verkörpert. Im Ansatz dieser größtenteils angelsächsischen Philosophen wird die Individualität a priori Gleichheitsbedingungen unterworfen, wie sie für jede Sprache aus dem naturwissenschaftlichen Bereich charakteristisch sind. Superlativische Formulierungen, Kennzeichen der Individualität, haben da von Anfang an keinen Platz, denn Wissenschaftsprachen dieser Art erfassen Individuen grundsätzlich nur in der Kategorie der Gleichheit, und zwar entweder als einzelne Elemente der gleichen Eigenschaft oder als Einzelfälle einer identischen Gesetzmäßigkeit.[315]

Beide Richtungen tragen einem Sachverhalt Rechnung, der zur modernen Dominanz der Gleichheit gehört, und beide sind sich auch einig in der These vom ›Verschwinden des Subjekts‹. Der Hauptfehler der ersten Richtung liegt darin, daß das Subjekt in ihren Konzepten durch Übertreiben der Sinnlosigkeit zum ›Verschwinden‹ gebracht wird, der Hauptfehler der zweiten darin, daß das Subjekt durch ein Unterfordern seiner Ausdrucksmöglichkeit ›verschwindet‹. In Wahrheit kann auch unter modernen Bedingungen der Gleichheitsdominanz das Bewußtsein der menschlichen Individualität so wenig verschwinden wie das individuelle Wissen um den Tod, dessen Reflex es ist.

f. Möglichkeiten der Dilemmabewältigung im Zeichen moderner Gleichheit

Das Menschenbild der Philosophie der Gegenwart, mit der Dominanz der Gleichheit als zentralem Thema, dokumentiert eine Grundeinstellung, die über den intellektuellen Bereich weit hinausreicht. Diese Dominanz hat sich durch Vermittlungen, die, realistisch besehen, wohl nur auf indirektem Weg mit der zeitgenössischen Philosophie zu tun haben, im Bewußtsein der Öffentlichkeit mit immens großen handlungsprägenden Konsequenzen niedergeschlagen.

---

315 Stellvertretend für den Ansatz der ›Philosophy of mind‹ seien genannt: A. Beckermann, P. Bieri, D. Dennett, D. Rosenthal und P. Smith Churchland. Vgl. Th. Metzinger (Hg.): Bewußtsein. Beiträge aus der Gegenwartsphilosophie. Paderborn/München 1995.

Sie hat in erster Linie zur *Verdrängung* eines für die Problematik der ›individualistischen‹ Anerkennung in der modernen Gesellschaft offenen Bewußtseins geführt. Im öffentlichen Bewußtsein hat man sich nämlich mit Unterstützung mächtiger kultureller Instanzen unserer Epoche, der demokratischen Bewegung und der Wissenschaft, an eine Ausblendung des gesellschaftlichen Kernproblems ›individualistischer‹ Anerkennung gewöhnt.

Weisen wir nun der ›individualistischen‹ Motivation des Individuums im gesellschaftlichen Rahmen der westlichen Zivilisation den fundamentalen Rang zu, der ihr nach wie vor zukommt, eben weil die einzelmenschliche Individualität sowenig wie das Wissen um den individuellen Tod aus dem menschlichen Bewußtsein verdrängt werden kann, – welche Folgerungen ergeben sich dann für die Verwirklichung ihrer Zielsetzung in Gestalt ihrer innerweltlich-irdischen Anerkennung im Rahmen der modernen Gesellschaft?

Im Hinblick auf diese Verwirklichung sind grundsätzlich Reaktionen in zwei Richtungen möglich:

Eine erste Reaktionsmöglichkeit besteht in der gesellschaftlichen *Anerkennung* der Individualität unter Gleichheitsbedingungen. Verständlicherweise kommen aus Gründen der gesellschaftlichen Stabilität dafür nur Formen der ersten Konfiguration der ›Hobbes-Welt‹ in Frage, sofern diese durch die *Entschärfung* der ›kriegerischen‹ Tendenz zum friedlichen Wettbewerb hin charakterisiert ist. Die zentrale Schwierigkeit liegt, wie wir wissen, in der Knappheit der Positionen für die Anerkennung derjenigen außerordentlichen Leistungen, die der superlativischen Sprache der Individualität entsprechen. In einer philosophisch verantwortbaren Weise lassen sich hinsichtlich eines friedlich restringierten Wettbewerbs um gesellschaftliche Anerkennung allerdings nur allgemeine Rahmenbedingungen angeben sowie sich daraus ergebende Folgerungen ziehen, die mit hoher Wahrscheinlichkeit regelmäßig eintreten. Was die allgemeinen Rahmenbedingungen betrifft, geht es um zwei fundamentale Festlegungen:

Erstens: In der westlich-europäischen Zivilisation ist die grundsätzliche Parteinahme für die *Gleichheit* der Individuen unumkehrbar. Zeitgenössische Philosophien, die das wesentliche Verhältnis der Individuen untereinander ausschließlich durch Gleichheit definieren, sind die besten Indikatoren für diese Rangordnung. Eine Abkehr von dieser modernen ethischen Grundtendenz – etwa im Stil von Nietzsches Hoffnung auf Erschaffung des ›Übermenschen‹ – ist unrealistisch. Eine Folgerung aus dieser Feststellung bestünde im Ratschlag, den einzelmenschlichen Individualismus im Verhältnis zur Gleichheit geringer zu gewichten, als dies in vielen philosophischen und pädagogischen Konzepten der europäischen Subjektivität geschieht. Denn der gesellschaftliche Primat der Gleichheit beschränkt durch ›Reduzierung‹ der traditionalen Besonderheitsbereiche auch die Artikulationsmöglichkeiten der Individualität.

Diesen Effekt des Gleichheitsprimats erfährt man in erster Linie durch eine erkennbare Minderung der Ansprüche an die superlativische Sprache der Individualität. Statt der traditionell üblichen Etikettierung herausragender Leistungen von Individuen, die als große Persönlichkeiten im gesellschaftlichen Bewußtsein entsprechend den Maßstäben der Unsterblichkeit Anerkennung gewannen, macht sich in unserem Jahrhundert die Überzeugung breit, daß auch die außerordentliche Leistung in ihrem gesellschaftlichen Anerkennungswert *endlich* und *vergänglich* sei. So werden im Hinblick auf ›größte‹ kulturellen Leistungen der Vergangenheit zwar noch Shakespeare, Kant, Goethe und Beethoven zu den großen historischen Persönlichkeiten gezählt, deren Anerkennungsdauer wir mit dem Prädikat der Unsterblichkeit versehen. Doch ist man in der Gegenwart mit der Verleihung derartiger Prädikate der Außerordentlichkeit an zeitgenössische Künstler, Dichter oder Denker zurückhaltender geworden. Generell kann man sagen, daß sich die ›Halbwertszeit‹ des Verfalls gesellschaftlichen Ruhmes für außerordentliche Leistungen verringert hat und wohl im gleichen Maße weiter verringern wird, wie die Zugangsberechtigung im Sinn der Gleichheit von immer mehr motivierten Individuen genutzt werden kann. So kann heute zwar schon der Mittelmäßige relativ schnell ein ›Star‹ werden, jedoch auch ebenso schnell wieder vergessen sein.[316] Man kann von folgender gesetzmäßiger Relation ausgehen: *Je größer die Zahl der Individuen ist, die am Wettbewerb teilnehmen, umso schwerer ist es für den Einzelnen, das Ziel der Anerkennung seiner Individualität zu erreichen, und umso kürzer werden die ›Verfallszeiten‹ des Werts gesellschaftlicher Individualitätsanerkennung.*

Um die These der Relation zu belegen, halte ich mich zunächst an Beispiele aus dem kulturellen Bereich. Was statistische Erhebungen angeht, verweise ich auf mein eigenes Gebiet, die Philosophie: Wo sich früher im nationalen Rahmen – etwa im deutschen des 19. Jahrhunderts – 50 bis 100 Philosophen um ›individualistische‹ Profilierung durch das Opus magnum bemühten, tun dies heute schätzungsweise zwischen 1000 und 2000. Oder wo sich früher 1000 Künstler – beispielsweise Maler – um ›Kronen‹ der Anerkennung bewarben, sind es heute 10 000 bis 20 000. Die Zahlen bleiben nicht ohne Einfluß auf die Wahrscheinlichkeit, mit der eigenen Leistung als außerordentlich anerkannt zu werden, denn keiner gibt sich gern damit zufrieden, lediglich einer unter vielen zu sein, selbst wenn es manche aus Selbstschutz vorgeben.

Das System gesellschaftlicher Anerkennung der Individualität gibt es unter den Gleichheitsbedingungen jedoch nur um einen hohen Preis, der in Konzessionen an die ›elitäre‹ Knappheit der Positionen gesellschaftlicher Anerkennung besteht. Es kommt mit logischer Notwendigkeit zum *nichtaufhebbaren Konflikt* zwischen

---

[316] Im Zuge der Gleichheit ist ein ›Markt der Anerkennung‹ entstanden, der auch in ökonomischer Perspektive betrachtet werden kann. Vgl. G. Franck: Ökonomie der Aufmerksamkeit. München/Wien 1998.

dem Anspruch auf Gleichheit, im Hinblick auf Anerkennung der Individualität, und der realen Erfüllbarkeit dieses Anspruchs. Prämien gesellschaftlicher Anerkennung werden nämlich nur für eine äußerst kleine Leistungselite vergeben. Die meisten müssen sich stattdessen mit niedrigeren Graden gesellschaftlicher Anerkennung ihrer Individualität abfinden. Beides aber steht in einem empfindlichen Gegensatz zur superlativischen Selbsteinschätzung, die jeder Einzelne ›privatsprachlich‹ in seinem Inneren von sich besitzt. Dieser Gegensatz, der sich unter Bedingungen des gesellschaftlichen Zulassens ›individualistischer‹ Anerkennung nicht aufheben läßt, gerade weil gleichzeitig eine Gleichheit der Ansprüche garantiert werden soll, liefert die Grundlage für den Sozialneid der Vielen auf die erfolgreichen Wenigen. Diese werden verehrt und bewundert, zugleich aber auch beneidet und nicht selten sogar gehaßt.

Der in solchen Gesellschaften ständig rumorende Sozialneid auf die, die sich im Wettbewerb um gesellschaftliche Anerkennung durchgesetzt haben, wird – so muß man im positiven Fall hoffen – durch die der Gesellschaft zugute kommenden *Innovationen* austariert, die sich einzig und allein diesem Wettbewerb verdanken. Umgekehrt schütten Gesellschaften, die ausschließlich auf die Gleichheit setzen und den Wettbewerb – gerade auch wegen des Sozialneids – verbieten, damit zugleich die einzige Quelle produktiver Innovation zu.[317]

Die zweite Reaktionsmöglichkeit weist in Richtung der Mitgliedschaft in *Kollektivsubjekten der Selbstbehauptung*: *Menschheit* und *Nation*, die in der Neuzeit die klassische Funktion der Dilemmaentlastung durch Teilhabe an kollektiver Individualität übernommen haben. Was traditionell – und in vielen außereuropäischen Kulturen noch heute – die Teilhabe an mythisch-religiösen kollektiven Individualitäten bewirkte, wird in der Neuzeit im Zeichen der ›Verdiesseitigung der Individualität‹ zunehmend durch die Mitgliedschaft vor allem in der ›individualistischen‹ Kollektivpersönlichkeit der Nation erreicht. Allerdings sind neuzeitliche Nationen ›sterbliche‹ und nicht mehr ›unsterbliche Götter‹. Darin kommt der restringierte Anspruch an die Individualität im Zeichen ihrer Verdiesseitigung zum Ausdruck: Die klassische Einheit der Ansprüche auf Einzigkeit und auf Unsterblichkeit wird aufgegeben. Eintritts- wie Aufenthaltsbedingung der Mitgliedschaft in modernen Kollektivsubjektivitäten ist die *Gleichheit aller Einzelnen*. Diese Mitgliedschaft ist erst die Garantie für eine politische wie rechtliche Gültigkeit gesellschaftlicher Gleichheit. Das entspricht auch der historischen Entwicklung in Europa, deren Hauptkennzeichen in der Verbindung der demokratischen mit der nationalen Idee liegt.

Zur inneren Logik des Modells der ›heroischen‹ Selbstbehauptung gehört bekanntlich die ständige Bereitschaft des Helden, die Auseinandersetzung mit an-

---

317 Ich komme im letzten Kapitel auf die weiteren Folgen des Zulassens der ›individualistischen‹ Anerkennung noch einmal zu sprechen.

deren Helden zu suchen, um sich der eigenen ›individualistischen‹ Außerordentlichkeit zu versichern. Diese Logik überträgt sich im Zeichen der ›verdiesseitigten Individualität‹ auf die heroischen Kollektivpersönlichkeiten. Ich werde im Folgenden zeigen, daß die Mitgliedschaft in einem der Kollektivsubjekte einer Gesetzmäßigkeit unterliegt, die sich in positiver wie in negativer Form wie folgt wiedergeben läßt:
Die Mitgliedschaft im Selbstbehauptungskollektiv ist umso mehr wert, je höher die Anforderungen an die Opferbereitschaft der Mitglieder sind, und umso weniger wert, je geringer diese sind.

9. Menschheit: Kollektivpersönlichkeit der ›schwachen‹ Mitgliedschaft

a. Folgen der Naturbeherrschung

Beim Begriff ›Menschheit‹ ist zwischen einer *deskriptiven* und einer *normativ-idealisierenden* Bedeutung zu unterscheiden. Auf der Ebene der deskriptiven Bedeutung sind die Gebrauchsarten angesiedelt, in denen der Begriff gemeinsame Eigenschaften der Menschen als Einzelwesen bezeichnet. Dabei kann es sich um biologische, ethnische und verhaltensmäßige Gemeinsamkeiten handeln. So bezieht man sich beispielsweise bei der Unterscheidung von Mensch und Tier darauf. Auf der Ebene der normativ-idealisierenden Bedeutung sind hingegen jene Gebrauchsarten angesiedelt, bei denen der Begriff auf eine *Kollektivpersönlichkeit* bezogen wird, etwas, was im Hinblick auf die deskriptive Bedeutung nicht erforderlich ist.
In welcher Form nun stellt sich die Menschheit als einheitliche Kollektivpersönlichkeit dar?
Grundsätzlich sind zwei Arten menschheitlicher Kollektivpersönlichkeit möglich. In beiden Arten ist die ›Menschheit‹ Anwendungsfall des *Modells ›heroischer‹ Selbstbehauptung*. Daß das *Modell der Teilhabe* dafür nicht in Frage kommt, weil Kennzeichen ›individualistischer‹ Einzigartigkeit danach nicht Menschen, sondern Gottheiten bzw. mythischen Entitäten zugesprochen werden, dürfte nach allem hierzu Gesagten deutlich geworden sein.
Hält man sich an die Logik des Selbstbehauptungsmodells, kann die Menschheit ›individualistische‹ Einzigartigkeit entweder in ›heroischer‹ Auseinandersetzung mit einem gleichwertigen Gegner bzw. Feind oder vermittels des Nachweises einer Überlegenheit behaupten, die durch ehemalige Gegner bzw. Feinde nicht mehr in Frage gestellt werden kann. Der erste Fall bezeichnet eine *›starke‹* Mitgliedschaft in einer Kollektivpersönlichkeit, der zweite hingegen eine *›schwache‹*. Der Unterschied kommt dadurch zustande, daß die Art, in der die Überlegenheit zum Ausdruck gebracht wird, heroische Bewährung in der Auseinan-

dersetzung nicht mehr als Bestandteil eigener gegenwärtiger Erfahrung, sondern nur noch als Teil der Erinnerung an längst überwundene, im Gedächtnis abgelegte Konflikte der Vergangenheit vermitteln kann.

Warum ist die Mitgliedschaft der Menschen in der Kollektivpersönlichkeit ›Menschheit‹ von der ›schwachen‹ Art?

Seit Menschen sich als Beherrscher der Natur empfinden, ist sie ihnen nicht mehr der Feind, gegen den sie sich im heroischen Kampf auf Leben und Tod zu bewähren hätten. Anfänge dieses Empfindens kann man schon für die frühe Epoche nach dem Aufkommen menschenähnlicher Götter bzw. der Ablösung der Tier-, Pflanzen- und der allgemeinen Naturgottheiten belegen. Dieser Übergang von der Furcht vor der Natur zur Furcht vor dem Mitmenschen erfolgte in den verschiedenen Kulturen zu unterschiedlichen historischen Zeiten. Wann und wo immer er eintrat, repräsentierte er doch stets das Bewußtsein eines Vollzugs der Herrschaft der Menschen über die Natur. In jüdisch-christlicher Tradition etwa bildet der Genesis-Bericht über die Erschaffung des Menschen und dessen Einsetzung als Herr und Hüter der gesamten belebten und unbelebten Natur das entsprechende historische Zeugnis. Das ist auch der Grund, weshalb sich in den historischen Epochen in keiner Kultur ein auf die Gattung bezogenes ›menschheitliches‹ Kollektivbewußtsein ausgebildet hat. Das bedeutet selbstverständlich nicht, daß Menschen nicht über eine gegenseitige Wahrnehmung als Mitglieder einer einheitlichen biologischen Gattung verfügt hätten, einer Wahrnehmung, die jedem Einzelnen evident war und ist. Die Tatsache verdeutlicht lediglich, daß die Gattungszugehörigkeit bei den Menschen für die wesentlichen kollektiven Bewußtseinsbildungen keine Rolle spielt.

Auch in der durch Zeugnisse dokumentierten Geschichte der europäischen Völker besaß die ›kollektivpersönliche‹ Bedeutung des Begriffs ›Menschheit‹ lange Zeit kein Gewicht. Das Griechische kennt den Kollektivbegriff ›Menschheit‹ bzw. ›Menschengeschlecht‹ noch nicht. Erst im Lateinischen ist die Wortbildung ›genus humanum‹ belegbar.[318] Die normative Idee der ›Einheit des Menschengeschlechts‹ kommt erstmals im Christentum auf. So legte Augustinus auf die Feststellung wert, daß das ›genus humanum‹ zum Zweck seiner Einheit und Eintracht von *einem* Menschen abstamme. Die ursprüngliche Einheit sei durch den Sündenfall zerstört. Deshalb müsse die ›unitas‹ des ›genus humanum‹ durch Rückbesinnung auf den gemeinsamen Stammvater Adam und durch Erziehung des Menschengeschlechts durch Gott zurückgewonnen werden. Damit war zwar die Idee der Menschheit in der Welt, doch gewinnt sie bis in die europäische Neuzeit hinein keine Relevanz. Sie wurde auch im Mittelalter noch im Sinn deskriptiver Begriffsbedeutung zur Hervorhebung besonderer Eigenschaften gebraucht, durch

[318] Bei Cicero in De oratore; vgl. den Artikel ›Menschheit‹. In: Historisches Wörterbuch der Philosophie, a.a.O., Bd. 5, S. 1127f.

die sich Menschen von Tieren und anderen ›Geschöpfen und Werken Gottes‹ abhoben, und sie wird erst, zusammen mit dem Konzept ›verdiesseitigter Individualität‹, in der Philosophie der Neuzeit verbreitet. G. Vico stellte, mit beträchtlicher Wirkung in seiner Neubegründung der Geschichtsphilosophie, die gemeinschaftliche Natur der Völker im ›allgemeinen Sinn des Menschengeschlechts‹ heraus, womit die philosophische Voraussetzung für einen breiten Gebrauch des Begriffs der ›Menschheit‹ im normativ-idealisierenden Sinn einer individualistischen Kollektivpersönlichkeit geschaffen wird.

Ich werde im Folgenden zeigen, daß auch die in der europäischen Neuzeit begonnenen Versuche, Menschheit als Kollektivpersönlichkeit mit der Eigenschaft ›göttlicher‹ Einzigartigkeit auszustatten, über den Status ›schwacher‹ Mitgliedschaft nicht hinausgelangt sind. Das ist nicht verwunderlich, hat sich doch gerade im Kontext der europäischen Kulturgeschichte ein kollektives Bewußtsein der Naturbeherrschung entwickelt, das in seinem Ausmaß in der Geschichte der Menschheit alles Bisherige übertrifft.

Der Grund, warum die Menschheit in der Neuzeitgeschichte Europas überhaupt in den Rang der normativen Kollektivpersönlichkeit erhoben wird, liegt im Konzept der ›Verdiesseitigung der Individualität‹. Indem sich dieses Konzept bei uns allmählich durchsetzte, wird das Thema der Individualität, in den meisten historischen Kulturen – bis dahin auch in der europäischen – entsprechend dem Teilhabe-Modell den mythischen Entitäten und den Gottheiten zugeordnet, auf die irdisch-menschliche Dimension übertragen. Die neuzeitliche Idee der Menschheit entspringt der Logik der ›Verdiesseitigung‹. Deren grundlegende Bestimmung liegt in der Annahme der *Gleichheit* von Rechtsansprüchen der Einzelnen: in der ersten christlich-religiösen – d.h. in der protestantischen – Form in der Gleichheit des ›Priestertums aller Gläubigen‹. In den Gestalten der protestantischen Christlichkeit verträgt sich die Gleichheitsannahme noch mit Zugeständnissen an eine *Pluralität* von christlich-religiösen Kollektivsubjekten, denn die Eigenschaft ›individualistischer‹ Einzigartigkeit wird noch nicht mit aller Konsequenz auf ein menschliches Kollektiv übertragen. Sie bleibt vielmehr nach wie vor *die* Qualität des dreieinigen Gottes, der sich allerdings einerseits immer mehr in ein metaphysisches Dunkel zurückzieht, andererseits aber bezüglich seiner Erfahrbarkeit nur noch in einzelmenschlicher Innerlichkeit erlebt werden kann. Erst in den weiteren *säkularisierten* Ausgestaltungen der Gleichheitsannahme wird die Individualität ausschließlich zur Eigenschaft menschlicher *Kollektiv*subjektivität. In allen Anwendungsfällen zeigt sich jedoch, daß die Mitgliedschaft über die Art einer ›schwachen‹ nicht hinauskommt. Die ›starke‹ hingegen bleibt im europäischen Rahmen des Konzepts ›verdiesseitigter Individualität‹ dem Kollektivsubjekt der *Nation* vorbehalten.

Beide Konzepte gehören unter dem Aspekt der von mir zuvor entwickelten modellhaften Konstrukte gesellschaftlicher Lagen in den Umkreis der *dritten Kon-*

figuration der Hobbes-Welt, deren grundlegendes Kennzeichen eben die Gleichheit der Mitglieder ist. In einem Kollektivsubjekt dieser Konfiguration verbinden sich entgegengesetzte Eigenschaften von Gleichheit und Individualität, denn alle Mitglieder verstehen sich darin als *gleichberechtigte* Teile eines Ganzen mit dem Charakter ›individualistischer‹ Einzigartigkeit. Die neuzeitliche Idee der Menschheit erfüllt beide Bedingungen. Es hängt allein vom gewählten Sprachmodell ab, ob der Individualität der Kollektivpersönlichkeit Rechnung getragen wird oder nicht. Biologen etwa sprechen von der Menschheit als von einer speziellen Gattung aller irdischen Lebewesen. In ihrer Redeweise besitzt der Terminus keine individualistische Konnotation. In quasi-religiösen Sprachen, wo Menschen in ihrem Status strikt von übrigen Lebewesen unterschieden werden, wird der Terminus hingegen im individualistischen Sinn gebraucht, wie häufig von Historikern, aber auch Vertretern der Menschenrechtsauffassung, zugrunde gelegt.

b. Der Beitrag der Philosophie: Das ›absolute Ich‹ und die Illusion der kostenlosen Mitgliedschaft

Innerhalb eines bedeutenden Teils der europäischen Philosophie wird eine *quasi-religiöse* Sprache für eine Konzeption der ›verdiesseitigten Individualität‹ entwickelt, deren Faszination in der Erzeugung des Eindrucks einer *kostenlosen Mitgliedschaft* in der Kollektivpersönlichkeit ›Menschheit‹ als einer ›sterblichen Gottheit‹ liegt. Dennoch kommt in der Kostenfreiheit nichts anderes zum Ausdruck als eine Version der ›schwachen‹ Mitgliedschaft.

Es handelt sich um die große Tradition der europäischen Bewußtseinsphilosophie, die mit Descartes beginnt und die in der deutschen Philosophie der neueren Epoche bis zu den neukantianischen Schulen Rickerts und Cohens reicht und zur Phänomenologie E. Husserls führte.[319] Ich konzentriere mich in der folgenden Auseinandersetzung mit dieser philosophischen Tradition auf Bewußtseinstheoreme Descartes', Kants und Vertretern des deutschen Idealismus, um den Gedanken einer kostenlosen Mitgliedschaft zu demonstrieren. Darüber hinaus zeige ich illusionäre Auswirkungen dieses Konzepts auf.

Zwei Aspekte dieser Bewußtseinstheorie sollen hier vorgestellt werden: die ›Nichthintergehbarkeit‹ des Bewußtseins in allem Wahrnehmen und Denken und der Zusammenhang zwischen dem individuell-einzelmenschlichen Bewußtsein und einem menschheitlichen ›Bewußtsein überhaupt‹. Am Ende wird deutlich, daß der Einzelne *bewußtseinsmäßig* in einem übergreifenden und von späteren

---

319 Aus der Philosophie der zweiten Hälfte des 20. Jahrhunderts kann man als Vertreter dieses Ansatzes W. Cramer, H. Wagner, W. Flach und K.O. Apel nennen.

Philosophen als ›absolut‹ bezeichneten Kollektivbewußtsein aufgehoben sein wird. Jedes menschliche Individuum soll damit, als sterblicher Träger eines Bewußtseins, zugleich an einem kollektiven Bewußtsein der Gattung partizipieren, dem Eigenschaften einer ›sterblichen Gottheit‹ zukommen sollen. Denn daß die Gattung als ganze einmal untergehen wird, kann auch von den Vertretern dieser philosophischen Tradition schwerlich geleugnet werden.

Descartes greift mit seiner Grundidee eine Überlegung auf, die sich schon bei Augustinus findet. Er will – in seiner bekanntesten Schrift ›Meditationen über die Erste Philosophie‹ – sicherstellen, daß es sich bei den Aussagen über die ›substantiellen‹ Elemente der Natur um evident-wahre Aussagen handelt[320]. Er sucht nach einem Sachverhalt, an dessen Evidenz schlechthin nicht gezweifelt werden kann. Er findet ihn mit einleuchtender Begründung im ego cogitans: Was immer ich vorstelle: welthafte Gegenstände und Sachverhalte, begriffliche Entitäten wie Zahlen oder die Idee Gottes, – es sind dies immer Bewußtseinsinhalte, für die das Ich, welches diese Inhalte ›hat‹ bzw. denkt, die nichtwegzudenkende = nichthintergehbare Voraussetzung darstellt. Hieraus ergibt sich, daß ›mein Ich‹ eine reflexive Struktur besitzt, nämlich einmal – in intentione recta – ›Bewußtsein von etwas‹ zu sein und zum zweiten – in intentione obliqua – sich reflexiv auf das Ich beziehen zu können, welches im ›Bewußtsein von etwas‹ gleichsam verdeckt enthalten ist.

Doch wie steht es um die Haltbarkeit dieser Konstruktion des Selbstbewußtseins?

Zunächst sei eingeräumt, daß viele Sprachen – die deutsche wie die meisten europäischen gleicherweise – gute Argumente für die Reflexivität unseres Bewußtseins und damit für die Richtigkeit dieser Theorie liefern. Zu denken ist an die vielen Ausdrücke mit reflexiver Struktur: von der Selbsterkenntnis, dem Selbstgespräch, dem Selbstverständnis bis hin zur Selbstidentifikation und zur Selbstdarstellung. Man interpretiert diese Ausdrücke in der Regel im Licht der Reflexionstheorie des Selbstbewußtseins.

Allerdings ist erstens ›Reflexion‹ das falsche Modell für die Wiedergabe dessen, worauf diese Theorie des Selbstbewußtseins abzielt. Zweitens läßt sich diese Theorie unbeschadet ihrer traditionsbewährten Dignität nicht aufrechterhalten, weil reflexive Selbstbezüglichkeit der strukturelle Ausdruck einer unzutreffenden Identifizierung der Individualität mit der Gleichheit und zusätzlich noch eine logisch nicht mögliche Denkfigur ist.

Ich fasse im Folgenden die Argumente zusammen, die gegen die Reflexionstheorie ins Feld zu führen sind.[321]

---

320 Vgl. R. Descartes: Meditationen über die Grundlagen der Philosophie. Hamburg 1994, S. 11–78.

321 Vgl. D. Henrich: Der ontologische Gottesbeweis. Tübingen 1960; B. Williams: Descartes. Das Vorhaben der reinen philosophischen Untersuchung. Königstein 1981.

›Reflexion‹ bezeichnet zunächst nichts anderes als ›Spiegelbildlichkeit‹. Was erfolgt, wenn wir uns im Spiegel wiedererkennen? Trotz unserer Sprechweise, derzufolge *wir uns selber* im Spiegel *identifizieren,* ist die gesehene Person in Wahrheit *nicht identisch* mit der, die in den Spiegel blickt. Auch ein Spiegelbild kann wie jedes andere Bild, sei es ein Gemälde, sei es eine Fotografie, dem Betrachter immer nur Ähnlichkeit, jedoch keine Identität mit sich selbst vermitteln. In der Regel stimmen weder Größen- noch Seitenverhältnisse zwischen Original und Bild überein. Wir sehen uns im Spiegel etwa immer nur seitenverkehrt. In Wahrheit vergleiche ich das Bild von mir, wie ich es jetzt wahrnehme, mit früheren Bildern, die sich in meiner Vorstellung eingeprägt haben, und stelle lediglich weitgehende Ähnlichkeit fest. Die Sprachen suggerieren mithin Falsches, wenn ›ich‹ etwa sage, daß ›*ich mich* auf einem Bild sehe oder wiedererkenne‹. Man interpretiert die reflexiven Ausdrücke fehl, will man sie gemäß der Reflexionstheorie des Selbstbewußtseins als Wiedergabe unserer persönlichen Identität verstehen.

Die zweite Bestimmung des Descartesschen Bewußtseinsbegriffs ist ähnlich kritischen Einwänden ausgesetzt. Es handelt sich um die Annahme, Nichthintergehbarkeit sei eine Bewußtseinseigenschaft, die jedem individuellen Bewußtsein in *gleicher* Weise zukomme. Die Nichthintergehbarkeit wird damit zu einer *allgemeinen* Eigenschaft des menschlichen Bewußtseins überhaupt. Diesem Übergang von der Nichthintergehbarkeit des *individuellen* Bewußtseins zur *allgemeinen* Eigenschaft des menschlichen Bewußtseins überhaupt liegt jedoch eine folgenschwere Verwechslung zugrunde: die *Verwechslung der Gleichheit mit der Individualität,* ein grundsätzlicher Fehler, den viele Erkenntnistheoretiker direkt von Descartes übernommen haben.

Um deutlich zu machen, worin die Verwechslung besteht, erinnere ich daran, daß das Einzelne sowohl als ein Ding oder Lebewesen in der Perspektive der Gleichheit als auch in der der Individualität bestimmt werden kann. In der Perspektive der Gleichheit stellt es sich als ein Einzelnes von der gleichen Art bzw. als einzelner Fall eines allgemeinen Gesetzes dar. In der Perspektive der Individualität ist es das Einzige bzw. Singuläre. Die unterschiedlichen Perspektiven erfordern, wie wir wissen, jeweils unterschiedliche Sprachen.

Descartes' Argument für die Nichthintergehbarkeit des Bewußtseins gilt der Sache nach jedoch nur für die Perspektive der einmaligen und singulären Individualität, nicht aber für die der Gleichheit. Im Hinblick auf meine Wahrnehmungen und Gedanken kann ich zwischen den Anteilen unterscheiden, die ich mit Wahrnehmungen und Gedanken anderer in der *gleichen* Weise – potentiell oder aktual – teile, und demjenigen Anteil, der zu meiner Individualität gehört. Mit anderen teile ich demnach die meisten meiner Wahrnehmungs- und Gedankeninhalte. So gehe ich etwa davon aus, daß sich meine Wahrnehmung ›jenes Baumes dort‹ oder der Gedankeninhalt einer Rechenoperation wie ›5 + 5 = 10‹ in der *gleichen* Weise im Bewußtsein eines jeden Anderen ›abbilden‹ kann. Wir tun überhaupt gut daran anzunehmen, daß die meisten unserer Wahrnehmungs- und Denkinhalte in gleicher Weise auch die Wahrnehmungs- und Denkinhalte Anderer sind bzw. sein können. Es wäre jedoch falsch, im Hinblick auf die Wahrnehmungs- und Denkinhalte, die wir in gleicher Weise mit anderen Menschen teilen, den Anspruch auf eine bewußtseinsmäßige *Nichthintergehbarkeit* zu erheben. Denn bei allen Inhalten unseres Wahrnehmens und Denkens von der Art der Gleichheit handelt es sich um potentiell irrtümliches Wissen. Denn es könnte ja sein, daß ›jener Baum dort‹ lediglich eine Attrappe oder eine Sinnestäuschung ist und daß wir uns bei schwierigeren Rechenoperationen leicht verrechnen können, ist auch nicht gerade neu.

Die Dinge liegen hingegen völlig anders, nimmt man die Perspektive der Individualität (im Sinn der singulären Einzigkeit) ein. Verstehe ich mich als empfindendes, wahrnehmendes und denkendes Ich im Sinn der Individualität, trifft Descartes' Behauptung voll und ganz zu. Dann besitze ich die Selbstgewißheit, die jeden meiner Bewußtseinsakte vom Wahrnehmen bis hin zu theoretischen Reflexionen ›begleitet‹ (um den Kantischen Terminus zu verwenden). Nehme ich etwas bewußt wahr, habe ich die Gewißheit meiner selbst. Nur im Individualitätsbewußtsein kann ich sagen, daß das Faktum, daß ich ›jenen Baum dort‹ sehe oder daß ich in diesem Augenblick die Rechenoperation ›5+5=10‹ durchführe, nicht bezweifelbar ist. Dabei bezieht sich die Gewißheit jedoch nicht auf Inhalte bzw. Gegenstände des Sehen und Rechnens, sondern allein auf den jeweiligen ›individualistischen‹ Akt der Wahrnehmung oder der geistigen Rechenoperation.[322]

Die Existenzgewißheit ist jedoch identisch mit dem *Individualitätsbewußtsein* und deshalb das *Gegenteil* einer Gleichheitseigenschaft des Bewußtseins. Die Behauptung, daß alle Menschen, auch als Individualitäten, gleich seien, vermittelt einen falschen Eindruck, denn im Anspruch auf Individualität unterscheidet sich gerade jeder Mensch toto genere von jedem anderen. Wir wissen, daß die Individualität in reziproker Sprache durch ›superlativische‹ Begriffe ausgedrückt wird, die sich auf ›Extremwerte der Besonderheit‹ beziehen. Die übliche Redeweise, nach der alle Menschen in gleicher Weise vermittels superlativischer Ausdrücke ihre Individualität artikulieren, darf nicht zu dem Schluß führen, es han-

---

322 Descartes unterscheidet im Hinblick auf diese Existenzgewißheit streng zwischen der Aktivität des Denkens, der er das sich seiner selbst gewisse Ich zuordnet, und dem Körperbewußtsein. Er tut das, weil er seiner Bewußtseinsanalyse zu viele Probleme aufbürdet. Von der Sache her ist es jedoch nicht erforderlich, das Leib-Seele-Problem (mit der Idee der Unsterblichkeit der Seele im Hintergrund) mit der Frage nach der Existenzgewißheit des wahrnehmenden oder denkenden Ich zu verknüpfen. Man muß das sich seiner selbst gewisse Ich nämlich nicht notwendigerweise als körperloses Ich fassen, d.h. als ein Ich ohne Empfindungen. Wahrscheinlich denkt kein Mensch je ganz ohne Empfindungen, auch nicht der mit den abstraktesten Dingen befaßte Philosoph oder Wissenschaftler. Man hat selbst beim abstraktesten Denken immer auch irgendwelche Gefühle, weshalb körperliche Gefühle zum Gehalt der Selbstgewißheit des individuellen Ich gehören.

delte sich um *gleiche* Bedeutungen. Im Gegenteil soll vielmehr – entsprechend der modernen Deutung unseres Eigennamens – gerade die Abgrenzung eines Jeden von jedem Anderen damit zum Ausdruck gebracht werden.
Descartes und die Erben seines Grundgedankens wollen jedoch – wie heutige Vertreter der analytischen Eigennamentheorie auch – der Individualität allein in den Grenzen einer *wissenschaftlichen* Sprache gerecht werden, die ihren Ausdruck grundsätzlich in der Perspektive der Gleichheit findet. Sie folgern, die Nichthintergehbarkeit, die in der Existenzgewißheit des Ich liegt, sei für jedes menschliche Bewußtsein in einer *gleichen* Weise anzunehmen. Diese Unterstellung ist jedoch falsch, denn in der Perspektive der Gleichheit befinden wir uns stets, wie betont, im Medium eines möglicherweise auch irrtümlichen Wissens. Descartes' Argument, wonach selbst die Annahme des Irrtums die Existenzgewißheit des denkenden Ich impliziere, ist deshalb nur zutreffend, wenn dieses das jeweilige *individualistische* Ich ist. Dieses Ich kann jedoch immer nur das ›einzigartig-singuläre‹ Ich des René Descartes (bzw. des Hans Schmidt, der Henny Bender usw.) sein. Wollte man es sprachlich ausdrücken, müßte man sich an Bedingungen für den sprachlichen Ausdruck der Individualität halten, also an die einer reziproken Sprache des Superlativismus. Das nicht gesehen zu haben, ist ein Kardinalfehler Descartes' und von da an all derer, die sich seiner bewußtseinsphilosophischen Argumentation angeschlossen haben.
Zweifelsohne ist es von den oben im Beispiel angeführten Personen allein René Descartes zuzuschreiben, die nichthintergehbare Existenzgewißheit seiner Individualität in einer superlativischen Sprache gesellschaftlicher Anerkennung erkennbar umgesetzt zu haben, und zwar durch seine ihm eigene Argumentation in den ›Meditationen‹, für die er als der Begründer der neuzeitlichen Subjektphilosophie in die Philosophiegeschichte eingegangen ist. Was er *allgemein* über die Nichthintergehbarkeit des ego cogitans behauptet, ist hingegen unrichtig und gilt der Sache nach allein für die Fälle, für die er selbst mit seinem Eigennamen ein hervorragendes Beispiel abgibt, denn die Einschätzung, nach der er hinsichtlich der Originalität seines Werks als ›nichthintergehbar‹ und ›unüberbietbar‹ angesehen wird, ist gut zu begründen. Eben deshalb wird er in den Philosophiegeschichten zu Recht mit superlativischen Ausdrücken als einer der ›größten‹ Denker der Neuzeit bezeichnet.
Zusammenfassend können wir sagen: Nichthintergehbarkeit des Bewußseins bezieht sich allein auf *die* Subjektivität, deren Referenz der Eigenname ist. Sie kann nicht für die Gleichheitsperspektive unseres Bewußtseins – d.h. für jeden Menschen – reklamiert werden, zu der wir unsere *inhaltlich gleichen* Wahrnehmungen und Denkakte zählen. Wenn wir im Hinblick auf Individualität von ›Gleichheit‹ sprechen, müssen wir immer auch beachten, daß es sich um eben die Bezeichnung einer Gleichheit menschlicher Individuen handelt, deren Bedeutung gerade die ›solipsistische‹ *Individualität* eines Jeden ist. Der Unterschied zwi-

schen der Individualität René Descartes' und der Individualität unbekannt bleibender bzw. gebliebener Individuen besteht nicht darin, daß sie im Gegensatz zu ihm keine Individualität besessen hätten bzw. besäßen, sondern ist ausschließlich in unterschiedlichen Graden gesellschaftlicher Anerkennung von Individualität zu suchen. Im Fall ›René Descartes‹ ist es zur *gesellschaftlichen* Anerkennung der Individualität gekommen: Nur hier gibt es auch *objektiv* Individualität, während es im Fall aller Individuen, deren gesellschaftliche Wahrnehmung sich innerhalb der Grenzen der Normalität bewegt, bei ›privatsprachlicher‹ innerlicher Selbsteinschätzung bleibt, ›der bzw. die Größte und Wichtigste‹ zu sein.

Im Hinblick auf den bewußtseinsphilosophischen Ansatz heißt das: Sprachliche Wiedergabe der Individualität führt nicht zu einer *allgemeinen* menschlichen Subjektivität, an der Individuen in gleicher Weise teilhaben können. Sieht man die Dinge so, wird auch deutlich, daß die Nichthintergehbarkeit individualistischer Existenzgewißheit weder Bedingung noch Maßstab für die Wahrheit allgemeingültiger Aussagen und Theorien sein kann. Wo sie keine konstitutive Rolle spielt: in der Perspektive der Gleichheit, ist eine Täuschung des Bewußtseins nicht auszuräumen, und wo sie als Fall gesellschaftlicher Anerkennung – wie im individuellen Beispiel von ›René Descartes‹ – dargestellt werden kann, läßt sie sich nicht als Sachverhalt bzw. Fall eines allgemeingültigen Konzepts behandeln.

Dennoch hat Descartes mit dieser Fehlkonstruktion eines erkenntnisbegründenden allgemeinen Ichs den ersten Modellbegriff neuzeitlicher europäischer Subjektivität entwickelt. Zentraler Gehalt dieses Begriffs ist die Identifizierung der Individualitäts- mit der Gleichheitsperspektive menschlichen Bewußtseins. Die Individualität, die dem einzelnen Subjekt genommen wird, wurde auf die neu entdeckte Kollektivpersönlichkeit übertragen, deren einzige Qualität ihre Denkfähigkeit ist. Aus ›individualistischer‹ Nichthintergehbarkeit wurde somit, durch Verwechslung der Individualität mit der Gleichheit, eine quasi-göttliche Eigenschaft des menschlichen Geistes.

Die Identifizierung beider Bewußtseinsperspektiven läuft auf eine kostenlose Mitgliedschaft einzelner Bewußtseine in der Individualität eines allgemeinen hinaus. Hinsichtlich dieser Mitgliedschaft bedarf es keiner besonderen, auch keiner herausragenden Leistungen, wie sie etwa nach augustinischer Seelenlehre erforderlich wären, um an der Individualität des göttlichen Geistes teilhaben zu können.

Die schwerste Hypothek, die auf der Verwechslung der Individualität mit der Gleichheit lastet, ist jedoch logischer Art. Wie nämlich ist die von Descartes begründete ›reine Selbstgewißheit‹ der Sache nach strukturiert?

Sie stellt sich einerseits als normales Bewußtsein dar und wird folglich durch die Unterscheidung zwischen dem ›wissenden‹ Ich und dem ›gewußten‹ Inhalt bzw. Gegenstand bedingt. Da im Fall der Selbstgewißheit das Ich jedoch selbst der einzige Inhalt bzw. der einzige Gegenstand des Wissens ist, ergibt sich strukturell Selbstbezüglichkeit: Das wissende Ich bezieht sich in seiner Objektorientierung allein auf sich. ›Selbstbezüglichkeit‹ ist jedoch eine *logisch* nicht mögliche Figur.

Das cartesianische Konzept entwickelte in der Folge trotz dieser unverkennbaren strukturellen Problematik eine enorme Wirkung, denn ein nicht unbedeutender Teil neuzeitlicher Philosophie baut darauf die Nichthintergehbarkeitsannahme auf. Auf einige seiner wichtigsten Durchgangsstationen sei hier hingewiesen: Folgenreichste Fortbildung erfährt das Konzept durch Kants Transzendentalphilosophie und daran anschließend durch den deutschen Idealismus Fichtes, Schellings und Hegels.

In Kants Philosophie erscheint die neue Kollektivpersönlichkeit in der Form des ›transzendentalen Subjekts‹. Das ›reine‹ – übermenschlich-menschliche – Selbstbewußtsein wird als ›transzendentale Apperzeption‹ zum obersten erkenntnisbegründenden Prinzip.

In einer etwas freieren Interpretation läßt sich unschwer die Struktur der Mitgliedschaft in einer kollektiven Persönlichkeit entdecken: Im kantischen Konzept besitzen wir als einzelmenschliche Bewußtseine keine Individualität, denn unsere Wahrnehmung der Welt und unseres Denkens, also wie wir Wahrnehmungen verarbeiten, wird ausschließlich durch die Perspektive der Gleichheit geprägt. Für Kant ergibt sich die Ausschließung der Individualität aus dem einzelmenschlichen Bewußtsein zwingend, weil Gleichheit Perspektive einer jeden wissenschaftlichen Gesetzessprache ist. Hingegen zeichnet sich das transzendentale Subjekt selbst durch *Individualität* aus: Es bewirkt zwar auf der Ebene eines Jeden von uns, die wir an ihm partizipieren, eine Gleichheit unseres Wahrnehmens und Denkens; zugleich jedoch stellt es die subjektive Individualität dar, die der Garant der Möglichkeit einer alternativlosen Richtigkeit unserer Erkenntnisse ist.

Kant lehnte es allerdings ab, die logische *Struktur* des ›reinen Selbstbewußtseins‹ zu bestimmen. Im ›Paralogismus der reinen Vernunft‹ gibt er zu verstehen, daß er die aus der selbstbezüglichen Struktur herrührenden logischen Schwierigkeiten gesehen habe. Die Selbstbezüglichkeit des Ichs führt nämlich in einen logischen Zirkel. Er ist jedoch nicht bereit, daraus den Schluß auf die Nicht-Möglichkeit des Konzepts des reinen Selbstbewußtseins zu ziehen, denn dieser Schluß beträfe in Konsequenz auch seine eigene Konzeption der erkenntnisbedingenden transzendentalen Apperzeption. Er befreit sich daraus, indem er ausdrücklich verbietet, die *Bestimmtheit* des Selbstbewußtseins zu denken. Ihm zufolge könne man lediglich sagen, daß es ein solches Ich geben müsse, nicht aber, *was* es sei.[323]

---

[323] „Zum Grunde … können wir aber nichts anderes legen, als die einfache und für sich selbst

Der Philosoph, der die mit dem reinem Selbstbewußtsein verbundenen Konsequenzen deutlich herausstellt, ist *Fichte*, der Begründer des deutschen Idealismus. Nach ihm muß sich ein reines Selbstbewußtsein, das nur sich selbst zum Inhalt hat, notwendig zu einem *absoluten Ich* ausweiten.

Während Kant glaubte, er könne im Hinblick auf seinen transzendentalen Ich-Begriff mit der Sprache der Gleichheit auskommen, sieht Fichte richtig, daß er sich wegen der ›Individualität‹ des Kollektiv-Ichs auch einer ›superlativischen‹ Sprache bedienen müsse. Diesem Spracherfordernis trägt die Terminologie Rechnung, die seit Fichte im Idealismus ausgiebig in Begriffen und Prädikaten der ›Absolutheit‹ zur Anwendung gekommen ist. Fichte erkennt auch folgerichtig Kants Verbot, die Struktur des Selbstbewußtseins zu bestimmen, nicht mehr an. Für ihn hat dieses Ich ausschließlich *Identität* zum Inhalt. Zugleich steht es wie jedes Bewußtsein unter der Bedingung der *Differenz* von Wissendem und Gewußtem.

Die Schwierigkeit, in die Fichtes philosophischer Ansatz gerät, läßt sich in der Frage zusammenfassen: Wie kann man die *Identität* des reinen Selbstbewußtseins, an der dessen Absolutheit hängt, mit der Bewußtseinsdifferenz von wissendem und gewußtem Ich in Einklang bringen?

Er stellt zutreffend fest, daß der bewußtseinsmäßige Unterschied von wissendem und gewußtem Ich notwendig in einen *Gegensatz* zur geforderten Identität des reinen Selbstbewußtseins treten muß. Anstatt nun darin das Indiz für die Unmöglichkeit des Begriffs vom reinen Selbstbewußtsein zu erblicken, verkehrt er die Feststellung ins Affirmative, um das idealistische Konzept beibehalten zu können. Er erhebt den *Gegensatz* von wissendem und gewußtem Ich – neben der postulierten Identität – zur Grundbestimmung des reinen Selbstbewußtseins. Dieser affirmativ gewendete Gegensatz tritt nun in Gestalt des *Gegensatzes von Ich und Nicht-Ich* – so Fichtes Termini – als Realisierungsbedingung der absoluten Identität auf, soll doch diese durch ihn ›konstruiert‹ werden.

Die ›Grundlage der gesamten Wissenschaftslehre‹ gibt Fichtes ersten Versuch wieder, Identität herzustellen. Dabei zeigt sich jedoch bald, daß der Versuch, absolute Identität und Gegensatz gemäß der Konzeption vom reinen Selbstbewußtsein zu vereinigen, stets auf die Wiederherstellung der absoluten Unvereinbarkeit beider hinausläuft. Fichte nimmt diese Sachlage dennoch nicht als offensichtlichen Beweis für die Unlösbarkeit der gestellten Aufgabe. Ihm zufolge wird die ›Wissenschaftslehre‹ vielmehr „fortfahren, Mittelglieder zwischen die Entge-

---

an Inhalt gänzlich leere Vorstellung: Ich, von der man nicht einmal sagen kann, daß sie ein Begriff sei, sondern ein bloßes Bewußtsein, das alle Begriffe begleitet. Durch dieses Ich oder Er oder Es (das Ding), welches denket, wird nun nichts weiter als ein transzendentales Subjekt der Gedanken vorgestellt = X, welches nur durch die Gedanken, die seine Prädikate sind, erkannt wird, und wovon wir abgesondert niemals den mindesten Begriff haben können“ (I. Kant: Kritik der reinen Vernunft, hg. v. V.B. Erdmann. Berlin 1923, S. 299 [B 404]).

gengesetzten einzuschieben; dadurch aber wird der Widerspruch (zwischen Identität und Gegensatz, W. B.) nicht vollkommen gelöst, sondern nur weiter hinausgesetzt. Wird zwischen die vereinigten Glieder, wobei schnell deutlich wird, daß sie so vollkommen vereinigt doch nicht sind, ein neues Mittelglied eingeschoben, so fällt freilich der zuletzt aufgezeigte Widerspruch weg; um ihn aber zu lösen, mußte man neue Endpunkte annehmen, die abermals entgegengesetzt sind und von neuem vereinigt werden müssen. Die eigentliche, höchste, alle anderen Aufgaben in sich enthaltende Aufgabe ist die: wie das Ich auf das Nicht-Ich oder das Nicht-Ich auf das Ich unmittelbar einwirken könne, da sie beide einander völlig entgegengesetzt sein sollen." Da diese Aufgabe in Wahrheit grundsätzlich unlösbar ist, Fichte das jedoch nicht zugestehen will, beruft er sich auf einen „Machtspruch der Vernunft, den nicht etwa ein Philosoph tut, sondern den er nur aufzeigt – durch den: es *soll,* da das Nicht-Ich mit dem Ich auf keine Art sich vereinigen läßt, überhaupt kein Nicht-Ich sein, der Knoten zwar nicht gelöst, aber zerschnitten würde".[324]

Dieser dezisionistische ›Schnitt‹ verbirgt nur ungenügend die Irrationalität des gesamten Ansatzes. Fichtes Neigung zur Affirmierung logisch-sachlicher Unmöglichkeit wird auch hier deutlich: Er macht aus der zugestandenen Unfähigkeit, den Gordischen Knoten der idealistischen Philosophie rational auflösen zu können, erneut einen affirmativen Sachverhalt. Der ›Machtspruch der Vernunft‹ begründet für ihn nämlich die Notwendigkeit, den Bereich der *theoretischen* Philosophie in Richtung auf den der *Praxis* zu überschreiten. Der an Fichte so häufig gerühmte *Primat der praktischen Philosophie* hat so seinen Grund allein in der unausweichlich gewordenen und in ihr Gegenteil verkehrten Einsicht in die Irrationalität des *theoretischen* Ansatzes.

Was das Verhältnis von reinem Selbstbewußtsein und Gegenstandsbewußtsein angeht, so macht Fichte aus einer Not wiederum eine affirmative Tugend. Er hält einerseits an der idealistischen Forderung fest, die absolute Identität mit dem Gegensatz zusammen als einheitlichen Zusammenhang konstruieren zu wollen. Doch beweist die Ausführung permanent die Nicht-Möglichkeit, sie zu erfüllen. Diesen Grundwiderspruch münzt Fichte nun in einen *Entwicklungsgang* des absoluten Ichs um. Dabei wird das Nicht-Ich, eben die Art und Weise, in der das reine Selbstbewußtsein sich gleichsam ›gegenständlich‹ sein soll, zum Prinzip der Ableitung bzw. Deduktion von Gegenständlichkeit und ichfremder Materie überhaupt. Das hat insofern seine Berechtigung, als Fichte Kants idealistische

---

[324] J.G. Fichte: Grundlage der gesamten Wissenschaftslehre 1794, hg. v. F. Medicus. Hamburg 1956, S. 65. Zu Fichte allgemein vgl. P. Baumanns: J.G. Fichte. Kritische Darstellung seiner Philosophie. Freiburg/München 1990; W. Hogrebe: Sehnsucht und Erkenntnis; J. Mittelstraß: Fichte und das absolute Wissen; K.M. Kodalle: Fichtes Wahrnehmung des Historischen; O. Marquard: Theodizeemotive in Fichtes früher Wissenschaftslehre; alle in: W. Hogrebe (Hg.): Fichtes Wissenschaftslehre 1794. Philosophische Resonanzen. Frankfurt 1995.

Definition des Gegenstandsbewußtseins als Wissen subjektiver Erscheinungen übernimmt.

Für Fichte entwickelt sich im Wechselspiel zwischen den grundlegenden Bewußtseinsbestimmungen Identität und Gegensatz in der Folge eine ›Dialektik des absoluten Ichs‹. Das einzelmenschliche Bewußtsein, dessen Denkformen wie bei Kant allein auf Gleichheit festgelegt sind, wird in Gestalt von Kategorien der Anschauung und der Verstandestätigkeit zum Bestandteil des dialektischen Prozesses im ›absoluten Ich‹. Damit besitzen die auf eine Gleichheit ihrer grundlegenden Bewußtseinsweisen reduzierten sterblichen Menschen die Mitgliedschaft in einem menschheitlichen Kollektivsubjekt, das so unsterblich sein soll wie die mythische Götterwelt. Daß die Faszination, die um 1800 für zahlreiche deutsche Intellektuelle von Fichtes Philosophie ausgegangen ist, in deren ›ersatzreligiösem‹ Charakter gründet, dürfte nach dem Gesagten schlüssig sein.

Weder Fichte noch Schelling, der ganz und gar auf dem Boden des Fichteschen Ich-Konzepts steht, gelangen zu einer Lösung der Antinomie des reinen Selbstbewußtseins. Die Forderung nach Herstellung einer *absoluten Identität* gerät immer wieder in Widerspruch zur *Gegensatz*struktur des Selbstbewußtseins. Fichtes dezisionistisches Ausweichen in praktische Philosophie bleibt so unbefriedigend wie Schellings Übergang in die ästhetische Sphäre.[325] In seiner Spätphase sah Schelling sich gar genötigt, bei der Mythologie Hilfe für die Lösung des idealistischen Grundproblems zu suchen, wodurch der irrationale Charakter des idealistischen Reflexionsmodells vollends offenbar wurde.

Erst *Hegel* gelingt es dann, die Irrationalität der idealistischen Ich-Konstruktion nahezu vollständig zu verbergen: Das systematische Grundproblem sucht er mit zwei entscheidenden Korrekturen am Grundverhältnis von Identität und Gegensatz und an dessen Beziehung zum idealistisch interpretierten Gegenstandsbewußtsein zu lösen.[326]

In Übernahme von Fichtes Affirmierungsprinzip verwandelt Hegel den Mangel der ›Wissenschaftslehre‹, in der sich die absolute Identität beständig in Widerspruch mit dem gegensätzlichen Nicht-Ich verwickelt, in einen Vorzug, nämlich den des sogenannten *dialektischen* Denkens. Er präsentiert, nahezu unbemerkt, formal folgende Argumentation: Indem die absolute Identität mit dem Gegensatz in Widerspruch gerät, entzieht sie sich dem Versuch ihrer Darstellung, denn der Gegensatz bleibt Realisierungsbedingung der Identität. Als ein solcherart dem Gegensatz Sich-Entziehendes ist sie diesem jedoch selber entgegengesetzt. Sie

---

[325] F.W.J. Schelling: System des transzendentalen Idealismus (1800). In: Ders.: Sämtliche Werke. Bd. III. Stuttgart/Augsburg 1856ff., S. 340ff. Zu Schelling vgl. H.M. Baumgartner: Schelling. Eine Einführung in seine Philosophie. Freiburg/München 1975; M. Frank: Eine Einführung in Schellings Philosophie. Frankfurt 1985.

[326] Eine kritische Auseinandersetzung mit Hegel hat unlängst H. Schnädelbach vorgelegt. Vgl. ders.: Hegel zur Einführung. Hamburg 1999.

wird somit selbst zu einem Entgegengesetzten. Das heißt für Hegel: Identität ist zugleich sie selbst *und* ein Entgegengesetztes, sie ist eine Identität ihrer selbst mit ihrem Gegenteil.

Indem er die Gegensätzlichkeit der idealistischen Grundbestimmungen feststellt, schließt er sowenig wie vor ihm Fichte, daß damit der endgültige Beweis für die Unmöglichkeit des idealistischen Ansatzes erbracht ist; daß folglich der Gegensatz nie zur Vorstellung absoluter Identität gelangen kann, denn diese ist jenem ja schlechthin entgegengesetzt. Man hätte zudem auch noch die Konsequenz ziehen können, daß die absolute Identität aus Gründen ihres Begriffsinhalts nicht zugleich ein Entgegengesetztes sein kann, denn nur weil sie ex definitione kein derart Entgegengesetztes ist, kann es zu dem logischen Konflikt zwischen ihr und dem Gegensatz kommen. Wie immer man es wendet: Hegels dialektische Behandlung des idealistischen Grundverhältnisses geht in dessen endgültige Irrationalisierung über.

In der ›Phänomenologie des Geistes‹ entwickelt er die ›Erscheinungsformen des Bewußtseins‹, von der Wahrnehmungsfähigkeit bis zu den ›höchsten‹ Formen des reflektierenden Denkens, als Stufen der dialektischen Entwicklung des ›absoluten Geistes‹. Dem Leitgedanken nach sind wir mit unseren verschiedenen subjektiven Vermögen und Fähigkeiten – alle in der *gleichen* Weise – Elemente der Lebensgeschichte einer einmalig-einzigartigen Kollektivpersönlichkeit, die ähnlich wie bei Fichte, die göttliche Qualität der Unsterblichkeit besitzen soll. Die Menschen werden *als Einzelne* allein unter dem Gesichtspunkt *gleicher* Eigenschaften berücksichtigt: gleicher Eigenschaften des subjektiv-bewußten Wahrnehmungs- und Denkvermögens und gleicher Eigenschaften, sofern sie sich als Akteure von Handlungen, als Künstler und als religiöse, die Götter verehrenden Lebewesen verstehen. Die ›höchste‹ Bewußtseinsform des Menschen ist – ebenfalls unter der Perspektive der Gleichheit – die ›Philosophie‹. Die ›Phänomenologie des Geistes‹ endet dementsprechend mit der Apotheose des ›philosophischen Begreifens‹, durch das sich die ›Selbsterkenntnis des Geistes‹ als ›absolutes Wesen‹ aller menschlichen Verhaltensweisen enthüllt: „Die letzte Gestalt des Geistes, der Geist, der sich seinem vollständigen und wahren Inhalt nach zugleich die Form des Selbst gibt und dadurch seinen Begriff ebenso realisiert, als er in dieser Realisierung in seinem Begriffe bleibt, ist das absolute Wissen. Es ist der sich in Geistesgestalt wissende Geist oder das begreifende Wissen.“[327]

Das Grundkonzept der ›Phänomenologie‹ wiederholt sich in den anderen Werken Hegels: Sowohl in der Rechts- und Staatsphilosophie als auch in der Geschichtsphilosophie wird die Mitgliedschaft des jeweils angesprochenen einzelmenschli-

---

[327] G.W.F. Hegel: Phänomenologie des Geistes (1807). WW. Bd. 2, hg. v. V.H. Glockner. Stuttgart 1951, S. 610.

chen Bewußtseins nach der dialektischen Methode in der ›absoluten‹ Kollektivpersönlichkeit prozeßhaft konstruiert.

Wie man nunmehr – bilanzierend – feststellen kann, zeitigt Descartes' Irrtum, die allein der Individualität zuzuordnende Nichthintergehbarkeit der subjektiven Selbstwahrnehmung mit der Gleichheit menschlicher Wahrnehmungs- und Denkstrukturen verwechselt zu haben, bei den späten Erben des Projekts weitreichende Konsequenzen. Die Nichthintergehbarkeit, die bei Descartes die Selbstgewißheit verbürgt, wird bei den idealistischen Philosophen nunmehr in den Rang einer quasi-göttlichen Eigenschaft des menschlichen Geistes erhoben.

Was die Mitgliedschaft in der idealistischen Kollektivpersönlichkeit des ›absoluten Ichs‹ angeht, kommt es bei Hegel jedoch zu einer folgenschweren Veränderung. Während sie sich in den Versionen der Bewußtseinsphilosophie von Descartes und Kant auf eine Form der Subjektivität bezieht, die für alle Menschen als bewußtseinsbegabte denkende Lebewesen besteht, wird von Hegel eine Differenz eingeführt, nach der die Menschen mit ihren unterschiedlichen kultur- und epochenspezifischen Bewußtseinsformen ebensolchen unterschiedlichen Etappen der Entwicklungsgeschichte des ›absoluten Geistes‹ zugeordnet werden. Hegel teilt nicht die relativistische Auffassung seines Berliner Historikerkollegen v. Ranke, derzufolge jedes historische Zeitalter mit seiner Kultur auf seine eigene Weise ›unmittelbar zu Gott‹ sei. Er ordnet vielmehr die geschichtlichen Etappen der menschheitlichen Kultur in eine linear-progressiv ausgerichtete ›Biographie des absoluten Ichs‹ ein, die ihren Abschluß im ›absoluten Wissen‹ findet, das sich allein den durch ihn belehrten Philosophen seiner Zeit erschließt. Sowohl die früheren Philosophien als auch alle vorhergehenden politisch-gesellschaftlichen Schicksale der Menschheit sind danach lediglich Vorstufen einer Entwicklung ›absoluten Wissens‹, auf denen die ›partikularen‹ Erkenntnisse gewonnen werden und die ›partikularen‹ Taten geschehen, gleichsam unabdingbar als notwendiges Opfer für die Erreichung dieses ›Wissens‹.

Hegels Konzept enthält fraglos eine höchst rücksichtslose Moral: Damit die ›Weltformel‹ als ›absolutes Wissen‹ in Erscheinung treten kann, muß dem eine Jahrtausende lange Geschichte des theoretischen Ringens um Erkenntnis und eine mindestens ebenso lange Geschichte von friedlichen und kriegerischen Gestaltungen des Politischen als Opfergeschichte vorhergehen. Nach einem bekannten Wort des Philosophen ist die ›Weltgeschichte das Weltgericht‹. Hegel ist sich der ethisch-moralischen Rücksichtslosigkeit seiner Grundauffassung durchaus bewußt. Er bringt sie in den Schlußsätzen der ›Phänomenologie‹, einer hymnischen Apotheose gleich, zum Ausdruck: „Das Ziel, das absolute Wissen, ... hat zu seinem Weg die Erinnerung der Geister ... Ihre Aufbewahrung nach der Seite ihres freien in der Form der Zufälligkeit erscheinenden Daseins ist die Geschichte, nach der Seite ihrer begriffenen Organisation aber die *Wissenschaft des erscheinenden Wissens*; beide zusammen, die *begriffene* Geschichte, bilden die Erinnerung und die Schädelstätte des absoluten Geistes, die Wirklichkeit, Wahrheit und Gewißheit seines Throns, ohne den er das leblose Einsame wäre; nur – aus dem Kelche dieses Geisterreiches – schäumt ihm seine Unendlichkeit."[328]

Eine maßlosere Überheblichkeit, ein arroganterer intellektueller Anspruch der Bildungselite einer Epoche läßt sich kaum denken. In Konsequenz ist damit jedoch eine Legitimationsformel in der Welt, die in abgewandelter Form im 20. Jahrhundert eine ungeheure politische Wirksamkeit entfalten sollte.

Wäre das cartesische Bewußtseinskonzept in seiner Weiterverfolgung auf den bis zu Hegel nachgezeichneten Denkweg beschränkt, müßte man vom Gegenwärtigten her seine Auswirkung als höchst marginal bezeichnen, gehörte sie doch zu einer historisch längst überholten Epoche europäischen Philosophierens. Diese Einschätzung ist jedoch unrichtig, weil sich die Erbschaft der dialektischen Philosophie Hegels bis in die politische Geschichte unserer Zeit in einer mehr als nur das Bewußtsein prägenden Art und Weise fortgesetzt hat.

Sowohl die Konzeption einer Mitgliedschaft aller, die je in einer menschheitlichen Kollektivpersönlichkeit gelebt haben, als auch der bildungselitäre Anspruch, die Geschichte im Sinn notwendig zu erbringender Opfer für die Praxis einer politischen Theorie zu reklamieren, wird dann im Marxismus-Leninismus auf einen letzthin katastrophalen Höhepunkt getrieben.

Den Übergang von der hegelschen zur marxschen Version beweist darüber hinaus meine These, daß die Qualität der Mitgliedschaft in einem der modernen Kollektivsubjekte heroischer Selbstbehauptung vom Ausmaß geforderter Opferbereitschaft abhängt. Wird wie in der Bewußtseinsphilosophie cartesianischer Prägung von einer *kostenlosen* Mitgliedschaft im Denken einer allgemeinmenschlichen Subjektivität ausgegangen, läßt sich aufgrund entsprechend niedriger Ansprüche an die Opferbereitschaft auch nur eine ›schwache‹ Mitgliedschaft begründen. Am Beispiel der Theorie von Marx läßt sich hingegen demonstrieren, wie aus der Anknüpfung an eine philosophische Konzeption der ›schwachen‹ Mitgliedschaft durch Steigerung der Anforderungen an die Opferbereitschaft eine ›starke‹ Mitgliedschaft erzeugt werden kann. Denn was bei Hegel in der Sphäre des *philosophischen Denkens* verbleibt, wird im Marxismus zum Anspruch, das progressive Bewußtsein einer gesellschaftlichen Klasse zu verkörpern, die die Mehrheit in der Gesellschaft ausmacht. Die *praktische* Verwirklichung dieses Anspruchs soll, um das ›Reich der Freiheit‹ zu errichten, eine *Revolutionierung* der ›bestehenden Verhältnisse‹ erfordern. Daß damit Anforderungen an eine höchste Opferbereitschaft verbunden werden, die in der Tat zu den Formen ›starker‹ Mitgliedschaft führen, wie wir sie im 20. Jahrhundert im Rahmen des Marxismus-Leninismus kennengelernt haben und wie sie teilweise noch immer bestehen, ist evident.

---

[328] G.W.F. Hegel, a.a.O., S. 620.

c. Marx und die ›revolutionäre‹ Opferbereitschaft

So hat letztenendes Marx Hegel von den religiösen Schlacken befreit, indem er an die Stelle einer Mitgliedschaft in der quasi-religiösen Kollektivpersönlichkeit des ›absoluten Geistes‹ die Mitgliedschaft in der realgeschichtlich sich entfaltenden Kollektivpersönlichkeit der Menschheit gesetzt hat. Doch wie bei Hegel handelt es sich auch bei Marx um eine systematisch fortschreitende Entwicklung, deren Abschluß die ›erlösende‹ Aufhebung aller Gegensätze sein wird.
Marxens Abhängigkeit von Hegel erschöpft sich jedoch nicht in einfacher Übertragung dieser Metapher einer sich derart entwickelnden ›absoluten‹ Kollektivpersönlichkeit auf die Geschichte der Menschheit. Er übernimmt darüber hinaus die *dialektische* Denkweise, deren Struktur einzig im Reflexionsmodell des Bewußtseins verdeutlicht werden kann. Denn ›Identität‹ und ›Gegensatz‹, zentrale Kategorien der dialektischen Konstruktion, besitzen im dialektischen Zusammenhang nur dann einen Sinn, interpretiert man sie auf der Folie der Selbstbezüglichkeit des Reflexionsmodells.
Stellt man auf diesen Zusammenhang ab, wird die Auswirkung der Reflexionsphilosophie deutlich: Sie erstreckt sich auf der Linie struktureller Eigenschaften der cartesianischen Selbstgewißheitsannahme bis in diejenige einer ökonomischen Theorie hinein, die im 20. Jahrhundert politisch den stärksten Einfluß ausgeübt hat.
Marx ist in seinem Hauptwerk ›Das Kapital‹ eigenem Anspruch zufolge nach der dialektischen Methode vorgegangen. In einfußreichen Darstellungen der ökonomischen Theorien des ›Kapital‹ wie der von J.A. Schumpeter wird dieser Marxsche Anspruch häufig als eine philosophische Zutat behandelt, die man vom theoretischen Gehalt loslösen könne.[329] Das ist jedoch nur Ausdruck einer wohlwollenden Absicht, denn gerade die dialektische Argumentationsform gehört zum Kern der Marxschen ökonomischen Theorie. Ohne sie lassen sich weder Theorien von so zentraler Bedeutung wie die ›Wertformanalyse‹ und die ›Mehrwerttheorie‹ noch so bedeutungsvolle Begriffe wie der des ›Fetischcharakters der Ware‹ verständlich machen.
Das zur Dialektik hinzutretende Hauptinstrument der Marxschen Analyse ist die Arbeitswerttheorie jener Klassiker Politischer Ökonomie, deren Wurzeln sich bis in die scholastische Ethik zurückverfolgen lassen. In der Neuzeit wurde sie von Locke und W. Petty in die Diskussion einbezogen und vor allem von Smith und Ricardo zu einer ihrer theoretischen Grundlagen gemacht. Dieser Lehre zufolge bemißt sich der Wert der marktmäßig gehandelten Güter an der zu ihrer Produktion erforderlichen Arbeit. Da die relative Knappheit der Güter Grundbedingung für ihre Wertfestsetzung im Tausch ist, verlegte Smith die Zeit der vollen Gültig-

---

[329] Vgl. J.A. Schumpeter: Kapitalismus, Sozialismus und Demokratie. München 1950, S. 45ff.

keit des Arbeitswertgesetzes in einen, wie er sagt, „frühen und rohen Zustand der Gesellschaft, noch bevor das Kapital akkumuliert und der Boden kultiviert worden war“[330], und in dem es nur auf die menschliche Arbeitskraft ankam. Will man jedoch historisch fortgeschrittene Verhältnisse des Wirtschaftens und Handelns in die Erklärung mit einbeziehen – etwa die frühkapitalistische Volkswirtschaft Englands im 18. Jahrhundert –, dann muß man die Knappheit weiterer Produktionsfaktoren berücksichtigen. Grund und Boden waren damals längst nicht mehr frei verfügbar und wurden folglich mit Besitztiteln versehen. Darüber hinaus waren die neueren Wirtschaftsformen nicht mehr diejenigen primitiver Gütertauschgesellschaften, sondern solche der Geldwirtschaft, d.h.: Sie haben den ›Produktionsfaktor‹ Kapital hervorgebracht. Unter diesen Bedingungen ließ sich die Arbeitswerttheorie nicht mehr als ›Ein-Faktor-Theorie‹ aufrechterhalten. Das drückte sich im Hinblick auf den Warentausch so aus, daß sich der durch den Wert der Arbeit bestimmte ›natürliche Preis‹ erheblich vom Marktpreis unterschied. Diese Differenz trat hauptsächlich als Gefälle zwischen den Marktpreisen und der Lohnsumme auf, die für die Produktion der getauschten Güter aufgewandt wurde. Vor allem Ricardo versuchte, mit Hilfe komplizierter Zusatztheoreme den faktischen Einfluß der anderen Produktionsfaktoren auf den ›ursprünglichen‹ Faktor ›Arbeit‹ zurückzuführen. Zweifelsohne kam dadurch ein historisierendes Element in die Politische Ökonomie.

Mit Hilfe der von Hegel übernommenen dialektischen Denkfigur gelang es dann Marx, die hinsichtlich ihrer empirischen Anwendung äußerst unplausibel gewordene Arbeitswertlehre, als einer Theorie der Wertbildung, dennoch aufrechtzuerhalten. In einem argumentativ kühnen Husarenritt holt er aus dem abstrakten Tauschmodell, beispielhaft an der ›Wertgleichheit von 20 Ellen Leinwand und 1 Rock‹ dargestellt, einen ›*Gegensatz* von Tauschwert und Gebrauchswert‹ heraus.[331] Dabei bezeichnet der Gegensatz für ihn nicht die Unvereinbarkeit zweier theoretischer Annahmen, sondern eine objektiv vorhandene *Qualität* der Ware. Unter Bezugnahme auf diesen Gegensatz legt Marx fest, daß der Warentausch den Wertausdruck als objektive Eigenschaft in ›verkehrter Gestalt‹ enthalte, nämlich nicht als Arbeit und Arbeitszeit, den ›eigentlichen‹ wertbildenden Faktoren, sondern in Form einer ›anderen Ware‹, deren Rolle darin bestehe, den ›wahren‹ Wert in ›verkehrter‹ Gestalt erscheinen zu lassen.

Mit der Konstruktion des ›Gegensatzes‹ erfüllt sich Marx eine wichtige systematische Absicht. Auf diese Weise gelangt er nämlich zu dem für den Fortgang seiner Kapitaltheorie zentralen Gedanken, wonach der Warentausch grundsätzlich eine *objektiv vorhandene* ›Verzerrung‹ bzw. Degenerierung der wertbildenden

---

330 A. Smith: Eine Untersuchung über das Wesen und die Ursachen des Reichtums der Nationen. Berlin 1963, S. 40.

331 Vgl. W. Becker: Kritik der Marxschen Wertlehre. Hamburg 1972, S. 53ff; K. Hartmann: Die Marxsche Theorie. Berlin 1970.

Arbeit bewirke. Ähnlich wie bei Hegel wird auch hier aus der Not – der empirischen Unwahrscheinlichkeit der Arbeitswertlehre – eine theoretische Tugend ihrer Anwendbarkeit gemacht. Doch die zweifelhafte Produktivität des ›dialektisch‹ konstruierten Gegensatzes erschöpft sich nicht allein darin. Er wird darüber hinaus zum ›Gegensatz zwischen Wesen und Erscheinung‹, aus dem Marx seine ›Entdeckung‹ eines ›Fetischcharakters der Ware‹ abgeleitet hat.[332] Man kann die künstliche Konstruktion des ›Gegensatzes‹ einzig durch die Absicht rechtfertigen, die Marx damit verfolgte. Er glaubte nämlich, mit ihm als Definition des Begriffs der Ware eine ›objektiv-wissenschaftliche‹ Rechtfertigung dafür zu haben, von der objektiven ›Notwendigkeit der Aufhebung des Warencharakters‹ sprechen zu können, einer Rechtfertigung, die mehr enthalten soll als eine lediglich *moralische* Verurteilung des Warentauschs unter den Bedingungen des kapitalistischen Eigentums an den Produktionsmitteln. Er bezieht daraus den Vorteil, eine politisch-ökonomische *Wertung*, bestehend in der Forderung nach einer Aufhebung des kapitalistischen Warentausches, als eine gesellschaftliche Notwendigkeit aus der ökonomischen Theorie der Ware logisch ableiten zu können. Die daraus folgenden Schritte führen zu den bekannten Ergebnissen: Die von Marx ›dialektisch‹ aufgezeigte Notwendigkeit einer ›Aufhebung‹ des ›Fetischcharakters der Ware‹ impliziere die ›Aufhebung‹ des kapitalistischen Eigentums an den Produktionsmitteln, denn genau das sei die institutionelle Grundbedingung des Warentauschsystems, wodurch sich die ›verkehrte Erscheinung‹ der Güterbewertung mit zerstörerischen Konsequenzen für die Gesamtgesellschaft perpetuiere.[333] Die Mehrwerttheorie, die Theorie der Akkumulation des Kapitals und die Prognose der Notwendigkeit des Zusammenbruchs der kapitalistischen Ökonomie beschreiben bei Marx Etappen der ›Selbstaufhebung‹ von kapitalistischer Warenproduktion und kapitalistischem Warentausch. An ihnen soll deutlich werden, wie die Menschen als jeweils in gleicher Weise betroffene Mitglieder der klassenmäßigen Kollektivsubjekte ›Kapital‹ und ›Arbeit‹ ökonomischen Gesetzmäßigkeiten unterworfen seien, die ihr Schicksal mit ›eherner‹ Notwendigkeit bestimmten. Erst nach der geschichtsnotwendigen ›Aufhebung‹ des Kapi-

---

332 Marx umschreibt das ›Geheimnisvolle‹ seiner ›Entdeckung‹ u.a. mit folgenden Worten.: „Eine Ware scheint auf den ersten Blick ein selbstverständliches, triviales Ding. Ihre Analyse ergibt, daß sie ein sehr vertracktes Ding ist, voll metaphysischer Spitzfindigkeit und theologischer Mucken. Soweit sie als Gebrauchswert, ist nichts Mysteriöses an ihr ... Die Form des Holzes z.B. wird verändert, wenn man aus ihm einen Tisch macht ... Aber sobald er als Ware auftritt, verwandelt er sich in ein sinnlich-übersinnliches Ding. Er steht nicht nur mit seinen Füßen auf dem Boden, sondern er stellt sich allen andren Waren gegenüber auf den Kopf, und er entwickelt aus seinem Holzkopf Grillen, viel wunderlicher, als wenn er aus freien Stücken zu tanzen begänne.“ (K. Marx: Das Kapital, a.a.O., S. 76).

333 Hiergegen stellt E. Topitsch in zahlreichen Untersuchungen klar, daß empirischer Gesellschaftswissenschaft nach heutigem Verständnis „eine Prophetie, die etwa von von einem ›dialektischen Umschlag‹ die Verwirklichung des Milleniums auf Erden ›mit absoluter Sicherheit‹ erwartet“ völlig fern liegt. Vgl. ders.: Begriff und Funktion der Ideologie. In: ders. Sozialphilosophie zwischen Ideologie und Wissenschaft. Neuwied 1966, S. 49.

talismus im Sozialismus sollen Gebrauch und Verteilung der Güter sich nach dem ›wahren‹ Wert richten: nach der ›abstrakten Arbeit‹ des ›gesellschaftlichen Gesamtarbeiters‹, die auf die Einzelnen ihren Anteilen entsprechend verteilt werden soll.

Die Marxsche Theorie wurde nicht nur zum Kern der wirkungsvollsten politischen Ideologie des 20. Jahrhunderts. Sie ist zugleich auch die Theorie der Mitgliedschaft in einer Kollektivpersönlichkeit, die durch das Ausmaß beeindruckt, wie sie ›heroische‹ Opferbereitschaft im Sinn des kollektiven Selbstbehauptungsmodells ›verdiesseitigter Individualität‹ fordert. Dieser Theorie ist es darüber hinaus wie keiner anderen politischen Ideologie des Jahrhunderts gelungen, grenzenlose Opferbereitschaft massenhaft zu akklamieren. Ihre Anziehungskraft auf Intellektuelle war verständlicherweise besonders stark. Blieb die ethisch-moralische Rücksichtslosigkeit der Mitgliedschaft in der Kollektivpersönlichkeit des ›absoluten Geistes‹ von Hegel zunächst auf das privilegierte Wissen der Philosophen beschränkt, wird sie bei Marx zur moralischen Arroganz einer Theoretikerkaste, die ihrem Selbstverständnis nach das Industrieproletariat, die Mehrheitsklasse der Gesellschaft, repräsentiert. Mitgliedschaft im proletarischen Kollektivsubjekt meint aber nicht einfach nur Mitgliedschaft in einer Konfliktpartei kapitalistischer Gesellschaften des 19. und 20. Jahrhunderts. Vielmehr soll sie darüber hinaus eine Stellvertretung im Namen der Kollektivpersönlichkeit ›Menschheit‹ im horizontalen wie im vertikalen Rahmen begründen. Im horizontalen Rahmen handelt es sich um den Anspruch auf eine Vertretung der Interessen aller Lebenden, im vertikalen um den auf Vertretung des geschichtlichen Zwecks, dem das Leben vergangener Generation gedient habe und dem künftiger dienen soll. Damit wird eine welthistorische Urteils- und Handlungsüberlegenheit ›wissenschaftlich‹ gerechtfertigt, die in ihrem hybriden Ausmaß schwerlich zu überbieten sein wird. Denn nach Marxscher Lehre ist nicht nur die ›revolutionäre‹ Vernichtung der Mitglieder der anderen Konfliktpartei gerechtfertigt, vielmehr wird die gesamte bisherige Weltgeschichte als ›Geschichte von Klassenkämpfen‹ zu einem notwendigen kollektiven Opfergeschehen erklärt, für die endgültige Befreiung derer zu erbringen, die einmal in der ›klassenlosen Gesellschaft‹ angekommen sein werden.

10. Menschenrechte und Weltstaat

Das Konzept der Menschenrechte, als Grundlage menschlicher Identifikation, stellt sich als eines von größter Wirksamkeit für unsere Zeit dar. In Auseinandersetzung damit kommt der Art der ›schwachen‹ Mitgliedschaft im Kollektivsubjekt ›Menschheit‹ ebenfalls ein großes Maß an Bedeutung zu. Es wird sich zeigen, daß das moderne Menschenrechtskonzept in einem Dilemma ist, das ihm, weil ausweglos, in der Konsequenz die Aussicht auf künftige Verwirklichung versperrt.

Anhand von drei Thesen sei der Versuch einer Begründung unternommen:

1. *Aufgrund unserer ›schwachen‹ Mitgliedschaft im menschheitlichen Kollektivsubjekt fehlt es am erforderlichen Selbstbehauptungspotential, um den Weltstaat durchzusetzen, der die Menschenrechte effektiv garantieren könnte.*
2. *Die Vertretung der Menschenrechte allein auf Basis der Moral ist inkonsistent.*
3. *Im real-politischen Konflikt zwischen Menschenrechtsmoral und Nationalismus befindet sich die erstere von Anfang an auf verlorenem Posten, kann sie doch gegen das ›starke‹ Aggressivpotential nationaler Kollektivität immer nur das ›schwache‹ Potential menschheitlicher Kollektivität mobilisieren.*

a. Geschichtliche Voraussetzungen

Anfänge eines Denkens in Menschenrechtskategorien sind – wie bei vielen kulturellen Errungenschaften der europäischen Zivilisation – im antiken Griechenland zu suchen. Man wird sie in den Begründungen des Asylrechts in den Polis-Verfassungen des 5. Jahrhunderts v.Chr. erkennen können,[334] kommt doch darin bereits Respekt vor dem existenziellen Sicherheitsbedürfnis des Menschen allgemein zum Ausdruck. Nicht jedoch wird im antiken Griechenland die Idee gleicher Menschenrechte mit universeller Geltung entwickelt. Noch im 4. Jahrhundert v.Chr. vertreten Plato und Aristoteles auch für die Verfassung der Polis das Prinzip der Ungleichheit der Menschen. So rechtfertigen beide beispielsweise die Sklaverei, allerdings mit der typischen Einschränkung, daß Griechen nicht durch Barbaren, d.h. durch Nichtgriechen, versklavt werden dürfen.

Die universelle Idee der Menschenrechte entsteht erst in der Epoche des multiethnischen Imperiums Alexanders des Großen im 4. Jahrhundert v.Chr.. Zenon (336–270 v.Chr.), Begründer der Philosophenschule der Stoa, verurteilte ausdrücklich die Einteilung der Menschheit in verschiedene nationale und gesellschaftliche Gruppierungen. Er berief sich auf den Grundsatz eines ›natürlichen‹ Rechts, das allen Menschen kraft ihres Menschseins zukomme und an dem sie alle in gleicher Weise partizipieren sollten.[335] Der Bürgerbegriff der griechischen Polis wird bei ihm durch die stoische Idee der Gleichheit aller abgelöst.[336] Mit

---

334 O. Kimminich: Der internationale Rechtsstatus des Flüchtlings. Köln/München 1962.

335 Mit G. Dux wird man die Tendenz zur ›Naturalisierung‹ der Grundnormen gesellschaftlicher Ordnung einem „anthropologisch verankerten Interesse (zuschreiben können), die Natur in konstanten Relationen zu fixieren." Vgl. ders.: Logik der Weltbilder, a.a.O., S. 250.

336 M. Pohlenz: Griechische Freiheit. Wesen und Werden eines Lebensideals. Heidelberg 1955, S. 146. Des weiteren vgl. K.D. Bracher: Verfall und Fortschritt im Denken der frühen römi-

der Stoa ist ein Grundkonzept in der Welt, das in Berufung auf die Menschenrechte seither Dominanz besitzt: in ihrer Vertretung in Gestalt einer Ethik ohne Bezug zu einer bestimmten politischen Ordnung. Diese Trennung bleibt auch nach Aufnahme der Menschenrechtsidee in das universalistische Rechtsverständnis des Imperium Romanum in Kraft. Cicero postuliert zwar als Schüler der Stoa ›Vernunft‹ als grundlegende Eigenschaft, durch die alle Menschen auch in einem naturrechtlichen Sinn gleich sind. Doch stellt auch er einen Zusammenhang der Menschenrechte mit einer bestimmten politischen Ordnung nicht her.
Das Christentum hat die von der stoischen Philosophie begründete Tradition der Ethisierung des Menschenrechtsuniversalismus in einer Form verstärkt, von der die europäische Geistesgeschichte seither geprägt ist. So kann es sich durch Paulus' theologische Wende vom jüdischen Partikularismus lösen und unter Berufung auf eine menschheitliche Mission im Römischen Reich der ersten Jahrhunderte n. Chr. den Status einer Religion gewinnen, die nicht an regionale Zugehörigkeiten gebunden ist. Im Imperium Konstantins wird das Christentum wegen dieser Grundeigenschaften anerkannte Staatsreligion. Eine der wichtigsten Bedingungen bleibt die Trennung der Bereiche ethisch-moralischen und politischen Verhaltens und Handelns. Augustin begründet mit der für ihn charakteristischen traditionsbildenden Wirkung, warum das irdische Reich des Staates und das göttliche der auserwählten Gläubigen nach göttlichem Willen immer nur nebeneinander existieren können. Auch im Mittelalter änderte sich nichts an der Aufteilung des Ethisch-Moralischen und des Politischen. Sie wird durch den Konflikt zwischen Kaisertum und Papsttum, der die gesamte Epoche beherrscht, sogar noch sanktioniert. Der mittelalterliche Staat ist ein dualistischer Ständestaat, in dem die Auffassung über gottgewollte Ungleichheit der Menschen in deren Erdenleben vorherrscht: „Die nahezu kastenförmige Einteilung der Bevölkerung in Stände weltlicher und religiöser Natur bleibt das zentrale Ordnungsprinzip bis zum Aufkommen des universal-absolutistischen Staates der Neuzeit und der damit einhergehenden Grundlegung von Bürgertum und bürgerlicher Ordnung."[337]
Erst im Zeichen der ›Verdiesseitigung der Individualität‹ wird das Menschenrechtskonzept in den politischen Bereich versetzt. Entscheidende Impulse gehen im 16. Jahrhundert von der spanischen Rechtsschule von Salamanca aus. Ihr Begründer F. de Vitoria (1492–1546) beruft sich unter Bezugnahme auf die scholastische Analogia-entis-Lehre, aus der er die wesenhafte Gleichheit der Menschen und die Einheit des Menschengeschlechts als Grundpfeiler des Naturrechts ablei-

---

schen Kaiserzeit. Tübingen 1948; sowie M. Kriele: Zur Geschichte der Grund- und Menschenrechte. In: Öffentliches Recht und Politik. Festschrift für H.U. Scupin. Berlin 1973.

337 L. Kühnhardt: Die Universalität der Menschenrechte. Bonn 1987, S. 48. Für eine ausführliche Darstellung der Thematik in der Moderne vgl. F.J. Wetz: Die Würde der Menschen ist antastbar. Stuttgart 1998.

tet. Weitere Anregungen kommen insbesondere aus dem calvinistischen Protestantismus. Calvin sieht im Recht auf Leben und Eigentum ›natürliche‹ Rechte der Gleichheit, die im Fall einer Verletzung durch irdische politische Gewalt durch ein in der menschlichen Natur verankertes Widerstandsrecht geschützt sind. Theologische Voraussetzung lieferte die protestantische Lehre von der individuellen Seele, wie sie allen Menschen in gleicher Weise von Gott verliehen wird. Das christliche Seelenkonzept, von dem wir wissen, daß seiner ›Demokratisierung‹ die neuzeitliche ›Verdiesseitung der Individualität‹ zugrunde liegt, wird zum zentralen Bestandteil eines Menschenbildes, das auch nach der ›Enttheologisierung des Naturrechts‹[338] im europäischen Kontext erhalten bleibt.

In der Staatsphilosophie setzte sich im Gefolge des politischen Sieges der absolutistischen Staatsidee der *Vertragsgedanke* durch. Sowohl die mittelalterliche Lehre vom Fürsten als dem Stellvertreter Gottes als auch die protestantisch-calvinistische Lehre vom Pakt zwischen Herrscher und Volk wird durch die neue Auffassung abgelöst, wonach der ›Herrschaftsvertrag‹ auf einem ›Gesellschaftsvertrag‹ basiere, der im vorstaatlichen Naturzustand von den mit natürlichen Rechten versehenen Individuen auf der Basis ihrer Gleichheit miteinander zum Zweck der Gemeinschaftsbildung geschlossen werde. Darin treten die Menschen ihre natürliche Freiheit an einen Herrscher ab, um von diesem im Gegenzug den Schutz ihrer Sicherheit und einiger ›bürgerlicher‹ Rechte garantiert zu erhalten. Die christliche Seele verwandelt sich nahezu unbemerkt in eine ›natürliche‹ geistige Qualität, die die ›individualistische‹ Innerlichkeit eines jeden Individuum ausmacht.

Durch ›Enttheologisierung‹ kommt es zur folgenreichen Aufhebung der mehr als tausend Jahre alten Trennung zwischen ethisch-moralischem Naturrechtskonzept und politischem Staatsverständnis. Denn seit Durchsetzung der Vertragstheorie im politischen Denken der Neuzeit werden die Naturrechte mit dem Staatsbegriff verbunden, eine Verbindung, ohne die das philosophische und politische Denken in Europa seither nicht mehr vorstellbar wäre. Das vollzieht sich in zwei Versionen, die sich im Grundsatz bis in unsere Gegenwart erhalten haben.

In der ersten Version, die der klassische Liberalismus durch sein Rechtsstaatsverständnis repräsentiert, werden die Naturrechte *logisch* mit dem Staatsbegriff verbunden. Zwar legt Lockes Naturrechtslehre die Auffassung nahe, daß es sich bei den Freiheitsrechten der Individuen um Ansprüche aus einer universal gültigen ›vorstaatlichen‹ Moral handelt. Doch sorgt die interne Logik des Konzepts bei Locke für eine Revision des Scheins einer staatsunabhängigen Moralgel-

---

338 Vgl. G. Oestreich: Die Idee der Menschenrechte in ihrer geschichtlichen Entwicklung. Berlin 1969, S. 22.

tung.[339] In der Sache spiegelt sich in seiner weiteren Argumentation das Resultat des ‹Gefangenendilemmas›, wonach zwischen der angenommenen moralischen Gültigkeit individueller Freiheitsrechte und der Notwendigkeit ihres ›schiedsrichterlich‹-staatlichen Schutzes ein *logischer* Zusammenhang bestehen müsse.[340] Denn unter Berufung allein auf moralische Gültigkeit gerät man in ein Dilemma, das nur vermieden werden kann, wenn die Individuen unter dem Schirm einer neutralen schiedsrichterlich-staatlichen Instanz von ihren Freiheitsrechten Gebrauch machen. Damit kommt ein Gedanke von zentraler Bedeutung für das Problem der ethisch-moralischen Geltung ins Spiel: Anerkennung moralischer Normen ist irrational, solange man sich nicht auf Instanzen der Normendurchsetzung im Fall von abweichendem Verhalten verlassen kann. Die logische Fortführung dieses Gedankens führt dann dazu, daß eine Universalität von individuellen Rechten im Menschenrechtssinn nur in Anspruch genommen werden kann, verknüpft man sie gleichzeitig mit der Forderung des Weltstaats.
In der zweiten Version wird die Tradition der klassischen Unterscheidung zwischen Moral und Politik deutlicher und entschiedener fortgesetzt. Ihr wichtigster Repräsentant ist Kant mit seiner Unterscheidung von Moralität und Legalität. Unter ›Moralität‹ versteht Kant die Pflichten, die für jedes vernunftbegabte Individuum gültig sind. Sie kommen letztlich im Kategorischen Imperativ zum Ausdruck, der dem Einzelnen die Leitlinie für die Entscheidung ethisch-moralischer Konflikte vorzeichnet.
Mit ›Legalität‹ bezeichnet er grundlegende Rechtspflichten, die sich von den moralischen nicht inhaltlich, sondern allein durch die Art des Verpflichtungscharakters unterscheiden. Die moralischen Pflichten sollen ›unbedingt‹, d.h. aus ›innerer‹ logischer Notwendigkeit heraus gelten. Die Rechtspflichten stehen demgegenüber unter dem Vorbehalt der Erzwingbarkeit durch staatliche Instanzen.[341]

---

339 Im Kern liegt Lockes Konzept ein Paradigmenwechsel klassischer präskriptiver Moralität hin zu empirisch beobachtbaren Moralpräferenzen der Individuen zugrunde. Vgl. dazu G. Roellecke in: ders (Hg): Öffentliche Moral. Heidelberg 1991, S. 7f.

340 Es ist freilich zuzugeben, daß die entscheidungstheoretische Konsequenz, wie sie von Locke gezogen wird und die die Notwendigkeit der Dilemmavermeidung zum Ausdruck bringt, nur für den Fall von einperiodischen Strategiespielen zutreffend ist. Geht man im spieltheoretischen Modell hingegen von mehrperiodischen Spielen aus, wie dies R. Axelrod in seinem bekannten Experiment gezeigt hat, scheinen sich Konsequenzen zu ergeben, die eher mit dem kantischen Ansatz reiner Moralität vereinbar sind. Dennoch ist dem entgegenzuhalten, daß die von Axelrod angenommene Gleichheit der Spieler eine künstliche Modellvoraussetzung ist, die für eine reale Gesellschaft erst geschaffen und danach stabilisiert werden muß. Dieses Erfordernis läßt sich aber nur vor dem Hintergrund des Lockeschen Ansatzes als erfüllt ansehen. Vgl. R. Axelrod: Die Evolution der Kooperation. München 1997.

341 Kant drückt die Rechtspflichten in Gestalt der drei Imperative aus: 1. Sei ein rechtlicher Mann, 2. Tue niemandem Unrecht, 3. Tritt in eine Gesellschaft mit anderen, in welchem jedem das Seine erhalten werden kann. (I. Kant: Metaphysik der Sitten. WW. Bd. 7, hg. v. W. Weischedel, S. 344). Alle Rechtspflichten sind um den Inhalt der Moralität zentriert. Inhalt der ersten Rechtspflicht ist der Kategorische Imperativ in der Formulierung: Mache dich

Das Verhältnis von Moralität und Legalität ist bei Kant durch den Primat der Moral definiert: Die moralische Gültigkeit der Menschenrechte soll unabhängig von einer staatlichen Garantierung dieser Rechte als Grundrechten bestehen.[342] Auch wenn es keinen Rechtsstaat geben sollte, existierte nach Kant die Pflicht der Anerkennung der Menschenrechte als universal gültiger Moral.

b. Gegensatz der Versionen: Menschenrechte versus Grundrechte

Im Grundverständnis der westlichen Demokratie spielen beide Versionen bis heute eine zentrale Rolle. Der *logische* Zusammenhang der natürlichen Grundfreiheiten mit dem Staatsbegriff, der für die Lockesche Version kennzeichnend ist, wird für die ersten historischen Verfassungen dieser Staatsform bestimmend: die der Vereinigten Staaten von Amerika und der Französischen Republik.
In der amerikanischen Tradition besteht bis heute der Vorrang einer Einbindung der Menschenrechte in ein Verfassungssystem und damit deren Orientierung an einer konkreten grundrechtsverpflichteten Gesetzgebung und Rechtsprechung. Es liegt auf der Hand, daß eine Verwirklichung des Lockeschen Konzepts auf Kosten der Universalität der Menschenrechte gehen muß, denn letztendlich wird sie auf die positiv-rechtliche Geltung in einem Nationalstaat eingeschränkt.[343]
In den ersten französischen Verfassungen der demokratischen Republik wird zwar ebenfalls der Lockeschen Version gefolgt, doch soll das politische Pathos, das aus ihren Formulierungen spricht, auch die universale Geltung der Menschenrechte, im Unterschied zu ihrer faktischen Reduktion auf den Charakter von Grundrechten einer nationalstaatlichen Ordnung, betonen. Darin versuchen die Franzosen dem Gewicht der ethisch-moralischen Version Rechnung zu tragen. Hingegen setzt sich in späteren Verfassungen der Französischen Republik auch die nationalstaatliche Grundrechtskonzeption durch.[344]
Überschlägt man die Geschichte der liberalen Republik in den letzten beiden Jahrhunderten, zeigt sich deutlich, daß sich die Grundrechtskonzeption, die auf den nationalstaatlichen Verfassungsrahmen beschränkt bleibt, allgemein durch-

---

anderen nicht zum bloßen Mittel, sondern sei für sie zugleich Zweck. Inhalt der zweiten Rechtspflicht ist der Rechtsgehorsam und Inhalt der dritten die Achtung des Eigentums.

342 Hinsichtlich der internen Problematik des Kantischen Freiheitsbegriffs vgl. J. Isensee: Das Dilemma der Freiheit im Grundrechtsstaat. In: K.H. Kästner u.a. (Hg.): Festschrift für Martin Heckel. Tübingen 1998, S. 747f.

343 Hierzu L. Kühnhardt: „Wohl hat sich die Menschenrechtsidee gerade im Kontext des Nationalstaats zu bewähren und zu erfüllen, doch limitierten staatsrechtliche Manifestationen der Menschenrechte wie in England und in den Vereinigten Staaten von Amerika ohne Zweifel den universalen Menschenrechtsgedanken, indem sie ihn in seiner notwendigen politischen Konkretion gerade auf die Bürger einer spezifischen Staatsordnung bezogen.“ (a.a.O., S. 73). Vgl. auch W. Kluxen: Über ethische Grundlagen der Demokratie. In: P. Kolmer/H. Korten: Recht-Staat-Gesellschaft. Freiburg 1999, S. 146f.

344 Vgl. L. Kühnhardt, a.a.O., S. 77.

gesetzt hat. Das ist im Hinblick auf die Lockesche Version nicht verwunderlich, denn die in ihr postulierte *logische* Verbindung der Menschenrechte und der ›schiedsrichterlichen‹ Garantie ihrer Durchsetzung hätte sich ohnehin nur in einem die Menschheit umfassenden Weltstaat verwirklichen lassen. Da die politische Sprache des klassischen Liberalismus immer ›weltstaatlich‹ ausgerichtet ist, gehen die Philosophen von einer universalistischen Anthropologie aus, indem sie von menschlichen Individuen allgemein, nicht aber von Individuen mit nationaler Zugehörigkeit sprechen. Dennoch hat keiner von ihnen wirklich den Weltstaat vor Augen – weder Locke noch Montesquieu, auch Rousseau nicht. Vielmehr denken sie de facto an die Verwirklichung der Menschenrechte durch den Nationalstaat neuzeitlicher Prägung.

Diese Inkonsistenz der Lockeschen Version wird durch Kants Version behoben, die von da ihre Attraktivität bezieht und bis heute behalten hat. Kant macht sie in seiner Schrift ›Zum ewigen Frieden‹ zum Gegenstand einer weitreichenden Überlegung, die er mit dem Hinweis auf seine Unterscheidung von Moralität und Legalität beantwortet. Er lehnt dort den Weltstaat ab, den die universalistische Anthropologie des Liberalismus hingegen gerade als logische Konsequenz fordert.[345] Er spricht sich für die nationalstaatliche Republik aus und macht es darüber hinaus zur ethisch-moralischen Pflicht, sich im Sinn einer ›Weltmoral‹ für den Gehalt der Menschenrechte, auch ohne deren staatliche Verfaßtheit, einzusetzen.

Man würde den öffentlichen Einfluß eines Denkers selbst von der Reputation Kants wohl überschätzen, wollte man die Bedeutung, die die moralisch-ethische Version im 20. Jahrhundert gewonnen hat, ausschließlich auf das kantische Konzept zurückführen. Auslöser davon dürften in den westlichen Ländern wohl das Leid und die furchtbaren Erfahrungen der beiden Weltkriege, im westeuropäischen Kontext insbesondere jedoch zusätzlich noch die Erfahrung der Verbrechen und Gräueltaten im nationalsozialistischen Deutschland, sein. Nachdem der Völkerbund gescheitert und im Zweiten Weltkrieg untergegangen war, kam es zur Gründung der Organisation der ›Vereinten Nationen‹, die sich nach langwierigen Auseinandersetzungen zwischen den westlichen Demokratien und der sowjetrussischen Diktatur 1984 zur ›Allgemeinen Erklärung der Menschenrechte‹ bekannte. Da jedoch keine Seite den Weltstaat wollte, lag es nahe, das der ›Erklärung‹ zugrundeliegende philosophische Konzept in der Perspektive der Kantischen Version zu interpretieren. Im Unterschied zu den klassisch-liberalen Formulierungen, die sich ausschließlich an Rechten der Individuen ausrichteten, erreichten die Vertreter der kommunistischen Seite, daß überwiegend Rechte auf-

345 Unter modernem Gesichtspunkt befaßt sich H. Albert mit der Problematik des Weltstaats und gelangt zu Schlüssen, die Kants Auffassung untermauern. Vgl. ders.: Traktat über rationale Praxis. Tübingen 1978, S. 87ff.

geführt wurden, die als soziale und kollektive zu verstehen sind. Seither gibt es den Streit über die Auslegung der Menschenrechte im liberal-individuenbezogenen oder im gruppenbezogenen Sinn. Erst mit der Niederlage der Sowjetunion im ›Kalten Krieg‹ kam es zu Beginn der 90er Jahre zu einer Wende in der öffentlichkeitswirksamen Auffassung der Menschenrechte, wonach sich die westliche Auffassung entsprechend der Kantischen Version in der außenpolitischen Darstellung durchsetzen konnte.[346]

c. Die Glaubwürdigkeitslücke

Man muß kein Anhänger des kulturrelativistischen Standpunkts sein, um einzusehen, daß die Theorie der Menschenrechte zum neuzeitlichen europäischen Menschenbild ›verdiesseitigter Individualität‹ gehört. Die Behauptung, das Postulat der Menschenrechte verkörpere eine in der Menschheit und in den Kulturen als gültig anerkannte Moral, stellt einen übertriebenen Anspruch dar, wie er sich selbst im historischen Zusammenhang europäischer Kultur nicht aufrechterhalten läßt – wie viel weniger dann im Weltmaßstab. Hinzu kommt, daß die Rolle der Gleichheitsanthropologie im europäisch-westlichen Verständnis politischer Ethik in ihrer Bedeutung überschätzt wird, denn auch die westliche Demokratie hat die hierarchische Sozialnatur der Menschen nicht aufgehoben, sondern allein die Zugänge zu den Positionen gesellschaftlicher Hierarchie ›demokratisiert‹.
Die Unbekümmertheit, mit der man in der westlichen Zivilisation die Position der Menschenrechte als die einer Universalmoral vertritt, ist unter dem ethisch-moralischen Aspekt nicht akzeptierbar. Man blendet nämlich dadurch verleitet die ungeheuren Kosten und Opfer aus, die andere Kulturen entrichten müssen, um sich ebenfalls den westlichen politischen Grundwerten anzupassen. So sind

---

[346] Ich lasse die Dimension des Völkerrechts absichtlich außer acht. Das Völkerrecht ist grundsätzlich eine zwitterhafte Konstruktion, in der sich die positiv-rechtlichen mit den ethisch-moralischen Ansprüchen vermischen. Dies schmälert nicht die große politisch-praktische Bedeutung des Völkerrechts, denn ohne dieses gäbe es beispielsweise nicht die Vereinten Nationen mit ihren Organisationen, die gewiß nicht nur erfolglos tätig sind. Im Hinblick auf die Menschenrechte wird die Zwitterhaftigkeit jedoch besonders deutlich, denn auch die UNO stellt keine Instanz mit dem Recht dar, über Auslegungskonflikte zu befinden und Menschenrechtsverstöße zu bestrafen. Eine der grundlegenden völkerrechtlichen Vereinbarungen, die auch in der Charta der Vereinten Nationen verankert ist, besteht in der Pflicht zur Achtung der Souveränität der einzelnen Vertragsstaaten. Damit wird ausgeschlossen, Menschenrechtsverletzungen in Mitgliedsstaaten der Vereinten Nationen durch aktives Eingreifen von außen zu verfolgen. Entweder wird das fundamentale Prinzip der Achtung der Souveränität eines Mitgliedsstaats verletzt, indem wider dessen Willen – wie 1999 im Fall des Jugoslawienkriegs – eingegriffen wird. Oder man beschränkt sich in Ermangelung weltstaatlicher Institutionen hinsichtlich der internationalen Vertretung der Menschenrechte auf die ethisch-moralische Ebene entsprechend der kantischen Version. Aus diesem Dilemma gibt es für die Menschenrechte, bedingt auch durch dessen völkerrechtliche Verankerung, wohl kein Entrinnen.

beispielsweise die meisten afrikanischen Kulturen heute noch an mythische und religiöse Denk- und Einstellungweisen hierarchisch geordneter Großfamilien- und Stammesgesellschaften gebunden. Der Zwang zur Anpassung nicht nur an westliche Ökonomie, Technik und Wissenschaft, sondern auch an die politische Gleichheitsmoral westlicher Demokratie und an deren Individualisierungskonzepte bewirken dort gegenwärtig eine stärkere Erschütterung des kulturellen Selbstverständnisses, als es zu Zeiten der Kolonialherrschaft der Fall war, die gerade von afrikanischen Intellektuellen irrtümlich allein als Ursache für die Misere in deren Ländern verantwortlich gemacht wird. Die selbstzerstörerischen Kriege, die heute in afrikanischen Ländern geführt werden, sind – im Gegenteil – erst Folgen dieser Erschütterung des traditionellen Gesellschaftsbewußtseins, einer Erschütterung, die erst nach der Befreiung von der Kolonialherrschaft voll und ganz zum Zug hat kommen können. Zwar läßt sich der Prozeß der Globalisierung westlicher Ordnungen, hauptsächlich einer der Ökonomie und der politischen Staatlichkeit, nicht aufhalten. Doch sollte man im Westen zurückhaltender bei der Beurteilung globaler Strategien sein: Unsere westlichen Ordnungen bedeuten für die übrige Menschheit noch lange keine Befreiung zur ›wahren menschlichen Natur‹.

Wesentliche Einwände gegen die universelle Geltung der Menschenrechte konzentrieren sich jedoch auf Gesichtspunkte der oben genannten drei Thesen.

Ad 1:

Die westlichen Staaten könnten – von den USA bis zur Bundesrepublik Deutschland – den Anspruch auf weltweite Garantie der Menschenrechte nur in der Lockeschen Version glaubwürdig vertreten. In keiner Demokratie verläßt man sich auf eine rein moralische Anerkennung und Geltung der Menschenrechte gemäß der kantischen Version. In ihren eigenen politischen Kulturen sind diese Rechte allein als *Grundrechte* im *nationalstaatlichen* Kontext verankert, wird doch unterstellt, ihre Geltung könne allein im Rechtsstaat garantiert werden.

Um die Sprache der Menschenrechte glaubwürdig erscheinen zu lassen, müßte man sich für die Einrichtung eines Weltstaates einsetzen. Der Weltstaat, in dem die Menschenrechte ebenfalls Grundrechte wären, bedürfte jedoch einer politischen Organisation, deren Macht und Befugnisse weit über die hinausgingen, die die Vereinten Nationen gegenwärtig besitzen. Es liegt nahe, sich den Weltstaat wegen der grundlegenden Bedingung der Rechtsstaatlichkeit als Demokratie westlicher Prägung vorzustellen.

Wo immer das Weltstaatskonzept im Licht der Grundrechte erörtert wird, wird jedoch seine Umsetzbarkeit in Zweifel gezogen. Am bekanntesten sind in unserem Zusammenhang die Einwände, die Kant in der Schrift ›Zum ewigen Frieden‹ vorgebracht hat.[347]

---

[347] H. Albert faßt in seinem ›Traktat über rationale Praxis‹ die stichhaltigen Einwände zusam-

Am plausibelsten dürfte das Nichtzustandekommen des Weltstaats allerdings darauf zurückzuführen sein, daß es sich bei der kollektivsubjektiven Mitgliedschaft, an die mit der Forderung einer Einführung des Weltstaats appelliert wird, um eine ›schwache‹ Mitgliedschaft handelt. Um hingegen eine universale Motivation zu erzeugen, müßte man sich jedoch auf eine ›starke‹ Mitgliedschaft der Menschen im Kollektivsubjekt ›Menschheit‹ stützen können. Eine derartige ›starke‹ Mitgliedschaft ist bis heute nicht zustande gekommen und es erscheint wenig wahrscheinlich, daß es in Zukunft dazu käme.

Ich habe bereits darauf hingewiesen, daß sich die Menschen als Gattungswesen – insbesondere in der europäisch geprägten Kultur – die Herrschaft über die nichtmenschliche Natur als kollektives Bewußtsein zugelegt haben. Es besteht von da an kein Grund mehr – und mit fortschreitender Naturbeherrschung ständig weniger –, die Zugehörigkeit zur *Gattung* im Sinn des Modells heroischer Selbstbehauptung zu interpretieren, des im Licht neuzeitlicher ›Verdiesseitigung der Individualität‹ zuständigen Modells. Die außermenschliche Natur als möglicher Gegner bietet keine Herausforderung mehr, in der Menschen sich als *Gesamtkollektiv* mit nachfolgend ›starker‹ Mitgliedschaft heroisch zu bewähren hätten. Insbesondere die von Wissenschaft und Technik abhängige westliche Zivilisation läßt keine andere Grundeinstellung als die der Naturbeherrschung mehr zu. Auch die moderne Relevanz der Ökologie kann nicht darüber hinwegtäuschen, denn gerade sie zeigt, daß Rettung der natürlichen Umwelt allein von der Hege durch den Menschen auszugehen habe. Selbst Naturkatastrophen großen Ausmaßes werden nur dann ernst genommen, wenn sie auf menschliches Fehlverhalten zurückzuführen sind.[348]

Das Grundgefühl für die Naturbeherrschung verhindert darüber hinaus auch, daß Angehörige der wissenschaftlich-technischen Zivilisation ein solidarisches Verhältnis zur Tierwelt entwickeln. So naheliegend etwa der Speziezismusvorwurf des australischen Philosophen P. Singer im Licht unseres evolutionsbiologischen Wissens sein mag, so wenig kann er im Hinblick auf das gesellschaftlich prägende Grundgefühl menschlicher Naturbeherrschung bewirken.[349] Die Menschen werden sich, unbeschadet ihres biologischen Wissens, nicht wie höhere Affen fühlen, haben sie doch deren Populationen auf der ganzen Welt so weitgehend in ihre Hege einbezogen, daß sie diesen bestenfalls noch in einem wohlwollend-paternalistischen Verhältnis der Betreuung Unmündiger gegenüber treten können.[350] Der ausgedehnte Naturschutz unserer Zeit ist – paradoxerweise – Ergeb-

---

men, die aus der zeitgenössischen Perspektive gegen den Weltstaat eingebracht werden können (vgl. a.a.O., S. 104f.).

348 So wird z.B. der Treibhauseffekt dem durch die menschliche Technik verursachten Ausstoß von Kohlendioxid zugeschrieben.

349 Vgl. P. Singer: Praktische Ethik. Stuttgart 1984, S. 70ff.

350 Deshalb bleibt es idealistischer Selbstbetrug, wenn heute im Ernst in Erwägung gezogen wird, Bäume und Tiere in Analogisierung zu uns Menschen zu ›Rechtspersonen‹ machen zu

nis einer Entwicklung, die dazu geführt hat, daß Menschen selbst ihre biologischen Tierverwandten und die übrigen Großtiere nicht mehr als *gleichwertige* Lebewesen respektieren können.[351]
Man vermag sich heutzutage die Möglichkeit eines die Menschheit als Kollektivsubjekt umfassenden Weltstaates bezeichnenderweise erst dann vorzustellen, wenn man sich an die phantasievollen Vorgaben von Science-fiction-Serien wie ›Star Trek‹ hält, in denen die Menschheit in ihrer Gesamtheit als die unseren Planeten beherrschende Gattung erscheint, die durch Lebewesen anderer Planeten bedroht wird, und die, als ebenbürtigen Gegner bzw. als Feind zu respektieren, sie gezwungen wird. Die Autoren dieser Serien beschreiben – als Bestandteile ihrer ›virtuellen Welten‹ – völlig zutreffend die Grundbedingungen, die aus einer faktisch ›schwachen‹ Mitgliedschaft im menschheitlichen Kollektivsubjekt eine ›starke‹ machen würd. Solange es das nur in virtuellen Welten gibt, wird es jedoch bei der ›schwachen‹ Mitgliedschaft bleiben. Ist die These der notwendigerweise ›schwachen‹ Mitgliedschaft im gattungsmäßigen Kollektivsubjekt ›Menschheit‹ zutreffend, dann gibt es kaum Gründe, die die Hoffnung auf Errichtung eines Weltstaates, der die Menschenrechte garantierte, zu stützen vermögen.[352]
Auf wie wenig Rückhalt der Weltstaat auch in der Politik unserer Tage rechnen könnte, zeigt sich insbesondere bei der Grundeinstellung der politischen Klasse der USA, die nicht wirklich ernsthaft Konzessionen an Organisationen auf weltstaatlicher Ebene zu machen bereit ist. Man scheut auch vor der einzig glaubwürdigen Konsequenz zurück, die weltweite Durchsetzung der Menschenrechte nach der Lockeschen Version zu betreiben, würde dies doch bedeuten, daß man unmittelbar für eine revolutionäre Umgestaltung der Diktaturen – von China bis zu den meisten der afrikanischen Staaten – in rechtsstaatliche Demokratien einzutreten hätte. Die Kosten, die man dabei durch Übernahme der Verantwortung auf sich nehmen müßte, ist wohl kaum ein westlicher Staat zu tragen bereit. Man beläßt es deswegen lieber bei der – in der Regel die Unglaubwürdigkeit noch steigernden selektiven – moralischen Postulierung und der Einklagung der

---

wollen. Jede Realisierung derartiger Vorstellungen würde durch eine Schein-Humanisierung die Unmündigkeit der Tiere, im Gegenteil, umso stärker hervortreten lassen. Die beteiligten Menschen verlören zugleich den letzten Respekt vor dem Tier als dem ›ganz anderen‹ Lebewesen, indem sie etwa Menschenaffen zu einer Art menschlicher Babies und Kleinkinder degradierten. Denn in anderer Weise könnten wir Affen, die wir als ›Rechtspersonen‹ behandeln müßten, nicht erfahren. Man sollte derartige Vorschläge eher als groteske Auswüchse des erreichten Standes menschlicher Naturbeherrschung betrachten.

351 Aus demselben Grund werden sich auch Ethiken, wie diejenige Albert Schweitzers die noch von anderen anthropologischen Grundlagen ausgehen, nicht durchsetzen können.

352 Ein aktuelles Konzept einer ›Weltrepublik‹ entwickelt O. Höffe in einer umfassenden Analyse der gegenwärtigen Weltlage in: Demokratie im Zeitalter der Globalisierung. München 1999. Die Schwäche der Konzeption liegt darin, daß Höffe sowohl für als auch gegen den Weltstaat argumentiert. Es bleibt offen, wie beides mit den Erwartungen in Übereinstimmung zu bringen ist, die bei Höffe mit der Notwendigkeit der Anerkennung globaler Gerechtigkeit verbunden werden.

Menschenrechte gemäß der kantischen Version, einer Haltung, in der die ›schwache‹ Mitgliedschaft in der menschheitlichen Kollektivpersönlichkeit deutlich zum Vorschein kommt.

Ad 2:

Allerdings ist die verbreitete *ethisch-moralische* Vertretung der Menschenrechte in sich ebenfalls inkonsistent.

Häufig wird diese Inkonsistenz unter Bezugnahme auf kulturanthropologische Forschung damit begründet, daß auch der Repräsentant der Menschenrechtsmoral zur Anerkennung der Realität eines menschlichen Moralverhaltens gezwungen ist, in der Vielfalt und Andersartigkeit der Kulturen überwiegen. Man brauchte sich jedoch, hält man sich strikt an die Bedingungen des kantischen Moralbegriffs, durch Berufung auf die Wirklichkeit im Anspruch auf die universelle Geltung der Menschenrechte davon nicht allzu sehr beeindrucken zu lassen. Denn solange es nicht um die Frage der praktischen Durchsetzung dieser Rechte geht, ist am Postulat ihrer universellen Geltung nichts auszusetzen. Es muß, im Gegenteil, der Anspruch auf universelle Gültigkeit gestellt werden, bezieht sich doch die Sprache der Menschenrechte auf die Mitgliedschaft in einer einheitlichen menschheitlichen Kollektivpersönlichkeit.[353]

Die Inkonsistenz der kantischen Moralversion kommt vielmehr dadurch zustande, daß man sich in der Absicht einer *realen Durchsetzung* auf sie beruft.

Im internationalen Verhältnis mit Staaten, denen gegenüber die Einhaltung der Menschenrechte eingeklagt wird, halten sich ihre politischen Repräsentanten wie beispielsweise die USA und die NATO für berechtigt, die Anerkennung dieser Rechte notfalls durch zwangshafte Maßnahmen einzuklagen. Beispiele für diese Überzeugung sind jene Fälle, in denen die Bereitschaft, zum Zweck der Durchsetzung der Menschenrechte auch miltärische Mittel einzusetzen, entweder angedroht oder wie gegenüber Somalia und Jugoslawien auch praktiziert worden ist. Das zugrundeliegende Moralverständnis gibt jedoch, in der Kantischen Version, kein Recht auf Zwang her. Dieses Recht existiert nur, wenn ein Rechtsstaat mit der Befugnis legaler Erzwingung von Rechtsgehorsam bereits besteht, jedoch nicht für die moralische Position allein, die ihre Durchsetzungkraft ausschließlich in der ›Vernunft‹ und einer daraus resultierenden Freiwilligkeit finden kann. In der gegenwärtigen politischen Vertretung der Menschenrechte will man jedoch beides zugleich: einerseits ausschließlich der Moral-Version der Menschenrechte und ihrer ›Vernünftigkeit‹ vertrauen und andererseits jedoch zugleich jedwede Legitimität von Zwangsmitteln in Anspruch nehmen, wie sie ausschließlich ein bereits vorhandener Rechtsstaat bieten könnte. Da beides zusam-

[353] Die nachfolgenden kritischen Argumente sollen nicht als Einwand gegen den ethisch-moralischen Wert der Menschenrechte verstanden werden. Dieser Wert steht auch für mich außer Frage. Es geht hier allein um die Art und Weise ihrer Implementierung.

men nicht zu haben sein wird, verstrickt sich die westliche Menschenrechtspolitik in eine letztlich amoralische Unglaubwürdigkeit, die mit der Zeit wohl immer deutlicher zutage treten wird.

Ad 3:

Die Inkonsistenz, die sich durch die Weigerung ergibt, die Menschenrechte im Weltstaat zu garantieren, führt nachweislich zu einer Konfrontation ›schwacher‹ Mitgliedschaft im ›menschheitlichen‹ Kollektivsubjekt mit ›starker‹ im Kollektivsubjekt einer Nation. In dieser Konfrontation steht die ›schwache‹ Mitgliedschaft in der menschheitlichen Kollektivsubjektivität von Anfang an auf verlorenem Posten, denn sie erzeugt ein nur ebenso schwaches Aggressivpotential. Zur Verwirklichung einer derart weitreichenden Zielsetzung ist man jedoch auf ein starkes Potential, entsprechend den Anforderungen des Modells ›heroischer‹ Selbstbehauptung, angewiesen.

In dieser Gegenüberstellung richtet sich mein Haupteinwand gegen die Art und Weise, in der die Menschenrechtsmoral in der Gegenwart vertreten wird. Es handelt sich in ihrem Kontext nämlich nicht um die Frage des ›Sollens‹. Im Medienzeitalter ist heute nichts leichter, als Menschen zu verbalen Lippenbekenntnissen zum Guten hin, insbesondere auch zur Akzeptanz der Menschenrechte, zu bewegen. Bei der Moral im Weltmaßstab geht es jedoch darum, auch durch wirkliches Wollen unter Beweis zu stellen, was man tun solle und wozu sich verbal in der Masse so leicht verpflichten läßt. Werden Menschen dann direkt aufgefordert, persönlich auch wirklich Opfer für eine weltweite Verteidigung der Menschenrechte zu bringen, zeigt sich bald, wie gering die wirkliche Opferbereitschaft letztlich ist. Auf politisch-staatlicher Ebene wird das etwa offenbar, wenn führende Politiker sich außerstande sehen, das Leben eigener Soldaten im Einsatz für die Menschenrechte zu riskieren, es sei denn, zusätzlich stünden direkte nationale Interessen auf dem Spiel.

Ein Blick auf die internationalen Konflikte im 20. Jahrhundert genügt, um das bestätigt zu finden. In Konfrontation von liberaler Demokratie und totalitärer Diktatur konnten beispielsweise die Vereinigten Staaten über ihre direkten nationalen Interessen hinaus in ihrer Bevölkerung eine hinreichende Bereitschaft mobilisieren, den Menschenrechtsanspruch der individuellen Freiheit auch mit militärischen Mitteln – d.h. mit Krieg – durchzusetzen. Mit dieser Einstellung nahmen sie am Zweiten Weltkrieg in Europa gegen das nationalsozialistische Deutschland teil und trugen zu Beginn der 50er Jahre die Hauptlast des Korea-Krieges. Doch selbst diese bewährte Einstellung, die aus einer eigenen Betroffenheit im Konflikt der weltpolitischen Systeme resultierte, reichte nicht mehr aus, um im Vietnam-Krieg der 60er Jahre – wie zuvor schon die Franzosen – der nationalistischen Motivation eines kleinen Volkes entgegenzustehen.[354] Der

---

354 Ich halte es für ausgemacht, daß der Marxismus-Leninismus der nordvietnamesischen Füh-

eigentliche Grund für die Niederlage der USA in diesem Krieg dabei war nicht einmal die Überlegenheit der ›starken‹ Motivation der Nordvietnamesen, vielmehr waren es die Konsequenzen der ›schwachen‹ Motivation der Bürger der USA, die in einen so heftigen Widerstand gegen den Krieg einmündeten, daß sich die Regierung von Präsident Nixon zur Beendigung gezwungen sah.

Nach dem Wegfall des Ost-West-Konflikts trat mit einer gewissen Logik die Berufung auf die Menschenrechte im außenpolitischen Verhältnis der westlichen Demokratien zu anderen Staaten in den Mittelpunkt, denn das aus jenem Konflikt stammende Bewußtsein der eigenen Bedrohung schwächte sich folgerichtig ab. Es reduzierte sich, im Sinn einer internationalen Verpflichtung, mit allen Folgen auf eine ›schwache‹ Mitgliedschaft im menschheitlichen Kollektivsubjekt. Die Folgen sind seither in internationalen Konflikten feststellbar: Die Bereitschaft der Regierungen westlicher Demokratien, sich mit militärischen Mitteln, d.h. unter Aufopferung eigener Soldaten, für die Menschenrechte einzusetzen, nimmt in dem Maße ab, in dem man sich von der Wahrnehmung ›systempolitischer‹ und nationaler Interessen entfernt. Wo es, wie im Jugoslawien-Krieg von 1999, um der Verteidigung der Menschenrechte willen zum Militäreinsatz kam, verfing man sich in dem Dilemma, den Krieg zwar herbeiführen zu müssen, jedoch vor militärischen Mitteln, die eine Bereitschaft zu eigenen Opfern um des Sieges willen erfordern würden, zurückzuschrecken. So sah man sich erneut mit einem ›starken‹ Nationalismus konfrontiert, gegen den man nur ein erheblich geringeres Maß an kollektivem ›menschheitlichem‹ Aggressivpotential im eigenen Land mobilisieren konnte. Wenig spricht dafür, daß sich die Bereitschaft der Bevölkerungen westlicher Staaten in nächster Zeit verstärken wird, für die Durchsetzung des Moralkonzepts der Menschenrechte eigene Opfer größeren Stils erbringen zu wollen.

Die realistische Möglichkeit, die für eine Durchsetzung der Menschenrechte offen bleibt, besteht in der Fortsetzung des weltweiten Prozesses der Verwestlichung, aus ökonomischer Sichtweise gern als ›Globalisierung‹ bezeichnet.[355] Es ist absehbar, daß das Interesse an internationaler Konkurrenzfähigkeit immer mehr Länder anderer Kulturbereiche veranlassen wird, westliche Formen der Demokratie und der Marktwirtschaft zu übernehmen. Mit einem wirklichen Erfolg – aus westlichem Blickwinkel liberaler Demokratie – wird man jedoch nur dort rechnen können, wo die Anpassung durch politische Initiativen in den Län-

---

rer im Dienst nationaler Zielsetzung stand, das gesamte Land unter deren Bedingungen zu vereinen, und daß man eben nicht für die internationale Mission der ›klassenlosen Gesellschaft‹ des Kommunismus gekämpft hat, wie immer behauptet wird.

355 Eine aktuelle Einführung und einen Überblick über die Globalisierung der Märkte gibt C.Ch. v. Weizsäcker: Logik der Globalisierung. Göttingen 1999. Zu den gesellschaftlichen Folgen der Globalisierung vgl. Z. Bauman: Globalization. The Human Consequences. New York 1998; U. Beck: Was ist Globalisierung? Irrtümer des Globalismus. Antworten auf Globalisierung. Frankfurt 1997.

dern selbst herbeigeführt wird. Ob alle Kulturen zu Anpassungsprozessen dieser Art in der Lage sein werden, steht zu bezweifeln an.[356] Unter diesem Gesichtspunkt wird man am ehesten wohl für die Völker und Kulturen auf dem afrikanischen Kontinent zu fürchten haben.

d. Lösung der Globalisierungsprobleme ohne Weltstaat?

Unabhängig von der politischen Verfassung der Staaten und vom jeweils erreichten Status des Garants von Grundrechten werden in der näheren Zukunft Probleme ›globalen‹ Stils zu bewältigen sein, Probleme, die das Schicksal der Menschheit insgesamt betreffen.

Als erstes wäre die *Überbevölkerung* zu nennen, die vor allem in den weniger entwickelten Ländern unaufhaltsam fortschreitet. Einen Eindruck von der Größenordnung erhält man, führt man sich folgende Zahlenangaben vor Augen: In den vergangenen 10 000 Jahren hat sich die Zahl der auf unserem Planeten lebenden Menschen von ca. 5 Millionen auf 5 Milliarden vertausendfacht. Setzt sich das exponentielle Wachstum der Weltbevölkerung wie bisher fort, wird nach demographischer Berechnung schon um 2050 eine Verdoppelung auf 10 Milliarden erreicht worden sein. Allein das Ernährungsproblem scheint unlösbar, zumal die Gesamtfläche der auf der Erde verfügbaren fruchtbaren Böden heute schon durch Übernutzung zurückgeht.

Das Problem der Überbevölkerung bedingt das weitere der *Überkonsumtion,* das sich vor allem in den entwickelten Ländern stellt und das sich auf die unentwikkelten Länder dahingehend auswirkt, daß es Maßstäbe für anvisierte Ziele setzt. China bildet da ein herausragendes Beispiel. Heute verbrauchen die Bevölkerungen der den Fortschritt anführenden Staaten Nordamerikas, Westeuropas und Japans mehr als 70% aller auf der Erde geförderten Rohstoffe und der Energie. Es ist jedoch offenkundig, daß man das westliche Wohlstandsmodell nicht ungestraft auf die ganze Welt ausdehnen kann. Vielmehr droht es bei weiterer Ausbreitung die Grenzen der Belastbarkeit unseres Planeten zu sprengen und zu einer Ökologie- und Klimakatastrophe zu führen.

Die beiden Probleme werden durch ein drittes teils verursacht, teils so verstärkt, daß ihre Lösung immer unwahrscheinlicher wird: durch hohe Beschleunigung von *Innovationsprozessen* aller Art als Folge der modernen Globalisierung der Wirtschaftsbeziehungen und extremer sozialer Differenzierung im Verhältnis der Kontinente, Kulturen und Länder. Gewinnen wir beim jetzigen Stand des Wissens und der Beschleunigung der Innovationen zwar sehr schnell immer neue

---

[356] Argumente für eine regionale Durchsetzung von ›Globalisierung‹ finden sich bei H. Schwengel: Globalisierung mit europäischem Gesicht. Berlin 1999

Einsichten in die Entwicklung, so wissen wir dennoch nicht, wie die Folgen ihrer Beschleunigung weltweit zu beherrschen sein werden. Der Schlüssel zum Verständnis und zum bedrängenden Charakter der Fragen liegt im Phänomen des ›exponentiellen Wachstums‹, das seine wirkliche Sprengkraft immer erst in der Endphase zeigt. So enthüllt sich auch das Drama der Ressourcenbegrenzung erst am Schluß, wenn die Knappheit der Ressourcen einer absoluten Grenze zusteuert. Zwar ist es den entwickelten Ländern immer wieder gelungen, diese Grenze durch Innovationen hinauszuschieben. Doch heutzutage sieht es so aus, als müsse spätestens in den nächsten beiden Generation entschieden werden, wie auf die sich abzeichnenden absoluten ›Grenzen des Wachstums‹ noch reagiert werden könne.

Was immer auch als Problemlösung vorgeschlagen wird: Alles weist in die ›menschheitliche‹ Richtung. Das heißt also: Adressat ist die Menschheit als Kollektivsubjekt.

Schenkt man Vertretern der systemtheoretischen Sichtweise Gehör, muß eine Bewußtseinsbildung einsetzen, wobei alle möglichst schnell lernen sollten, sich als ›Organismus Menschheit‹ zu begreifen. Nach F.J. Radermacher etwa soll ein Bewußtmachen der wechselseitigen Vernetzung aller ökonomischen und technischen Entscheidungen über eine Weltmoral hinaus vor allem bei führenden Politikern zur Einsicht in die Erforderlichkeit politischer Institutionen führen, mit Hilfe derer der ›Organismus Menschheit‹ handlungsfähig bleibt.[357] Es wird allerdings offengelassen, ob dazu die Institutionen eines zentralistischen Weltstaats erforderlich sind. Eine weltweite Einführung von Ökosteuern auf Nutzung von Ressourcen aus Abfallwirtschaft und Umweltsicherung würde jedoch ohne derartige Institutionen wohl kaum gelingen. Gleiches träfe auch für Sozialsysteme zu, die das Bevölkerungswachstum durch garantierte Rentenzahlungen zu beschränken suchten.

Die an das menschheitliche Kollektivsubjekt gerichtete Sprache herrscht darüber hinaus auch in Lösungsansätzen von Biologen wie E.O. Wilson und H. Markl vor.[358] Während Wilson auf eine Erweiterung des moralischen Verantwortungsgefühls der Menschen durch gezielte genetische Verbesserungen des Erbguts setzt, schlägt Markl etwas realitätsnaher die noch um Vieles zu steigernde Förderung von Wissenschaft und Technik im internationalen Rahmen vor, um durch exponentielle Vergrößerung der Innovationen den Wettlauf mit dem ebenfalls exponentiellen Wachstum der anderen Probleme doch noch zu gewinnen.

---

[357] Vgl. K. Lehmann/F.J. Radermacher: Globalisierung, Regionalisierung. Ein kritisches Potential zwischen zwei Polen. Frankfurt 1998.

[358] Vgl. E.O. Wilson: On Human Nature. London 1978; H. Markl: Wissenschaft gegen Zukunftsangst. München 1998.

Mein Haupteinwand gegen die Sprache der ›Weltmoral‹ besteht erneut im Hinweis auf die Verkehrung grundsätzlicher Rahmenbedingungen, die als Grundeindruck erzeugt wird, einer Verkehrung, die sich offenbar nur schwer durchschauen läßt, weil auch in der offiziellen Sprache des Politischen ebenfalls alles daran gesetzt wird, die Ordnung der Präferenzen zu verschleiern.
Die Menschen identifizieren sich nämlich kollektiv nicht in erster Linie mit der Menschheit, sondern mit den *partikularen* Kollektivsubjekten, die der Logik des Modells der heroischen Selbstbehauptung gehorchen. Denn nur durch Identifizierung mit Kollektivsubjekten dieser Art können sie etwas für ihre Entlastung vom existenziellen Dilemma gewinnen.
Von daher bleibt jede Beschäftigung mit den Problemen der modernen Welt in einem uneffektiven Sinn idealistisch, die die Präferenzordnung unserer fundamentalen Kollektivsubjektmitgliedschaften nicht als unabänderliche Bedingung fordert. Aus dieser Präferenzordnung geht hervor, daß sich auch die Problematik des ›exponentiellen Wachstums‹ in den bezeichneten Bereichen nur im Rahmen der Institutionen bewältigen läßt, in denen wir unsere ›starken‹ Mitgliedschaften zum Ausdruck bringen.
Möglicherweise sind mit dieser Antwort moralisch inakzeptable Konsequenzen verbunden, die im 21. Jahrhundert auf die Menschheit zukommen werden, weil es voraussichtlich keine einvernehmliche Lösung für globale Probleme dieser Art geben wird, wie sie von den erwähnten und auch von anderen Wissenschaftlern vorgeschlagen worden sind.
Was läßt sich dann aber über die Entwicklung globalisierter Probleme im 21. Jahrhundert sagen? Da die Zunahme der Innovationen den geschilderten Effekt hat, wird man sich mit Prognosen, was die zukünftige Entwicklung betrifft, zurückhalten müssen. Vermutlich wird einerseits die Gefahr unvorhersehbarer Kriege wachsen, weil die Menschen kollektive Identifikationen nach dem Modell heroischer Selbstbehauptung nicht aufzugeben imstande sind. Andererseits ist die Wahrscheinlichkeit groß, daß es auch in diesem Jahrhundert aufgrund der Abschreckungswirkung weiter expandierender Waffentechnologie nicht zu einem ›letzten‹ Krieg kommen wird, der die Menschheit als Gattung in die Nähe ihrer Selbstauslöschung führen würde. Ein Mehr an positiver Erwartung und Hoffnung läßt sich aus unserer heutigen Sicht heraus wohl nur schwer vermitteln.

11. Nation: Kollektivpersönlichkeit der ›starken‹ Mitgliedschaft

a. Die Leistungsfähigkeit nationaler Kollektivität

Die Nation ist die Kollektivpersönlichkeit bzw. das Kollektivsubjekt der Neuzeit, das im Hinblick auf die Mitgliedschaft der Einzelnen im Licht der ›verdiesseitigten Individualität‹ die stärkste Anziehungskraft ausübt. Sie bietet den Individuen Entlastung vom existenziellen Dilemma, indem sie eine Mitgliedschaft in einem Kollektiv erlaubt, das langfristig zwar sterblich, jedoch um Spannen von Generationen langlebiger als die Mitgliedschaft dieser Individuen ist. Die Zugehörigkeit zum neuzeitlichen Konzept der ›verdiesseitigten Individualität‹ erweist sich durch *Gleichheit* der Mitgliedschaft und quasi-göttliche *Individualität* der jeweiligen nationalen Kollektivpersönlichkeit. Beides sind Merkmale der *dritten Konfiguration der ›Hobbes-Welt‹*. Jede Nation wird von ihren Mitgliedern als einzigartig von dieser Art verstanden. So gibt es die französische, die britische, die US-amerikanische, die russische und die deutsche Nation jeweils nur ein einziges Mal, im Sinn des Begriffs von Individualität.

Im Unterschied zur Mitgliedschaft in der Kollektivpersönlichkeit der Menschheit handelt es sich bei der nationalen um ›starke‹ Mitgliedschaft, denn das nationale Bewußtsein speist sich aus der Geschichte wie aus der gegenwärtigen Selbstdarstellung einer ›heroischen‹ Kollektivpersönlichkeit. Was die heroischen Individuen in der Epoche der Mythen und Religionen waren, sind nunmehr die nationalen Kollektivsubjekte in der Epoche ›verdiesseitigter Individualität‹. Die frühere Rolle der Erzähler und Sänger von Heldenmythen wird im Zeichen der Nation von Historikern und allgemein dann von den Geschichtswissenschaften übernommen. Die ›starke‹ Mitgliedschaft verdankt sich dem Umstand, daß sich die nationalen Kollektivsubjekte sowohl bezüglich ihrer geschichtlichen Entstehung als auch im Lauf ihrer Bewährung jeweils auf außerordentliche Leistungen in der ›heroischen‹ Auseinandersetzung mit ebenso ›starken‹ Gegnern bzw. Feinden berufen können.

Die tragende und in der Menschheitsgeschichte bisher einmalige Leistung des neuen Kollektivsubjekts der Nation besteht jedoch in der Herstellung einer sozialen Bindung für eine in die Millionen gehenden Anzahl von Menschen. Noch nie zuvor war es gelungen, so viele in einem handlungsfähigen Kollektivsubjekt zu vereinen. Im Zeichen der Nation wird am Ende – in Gestalt des Nationalstaats – die Kluft zwischen ›Gemeinde‹ und ›Gemeinschaft‹ überwunden, die für die religiöse Legitimation der europäischen Epoche charakteristisch war.

Die moderne Gesellschaft erreicht zum ersten Mal in der Geschichte eine volle Ausschöpfung der evolutiven Vorteile der Gleichheit der Individuen. Wie erinnerlich, kommen diese Vorteile erst dann zum Zug, wenn es um Nutzung und Ausbildung von *intellektuellen* Fähigkeiten der Individuen geht.[359] In Gesellschaften mit hierarchischen Ordnungen sind die besseren Ränge in der Regel den Mitgliedern vorbehalten, die den anderen durch körperliche Fähigkeiten überlegen sind, was etwa Kampfgeist und Kriegsführung anbelangt. In Gesellschaften, in denen das Egalitäre betont wird, hängt die Zuteilung der sozialen Ränge dem-

---

359 Vgl. hier S. 146f.

gegenüber mehr von intellektuellen Fähigkeiten ab. Die Ursache dieser Gewichteverteilung in den beiden unterschiedlichen Gesellschaftstypen besteht darin, daß bei Menschen, gleichsam von Natur aus, intellektuelle Fähigkeiten gleichmäßiger verteilt sind als physische. Dabei darf jedoch nicht übersehen werden, daß das Gleichheitsbewußtsein auch in hierarchisch geordneten Gesellschaften nie ganz verschwunden war. Es versteckte sich dort in den Teilhaberechten der Einzelnen an den mythischen und religiösen Ritualen der Gemeinschaft. In der christlichen Tradition handelt es sich um Rechte, die die Gläubigen als Mitglieder kirchlich-religiöser Gemeinde besitzen. Es sind Rechte, die nur einen Unterschied zwischen Priestern und Laien zulassen, d.h. letztere einander gleichsetzen.

Die europäische Geschichte der jüngsten Zeit stellt sich, wie man wohl schwerlich bestreiten kann, als Anwendungsfall der Theorie evolutiver Effekte des Gleichheitsbewußtseins dar. Noch nie wurde das gesellschaftliche Potential intellektueller Fähigkeiten der Gesellschaftsmitglieder in einem solchen Ausmaß genutzt wie in den Gesellschaften der europäischen Neuzeit. Es genügt, erinnert man allein an die Vielzahl wissenschaftlicher, technischer und medizinischer Erfindungen, durch die moderne Gesellschaften eine Steigerung des Wohlstands erreicht haben, wie zuvor zu keiner historischen Zeit. In dem Maße, in dem sich das Gleichheitsbewußtsein durchgesetzt hat, fand gleichzeitig auch eine Verschiebung der Gewichte, was die Verteilung der Rangplätze in der Gesellschaft angeht, statt. So wie die Bedeutung der Fähigkeiten, die mit körperlicher Stärke und Kampfgeist zusammenhängen, bis ins Militärische und in den Bereich der Kriegsführung hinein zurückging, stieg die Bedeutung der intellektuellen Fähigkeiten. Schulische und universitäre Ausbildung rückten in den Mittelpunkt des gesellschaftlichen Interesses, zumal das Fortkommen in der Berufswelt vom Grad intellektueller Schulung abhängt. Dementsprechend ändern sich allmählich die Zusammensetzungen der gesellschaftlichen Rangpositionen: Die Erfolgreichen in der Konkurrenz der intellektuell Befähigten nehmen in zunehmendem Maße obere Plätze ein.[360] Diese Umschichtung läßt sich im Hinblick auf alle modernen Gesellschaften insbesondere in unserer Zeit beobachten. Ein wichtiger Effekt des wissenschaftlich-technischen Fortschritts aufgrund maximaler Ausnutzung intellektueller Fähigkeiten und Begabungen besteht in der Erhöhung der Lebenssicherheit für die Einzelnen. Indikator hierfür ist die Zunahme der durchschnittlichen Lebenserwartung in der modernen Gesellschaft. Speziell im 20. Jahrhundert breitet sich dort allmählich ein Grundgefühl aus, wonach eine Art

---

360 Man könnte etwa den Rückgang der gesellschaftlichen Bedeutung des Adels, dessen Legitimation traditionellerweise in kriegerischen Fähigkeiten überlegener Körperkraft gründet, auf diese Gewichtsverschiebung zurückführen. Die bürgerlichen Fähigkeiten von Unternehmern, Kaufleuten und Wissenschaftlern entsprächen demgegenüber mehr einer Legitimation aus der Überlegenheit intellektueller Fähigkeiten heraus.

natürliches Recht des Einzelnen auf ein möglichst langes Leben in weitgehender sozialer und gesundheitlicher Sicherheit besteht. Im Zug der Verbreitung dieses Lebensgefühls kommt es zu einer Verdrängung des Todesbewußtseins – bis ins hohe Alter hinein müssen Menschen nicht mehr fortwährend zwingend mit dem Eintreten ihres Todes rechnen, einem Umstand, der mehr und mehr den Tatsachen entspricht. Mit anderen Worten: Die Angst vor dem eigenen Tod, die in früheren Gesellschaften durch häufigen Umgang mit dem Sterben mehr oder weniger ständig wachgehalten wurde, verflüchtigt sich für Menschen der modernen Gesellschaft zu einem abstrakten Wissen, dessen Wirklichkeit nur noch im Ausnahmefall Teil der Alltagserfahrung ist.[361] Man könnte die moderne Verdrängung des Todes fraglos auch als eine Form der Verlängerung kindlich-unschuldiger Naivität gegenüber dem Tod interpretieren. Dennoch ist es nicht mehr als eine Analogie, denn die kindliche Naivität ist de facto, wie die archaisch-animalische Unbewußtheit auch, dadurch gekennzeichnet, daß sie noch kein direktes Verhältnis zum Sterben und zum Tod haben kann.

Mit dem Hinweis auf die Verdrängung des Todes bis ins Unbewußte hinein benennt man jedoch nur eine Seite der Einstellung des modernen Menschen zum Tod. Die andere Seite, die ebenso dazu gehört, wird durch die massenhafte Bereitschaft der Einzelnen gekennzeichnet, als Mitglieder eines nationalen Kollektivsubjekts das eigene Leben für eine heroische Auseinandersetzung mit anderen Kollektivsubjekten zu opfern. Noch nie sind in der Geschichte der Menschheit Heere und Armeen in solchen Größenordnungen gegeneinander geführt worden, wie es im ›Dienst des Vaterlandes‹ im 19. und 20. Jahrhundert der Fall war. Die Zahl der Gefallenen und Verwundeten überstieg alles bisher Dagewesene. Entscheidend dabei war, daß es sich bei den Soldaten weitgehend um eine freiwillig geleistete Bereitschaft gehandelt hat, das Leben für die Nation zu opfern.

Gibt es eine Erklärung für das konträre Verhältnis zu Leben und Tod, das den modernen Menschen in gewisser Weise charakterisiert?

Ich deute einen Erklärungsversuch an: Einerseits kann davon ausgegangen werden, daß die meisten Menschen unter zunehmend sich durchsetzenden Gleichheitsbedingungen darauf verzichten müssen, ihre Individualität als gesellschaftliche anerkannt zu bekommen. Sie haben sich damit zu begnügen, einer unter vielen *gleichen* Anderen zu sein. Allein schon die Anonymisierungseffekte der Massengesellschaft bewirken und fördern eine Bewußtseinsbildung im Gleichheitssinn. Dennoch benötigen Menschen andererseits eine ›individualistische‹ Identifikation. Was sie für sich selbst nicht erreichen können, kann ihnen aber durch Mitgliedschaft in einem nationalen Kollektivsubjektiv zuteil werden, des-

[361] Erhebungen in modernen Krankenhäusern zeigen, daß selbst unheilbar Kranke sich mit dem Sterbenmüssen nicht abfinden können, weil der Anspruch auf die nichtendende Fortsetzung des Lebens für sie zu einer Art Naturrecht geworden zu sein scheint.

sen ›Individualität‹ sie mit den Anderen zusammen verteidigen und für die sie unter dem Einsatz des eigenen Lebens auch zu kämpfen bereit sind.
Die wichtigste Rolle der Nation in der Neuzeit liegt jedoch in der Bewältigung der Entfremdung von der menschlichen Sozialnatur, einer Entfremdung, wie sie für moderne Gesellschaften charakteristisch ist. Sie ist nicht von der Entwicklung der politischen Prinzipien des Liberalismus und der Demokratie (im Sinn der Mehrheitsdemokratie) zu trennen, zumal in beiden Prinzipien die Entfernung von der Sozialnatur ausschlaggebender Faktor bleibt. Sowohl die Freiheitsansprüche und Freiheitsrechte des Liberalismus als auch die mehrheitsdemokratischen Verfahren verkörpern einen *voluntaristischen Konventionalismus*, der in der Neuzeit das Grundverhältnis der Europäer zum Politischen bestimmt.[362] Im Zeichen des Konventionalismus werden politische Ordnungen nicht mehr unter Bezugnahme auf ›vorgegebene‹ Verpflichtungen von der Art der Zweiten Natur legitimiert, wie sie durch mythische und religiöse Legitimationen der Herrschaftsausübung definiert ist. Im Licht dieser Legitimationen verstehen sich Menschen – auch und gerade im Hinblick auf Verpflichtungen, die für die Gesamtheit aus Normen der politischen Grundordnung erwachsen, – noch als Ausführende von Imperativen, die auf göttliche Setzung zurückgehen. In den liberalen und demokratischen Grundformen des voluntaristischen Konventionalismus sind es hingegen die Menschen selbst, die die normativen Verpflichtungen ihrer politischen Grundordnungen *produzieren*. Zweifelsohne geht damit eine Abwertung der politischen Rolle religiöser Legitimation einher, die in erster Linie darin zum Ausdruck kommt, daß in der christlichen Religion der Anspruch auf eine objektiv gerechtfertigte Metaphysik aufgegeben wurde, deren wesentlicher Gehalt in der Vermittlung allgemein anerkannter Vorstellungen einer ›himmlischen‹ Transzendenz bestanden hat.[363] Die zentralen Inhalte des Religiösen werden im Zeichen des voluntaristischen Konventionalismus durch diesen selber affiziert: Sie werden zu individuell-subjektiven Glaubensinhalten, deren Gültigkeit mit der willentlichen Absicht der Einzelnen steht und fällt, sie anzunehmen oder es zu lassen. In ähnlicher Weise werden auch die Verankerungen gesellschaftlicher Grundordnung in der ›natürlichen‹ hierarchischen Familienordnung betroffen, auf der die bisherige gesellschaftliche Evidenz für die zahlreichen Formen der Monarchie beruhte.
Die Entfernung von der menschlichen Sozialnatur, die sich in den konventionalistischen Formen niederschlägt und die diese offenbaren, hat zugleich auch ihren Preis. Die labile Volatilität verlangt nämlich nach einer Beschränkung im Hori-

---

362 Vgl. W. Becker: Die Freiheit, die wir meinen, a.a.O., S. 27ff.

363 Man kann diese Entwicklung unschwer in der Geschichte der neuzeitlichen Theologie verfolgen, wo insbesondere die protestantischen Theologen Vorreiter im Aufgeben der ›objektiven‹ Metaphysik der klassischen Christlichkeit sind. Heutzutage wird zugegeben, daß von ›Himmel und Hölle‹ nur noch in einem metaphorischen und nicht mehr in einem ontologischen Sinn gesprochen werden kann.

zontalen und einer festen Verankerung im Vertikalen. Die Beschränkung im Horizontalen ist erforderlich, weil sowohl der Liberalismus als auch die Verfahren der Demokratie aus sich heraus universalistisch-menschheitlich angelegt sind. Wir wissen jedoch, daß die Menschheit lediglich eine ›schwache‹ Mitgliedschaft einer Kollektivsubjektivität ermöglicht, was dazu führt, daß es in ihrem Rahmen nicht zu einer stabilen Kollektivität kommen kann. Die Verankerung im Vertikalen ist notwendig, weil die Arten des voluntaristischen Konventionalismus eine ›Unverfügbarkeit‹ von Wertorientierungen benötigen, um die grenzenlose Beliebigkeit von Entscheidungsmöglichkeiten für eine begrenzte Gesamtheit einzuengen. Die *Idee der Nation* ist es, die beide Bedingungen erfüllt. Erstens ermöglicht sie eine gegenseitige Abgrenzung der Kollektivsubjekte entsprechend der Heroismus-Logik der ›starken‹ Mitgliedschaft. Zweitens eröffnet sie die Dimension der ›Unverfügbarkeit‹ einer politischen Grundwerteorientierung, in dem sie die ›Größe‹ der historischen Vergangenheit der Völker mit dieser Funktion einer ›unverfügbaren‹ Vorbildlichkeit versieht. Diese Vergangenheit ist, aus naheliegenden logischen Gründen, aus einem jeweils gegenwärtigen Standpunkt heraus nicht verfügbar. Das Faktum, daß die Nationen ihre Vergangenheiten auch erst im Sinn der eigenen Größe rekonstruieren müssen, wird dennoch nirgendwo zum Einspruch gegen die Funktion der ›Unverfügbarkeit‹ der Vergangenheit, auf die man sich bezieht.

b. Der Begriff und seine Geschichte

Während die Nation ihre oben beschriebene Rolle erst in der Neuzeit spielt, ist der Begriff alt. Er geht auf ›natio‹, die römische Göttin der Geburt, zurück. Im Lateinischen wurde damit die Herkunft einer Person oder einer Sache bezeichnet. Er wurde jedoch vom Staatsbegriff der ›civitas‹ unterschieden und ähnlich wie ›gens‹ (Stamm) und ›populus‹ (Volk) benutzt. Im frühen christlichen Mittelalter bezeichnen einige Kirchenväter die heidnischen Völker als ›nationes‹. Die geographisch-ethnographische Basis für ›natio‹ reicht von kleinen Einheiten wie Stadt, Geschlecht und Sippe bis hin zu großen der Landschaft, des Stammes und des Volkes.

Ein neuer Anwendungsbereich ergab sich im späten Mittelalter. Nachdem bereits auf dem 2. Lyoner Konzil (1274) ›nationes‹ unterschieden wurden, wurde auf dem Konzil von Konstanz (1414) festgelegt, daß nach Nationen abgestimmt werden soll. In ähnlicher Weise wurden die Studenten an italienischen Universitäten, wie Bologna etwa, nach Nationen unterschieden. Dennoch fehlen in dieser Zeit noch deutliche Merkmale der Abgrenzung. Am ehesten läßt sich eine Bedeutung im Sinn landsmannschaftlicher Herkunft feststellen. Ein besonderes kollektives Selbstwertgefühl verbindet sich jedoch noch nicht mit dem Begriff. Erst seit dem

15. Jahrhundert zeigte sich in Frankreich und in Deutschland zum ersten Mal ein Bewußtsein vom Wert der eigenen Nation. So beklagt beispielsweise Nikolaus von Cues, daß das ›imperium germanicorum‹, von Fremden aufgeteilt, einer anderen Nation unterworfen wurde. In Urkunden derselben Zeit wird vereinzelt von der ›natio Germanica‹ und von ›deutscher Nation‹ gesprochen. Am Ende des Jahrhunderts ist jedoch bereits vom ›Heilig Reich und Teutsch Nacion‹ die Rede, womit der Verband der geistlichen und weltlichen Fürstentümer, d.h. die politisch bestimmenden Organe gemeint sind, einer Ordnung, an deren Spitze der König stand. An diesen wandte sich 1520 auch Luther, wenn er die „deutsche Nation, Bischoff und Fursten" auffordert, „das volck das yhm befolen ist", vor den Zugriffen päpstlicher Geldeintreiber zu schützen.[364]
Damit hat sich der Begriff so weit herausgebildet, daß er in der frühen Neuzeit zur Bezeichnung der ständisch verfaßten Gesellschaft, teilweise auch mit einem gegen den absolutistischen Monarchen gerichteten Akzent, gebraucht wird. Bis ins 18. Jahrhundert bezieht er sich jedoch auf die durch Sitten, Sprachen und Gesetze unterschiedenen Völker, ohne daß deren Einigung unter einer Regierung Voraussetzung wäre. Seit Mitte diesen Jahrhunderts läßt sich allerdings bereits ein Wandel des Begriffs in Richtung auf den Staat beobachten. Im französischen Kontext setzte etwa E. de Vattel ›nation‹ mit ›corps politique‹ und ›état‹ gleich.[365] Danach befindet die Nation souverän über ihre Verfassung und ist zu deren Erhalt und demjenigen ihrer Mitglieder verpflichtet. Deutlich wird, wie sehr jetzt das normative Verständnis der werthaften Kollektivsubjektivität klar überwiegt. Rousseau stellt im ›Gesellschaftsvertrag‹ das Staatsoberhaupt an die Spitze des ›corps de la nation‹, in dem alle Staatsbürger gleiche Rechte besitzen. Bei den Philosophen der französischen Aufklärung setzte sich die Auffassung durch, die Nation sei Träger politischer Souveränität, eine Auffassung, die sich in der Revolution gegen das absolutistische Königtum bestätigen sollte.
Auch in Deutschland erhielt der Begriff in dieser Epoche einen neuen Gehalt. ›Nation‹ wird eng mit ›Patriotismus‹ in Verbindung gebracht, um die Einheitlichkeit der Kultur, der Sprache und der Herkunft gegenüber der politischen Zersplitterung im ›Heiligen Römischen Reich‹ zu betonen. Früh melden sich jedoch auch kritische Stimmen, so wenn J. G. Zimmermann meinte, daß ›Nationalstolz‹ als das ›Bewußtsein des Wertes einer Nation‹ zwar eine ›politische Tugend‹ sei, er jedoch immer zu ›edlen Handlungen‹ angeleitet werden müsse, um nicht in Feindseligkeit gegen andere Völker auszuarten. Auch Herder bezeichnet die Nation als ›ungejäteten Garten von Torheiten und Fehlern sowie von Vortrefflichkeiten und Tugenden‹.[366] Zugleich zeigt eine Vielzahl von Neubildungen wie

---

[364] Vgl. Historisches Wörterbuch der Philosophie. Bd. 6, a.a.O., S. 396.
[365] A.a.O., S. 407ff.
[366] A.a.O., S. 410.

›Nationalcharakter‹, ›Nationalehre‹, ›Nationalgefühl‹, ›Nationalliteratur‹ ›Nationaltheater‹ und andere die populäre Verbreitung des Begriffs an. Darin schlägt sich auch die Auswirkung der Französischen Revolution nieder, die die Nation zu einem ihrer Losungsworte gemacht hatte. Eine Zeit lang werden alte und neue Bedeutung nebeneinander gebraucht: die kulturelle im Sinn der Völkerschaften und die politische, an die Regierungsform gebundene ›nationalstaatliche‹. Für F. Ancillon und A. Müller beispielsweise ›hebt die Nation erst mit dem Staat an‹, während für Philosophen wie Fichte und W. von Humboldt die Nation auch ohne staatliche Verfaßtheit fortbestehen könne. In der Epoche der Romantik setzten dann Überlegungen über ›natürliche‹ Eigenschaften einer Nation ein. F. Schlegel und J.E. Erdmann sehen sie in der Einheit der Sprache. Historiker wie v. Ranke dagegen begreifen in der Erfahrung einer gemeinsamen Geschichte das wesentliche nationale Element. Im 19. Jahrhundert geriet der Begriff voll und ganz in die Auseinandersetzung zwischen Republik und Monarchie, von beiden Seiten gleichermaßen reklamiert. Er wurde zum tragenden Maßstab des Konflikts, dessen Ausgang daran bemessen wurde, welche der Staatsformen dem Interesse der Nation am meisten entspräche. Im 20. Jahrhundert dann setzte sich überall in Europa die Einheit von Staat und Nation durch.
Auch der marxistische Sozialismus, der zunächst den Internationalismus der Arbeiterbewegung den Interessen der einzelnen Nationen überordnete und den Nationalstaat als Hindernis auf dem Weg zur klassenlosen Weltgesellschaft betrachtete, machte spätestens seit dem Austromarxismus Konzessionen an die Nation. Einen Absturz in die Fetischisierung erlebte der Nationbegriff dann im italienischen Faschismus und im deutschen Nationalsozialismus. Nach dem Zweiten Weltkrieg führte im deutschen Kontext das besondere Schicksal der Teilung zu Versuchen, die klassische Unterscheidung zwischen einem apolitisch-kulturellen und einem politisch-staatsbezogenen Begriff der Nation wieder aufzunehmen. Doch die Wiedervereinigung der beiden deutschen Staaten zeigte, daß sich hier die Tradition der politischen Bedeutung durchgesetzt hat. Dennoch bleibt im deutschen Rahmen im Hinblick auf Österreich und die deutschsprachigen Teile der Schweiz auch die apolitisch-kulturelle Bedeutung aktuell.

c. Der nationale Heroismus

Im historischen Übergang von der neutralen Herkunftsbezeichnung zum Namen der mit dem höchsten Selbstwert ausgestatteten Kollektivpersönlichkeit bildet sich der weltanschauliche Vorgang der Durchsetzung eines Konzepts der ›verdiesseitigten Individualität‹ ab. Im selben Ausmaß, in dem die christliche Religion in ihrer politischen Funktion innerhalb der Monarchie zurückgedrängt wird, tritt an ihre Stelle die Mitgliedschaft in der Kollektivpersönlichkeit der Nation,

die damit in der Einheit mit der staatlichen Macht – nach dem Vergleich von Hobbes – zum ›sterblichen Gott‹ der Neuzeit wird.
In seinen Anfängen ist der Nationalismus noch mit der christlichen Religion verbunden. Die früheste Verknüpfung nationaler Identität mit einer politischen Mission in göttlichem Auftrag stellt die Legende der ›Jungfrau von Orléans‹ im Hundertjährigen Krieg zwischen Franzosen und Engländern dar. Nach ihrem Märtyrertod 1431 galt den Franzosen als gewiß, daß Gott zum Wohle Frankreichs in die Geschichte eingegriffen habe. Die vom Königtum betriebene nationale Vereinheitlichung kann sich Jahrhunderte lang auf den Mythos der ›heiligen‹ Jeanne d'Arc stützen. Doch erst im Gefolge der ›protestantischen Revolution‹, die der ›diesseitigen‹ Ausrichtung des christlichen Glaubensverständnisses zum Durchbruch verhilft, kommt es zur Identifizierung nationaler Bewegungen mit einem ›göttlichen‹ Selbstwertgefühl. Die Entwicklung in England ist dafür paradigmatisch. In der Revolution von 1642 bis 1649 wurde zum ersten Mal von der puritanischen Parlamentspartei, unter Rückgriff auf das Alte Testament, der Anspruch auf die Auserwähltheit des englischen Volks gestellt. „Das englische Volk war das auserwählte Volk Gottes, wie es das jüdische bis zum Kreuzestod Christi gewesen war. England war das neue Israel, die englische Nation war geheiligt, und die englische Geschichte war Heilsgeschichte. Seitdem war die englische Nation das ›Volk, dem Gott selbst seinen Stempel gab‹, wie Oliver Cromwell vor dem Parlament erklärte."[367] Diese puritanische alttestamentarische Überzeugung von der eigenen Auserwähltheit hat sich bis heute im englischen Nationalbewußtsein erhalten.
Als drittes Beispiel für die Grundlegung eines nationalen Selbstbewußtseins durch Religion im christlichen Sinn wäre hier die Entstehung der Vereinigten Staaten von Amerika zu nennen. Die ersten amerikanischen Kolonien wurden von Mitgliedern puritanisch-reformatorischer Gemeinschaften gegründet, die sich in den Bürgerkriegen des 17. Jahrhunderts gegen die englische Staatskirche nicht hatten durchsetzen können. Sie trugen zur Ausprägung des spezifisch amerikanischen Politik- und Gesellschaftbewußtseins bei, das auch heute noch den Gegensatz zum europäischen Bewußtsein dieser Art definiert: sowohl eine konsequente Trennung von Staat und kirchlicher Gemeinschaft als auch die Überordnung gesellschaftlicher Gemeinschaft über den politischen Staat. Die Europäer haben demgegenüber trotz Liberalisierung und Demokratisierung von Staat und Gesellschaft bis heute nicht die aus der monarchischen Tradition stammende paternalistische Rolle des Staates im Hinblick auf die Gesellschaft überwunden.[368] Dieser Trennung des Politischen vom Religiösen verdankt sich die Ent-

---

[367] H. Schulze: Staat und Nation in der europäischen Geschichte. München 1999, S. 133.
[368] Erst heute sehen sich die europäischen Länder unter dem Eindruck der Globalisierung gezwungen, den Sozialstaat als letzte Bastion des staatlichen Paternalismus in Frage zu stellen und zu reformieren. Die einander entgegengesetzten Reaktionen auf diesen weltweiten Pro-

stehung der pluralistischen Kirchen-, Konfessionen- und Gemeindekultur in den USA. Um die Mitte des 18. Jahrhunderts boten bereits die Kolonien ein buntes Mosaik von Religionen, auch dort, wo staatliche Finanzierung einer bestimmten Konfession zugute kam. Allmählich erst lernten die Amerikaner, in der Vielfalt der Glaubensbekenntnisse eine Tugend zu sehen.[369] In der Unabhängigkeitserklärung von 1776 wurde dann zum Ausdruck gebracht, daß man eine Republik gründen werde, deren Verfassung Gottes Auftrag erfüllen soll. Das Kernstück ihres Credos ist knapp und prägnant: „Folgende Wahrheiten erachten wir als selbstverständlich: daß alle Menschen als gleiche geschaffen werden, daß in ihnen von ihrem Schöpfer bestimmte unveräußerliche Rechte verliehen sind und daß zu diesen Rechten das Leben, die Freiheit und das Streben nach Glück gehören.“[370] Die Bürger der Vereinigten Staaten verstehen sich seit der Gründung ihres Staates, insbesondere im Vergleich zu ihren europäischen ›Verwandten‹, als Überlegene, weil sie diesen eine dem göttlichen Plan gemäße Regierungsform voraus haben. Das außenpolitische Engagement der Vereinigten Staaten ist bis in die Gegenwart hinein tief von der missionarischen Überzeugung der politischen Klasse und großer Bevölkerungsschichten geprägt, der übrigen Welt die Botschaft von individueller Freiheit, vom Rechtsstaat und der Demokratie zu bringen.[371]

Dabei kann die Idee göttlicher Auserwähltheit – wie schon im historischen Selbstverständnis des Volkes Israel – nur in einer superlativischen Sprache zum Ausdruck gebracht werden, für die zwei Eigenschaften in Gestalt wechselnder Akzentuierungen charakteristische Bedeutung gewinnen: Zum einen wird nationale Einzigartigkeit so verstanden, daß die eigene Nation über alle anderen herausgehoben wird. Da man in dieser Selbstdeutung die anderen Nationen grundsätzlich nicht auf dem gleichen Niveau wie sich selbst sieht, glaubt man ihnen in einer Art Nichtbeachtung oder mit einer gewissen großzügigen Herablassung begegnen zu können. Zum anderen muß sich der Anspruch auf Einzigartigkeit in der ›heroischen‹ Auseinandersetzung mit anderen Nationen, die gleiche Ansprüche stellen, bewähren. Unter diesem Gesichtspunkt wird die nationale Selbstbestimmung zur ständigen Herausforderung einer nach außen gerichteten aggressiven

---

zeß in den USA und auf dem europäischen Kontinent sind wesentlich in den unterschiedlich ererbten Auffassungen über die Funktion des Staates begründet. Es ist beispielsweise ein wesentlicher Grund für die Unfähigkeit der Russen, sich heute den modernen Entwicklungen anzupassen, daß sie mit ihrem politisch-gesellschaftlichen Grundverständnis noch sehr viel mehr als die Westeuropäer im paternalistischen Staatsverständnis der längst verflossenen Monarchie verankert sind. Um diese Mentalität zu verändern, bedarf es wahrscheinlich größerer und länger dauernder Anstrengungen als der Einführung westlicher Institutionen.

369 Vgl. E.S. Morgan: Die amerikanische Revolution. In: Propyläen-Weltgeschichte. A.a.O., Bd. VII. 2.Halbbd., S. 520.

370 E.S. Morgan, a.a.O., S. 538.

371 Gegen eine Erschütterung eines notwendigen Patriotismus durch ›universalistisch‹ argumentierende Moralisten wendet sich R. Rorty: Achieving Our Country. Leftist Thought in Twentieth-Century America. London 1997.

um Durchsetzung des Anspruchs. Beide Eigenschaften bestimmen Grundzüge des Modells heroischer Selbstbehauptung in seiner Anwendung auf das Nationen-Verständnis der Neuzeit. Sie sind zugleich – wie bei der früheren ›heroischen‹ Selbstbehauptung großer Einzelpersönlichkeiten – auch in den umfassenderen Kontext einer gemeinsamen Religion eingebunden. Während die ›individualistische‹ Selbstbehauptung des Helden jedoch in der durch die Religion dominierten geschichtlichen Epoche – wie etwa im Fall von Jesus Christus – in den Dienst der Religion gestellt wird, wird ihre religiöse Einbindung im Zeichen ›verdiesseitigter Individualität‹ zunehmend dem irdischen Zweck der nationalen Selbstbestimmung untergeordnet. Die neuzeitliche Indienststellung der christlichen Religion für die Nation war historisch zwar nur möglich, weil sich das europäische Christentum nach der ›protestantischen Revolution‹ in Konfessionen aufgespalten hatte, deren kirchliche Institutionen sich in der Regel an einem politisch-staatlichen Herrschaftsbereich orientierten.[372] Doch blieb auch ein Gefühl christlicher Gemeinsamkeit, zumal keine der Konfessionen die zentralen Inhalte der göttlichen Botschaft und der Morallehre antastete.

Im Hinblick auf die christliche Einbindung des Nationalismus europäischer Staaten sind zwei Formen der *politischen Funktionalisierung der Religion* zu unterscheiden. Im Kontext der ersten Form bleibt die christliche Religion im europäischen Zusammenhang in Gestalt einer der Konfessionen ›letzte‹ Legitimationstheorie der Monarchie. In dem der zweiten stellt sie, wie geschildert, die religiöse Sprache für den jeweils ›individualistischen‹ Anspruch des Nationalismus zur Verfügung.[373]

Im Hinblick auf die erste Form gilt: Aus den Religionskriegen des 17. Jahrhunderts geht, was die Organisation der politischen Macht anbetrifft, überall auf dem Kontinent die absolutistische Monarchie als Sieger hervor. Obwohl in dieser Zeit bereits die Hobbessche Lehre vom Staatsvertrag vorhanden ist, setzte nicht sie sich durch, sondern eine abgewandelte Form mittelalterlicher christlicher Auffassung über die Einsetzung der Herrscher durch Gott. Der Anstoß zur Modernisierung dieser traditionellen Auffassung geht auf J. Bodin (1529–1595) und dessen

---

[372] Als Beispiel für eine Doppelrolle sei das Gedicht ›Bei Eröffnung des Feldzugs 1756‹ von Ludwig Gleim aus dem 18. Jahrhundert zitiert, in dem es heißt:
„Ein Held fall' ich; noch sterbend droht
Mein Säbel in der Hand!
Unsterblich macht der Helden Tod,
Der Tod für's Vaterland!
Auch kömmt man aus der Welt davon,
Geschwinder wie der Blitz;
Und wer ihn stirbt, bekommt zum Lohn
Im Himmel hohen Sitz!" (J.W.L. Gleim: Sämmtliche Werke. Bd. 4. Halberstadt 1811, S. 2).

[373] Ich benutze den Ausdruck ›Nationalismus‹, wenn es um den Einzigartigkeitsanspruch der Nation geht. Ich schließe mich damit nicht dem allgemeinen Trend an, den Begriff lediglich pejorativ für ein übersteigertes Nationalgefühl zu gebrauchen.

›Sechs Bücher vom Staat‹ zurück. Bodin zufolge ist die fundamentale Eigenschaft des Staates dessen Souveränität. Unter „Souveränität ist die dem Staat eignende absolute und zeitlich unbegrenzte Gewalt zu verstehen.“[374] Da diese Gewalt ›absolut‹ ist, kann sie auch nur von einer Person, d.h. dem Monarchen, ausgeübt werden. Alle weiteren politischen Befugnisse wie die der Gerichte, Magistrate und der Untertanen leiten sich vom Gesetzgebungsmonopol des Herrschers ab. Die Souveränität des Monarchen soll dennoch nicht willkürlich ausgeübt werden, sondern in Beachtung des von Gott gesetzten Naturrechts.

In Frankreich wird durch Ludwig XIV., der 1643 an die Regierung kam, die Lehre von der monarchischen Souveränität am konsequentesten in die politische Praxis umgesetzt. Im Hinblick auf die Legitimation stützte er sich auf die Bibelauslegung seines Hofpredigers J.-B. Bossuet, der in seiner ›Politik nach den Worten der Heiligen Schrift‹ ausführte, daß Gott durch den Monarchen seine Herrschaft über die Menschen ausübt. Bossuet leitete daraus die persönliche Heiligkeit des Königs ab. Die Könige sollten „ihre Gewalt als eine ihnen von Gott anvertraute Sache mit Zurückhaltung einsetzen, denn Gott fordere von ihnen Rechenschaft. Solche Zurückhaltung sei aber allein Sache des Fürsten; der Untertan dagegen könne allenfalls Gott im Gebet bitten, den Sinn des Fürsten zu ändern, aber nie direkt vom Fürsten einen Sinneswandel verlangen: Die fürstliche Gewalt war absolut.“[375] Die anderen europäischen Könige und Fürsten versuchten, dem französischen König im Hinblick auf die zentralistische Konzentration der politischen Macht nachzueifern und so wird der monarchische Absolutismus im 18. Jahrhundert leitendes Staatsformprinzip. Doch konnte er sich nirgendwo so nachdrücklich durchsetzen wie in Frankreich. In den Niederlanden wurde die Ständeverfassung auch in der Zeit des mit diktatorischen Vollmachten ausgestatteten Wilhelm von Oranien-Nassau nicht aufgegeben und in England setzte sich im Kampf zwischen dem Ständeparlament und dem die ›absolute‹ Macht anstrebenden König in der ›Glorreichen Revolution‹ von 1688 die Parlamentsregierung durch. Dennoch hielt man auch in der dortigen politischen Öffentlichkeit an der Auffassung der monarchischen Statthalterschaft im göttlichen Auftrag fest.

Das christliche ›Gottesgnadentum‹ des absolutistischen Monarchen gewann im revolutionären Übergang zur neuzeitlichen Republik für deren grundlegendes Legitimationsverständnis eine wichtige Funktion: Es lieferte den ›absoluten‹ Maßstab, dem die Legitimation der Republik gleichwertig sein mußte, um die der Monarchie ablösen zu können.

Wie man in der Auseinandersetzung zwischen Locke und R. Filmer deutlich

---

[374] J. Bodin: Les six Livres de la Republique (1583), zit. nach H.Schulze: Staat und Nation der europäischen Geschichte, a.a.O., S. 66.

[375] H. Schulze, a.a.O., S. 69.

nachvollziehen kann, ist die Naturrechtskonzeption des klassischen Liberalismus darauf angelegt, mit den göttlichen Absolutheitsansprüchen der christlichen Staatstheologie zu konkurrieren, wie sie die absolutistischen Monarchien legitimiert.[376] In dieser Auseinandersetzung ist es erforderlich, die Legitimationskriterien des Liberalismus und des mit ihm verbundenen Parlamentarismus genauso unerschütterlich zu machen und mit dem gleichen Ewigkeitswert auszustatten, wie ihn die Legitimationskriterien der Monarchie unter Berufung auf eine göttliche Stiftung ihrer politischen und gesellschaftlichen Grundordnung für sich beanspruchen. Locke will mit seiner Berufung auf Gott, als dem Stifter individueller Naturrechte, gleichsam das Wasser von der Mühle der ständestaatlichen Monarchie auf die nach dem Gleichheitsprinzip rechtsstaatlich und parlamentarisch regierte Monarchie umleiten. Sein Konzept fand bei der Entstehung der Verfassung der USA Anwendung, weil dort die Monarchie radikal durch die Republik ersetzt werden konnte. Doch gelingt das nicht im europäischen Rahmen, wo es vielmehr bis ins 20. Jahrhundert hinein bei der Konkurrenz zwischen ständestaatlicher Monarchie und demokratischer Republik blieb. Bereits in der Französischen Revolution rückte man, weil die Bindung des Christentums an die Monarchie sowohl bei den Kirchen als auch im Bewußtsein der Menschen nicht aufzulösen war, von der Legitimation der liberalen Republik durch christliche Theologie ab. Es wird eine Gegenprogrammatik im Namen der Aufklärung entwickelt, deren leitende Aufgabe es ist, eine ›praktische Vernunft‹, im Unterschied zur ›theoretischen Vernunft‹ der Wissenschaften, zu begründen, die in eine Konkurrenz mit der christlichen Religion als Staatslegitimation treten könnte. In diesem Konzept werden die christlichen Konfessionen im Licht individueller Religionsfreiheit zugleich auf den Status gesellschaftlicher Organisationen beschränkt.

Von daher sind neuzeitliche Legitimationsphilosophien, die auf dieser Grundlage zustandegekommen sind, vom Ansatz her in der Revolutionsperspektive verfaßt. Nur im revolutionären ›Ausnahmezustand‹ steht eine Verfassung als Ganzes auf dem Prüfstand. Das ist der Moment, wo das Modell ›heroischer Selbstbehauptung‹ greift, jener gesellschaftlichen Lebensform, der der Einzelne sein Leben zu opfern bereit ist. In dieser Situation wird nach dem Maßstab des ›manichäischen‹ Gegensatzes von Gut und Böse geurteilt und entschieden. Allein eine Legitimation aus einem ›archimedischen Punkt‹ genügt den Anforderungen ›manichäischer‹ Ethik, aus der man dann das Recht ableitet, auch die geltungslogische Differenz von ›wahr‹ und ›falsch‹ in der Sprache der politischen Grund- und Verfassungswerte zu gebrauchen. Der ›manichäische‹ Kern ist der Sache nach in allen modernen Legitimationstheorien der rationalistischen Traditionslinie ent-

---

376 Vgl. A. Schwan: Politische Theorien des Rationalismus und der Aufklärung, in: H.J. Lieber: Politische Theorien von der Antike bis zur Gegenwart. Bonn 1991, S. 191f.

halten. Daß die neuzeitliche Ersatzfunktion für die politische Rolle des Christentums von Versionen praktischer Rationalität beansprucht werden kann, verdankt sich dem Siegeszug der Naturwissenschaften seit Kepler, Galilei und Newton, der fraglos nicht nur die Wissenschaft in Europa, sondern auch die Gesellschaften europäischer Länder mit Folgen für Weltanschauung, Wirtschaft und Alltagspraxis revolutioniert hat. Diese Perspektive wirkt sich bis in die heutigen Verfassungen hinein aus, die alle in der Sprache des revolutionären ›Ausnahmezustands‹ geschrieben sind. Von daher erklärt es sich, warum liberale Verfassungen die Institutionen der geschichtlichen Tradition so wenig berücksichtigen, obwohl diese – vom Staatsverständnis bis zu den Parlamenten und den Regierungsämtern – aus monarchischer Zeit stammen und nicht erst im Zeichen von liberaler Freiheit und Demokratie entdeckt und ausgestaltet wurden.
Die rationalistische Aufklärungssprache, in der die grundlegenden Wertvorstellungen der liberalen Verfassungen zum Ausdruck gebracht werden, ist zugleich, ohne daß dies offensichtlich wird, eine superlativische Sprache für die ›Einzigartigkeit‹ des liberalen und demokratischen Wertezusammenhangs im Vergleich mit anderen wirklichen und möglichen politischen Grundwerten. Seiner Logik entsprechend könnte sich dieser Superlativismus erst in der Verfassung eines Weltstaates ganz erfüllen. Da der Weltstaat im Zeichen der rechtsstaatlichen Republik jedoch nirgendwo angestrebt wird, verbindet sich der liberale und demokratische Superlativismus mit der ›quasi-religiösen‹ Mission der Nation im Licht einer ›individualistischen‹ Einzigartigkeit der nationalen Kollektivpersönlichkeit.

d. Die Nation im Zeichen der Demokratisierung

Erst in der Verbindung von nationalem Heroismus und der Demokratisierung von Staat und Gesellschaft, wie sie in westeuropäischen Ländern unterschiedlich schnell verlaufen ist, kommt es im 19. Jahrhundert zu einem Nationalbewußtsein, das sich in den Völkern unabhängig von der Zugehörigkeit der Einzelnen zu einer gesellschaftlichen Schicht ausbreitete. Während die Idee der Nation noch am Ende des 18. Jahrhunderts als politischer Leitbegriff allein den führenden Schichten diente und eine Art kulturelles Band für die Gebildeten darstellte, wird sie im folgenden Jahrhundert zur mächtigsten politischen Legitimationsidee der europäischen Völker. Sie ergreift, mit dem Wort von Marx, nunmehr buchstäblich ›die Massen‹. Den gesellschaftlichen Hintergrund bildet der Übergang von der ständisch gegliederten Agrargesellschaft zur ›industriellen Massenzivilisation‹. Seit der Mitte des 18. Jahrhunderts begann die Bevölkerung sprunghaft zuzunehmen: 1750 leben auf dem Kontinent ca. 130 Millionen Menschen, um 1800 bereits 180 Millionen, um 1850 270 Millionen und um 1900 400 Millionen.[377]

---

[377] Bezüglich der Zahlen vgl. Der große Ploetz. Darmstadt 1998, S. 694.

Die überall stattfindende Migration vom Land in die Städte trug entscheidend zur Auflösung der feudalen und ständischen Ordnung bei. Darüber hinaus entstand mit der Industriearbeiterschaft eine neue Schicht der Gesellschaft, die sich in die alte Ordnung nicht einfügen ließ. Entgegen der Absicht der intellektuellen Sprecher des ›Proletariats‹, Sozialisten wie Owen, Saint-Simon, Lasalle und Marx, gelang es dennoch nicht, die neue Arbeiterschicht auf ein kollektives Bewußtsein einer internationalen Interessengemeinsamkeit einzuschwören. Der Nationalismus ›ergriff‹ in den meisten europäischen Staaten auch die Arbeiterschaft.
Erst der Religionswissenschaftler E. Renan (1823–1892) definierte den Begriff der Nation entsprechend der neuen Situation: „Eine Nation ist eine Seele, ein geistiges Prinzip. Zwei Dinge, die in Wahrheit nur eins sind, machen diese Seele, dieses geistige Prinzip, aus. Eins davon gehört der Vergangenheit an, das andere der Gegenwart. Das eine ist der gemeinsame Besitz eines reichen Erbes an Erinnerungen, das andere ist das gegenwärtige Einvernehmen, der Wunsch, zusammenzuleben ... Eine Nation ist also eine große Solidargemeinschaft, getragen von dem Gefühl der Opfer, die man gebracht hat, und der Opfer, die man noch zu bringen gewillt ist. Sie setzt eine Vergangenheit voraus, aber trotzdem faßt sie sich in der Gegenwart in einem greifbaren Faktum zusammen: der Übereinkunft, dem deutlich ausgesprochen Wunsch, das gemeinsame Leben fortzusetzen."[378] Renan faßt die Nation als eine Kollektivpersönlichkeit ganz nach dem Modell der heroischen Selbstbehauptung.
Heldengestalten in Nationalgeschichten stehen exemplarisch für die Opferbereitschaft jedes Einzelnen im nationalen Sinn. Im deutschen Kontext wäre es ›Hermann der Cherusker‹, in der Rolle des nationalen Helden. In Frankreich nimmt der Keltenfürst Vercingetorix, in Spanien Civilis, der Anführer des Bataveraufstands, und in den Vereinigten Staaten von Amerika aus Gründen ihrer jungen Geschichte George Washington diese Rolle ein. Doch nicht nur große Einzelpersönlichkeiten markieren den vergangenheitsbezogenen Heroismus einer Nation, auch die kollektive Persönlichkeit wird in die geschichtliche Traditionsbildung mit einbezogen. Meist steht der Aufstand eines Volks gegen einen gemeinsamen Feind am Beginn der Entstehung einer Nation. In der Geschichte der Vereinigten Staaten ist es der Befreiungskrieg gegen die englische Krone, in der französischen der Abwehrkampf der Revolutionsarmeen gegen die Truppen der europäischen Monarchien nach dem Sieg der Revolution, in der deutschen und in der spanischen Geschichte sind es die ›Befreiungskriege‹ gegen die Fremdherrschaft Frankreichs unter Napoleon I.. Daß nicht nur Siege, sondern auch Niederlagen in den Rang nationaler Mythen erhoben werden können, kann an Beispielen aus der

---

378 E. Renan: Was ist eine Nation? In: M. Jeismann/H. Ritter (Hg.): Grenzfälle. Über alten und neuen Nationalismus. Leipzig 1993, S. 308.

serbischen Geschichte mit der Niederlage der Serben gegen die Türken auf dem Amselfeld 1389 und aus der polnischen mit dem 1794 von Tadeusz Kosciusko angeführten nationalen Aufstand gegen Rußland und Preußen exemplifiziert werden.

Die jeweils ›gegenwärtige‹ Rolle einer Nation bestimmt sich durch ihren Gegensatz zu einer anderen. Im deutschen Nationalismus des 19. und 20. Jahrhunderts wird dieser Gegensatz beispielsweise durch die ›Erbfeindschaft‹ mit Frankreich definiert, in Frankreich durch die Jahrhunderte alte Kontroverse mit Großbritannien.

Um die auf die jeweilige Gegenwart gerichtete Funktion des Nationalbewußtseins zu charakterisieren, bedient man sich in der Völkersoziologie einer Unterscheidung zwischen der ›Eigengruppe‹ (in-group) und der ›Fremdgruppe‹ (out-group).[379] Danach wird die Eigengruppe durch ein ›Wir-Gefühl‹ zusammengehalten, entsprechend dem ›geistigen Prinzip‹ der Definition Renans. In diesem ›Wir-Gefühl‹ betrachten sich die Einzelnen als gleichwertige Mitglieder der Gruppe, während sie Maßstäbe negativer Abwertung auf die Mitglieder der ›Fremdgruppen‹ anwenden.

In der philosophischen Beschäftigung mit dem neuen Phänomen ›Nation‹ hatte man von Anfang an Probleme mit dem Verhältnis zwischen Eigen- und Fremdgruppe. Während sich im realen Kollektivbewußtsein der Nationen in der Regel eine Art Herabsetzung der anderen Nationen ungeniert breitmachte, von denen es sich im Bewußtsein des ›überlegenen‹ Eigenwerts abzusetzen galt, entstand in der intellektuell geprägten Diskussion eine Kluft zwischen denen, die zu propagandistischen Verstärkern nationaler Überlegenheit wurden, und jenen, die die Idee der Gleichwertigkeit auch auf das Verhältnis der Nationen insgesamt übertragen halfen.

Jene Philosophen, die die Idee der Gleichwertigkeit der Nationen vertraten, mußten jedoch einräumen, daß es sich bei den nationalen Kollektivpersönlichkeiten um besondere Entitäten handelte. Die Gleichwertigkeit mußte im Hinblick auf die Nationen anders als bei Einzelnen als Mitgliedern einer Eigengruppe gefaßt werden. Während man nie auf den Gedanken gekommen wäre, die Einzelnen als Mitglieder einer nationalen Eigengruppe mit nahezu gottähnlichen Attributen auszustatten, können Nationen durchaus auch als gleichwertige Mitglieder eines menschheitlichen Ganzen in einen vergleichsweise göttlichen Rang erhoben werden.

Für die deutschen Verhältnisse wurde die darin liegende Besonderheit einer nationalen Gleichwertigkeit bereits von J.G. Herder (1744–1803) thematisiert. Der „Geist der Menschheitsgeschichte“, als „Gang Gottes unter die Nationen“ be-

---

[379] Die Unterscheidung geht auf den amerikanischen Soziologen W.G. Sumner (1840–1910) zurück.

zeichnet, lasse „jedes Volk an Stelle und Ort: denn jedes hat seine Regel des Rechts, sein Maß der Glückseligkeit“ in sich.[380] Herders Bekenntnis zur Gleichwertigkeit der Nationen schlug sich in der Aussage nieder: »Völker sollen nebeneinander, nicht durch- und übereinander drückend wohnen.«[381] Die Völker in ihrer Vielheit seien zugleich geschichtliche Repräsentationen ›göttlicher Natur‹. Die Vorstellung eines ›Ganges Gottes durch die Geschichte‹ der nationalen Völker wurde danach zum Leitgedanken von Hegels ›Philosophie der Geschichte‹. In seinem Werk ›Das Nationale‹ zeigt K. Hübner[382], daß insbesondere der romantischen Staatsphilosophie die Idee der ›gottgewollten‹ Gleichwertigkeit der Nationen zugrunde lag. Wichtigste Vertreter dieser Linie der politischen Philosophie sind danach E. Burke, Montesquieu, J. Möser und vor allem A. Müller.
Unter den bedeutenden Historikern des 19. Jahrhunderts ist es dann v. Ranke, der sich zur Idee der Gleichwertigkeit in der Verknüpfung mit der geschichtlichen »Erscheinung Gottes« bekennt. Ihm zufolge »hat jede Nation ihre Natur von Gott und der Verlauf der Geschichte bestehe darin, diese ganz besondere Natur jeder einzelnen Nation auf die von Gott geforderte Weise selbständig auszubilden.«[383]
In der deutschen Philosophie des 19. Jahrhunderts ordnete Fichte als erster politischer Philosoph die deutsche Nation im Sinn ihrer Überlegenheit den anderen Nationen über. Unter dem Eindruck des Befreiungskriegs gegen das napoleonische Frankreich verfaßte er die ›Reden an die deutsche Nation‹, in denen er die ›germanischen Völker‹ mit den Deutschen identifiziert und in wertender Absicht von den ›romanischen und slawischen Völkern‹ absetzt. Der Deutsche, der „eine bis zu ihrem Ausströmen aus der Naturkraft lebendige Sprache redet“, gehöre „dem Volk schlechthin“ an. Deshalb seien die Deutschen in Gestalt ›ihrer Geistigkeit‹ zu Lehrern der anderen Völker berufen.[384]
Vom Nationalismus zum Chauvinismus hin führten dann P. de Lagarde (1827–1891) und H. v. Treitschke (1834–1896). Für Lagarde war das Deutsche Reich Wilhelms II. ›das Herz der Menschheit‹. Eine liberale und republikanische Einstellung hat nach ihm als ›undeutsch‹ und ›vaterlandslos‹ zu gelten; die Deutschen seien wie ihre Vorfahren, die Germanen, ›aristokratisch gesinnt‹.[385]

---

380 J.G. Herder: Briefe zur Beförderung der Humanität (1793–97). In: Geschichtliche Grundbegriffe. Bd. 7, hg. von O. Brunner, W. Conze und R. Koselleck. Stuttgart 1992, S. 316.

381 J.G. Herder, a.a.O., S. 318. E. Kedourie zeichnet ein Zerrbild von Herder, wenn er ihn zu einem frühen Vertreter eines deutschen Nationalismus der Überlegenheit macht; vgl. E. Kedourie: Nationalism. Oxford 1993.

382 K. Hübner: Das Nationale: Verdrängtes, Unvermeidliches, Erstrebenswertes. Graz 1991, S. 96ff.

383 L. von Ranke: Zur Geschichte Deutschlands und Frankreichs im 19. Jahrhundert. In: ders.: Sämtliche Werke. Bd. 49/50, hg. v. A. Dove. Leipzig 1887, S. 78.

384 J.G. Fichte: Reden an die deutsche Nation (1807–08). In: Werke. Bd. VII. Berlin 1971, S. 375. Man wird allerdings mit E. Voegelin in Rechnung stellen müssen, daß Fichtes ›völkische Ideologie‹ in eine kosmopolitische Weltanschauung eingebettet bleibt. Vgl. E. Voegelin: Rasse und Staat. Tübingen 1933, S. 146.

385 Vgl. K. Hübner, a.a.O., S. 169f.

Treitschke propagierte mit großer öffentlicher Wirkung im Gefolge der Gründung des Deutschen Reichs einen deutschen Nationalismus, der sich allein auf monarchische Staatsmacht und die Armee stützt und seinen ›völkischen‹ Charakter erst durch einen erklärten Antisemitismus gewann.
Es kann, wiewohl es einem verbreiteten Vorurteil entspricht, nicht die Rede davon sein, daß der ›Überlegenheits‹-Nationalismus im 19. Jahrhundert auf Deutschland beschränkt geblieben wäre.
In Frankreich begründete J. Michelet (1798–1874) mit seiner ›Histoire de France‹ eine nationalistische Geschichtsschreibung und verfolgte ein Programm, in dem Frankreich als die Nation der ›Vernunft‹ in der Lage ist, Freiheit stellvertretend für die ganze Welt zu verwalten, und deshalb anderen Nationen überzuordnen sei. Michelets Glorifizierung Frankreichs teilen der Historiker H. Martin (1810–1883) und der einflußreiche Publizist und Politiker F. Guizot (1797–1874). Für den Historiker E. Quinet (1803–1875) verkörpert Frankreich den ›Universalgeist‹ und nimmt damit auch gegenüber der römischen Kirche eine privilegierte Rolle ein.
Der Nationalismus Italiens wurde entscheidend von G. Mazzini (1805–1872) geprägt. Für den Gründer des Geheimbunds ›Giovine Italia‹ (Junges Italien) ist das italienische Vaterland die ›Seele der Welt‹ und ›das Wort Gottes in der Mitte der Nationen‹. Und auch A. Mickiewicz (1798–1855), der polnische Nationaldichter, formulierte mit starken religiösen Bezügen die Sendungsidee des polnischen Nationalismus im Sinn einer Überlegenheit.
Markantes Beispiel für einen ›Nationalismus der Überlegenheit‹ bildet im britischen Kontext J. R. Seeley (1834–1895) mit seinen einflußreichen Reden über ›Die Ausbreitung Englands‹. Der Cambridger Historiker ging vom ›natürlichen‹ Recht der Weltherrschaft der ›britischen Rasse‹ aus. Die Entstehung des britischen Weltreichs ist ihm Beweis genug für den Vorrang der Kultur seiner Nation. Er sieht England am Ende des 19. Jahrhunderts am Scheideweg: Entweder werde es seiner ›natürlichen‹ Rolle als größter Weltmacht gerecht oder es falle auf die Stufe einer rein europäischen Macht zurück, die ›wie Spanien wehmütig auf die Epoche der früheren Größe zurückblicke‹.[386] Die englische Whig-Historiographie benutzte ein vereinfachtes Bild der Verfassungsgeschichte, um diese zum universellen Maßstab „für die naturnotwendige Einbahnstraße zu Freiheit und Fortschritt“[387] zu machen. In den Romanen R. Kiplings (1865–1936) spielt die Überzeugung einer im Rassischen begründeten zivilisatorischen Überlegenheit der Engländer eine prägende Rolle. Er gibt jene Grundeinstellung wieder, die im Heimatland wie in der Kolonialverwaltung zu den von ihnen beherrschten Völkern des britischen Imperiums bis weit ins 20. Jahrhundert hinein bestand.

---

[386] Vgl. H.J. Lieber: Politische Theorien von der Antike bis zur Gegenwart. Bonn 1991, S. 663.
[387] H. Schulze, a.a.O., S. 187.

Man kann davon ausgehen, daß der ›Nationalismus der Gleichwertigkeit‹ in den europäischen Staaten auf intellektuelle Kreise beschränkt blieb, in denen Ideen eines international ausgerichteten Liberalismus und eines neu aufgekommenen Sozialismus bestimmend waren.[388] In der öffentlichen Meinung der europäischen Nationalstaaten setzte sich, insbesondere in der zweiten Hälfte des 19. Jahrhunderts, hingegen ein ›Nationalismus der Überlegenheit‹ durch. Dieses Urteil trifft vor allem auf Staaten mit bedeutendem außenpolitischem Einfluß, also auf Großbritannien, Frankreich, Deutschland und Rußland zu. Österreich bildete eine Ausnahme, weil seine Existenz als Gesamtstaat von Konzessionen an dessen multiethnisches Charaktergefüge abhing.

Ich behaupte, daß diesem oben geschilderten historischen Vorgang eine gewisse Logik zugrunde liegt, die der Konzeption der nationalen Kollektivpersönlichkeit innewohnt.

Wie wir wissen, erfüllen nationale Zugehörigkeiten der Menschen im Rahmen der neuzeitlichen ›Verdiesseitigung der Individualität‹ Bedingungen der ›starken‹ Mitgliedschaft in einer Kollektivpersönlichkeit, weil sie den Bestimmungen des Modells der heroischen Selbstbehauptung am ehesten entsprechen. Im Licht dieses Modells wird man sowohl die Frage beantworten können, warum die Sprache des Nationalismus sich überall religiöser Rituale und Metaphern bediente, als auch die andere, warum sich am Ende in Europa der Nationalismus der Überlegenheit gegen den der Gleichwertigkeit durchgesetzt hat.

Im Unterschied zum Konzept der Menschheit ermöglicht das Konzept der Nation eine kollektive Identifikation der Menschen, für die es um heroische Bewährung in Auseinandersetzung mit anderen geht. Denn allein in einer derartigen Auseinandersetzung könnte eine mögliche Entlastung von ständiger Todesfurcht gefunden werden, die jeder Einzelne im Bewußtsein des existenziellen Dilemmas in sich trägt. Bereits in der religiösen Epoche, in der einzelne Individuen als große Persönlichkeiten Zeichen für Selbstbehauptung sind, gehörte eine Rückbindung an das Modell der Teilhabe an göttlicher Unsterblichkeit zu den Kennzeichen der Selbstbehauptung: Helden des griechischen Mythos etwa werden zu Halbgöttern und Göttersöhnen, Jesus Christus wird zum ›Sohn Gottes‹. In dieser Epoche setzte sich grundsätzlich der Primat der Teilhabe gegenüber dem der Selbstbehauptung durch. In der europäischen Neuzeit dann verkehrt sich dieses Verhältnis als Folge der ›Verdiesseitigung der Individualität‹: Ausgestaltungen der Selbstbehauptung – das sind die neuen nationalen Kollektivpersönlichkeiten – gewinnen den Primat gegenüber dem Christentum. Dieses übernimmt im Verhältnis zur nationalen Kollektivpersönlichkeit dienende Funktion. Überall in

388 Die Intellektuellen-Diskurse und deren ›Codes‹ auf dem Weg zur deutschen Nation und im Kaiserreich nach 1870 stellt B. Giesen in: Die Intellektuellen und die Nation. Eine deutsche Achsenzeit. Frankfurt 1993 dar; vgl. ders.: Kollektive Identität. Die Intellektuellen und die Nation 2. Frankfurt 1999.

Europa trat die Christlichkeit in den Dienst von Stabilisierung und Durchsetzung der Ansprüche nationaler Kollektivsubjekte. Dieser Logik konnte sich selbst die katholische Kirche nicht entziehen, die am längsten den klassischen übernationalen Charakter des Christentums repräsentiert hat. In den Kriegen des 19. und 20. Jahrhunderts setzte sich durchweg die nationale Bindung der Konfessionen in den europäischen Staaten gegenüber dem übernationalen Charakter nicht nur des Christentums allgemein, sondern insbesondere auch der römisch-katholischen Kirche durch. Überall begannen die christlichen Kirchen sich nationalen Interessen unterzuordnen.

Die Rückbindung nationaler Selbstbehauptung an christliche Teilhabe an göttlicher Unsterblichkeit kam in vielen Formen zum Ausdruck. Eine der einflußreichsten ist die Rolle, die die Berufung auf ›göttliche Auserwähltheit‹ im nationalen Selbstverständnis der europäischen Völker spielte. Weitere Formen sind christliche Rituale in der Politik sowie religiöse Metaphern in der politischen Sprache. Sowohl in den europäischen Staaten als auch in den USA werden bis heute Parlamente durch christlich-religiöse Zeremonien eröffnet und Regierungen werden so eingeführt. In Kriegen, die Staaten gegeneinander führen, wird der christliche Gott, unter aktiver Mitwirkung der Kirchen, für den erhofften Sieg der eigenen Nation requiriert. Auch in unserer Epoche ist eine politisch-staatliche Subjektivität im europäischen Kontext nicht vorstellbar, die sich nicht auf eine Rückbindung an religiöse Teilhabe im spezifisch christlichen Sinn stützen könnte. Stets jedoch bleibt es bei einer dienenden Rolle der christlichen Religion.

Die religiöse Sprache wird darüber hinaus benutzt, um ›individualistische‹ Einzigartigkeit der jeweiligen nationalen Kollektivpersönlichkeit entweder direkt in christlichen Metaphern oder aber in indirekter, quasi-religiöser Weise zum Ausdruck zu bringen. Direkt, wo der Anspruch auf Auserwähltheit der eigenen Nation im Anschluß an die jüdische Tradition des Alten Testaments erhoben wird. Indirekt dort, wo eine Sprache, geprägt von Mythen und Metaphorik, vorherrscht. Sie kommt einer realen Funktion nationaler Kollektivsubjekte näher, sind sie doch nicht wirkliche Gottheiten, auch mit dem Gott nicht annähernd vergleichbar, wie ihn die christliche Religion in religiösen Bildern vermittelt. Denn die Nationen sind nicht metaphysische Subjekte einer himmlisch-transzendenten Sphäre, sondern bestehen aus einfachen Sterblichen. Da sie den Bedingungen heroischer Selbstbehauptung unterliegen, spreche ich in ihrem Fall von einem ›kollektivsubjektiven Heroismus‹.[389]

Ich komme nun auf die gewisse Logik im historischen Vorgang zurück, der im 19. und 20. Jahrhundert in Europa zur Durchsetzung des ›Nationalismus der

[389] Den möglichen Rückfall in überwiegend religiös bestimmte Kollektive vermutet S.P. Huntington: Kampf der Kulturen. Die Neugestaltung der Weltpolitik im 21. Jahrhundert. München u Wien 1996.

Überlegenheit‹ geführt hat. Im Licht des Selbstbehauptungsmodells setzte sich damit nämlich ein ›Monoheroismus‹ gegen den ›Polyheroismus‹ durch.[390]
Im ›Monoheroismus‹ bekundet sich der Anspruch einer Nation auf Beherrschung anderer, im ›Polyheroismus‹ auf den einer Anerkennung der eigenen Gleichwertigkeit durch alle anderen. Unter dem Gesichtspunkt des logisch Möglichen hätten in Europa beide Formen zum Zuge kommen können. Hält man sich an die Religionen, an die eine heroische Selbstbehauptung im Rahmen der europäischen Nationen ›rückgebunden‹ werden kann, kommen sowohl polytheistische Traditionen als auch die monotheistische in Frage: bei den polytheistischen Traditionen die eigenen germanischen, keltischen und slawischen Götterwelten und bei der monotheistischen die des Gottesverständnisses im Christentum.
In der europäischen Geschichte hat sich im Verlauf des Mittelalters nun bei allen Völkern die monotheistische Tradition des Christentums im Vergleich zu originär eigenen religiösen Traditionen durchgesetzt. Durch die Rückbindung nationaler Selbstbehauptung an die christliche Religion – so vermute ich – ist die Tendenz, die in Richtung des nationalistischen Monoheroismus weist, deshalb traditionell stärker als die gegenläufige hin zu einem ›polyheroischen‹ Nationalismus der Gleichwertigkeit.[391]

12. Gleichheit und die Knappheit ›individualistischer‹ Anerkennung im Zeichen der Nation

Die Popularisierung der Gleichheit ist Ergebnis der Nationalisierung der Gesellschaft in den europäischen Staaten im Lauf des 19. Jahrhunderts, nicht das Ergebnis der Demokratie. Denn die Idee der Gleichheit aller Bürger im Hinblick auf die Zugehörigkeit zu einer Nation setzte sich auch in den Monarchien durch, noch bevor es zur Einführung eines demokratischen Wahlrechts kam und bevor die Staatsform der Republik in den meisten europäischen Ländern die monarchische Form ablöste.
In der zweiten Hälfte des 19. Jahrhunderts tritt dann der Charakter der christlichen Konfessionen deutlich hervor, insofern sie im Dienst nationaler Kollektivsubjektivität stehen. Zwei Konsequenzen prägen von nun an das öffentliche Bewußtsein: Erstens rückt die Dilemmaentlastung durch Mitgliedschaft im nationalen Kollektivsubjekt in den Mittelpunkt. Die christlich-religiöse Dilemmaentlastung verliert dabei ihre traditionelle Bedeutung und im Zeichen des quasi-religiösen Nationalismus erreicht der Nationalstaat eine Einheit von ›Gemeinde‹

390 Beide Begriffe sind in Analogie zum Paar ›Monotheismus‹-›Polytheismus‹ gebildet.
391 Man kann etwa den Versuch Napoleons I. aus dem ersten Jahrzehnt des 19. Jahrhunderts, andere Nationen der Herrschaft der französischen zu unterwerfen, als erstes Signal für die Durchsetzung der monoheroischen Tradition Europas deuten.

und ›Gemeinschaft‹, wie man sie weder in der bisherigen Geschichte noch in der klassischen Religion gekannt, auch nicht wieder hat herstellen können.
Zweitens kommt es zur Bewußtwerdung des konstitutionellen ›Widerspruchs‹ der modernen Gesellschaft: Je mehr die Gleichheit gesellschaftlich verwirklicht wird, umso mehr wird die damit einhergehende Steigerung der Knappheit gesellschaftlicher Positionen ›individualistischer‹ Anerkennung offenbar. Die Spaltung der Gesellschaft in einerseits Inhaber derartiger Positionen bzw. Anwärter darauf und andererseits Ausgeschlossene und Enttäuschte wird zu einem Moment innerer Sprengkraft für die gesellschaftliche Stabilität.[392]

a. Die nationalistische Ersatzreligion

Blieben die nationalen Ideen und die nationalen Bewegungen bislang auf Akademiker und Gebildete beschränkt, so werden sie im letzten Drittel des 19. Jahrhunderts zu bestimmenden Kräften der realen Politik. Dies belegen Tendenzen in Großbritannien, Frankreich und Deutschland.
Durch Wahlrechtsänderungen wurden in Großbritannien breitere Schichten der Bevölkerung mit Politik in Berührung gebracht. Es war Disraeli, der vor allem versucht hat, die innere Zersplitterung in Interessengruppen und soziale Klassen zu überwinden. Als junger Mann war er als Schriftsteller bereits gegen das Auseinanderbrechen der Gesellschaften in die ›two nations‹ der Besitzenden und der Besitzlosen aufgetreten. Als konservativer Premierminister betrieb er dann eine Politik mit der Zielsetzung der Vereinigung der ›two nations‹, indem er schrittweise eine Lösung der ›sozialen Frage‹ herbeiführte und in Verbindung damit einen die Klassen übergreifenden nationalen Stolz auf ein erdumspannendes Weltreich erzeugte. Dabei konnte er sich auf die Vorarbeit von Historikern wie J.A. Froude und Dichtern und Schriftstellern wie Tennyson und Ruskin stützen. Der mehr oder weniger zufällig zusammengewürfelte Besitz an Kolonien war bereits zu einem rechtlich und verfassungsmäßig einheitlichen Weltreich zusammengefaßt, als Königin Viktoria 1876 den Titel einer Kaiserin von Indien annimmt und Lord Salisbury und Lord Balfour, Disraelis Nachfolger im Amt des Premierministers, dessen Politik fortsetzten. In den 90er Jahren schlug Kolonialminister J. Chamberlain die Politik des ›constructive imperialism‹ vor, mit der die ›Konsolidierung der britischen Rasse‹ in einer wirtschaftlichen, militärischen und staatlichen Union aller Teile des Imperiums angestrebt wurde. Chamberlain zufolge eigne dem britischen Nationalcharakter eine besondere Befähigung zur Herrschaft über untergebene Völker, denn die Briten seien „die

[392] Grundsätzliches zum Verhältnis von ›Legitimität‹ und ›Stabilität‹ findet sich bei E. Garzon Valdes: Die Stabilität politischer Systeme. Freiburg 1988.

großartigste regierende Rasse, die die Welt je gesehen hat."[393] „Damit war nicht nur die Überlegenheit der Briten über alle anderen weißen und erst recht nichtweißen Völker gegeben, sondern auch die moralische Berechtigung des Empires definiert; Großbritanniens imperiale Mission lag im Interesse der Zivilisation und der Menschheit überhaupt"[394], so wurde suggeriert und argumentiert.
Für den französischen Nationalismus wurde die Niederlage von 1870/71 gegen die von Preußen geführten deutschen Staaten zum traumatischen Erlebnis. Der Verlust Elsaß-Lothringens und die Wirren des Commune-Aufstands wurden von der liberalen, laizistischen Elite durch eine Politik verstärkter Nationalisierung, insbesondere auch in der schulischen Erziehung, beantwortet. Patriotische Erneuerung und republikanische Erziehung werden zu zwei Seiten derselben Medaille: Jeder Franzose lernte in der Schule G. Brunos ›Le Tour de la France par deux enfants: devoir et patrie‹ kennen, eine Erzählung, in der zwei Waisenkinder ihre von den Deutschen annektierte Heimat verlassen, um eine Reise durch sämtliche französischen Regionen anzutreten, in deren Verlauf sie durch die lebhaft geschilderten, alles überragenden Vorzüge ihres französischen Vaterlands tief geprägt werden. Die Republikaner, die die Regierung nach 1870 wieder übernahmen, knüpften an den Nationalismus der Großen Revolution an, durch den die französische Nation bereits zur ›Lehrerin der Menschheit‹ geworden war. In den 80er Jahren wurde die Vertretung der nationalen Idee zunehmend Sache des rechtskatholischen Lagers. Dadurch wurde eine Kluft zwischen dem partikularen Nationalismus und dem Internationalismus der liberalen und demokratischen Revolutionswerte erzeugt. Man hetzte gegen die Regierung, der man Mangel an patriotischer Leidenschaft vorwarf, weil sie nicht klar genug eine Revanche-Politik gegenüber Deutschland betrieben habe. Die ›Patriotenliga‹ suchte das nationale Bewußtsein zu verstärken, indem sie große nationale Feste organisierte, in denen der Kult nationaler Symbole, wie etwa der der Jungfrau von Orléans, zusammen mit dem des Revanchegedankens gefördert wurde. ›Général Revanche‹ G. Boulanger (1837–1891), als Wortführer der ›kleinen Leute‹ berühmt geworden, rief zu einer antirepublikanischen Verfassungsreform auf. Er sammelte die Rechten mittels seiner ›doctrine nationaliste‹ und verstand es darüber hinaus, größere Massen zu mobilisieren. Zwar mißlang der von ihm geplante Staatsstreich. Doch die durch ihn angeregte antiliberale und antidemokratische ›partie nationaliste‹ wurde zu einem gut organisierten Sammelbecken eines zentralistischen Nationalismus, der die Einheit und die außenpolitische Schlaggkraft der Nation dem ›selbstzerstörerischen‹ politischen Gegeneinander der Demokratie gegenüberstellt. Schriftsteller wie E. Drumont (1844–1917), M. Barrès (1862–

[393] Vgl W. Mock: The Function of ›Race‹ in Imperialist Ideologies. In: P.M. Kennedy/A. Nicholls (Hg.): Nationalism and Racial Movements in Britain und Germany before 1914. London 1981, S. 194.
[394] H. Schulze, a.a.O., S. 258.

1923) und Ch. Maurras (1868–1952) beschwörten die Gefahr der inneren Zersetzung der Nation. Freimaurer und Judentum wurden zu Hauptfeinden der Republik erklärt. Das zweibändige Werk Drumonts ›La France Juive‹ wurde ein Publikationserfolg. Der Autor erklärte darin die ›Mächte des großen Geldes‹ und als deren Hauptrepräsentanten, die kapitalbesitzenden Juden, als die ›wahren Schuldigen am Niedergang Frankreichs‹.[395] Damit wurde ein von da an klassisches Muster des europäischen Antisemitismus populär gemacht. Der Erfolg des Werks war zu einem großen Teil für eine Welle des nationalistischen Antisemitismus mitverantwortlich, die in den 90er Jahren ihren Höhepunkt in der Dreyfus-Affäre erreichte. Die endgültige Form fand der französische Nationalismus um die Jahrhundertwende in den Romanen und Essays von M. Barrès. Barrès wandte sich mit großem öffentlichem Echo gegen den liberalen Individualismus, den ›Ich-Kult‹, wie es damals schon hieß, der angeblich direkt Schuld an der Zersetzung der französischen Kultur gewesen sein soll. Die Nation müsse vielmehr dem ›Ich‹ des Einzelnen übergeordnet werden, weil sie der höchste, absolute Wert sei. Der Einzelne habe sich dem Auftrag der Nation zu unterwerfen und dem ›heiligen Gesetz der Abstammung‹ und den ›Stimmen der Erde und der Toten‹ zu gehorchen. Frankreich werde untergehen, wenn der innere Kampf gegen die Zersetzung der ›Ich-Sucht‹ und der äußere Kampf gegen die Angriffe des Germanentums nicht aufgenommen werde. In ähnlicher Weise argumentierte der Gründer der ›Action francaise‹ Ch. Maurras. Auch er sah die Nation durch Individualismus, Demokratie und sozialistischen Internationalismus gefährdet. Hiergegen müsse eine Erneuerung der Tradition des königlichen, vorrevolutionären, katholischen Frankreich gesetzt werden. Hauptträger der ›Action francaise‹ waren Angehörige bedeutender Adelsfamilien, die die politische Entmachtung des Adels in der Republik nicht hatten verwinden können. Der politische Einfluß des antidemokratischen Nationalismus nahm im ersten Jahrzehnt des 20. Jahrhunderts ein solches Ausmaß an, daß die Nation bis zum Beginn des Ersten Weltkriegs wie in zwei feindliche Lager gespalten schien.

Im Rahmen der deutschen Staaten wurde die nationale Bewegung, die sich in den Befreiungskriegen gegen Napoleon gebildet hatte, zunächst durch die in erster Linie vom österreichischen Staatskanzler Metternich betriebene Politik der Restauration enttäuscht und unterdrückt. Bismarck, als preußischer Ministerpräsident, verfolgte zwar den Plan, die nationale Einheit der deutschen Staaten durch den Ausschluß des multiethnischen Österreich nach dem Modell der ›Revolution

[395] Drumont ist auch einer der Begründer des rassistischen Antisemitismus. Bei ihm heißt es: „Wir haben es hier mit der Eroberung einer ganzen Nation, mit einer Unterordnung derselben als die Leibeigenen unter eine verschwindende, aber zähe zusammenhängende Minderheit zu schaffen ... Es ist die Aussaugung einer dienenden Rasse durch die sie beherrschende.“ (Ders.: La France Juive, zit. nach H. Schulze/I.U. Paul: Europäische Geschichte. Quellen und Materialien. München 1994, S. 963).

von oben‹ zu verwirklichen, um die Monarchie und ihre ständische Ordnung zu erhalten. Doch dann entsprach das Deutsche Reich, das 1871 nach dem deutsch-französischen Krieg gegründet worden war, genau den Erwartungen, die die von ihm bekämpfte deutsche Nationalbewegung bis dahin verfolgt hatte.
Hier entstand der populistische Nationalismus in Reaktion auf den Pluralismus sich bekämpfender wirtschaftlicher, sozialer und kultureller Interessen, die sich in Parteien, Verbänden, Vereinen und Massenorganisationen inkorporierten und in denen sich auch Traditionen der durch den Einheitsstaat abgelösten vormaligen Vielstaatigkeit niederschlugen.[396] Der Kanzler leitete eine Politik ein, die die Probleme durch Ausgrenzung starker Gruppen der Gesellschaft zu lösen versuchte, die sich einer Einordnung in den monarchischen Obrigkeitsstaat widersetzten. Als erstes wurden die politischen Repräsentanten des ›ultramontanen‹ Katholizismus im sogenannten ›Kulturkampf‹ zu ›Reichsfeinden‹ erklärt. In den 80er Jahren sollten dann die Sozialdemokraten, die sich im Reich schnell zu einer der stärksten Parteien entwickelt hatten, durch die ›Sozialistengesetze‹ von der politischen Mitgestaltung ausgeschlossen werden. Als Mittel nationaler Integration wurde die Armee eingesetzt und das Leitbild des preußischen Militärs begann zunehmend das Leitbild des gebildeten Bürgers aus der ersten Hälfte des Jahrhunderts zu verdrängen. Da die parlamentarische Demokratie im Reich verfassungsrechtlich erheblich schwächer als in der britischen Monarchie und der französischen Republik ausgebildet war, wurden die nötigen gesellschaftlichen Fähigkeiten nicht entwickelt, auf Parteien- und Verbändeebenen Kompromisse zu suchen. Von daher konzentrierte sich der ›reichsdeutsche‹ Nationalismus ausschließlich auf Mittel staatlicher Instanzen. Der Staat wurde als Erziehungs- und Verteilungsstaat gleichsam ›für alles und jedes‹ zuständig: von der Sozialfürsorge bis zur Friedhofsordnung. Neben Armee und autoritärem Obrigkeitsstaat trat in den 90er Jahren darüber hinaus der Versuch, im Namen einer ›Weltmission‹ des deutschen Nationalismus die Weltmachtrolle des britischen Imperiums nachzuahmen. Max Weber war in dieser Zeit einer der geistigen Fürsprecher.[397]
Ähnlich wie in Frankreich wurde jetzt auch in Deutschland der Antisemitismus,

---

[396] „Der deutsche Entwicklungspfad in die politische Moderne ist dadurch gekennzeichnet, daß die Herstellung einer kollektiven politischen Identität gerade nicht gelingt.“ (K. Eder: Geschichte als Lernprozeß? Zur Pathogenese politischer Modernität in Deutschland. Frankfurt 1991, S. 322).

[397] In seiner Freiburger Antrittsrede heißt es: „Nachdem … die Einheit der Nation errungen war und ihre politische Sättigung feststand, kam über das aufwachsende erfolgstrunkene und friedensdurstige Geschlecht des deutschen Bürgertums ein eigenartig ›unhistorischer‹ und unpolitischer Geist. Die deutsche Geschichte schien zu Ende. … Entscheidend ist auch für unsere Entwicklung, ob eine große Politik uns wieder die Bedeutung der großen politischen Machtfragen vor Augen zu stellen vermag. Wir müssen begreifen, daß die Einigung Deutschlands ein Jugendstreich war, den die Nation auf ihre alten Tage beging und seiner Kostspieligkeit halber besser unterlassen hätte, wenn sie der Abschluß und nicht der Ausgangspunkt einer deutschen Weltmachtpolitik sein sollte.“ (Max Weber: Freiburger Antrittsrede, 1895. In: ders.: Gesammelte politische Schriften. Tübingen 1963, S. 21).

der sich Jahrhunderte lang aus christlichen Quellen gespeist hatte, in den Dienst nationaler Integration gestellt.[398] Wirtschaftliche Neidgefühle und der verstärkte Zuzug ostjüdischer Immigranten, deren strenge Orthodoxie und kulturelle Fremdheit auf Verständnislosigkeit und Ablehnung stießen, verstärkten antisemitische Tendenzen. Doch selbst der Antisemitismus eines H. v. Treitschke beschränkte sich auf die Forderung der nationalen Integration der Juden, zumal auch er noch keine Ausgrenzung wollte: „Was wir von unseren israelitischen Mitbürgern zu fordern haben, ist einfach: Sie sollen Deutsche werden, sich schlicht und recht als Deutsche fühlen – unbeschadet ihres Glaubens und ihrer alten heiligen Erinnerungen, die uns Allen ehrwürdig sind."[399] Erst in den Schriften Chamberlains (1855–1927) und Gobineaus (1816–1882) wurde die Andersartigkeit der ›jüdischen Rasse‹ proklamiert und zum Ausschluß aus einer von ›germanischer‹ Rasse dominierten Gesellschaft aufgerufen. Romanautoren wie G. Freytag trugen zur Popularisierung des rassistischen und auf einen Ausschluß der Juden aus der Gesellschaft gerichteten Antisemitismus bei.[400] Die 1878 gegründete Christlich-Soziale Arbeiterpartei des preußischen Hofpredigers A. Stoecker (1835–1909) machte antisemitische Forderungen zu politischen Programmpunkten und gewann damit 1893 bei den Reichstagswahlen 16 Abgeordnetenplätze.

Bis in das erste Jahrzehnt des 20. Jahrhunderts blieb der Nationalismus in den europäischen Staaten auf die Gesellschaft und deren charakteristische Phänomene der Massenbewegungen beschränkt. Die Staatsapparate orientierten sich bis in diese Zeit an rationalen, überprüfbaren Verwaltungskriterien und an außenpolitischer Kompromißfähigkeit der Diplomatie. Doch der massenwirksame Nationalismus drängte sein Gewicht zunehmend den führenden Politikern auf. Noch

---

[398] Man kann erst seit dem Ende des vorigen Jahrhunderts von einem französischen, britischen, deutschen usw. Antisemitismus in *nationalen* Kategorien sprechen. Im Hinblick auf den deutschen Antisemitismus ist zudem die Verwendung der Kategorie des Nationalen für die historischen Epochen vor der Reichsgründung von 1871 unzutreffend, weil es eine im nationalen Sinn definierbare politische Institution nicht gibt. Bekanntlich gab es zuvor deutsche Einzelstaaten, bei denen das Prädikat ›deutsch‹ nicht im nationalstaatlichen Sinn verwendet werden kann, und zwar schon allein deshalb nicht, weil große Staatsteile wie in den Fällen des Kaiserreichs Österreich und des Königreichs Preußen nichtdeutsche Bevölkerungen enthielten. Noch viel weniger läßt sich die nationale Kategorie auf das 1804 untergegangene Heilige Römische Reich deutscher Nation beziehen. Im Hinblick auf diese Geschichtsepochen kann man mit ›deutsch‹ sprachliche, kulturelle und ethnische Zugehörigkeiten bezeichnen, jedoch keine politisch-staatlichen. Unter dem Gesichtspunkt sprachlicher und kultureller Zugehörigkeit sind auch seit dem Mittelalter die Mitglieder der meisten jüdischen Gemeinden in den Städten, Grafschaften und weltlichen wie kirchlichen Fürstentümern des Reiches zu den ›Deutschen‹ zu rechnen. Sie haben sich auch selbst so verstanden. Hätte es diese kulturelle Einbindung der Juden in den kulturellen Kontext des Deutschen nicht gegeben, wäre es beispielsweise nie zur Entwicklung der Sprachform des ›Jiddischen‹ gekommen.

[399] H. v. Treitschke: Unsere Aussichten (1879). In: H. Schulze/I.U. Paul, a.a.O., S. 963.

[400] Etwa in der Figur des Kaufmanns Ehrenthal in ›Soll und Haben‹, einem der meistgelesenen und publikationsstärksten Romane der Zeit.

1912 erklärte der deutsche Reichskanzler v. Bethmann-Hollweg (1856–1921) in mahnender Absicht vor dem Reichstag: „Aber sehr häufig … sind die Kriege nicht von den Regierungen geplant und herbeigeführt worden. Die Völker sind vielfach durch lärmende und fanatisierte Minoritäten in die Kriege hineingetrieben worden. Diese Gefahr besteht noch heute und vielleicht heute in noch höherem Maße als früher, nachdem Öffentlichkeit, Volksstimmung, Agitation an Gewicht und Bedeutung zugenommen haben.“[401] Doch die ›union sacrée‹ zwischen der national geeinten Bevölkerung und der Staatsmacht, von der der französische Präsident Poincaré in bezug auf sein Land zur selben Zeit spricht, ist, unabhängig von der Staatsform, bereits vorhanden. 1914 erweist sich, daß die Politik nicht mehr in der Lage ist, den neuen quasi-religiösen Nationalismus in den großen europäischen Staaten allein mit Hilfe diplomatischer Mittel zu beherrschen und zu lenken. Es ist relativ unwichtig, welche konkreten Maßnahmen auf österreichischer, deutscher, russischer oder französischer Seite im Sommer 1914 den Ersten Weltkrieg ausgelöst haben und welche Seite die Schuld daran trägt. Der Krieg, wäre er nicht durch die Ermordung des österreichischen Thronfolgers Franz Ferdinand ausgelöst worden, wäre ohnehin wegen irgendeines anderen Ereignisses dieser Art ausgebrochen. Der Hauptgrund des Krieges lag nicht im Versagen politischer Diplomatie, sondern in der rasanten Verbreitung des in allen europäischen Staaten geschürten Nationalismus als einer Massenbewegung eines ›Nationalismus der Überlegenheit‹, der nach der Logik der heroischen Selbstbehauptung und der europäischen Tradition des Monoheroismus gerade dazu drängte, den Beweis für den Anspruch auf Einzigartigkeit zu suchen, den er stellt und der ihn immer wieder zur Auseinandersetzung auf ›Leben und Tod‹ mit den Konkurrenten zwingt.

Man macht es sich heute jedoch zu leicht, will man angesichts unserer Erfahrungen nach zwei furchtbaren Weltkriegen, insbesondere in Deutschland, im quasi-religiösen Nationalismus nur ein verachtenswertes Phänomen sehen. So sollte man nicht übersehen, daß die industrielle Massengesellschaft des 19. und 20. Jahrhunderts erst durch den massenwirksamen Nationalismus jenen Sozialkitt gewann, der sie wirklich zusammengehalten hat. Denn der Nationalismus erreichte etwas, was weder den klassischen Religionen noch der mit ihm konkurrierenden anderen Quasi-Religion unserer Epoche, dem marxistischen Sozialismus, gelungen ist: eine Deckungsgleichheit von ›Gemeinde‹ und ›Gemeinschaft‹ für Gesellschaften, deren Mitgliederzahlen alle Größenordnungen sprengen, die die menschliche Sozialnatur und bisherige Traditionen politischer Organisation setzen und vorgeben. Der moderne Nationalismus erzeugt bei Menschen die Bereitschaft, in einem Ausmaß über biologisch verankerte verwandtschaftliche Bin-

[401] Th. v. Bethmann-Hollweg am 12.4.1912. In: Stenographische Berichte über die Verhandlungen des Deutschen Reichstags. Bd. 284. Berlin 1912, Sp. 1300.

dungen und Hierarchien hinaus mit anderen Fremden zusammenzuleben, wie dies in der Geschichte zuvor so noch nicht zu beobachten war. Damit diese Bereitschaft zustande kam und aufrechterhalten werden konnte, mußten zwei grundlegende Bedingungen erfüllt sein: Der gesellschaftliche Eindruck einer mehr oder weniger homogenen Gleichheit der Mitglieder des nationalen Kollektivsubjekts muß deutlich und der heroische Charakter der Kollektivsubjektivität muß unter Beweis gestellt werden, denn nur so behält die Mitgliedschaft für den Einzelnen ihren Wert. Der Heroismus der Kollektivsubjektivität muß den Tod in einer von zwei Weisen sinnvoll machen: für das Vaterland im Kriege zu fallen oder ›heroische‹ Überwindung des Todes durch das Kollektivsubjekt, dem man angehört.[402] Sind beide Bedingungen erfüllt, werden die Mitglieder im nationalen Kollektivsubjekt den Preis akzeptabel finden, den sie in Gestalt des Verzichts auf gesellschaftliche Anerkennung ihrer jeweils individuellen ›Individualität‹ zu entrichten haben.[403]

In der bilanzierenden Betrachtung ist das Sich-Einlassen auf den egalitären Nationalismus allerdings einem Ritt auf dem Tiger vergleichbar: Einerseits ermöglicht erst der Nationalismus die moderne gesellschaftliche Existenz unter der Rahmenbedingung der Gleichheit. Andererseits führt derselbe Nationalismus im europäischen Kontext mit ziemlicher Sicherheit in die Nähe des Krieges. Wie schnell die Grenze überschritten sein kann, haben die Kriege des 20. Jahrhunderts zur Genüge gezeigt.

b. Knappheit ›individualistischer Anerkennung‹ und die gesellschaftlichen Folgen

Ich komme zur Begründung der These, wonach es im Zeichen ›verdiesseitigter Individualität‹ zu einer Bewußtheit des konstitutionellen ›Widerspruchs‹ der modernen Gesellschaft kommen muß: Je mehr Gleichheit gesellschaftlich verwirklicht wird, desto mehr wird die damit einhergehende Steigerung der Knappheit gesellschaftlicher Positionen ›individualistischer‹ Anerkennung offenbar. Die Spaltung der Gesellschaft in einerseits Inhaber derartiger Positionen bzw. Anwärtern auf sie und andererseits Ausgeschlossenen und Enttäuschten wird zu einem Moment innerer Sprengkraft für die gesellschaftliche Stabilität.

Über die Verteilung der Positionen ›individualistischer‹ Anerkennung in der Ge-

---

402 „Das Opfer der eigenen Individualität, das letztlich im Verlust des Lebens, als Vor-Opfer aber bereits in der Bildung einer Kampffront mit uniformen Symbolen gebracht wird, erhöht den Wert der kollektiven Identität. Opfer dürfen nicht vergebens gewesen sein." (K.O. Hondrich: Lehrmeister Krieg. Reinbek 1992, S. 54).

403 Wie diese Sinngebung im Rahmen einer ›Erinnerungskultur‹ geschieht, dazu vgl. R. Koselleck: Kriegerdenkmale als Identitätsstiftungen der Überlebenden. In: O. Marquard/K. Stierle: Identität, Poetik und Hermeneutik. Bd. VIII. München 1979, S. 255ff.

sellschaft kann im Rahmen von zwei Sprachtypen gesprochen werden: einem quasi-religiöser und einem der superlativischen Sprache der ›Individualität‹.
Quasi-religiöse Sprache liegt in der klassisch-liberalen Sprache der Chancengleichheit vor. Sie beherrscht sowohl die philosophische Sprache des Liberalismus von Locke über Kant bis zu Rawls und Habermas als auch die Verfassungssprache der liberalen Demokratie. In dieser Sprache besitzen die Einzelnen das jedem in gleicher Weise zustehende Recht, im Rahmen eines gesellschaftlichen Umfelds in Konkurrenz mit Anderen, ihre jeweils ›autonom‹ gesetzten Ziele zu verwirklichen. Man geht davon aus, bei schätzungsweise gleichen Ausgangsbedingungen seien die Chancen eines Jeden, seine Zielsetzung zu verwirklichen, ebenfalls mehr oder weniger gleich. Darüber hinaus bezieht sich die Knappheit nicht auf die Zielsetzung der Einzelnen, sondern allein auf Mittel, die den Einzelnen zur Verfügung stehen. Ihr Wettbewerb findet im Hinblick auf die Mittel, nicht im Hinblick auf die Ziele statt.
O. Höffe stellt in seinem Buch ›Strategien der Humanität‹ den Zusammenhang zwischen dem klassisch-liberalen Ansatz und der utilitaristischen Ethik heraus. ›Glück‹ werde dort in Anknüpfung an den Leitbegriff der antiken Ethiker als ›letztes‹ Ziel verstanden: als „das, was das menschliche Leben lebenswert macht, die Qualität eines zufriedenen und erfüllten, eines sinnvollen Lebens.“[404] Höffe hebt als Kennzeichen des utilitaristischen Glücksverständnisses die „Pluralität von komplementären und konkurrierenden Sinndeutungen und Glückserwartungen“ hervor. „Während die einen das Glück von einem Leben erhoffen, das zu Reichtum, öffentlicher Anerkennung und Macht führt, erwarten es die anderen von persönlichen Beziehungen der gegenseitigen Achtung und Solidarität, der Freundschaft und der Liebe.“[405] Er weist darauf hin, der liberale Staat dürfe, um der Chancengleichheit willen, nur indirekte Maßnahmen zur Förderung des ›Glücksstrebens‹ seiner Bürger anwenden. „Das menschliche Glück liegt nicht in den politischen Bemühungen um Frieden, Freiheit, Wohlstand und soziale Gerechtigkeit als solchen, sondern in der damit verbundenen Bereitstellung von gesellschaftlichen Verhältnissen, die dem einzelnen in seinen verschiedenen Interessen und sozialen Bezügen die Chance zu einem glücklichen Leben bieten.“[406]
Höffes Darstellung des Zusammenhangs von Liberalismus und Utilitarismus liegt eine politische Anthropologie zugrunde, die bereits in den Verfassungen der Vereinigten Staaten von Amerika ihren Ausdruck gefunden hat. So wird in der Unabhängigkeitserklärung von 1776 zu den ›Wahrheiten‹, die als ›selbstverständlich erachtet werden‹, das ›Streben des einzelnen nach Glück‹ gezählt.

---

404 O. Höffe: Strategien der Humanität. Frankfurt 1985, S. 186.
405 A.a.O., S. 187.
406 A.a.O., S. 191.

Orientiert man sich jedoch an sowohl rationalen als auch realistischen Maßstäben einer *superlativischen Sprache* der ›Individualität‹, dann stellt sich die Frage, wie es um die Möglichkeit bestellt ist, ›individualistische‹ Ziele zu verwirklichen, wenn die Knappheit nicht nur die Mittel ihrer Verwirklichung betrifft, sondern zur Definition des Zieles gehört, das der Einzelne verfolgt.
Unter dieser Bedingung läßt sich evidenterweise die übliche Unterscheidung zwischen einer grundsätzlich unbeschränkten Pluralität der Zielsetzungen und der Knappheit der Mittel nicht mehr aufrechterhalten. Zur Illustration verweise ich auf eine bekannte Redensart aus der Zeit der französischen Revolution, wo man, die neuen Verhältnisse in Rechnung stellend, gern zu sagen pflegte: ›jeder Soldat trägt unsichtbar den Marschallstab im Tornister‹. Ihr Sinn liegt in der demokratisch-egalitären Überzeugung, daß ein jeder Soldat grundsätzlich die Eignung zum obersten Heerführer besitze, so er sich durch persönliche Leistungen entsprechend hervortue. Wäre da nicht ein Hindernis: Ein Marschall mag zwar ein Heer von hundert- bis zweihunderttausend Soldaten befehligen, doch die Wahrscheinlichkeit, daß einer der Hundert- oder Zweihunderttausend selbst einmal Marschall wird, ist so gering, daß die Absicht eines Soldaten, dies einmal zu werden, in unmittelbare Nähe zur Irrationalität rückt. Wer aber wird sich sinnvollerweise ein Ziel setzen, das nur von *einem* erreicht werden kann, wenn es zugleich so viele Anwärter gibt? Ist es aus der Perspektive des Einzelnen heraus überhaupt noch rational, ein solches Ziel zu verfolgen, wenn die Chancengleichheit den Wettbewerbsdruck – jedenfalls potentiell – beinahe ins Unendliche steigen läßt?[407]
Die Ökonomen Th. Schelling und F. Hirsch haben die Konsequenzen der Knappheit von Zielen unter den Bedingungen der liberalen und demokratischen Chancengleichheit zum Gegenstand ihrer Theorien der gesellschaftlichen ›Positionsgüter‹ gemacht. Es handelt sich um Wirtschaftsgüter, die im Unterschied zu materiellen Gütern wie Lebensmitteln und Automobilen nicht unbeschränkt vermehrbar sind und bei denen es sich in aller Regel um höhere Positionen in Wirtschaft und Verwaltung handelt. Hirsch beschreibt den gesellschaftlichen Mechanismus der Chancengleichheit, der gerade auch durch Aufhebung der Knappheit materieller Güter wegen deren unbeschränkter Vermehrbarkeit zustande kommt: „Eine Vermehrung jener materiellen Güter, bei denen eine Ausweitung für alle möglich ist, wird automatisch die Jagd nach jenen Gütern und Dienstleistungen weitertreiben, deren Produktion nicht im selben Maß erweitert werden kann. Die Teilnahme an dieser Jagd ist für jeden Einzelnen im Hinblick auf sein eigenes

[407] Ein anderes – in der Sache ähnlich gelagertes – Beispiel liegt in den heute überall veranstalteten Volksläufen der Leichtathleten. Beim ›Städte-Marathon‹ in New York, Berlin oder Tokyo – um nur die bekanntesten zu nennen – beteiligen sich bis zu 50 000 Läufer. Entsprechend gering sind die Aussichten des Einzelnen, am Ende einen der begehrten ersten Plätze zu erreichen.

Handeln durchaus sinnvoll, da er bei seiner Tätigkeit nie auf den Unterschied zwischen dem stößt, was man bekommen kann, weil man den anderen voraus ist, und dem, was man dadurch erhält, daß alle an einem allgemeinen Fortschritt teilhaben können. Der einzelne, der besser sehen möchte, muß sich auf die Zehenspitzen stellen."[408] Die letzte Bemerkung verdeutlicht die Folgen: Ahmen viele Zuschauer in einer Sportarena nach, was einer tut, der sich von seinem Sitz erhebt, um mehr vom Spiel sehen zu können, dann sehen sie nicht besser als zuvor, wenn am Ende womöglich alle in derselben Absicht sich erhoben haben. Sie befinden sich lediglich in einer unbequemeren Lage, denn sitzend zuzuschauen ist allemal angenehmer als stehend.

Dieser Effekt der Knappheitserhöhung ist es, der sich nun im Hinblick auf die gesellschaftliche Anerkennung der Individualität mit der Einführung der liberaldemokratischen Chancengleichheit verbindet. Um die Dramatik des Effekts voll zu erfassen, muß man sich vor Augen führen, daß es sich bei ›individualistischer‹ Anerkennung ex definitione um das knappste aller knappen Positionsgüter handeln muß, denn Maßstäbe für diese Anerkennung sind bekanntlich an ›Extremwerte der Besonderheit‹ gebunden. Es müssen deshalb Höchstleistungen von demjenigen erbracht werden, der in den Genuß gesellschaftlicher ›Objektivierung‹, d.h. einer Anerkennung seiner Individualität gelangen will. Wem aber sollte das gelingen?

Das Prekäre am Knappheitsproblem ›individualistischer‹ Anerkennung besteht darin, daß es sich nicht um irgendein Positionsgut handelt, auf das viele verzichten könnten, mangelte es ihnen an der zur Beteiligung am Wettbewerb erforderlichen Leistungskraft. Doch im Unterschied zu gesellschaftlichen Positionen dieser Art geht es im Zusammenhang mit ›individualistischer‹ Anerkennung um einen Anspruch, auf den niemand wirklich verzichten kann. Denn gesellschaftliche Anerkennung der Individualität stellt, wie wir wissen, eine der Möglichkeiten dar, im Zeichen des Prinzips der Moderne, nämlich der ›Verdiesseitigung der Individualität‹, eine Entlastung vom existenziellen Dilemma zu erreichen. Um die Anerkennung der eigenen Individualität in der gesellschaftlichen Wirklichkeit auch faktisch durchzusetzen, bedarf es jedoch eben jener Leistungen, die die Leistungen all derer noch übertreffen müssen, die für die Erlangung von Positionen im Normalbereich oberer Positionen unabdingbar erforderlich sind. Wer in seiner Einzigartigkeit anerkannt werden will, muß mehr zu leisten imstande sein als der, der im gesellschaftlichen Gefüge eine hohe Position erreicht hat. Er muß sich im Bereich der hohen gesellschaftlichen Positionen vielmehr zusätzlich noch als Bester qualifizieren, um in der je eigenen persönlichen Einzigartigkeit wahrgenommen und gewürdigt zu werden. Allein die verspürte Unzulänglichkeit, ob wir das angestrebte Ziel der Anerkennung unserer einzigarti-

[408] F. Hirsch: Die sozialen Grenzen des Wachstums. Reinbek 1980, S. 27.

gen Individualität je werden erreichen können, hält uns davon ab, offen zuzugeben, daß jeder von uns genau diese Anerkennung durch die Anderen ebenfalls anstrebt. Dennoch führt die von jedem wahrgenommene Unwahrscheinlichkeit, die eigene ›individualistische‹ Anerkennung unter den Bedingungen der Chancengleichheit erreichen zu können, nicht notwendigerweise zu einem Aufgeben der Zielsetzung. Man kann allerdings feststellen, daß in jeder modernen Gesellschaft, die sich im Licht der ›Verdiesseitigung der Individualität‹ entwickelte, eine breite Tendenz besteht, den Möglichkeiten ›individualistischer‹ Anerkennung mißtrauisch gegenüberzustehen, weil aus individueller Perspektive die Unwahrscheinlichkeit einer Anerkennung im Einzelfall so überwältigend groß ist. Evidenterweise muß eine Gesellschaft, die den Einzelnen die Möglichkeit ›individualistischer‹ Anerkennung einräumt, auch im Licht des modernen Gleichheitsprimats durch das Vorhandensein hierarchischer Strukturen geprägt sein, denn ohne gesellschaftliche Strukturen dieser Art ist die Artikulation von Individualität nicht möglich. Das Ausmaß, in dem moderne Gesellschaften auf derartigen Strukturen aufbauen müssen, um Möglichkeiten einer Artikulation der Individualität überhaupt aufrecht erhalten zu können, läßt sich nicht in allgemeingültiger Form konkretisieren. Aus politischen Grunderfahrungen des 20. Jahrhunderts wissen wir jedoch über die Grenzen Bescheid: In Gesellschaften, in denen der moderne Primat der Gleichheit, etwa wie in denen des ›real-existierenden Sozialismus‹, zur ›Diktatur der Gleichheit‹ ausgedehnt wird, erstirbt die innere Dynamik aufgrund systematischer Unterdrückung jeder ›individualistischen‹ Motivation. Diesseits davon – in einer pluralistischen Demokratie – sind jedoch große Schwankungen im Bereich gesellschaftlicher Ausprägung der Wettbewerbssysteme möglich. So ist etwa in den USA die Vielfalt der Wettbewerbssysteme größer und ihre innergesellschaftliche Ausprägung stärker als in europäischen Staaten, in denen umgekehrt der Gleichheitsprimat stärker vorhanden ist als dort. Die Europäer bezahlen mit geringerer Wettbewerbsdynamik, einem Umstand, der sich darin niederschlägt, daß die wichtigen Innovationen, aus denen sich die Entwicklung der modernen Gesellschaft speist, heute in der Hauptsache aus den USA kommen und nicht mehr aus den ›Mutterländern‹ der westlichen Zivilisation. In jedem Fall besteht jedoch in Gesellschaften dieser Art ein Gefälle zwischen den Bereichen, in denen ›individualistische‹ Anerkennung durch persönliche Leistung möglich wird. Am weitesten oben auf der Anerkennungsskala stehen Leistungen in den Großsystemen der Politik, der Wirtschaft, der Kultur und des Sports, wo es wiederum eine Staffelung gibt, entsprechend öffentlicher Aufmerksamkeit, die den Subsystemen, durch Medien vermittelt, entgegengebracht wird. Am weitesten unten ist die Anerkennung von ›höchsten‹ Leistungen in privaten Bereichen plaziert, wie denen der Familien und zwischenmenschlicher Beziehungen wie etwa der Freundschaft und der Liebe. Ihnen wird in der Öffentlichkeit die geringste Aufmerksamkeit zuteil. Zweifelsohne werden die meisten ›individuali-

stisch‹ motivierten Leistungen aber gerade da, nämlich in den gesellschaftlichen Zwischenbereichen, erbracht. Gerade sie aber werden durch entsprechend niedrigere Grade gesellschaftlicher Anerkennung entgolten.
Dieses Gefälle im gesellschaftlichen Rang persönlicher Anerkennung macht eine fatale Konsequenz unserer Neigung sichtbar, nämlich in der Verfolgung unserer ›individualistischen‹ Motivation, wo immer es möglich ist, ›unersättliche‹ Maximierer zu sein. Denn während die auf ›individualistische‹ Anerkennung gerichteten Motivationen in gesellschaftlichen Großbereichen aufgrund der Knappheit der Positionen in den meisten Fällen enttäuscht werden, ist die Wahrscheinlichkeit sehr viel größer, in einer privaten Liebes- oder Freundschaftsbeziehung, d.h. im Bereich der kleineren Gruppe, die so begehrte Anerkennung der eigenen ›Einzigartigkeit‹ auch wirklich erhalten zu können. Erfahrungsgemäß verlieren jedoch gerade die für die gesellschaftliche Anerkennung im Großen besonders hoch motivierten und leistungsstarken Menschen schnell das Gefühl für diese Wertschätzung der Anerkennung im Kleinen.
Die Stabilität der modernen Gesellschaft hängt nun ganz offensichtlich von der Art und Weise ab, in der dem Eindruck der meisten begegnet werden kann, wonach eine gesellschaftliche Anerkennung ihrer Individualität äußerst unwahrscheinlich ist. Es böten sich, um dem Eindruck entgegenzuwirken, drei Alternativen an: erstens: die Bezugnahme auf die klassisch religiöse Sprache, zweitens: die Verwendung der quasi-religiösen Sprache der Gleichheit und drittens: die Mitgliedschaft im nationalen Kollektivsubjekt.
In der Tat stellt das Zusammenwirken der drei genannten Alternativen jene soziale Medizin zur Verfügung, die nötig ist, um die Negativität des Bewußtseins von äußerster Knappheit gesellschaftlicher Positionen ›individualistischer‹ Anerkennung auszuräumen.
Was die Religion – in unserem Kontext die der christlichen Konfessionen und in Ansätzen auch die des Islam – angeht, so können wir an dieser Stelle den wichtigsten Grund dafür erkennen, warum sie auch im Zeichen der modernen ›Verdiesseitigung der Individualität‹ ihre Anziehungskraft nicht verlieren wird. Ich habe bereits darauf hingewiesen, daß speziell die christliche Theologie zwar kaum noch in der Lage ist, mit dem Weltbild der Wissenschaften zu konkurrieren, das sich über öffentliche Schulen, Universitäten und Medien ständig weiter ausbreitet. Dennoch wird die Hoffnung auf Anerkennung der eigenen Individualität in einem ›jenseitigen‹ Leben, im ›göttlichen Himmelreich‹, sehr vielen Menschen in Gegenwart und Zukunft den christlichen Glauben auch ohne konkrete Metaphysik traditioneller Prägung erhalten, zumal den meisten doch eine irdisch-gesellschaftliche Anerkennung ihrer Individualität versagt bleibt.[409]

---

[409] Unter diesem Gesichtspunkt erweist sich die aufklärerische Religionskritik als ohnmächtig. Man muß es als Anhänger der liberalen Demokratie vielmehr gerade begrüßen, daß die

Als zweite Alternative böte sich die quasi-religiöse Sprache der Gleichheit an, insbesondere die der Rechts- und Chancengleichheit. Durch sie wird der Eindruck erweckt, in der Tat führte jeder den ›Marschallstab im Tornister‹ mit sich. Sie beherrscht die Verfassungs- und Rechtssprache, den politischen Unterricht an Schulen und Hochschulen sowie die politische Sprache in den Parlamenten und im Journalismus. Sie ist die politische Sprache einer permanenten Hoffnungserzeugung. Für nicht wenige verwirklicht sich diese Hoffnung, für die meisten, wie wir wissen, jedoch nicht. Die Tatsache, daß sich in den modernen westlichen Gesellschaften – in Europa trotz aller Katastrophen – ständig eine fortschrittsorientierte positive Grundstimmung hat durchsetzten können, gründet sich nicht zuletzt in der hoffungserzeugenden Wirkung eben dieser politischen Sprache der Gleichheit.

Als dritte Alternative gibt es die Mitgliedschaft im nationalen Kollektivsubjekt, vermittelt sie doch den meisten Bürgern einer liberalen Demokratie die Gewißheit, an einer ›einzigartigen‹ Individualität teilhaben zu dürfen.

Stabilität der Demokratie ist dann gegeben, wenn die Effekte der drei Alternativen in ihrem Zusammenwirken das Bewußtsein der Knappheit zu überspielen vermögen, das sich mit der ›individualistischen‹ Anerkennung der Individuen in der Gesellschaft verbindet. Umgekehrt wäre die Gesellschaft in ihrer Stabilität gefährdet, gelingt dem Zusammenwirken der drei der gewünschte Kohärenzeffekt nicht.

Die in unserer Epoche verbreitete Akzeptanz der Marxschen Lehre stellt einen historischen Beleg für eine äußerst kritische Lage der Stabilitätsgefährdung europäischer Gesellschaften dar: Im 19. Jahrhundert entstand in Gestalt der Industriearbeiterschaft eine Klasse innerhalb der Bevölkerung, deren Mitglieder überwiegend weder durch die metaphyische Botschaft der christlichen Kirchen zu erreichen noch durch die Erwartungen der liberalen Chancengleichheit zu motivieren waren. Die neue Klasse setzte sich zum größten Teil aus Menschen zusammen, die aus bäuerlich-dörflichen Umgebungen stammten und in den großstädtischen Fabrikorten, in denen sie arbeiteten, den Traditionen und Einbindungen ihrer Herkunft sehr schnell entfremdet wurden. Da sie in der Tat nichts als ihre ›Arbeitskraft‹ in den Markt hatten einbringen können, sahen sie sich außerstande, sich wie die Mitglieder der kapitalbesitzenden Klassen am individuellen Wettbewerb um ›individualistische‹ Anerkennung zu beteiligen.

Marx reagierte auf diese Situation der arbeitenden Klasse mit einer geschichtsphilosophisch-ökonomischen Theorie, in deren Zentrum bezeichnenderweise nicht die Armutsproblematik, sondern die gesellschaftliche Anerkennung stand,

---

christlichen Kirchen nach wie vor die wirksamste Möglichkeit zur Verfügung stellen, der genuinen Knappheit der gesellschaftlichen Anerkennung der Individualität zu begegnen. Ohne diese Leistung wäre keine westliche Demokratie stabil zu halten.

denn der Angelpunkt sowohl seiner Gesellschaftsanalyse als auch seiner Problemlösung ist der rechtlich geregelte Zugang zu Möglichkeiten, über notwendige Produktionsmittel der Gesellschaft verfügen zu können. Die Art und Weise, wie das ›Eigentum an den Produktionsmitteln‹ im juridischen wie im politischen System des Liberalismus verteilt ist, wird in seiner Theorie zum Angriffspunkt der Kritik. Marx' Darstellung der ›sozialen Frage‹ des 19. Jahrhunderts im Licht der Grundproblematik *gesellschaftlicher Anerkennung* stieß offenbar auch auf die am weitesten gehende Zustimmung der Betroffenen, nämlich der Mitglieder der Arbeiterklasse, in jedem Fall jedoch der führenden Vertreter ihrer gewerkschaftlichen Organisationen. Bezeichnenderweise nimmt Marx in seinen ökonomischen Analysen die zeitgenössischen ›Verelendungstheorien‹ nicht ernst, deren bekanntester Vertreter Th.R. Malthus[410] anhand von historischem Material hat beweisen wollen, daß die Bevölkerung dazu tendiere, sich in geometrischer Proportion zu vermehren, während die Zufuhr an Nahrungsmitteln nur im arithmetischen Verhältnis steige.[411] Demgegenüber zeigte Marx im ›Kapital‹, daß die kapitalistische Gesellschaft auf der staatlichen Grundlage des Privateigentums an Produktionsmitteln zugrunde gehen müsse, weil sie das Problem gesellschaftlicher Anerkennung der Mitglieder der Arbeiterklasse in ihrem Rahmen nicht lösen könne. So entscheidet er sich schließlich für eine grundsätzliche Abschaffung der Wettbewerbsordnung, die die Art und Weise interindividueller Anerkennung regelt. Für ihn kommt als Lösung des Anerkennungsproblems ausschließlich die Mitgliedschaft in einem Kollektivsubjekt in Frage: zunächst in dem der sozialistischen, dann dem der kommunistischen Gesellschaft. Er spricht dabei zwar nicht ausdrücklich die existenzielle Thematik ›individualistischer‹ Anerkennung an, doch läßt sich die quasi-religiöse Sprache, in der er den Weg vom Sozialismus in den Kommunismus beschreibt, nur dann adäquat verstehen, unterstellt man, daß er mit der ›Erlösung‹ der Menschheit von der Geschichte der Klassenkämpfe auch implizit eine andere ›Erlösung‹, nämlich die vom Druck des ›existenziellen Dilemmas‹, anstrebte. Seine Lehre fand gerade deshalb so viele Anhänger, weil sie den Eindruck einer Knappheit gesellschaftlicher Positionen für die individuelle ›individualistische‹ Anerkennung nicht mehr aufkommen ließ. Man konnte meinen, den internen Sozialneid, den jede liberale Gesellschaft als mögliches Potential einer ständigen Sprengkraft in sich erzeugt, gäbe es dann nicht mehr. Die spätere Geschichte der politisch-praktischen Umsetzung seiner Lehre durch die Gründer der Sowjetunion zeigte allerdings, daß die Hoffnung von Marx, die Problematik individualistischer Anerkennung ließe sich auf der Ebene der ›schwachen‹ Mitgliedschaft im menschheitlichen Kollektivsubjekt verwirklichen, trügerisch war.

---

[410] Vgl. K. Pribram: Geschichte des ökonomischen Denkens. Bd. 1, a.a.O., S. 292f.

[411] Im ›Essay on Population‹ von 1798.

Aus der weltgeschichtlichen Niederlage des marxistischen Sozialismus kann man im Hinblick auf die Problematik individualistischer Anerkennung die Lehre ziehen, daß der gesellschaftliche Verzicht auf jedwede Möglichkeit *individueller* Anerkennung kontraproduktiv sein muß, wurde doch in der sozialistischen Gesellschaft, abgesehen von wissenschaftlich-technischen Bereichen, in denen man sich militärpolitisch im direkten Wettbewerb mit der anderen Weltmacht USA befunden hatte, und abgesehen von apolitischer Kunst, jede innovative Entwicklung im Keime erstickt.

c. Despotie der Gleichheit in der nationalsozialistischen Diktatur

Die nationalistische Diktatur des 20. Jahrhunderts ist neben der marxistisch-leninistischen des Proletariats der zweite großangelegte Versuch europäischer Völker, sich der gesellschaftlichen Kosten zu entledigen, wie sie für eine Existenz in der modernen Gesellschaft zu entrichten sind. Sie ist nicht, wie dies häufig geschieht, als eine Art atavistischer Rückfall der Bürger einiger europäischer Länder in vormoderne kollektive Verhaltensformen zu verstehen. Zwar wird der Rückgriff auf die nationalen ›Ursprünge‹ in den politischen Weltanschauungen der Diktaturen dazu benutzt, einen Zusammenhang aller Mitglieder des nationalen Kollektivsubjekts herzustellen. Die ausschlaggebende Grundlage des nationalen Selbstverständnisses der Diktaturen ist jedoch modern, denn sie besteht im Gleichheitsbewußtsein, wie es sich in der Neuzeit als eine politische Anthropologie europäischer Völker entwickelt hat.
Zunächst läßt sich die nationalistische Diktatur als konsequenteste Ausgestaltung der ›dritten gesellschaftlichen Konfiguration der Hobbes-Welt‹ interpretieren, d.h. derjenigen, die durch Gleichheit der Mitglieder einer Großgruppe definiert ist. Die Individualität (im Einzigkeitssinn), die sich im Kontext der ›ersten‹ und der ›zweiten Konfiguration‹ in menschlichen Individuen verkörpert, wird im Hinblick auf die ›dritte Konfiguration‹ zur Eigenschaft einer Kollektivsubjektivität, der der Nation. Der konkrete Staat ist in der historischen Realität normalerweise ein Mixtum compositum der drei Konfigurationen mit jeweils unterschiedlichen Gewichteverteilungen. In der nationalistischen Diktatur jedoch wird die Individualität allein und ausschließlich auf Kollektivsubjektivität konzentriert. Individualität der Individuen soll dabei so weit wie möglich ausgeschlossen werden. Ebenso wird das Selbstverständnis der Individuen weitgehend auf die Gleichheit der Mitglieder nationaler Kollektivsubjektivität reduziert.
Der Vorgeschichte der Diktatur liegen Ereignisse des Ersten Weltkriegs zugrunde, durch die die nationale Idee endgültig im Gleichheitssinn massenwirksam geworden ist. In Deutschland und Frankreich wurde schon zu Beginn des Krieges der Gegensatz der Klassen überbrückt. Die deutsche Sozialdemokratie bekannte

sich zur Unterstützung der Kriegsführung durch die Arbeiterschaft. In Frankreich verkündete Staatspräsident Poincaré die ›union sacré‹, durch die der bis dahin bestehende Gegensatz zwischen bürgerlicher Mehrheit und Arbeiterklasse aufgehoben wurde. Der Krieg fand nicht nur an der Front statt, sondern bestimmte auch die Lage der Zivilbevölkerung. Da die gesamte Bevölkerung in irgendeiner Weise im Krieg war, sprach man in Deutschland zutreffend von der ›Heimatfront‹.[412] In allen beteiligten Länder brachten es die Kriegserfordernisse mit sich, daß die Regierungen in den Besitz diktatorischer Machtbefugnisse kamen. Historiker sprechen von der Entstehung des ›totalen Nationalstaats‹[413]. Das Phänomen, das am meisten erstaunen macht, besteht jedoch in der nur schwer nachzuvollziehenden großen Begeisterung für den Krieg. „In den Hauptstädten der kriegführenden Staaten tanzten die Menschen auf den Straßen und behängten die ausrückenden Soldaten wie Opfertiere mit Blumen."[414] Der Politikwissenschaftler B. Anderson stellt wohl zu Recht fest, daß „das Außergewöhnliche ... weniger das bisher noch nicht dagewesene Maß ist, in dem Menschen töten konnten; es sind vielmehr die unvorstellbaren Menschenmassen, die zur Hingabe ihres Lebens verführt wurden. Hat nicht die Zahl der Getöteten die Zahl derer, die getötet haben, bei weitem übertroffen?"[415] Am Beispiel einer solchen Extremsituation, wie der im Krieg, läßt sich verdeutlichen, daß die Mitgliedschaft in der Kollektivsubjektivität der Nation für die Einzelnen mehr bedeutet haben muß, als die Zugehörigkeit zu einer Gruppe miteinander Kooperierender.[416] Sie besaß sinnstiftende Funktion, weil sie in öffentlichkeitswirksamer Weise Einsicht in die Notwendigkeit vermittelte, im Kriegsfall könne das Opfer des Lebens erforder-

---

412 W. Churchill urteilt, daß „nicht nur Heere, sondern ganze Bevölkerungen hineingeworfen (wurden) ... Die Größe der Heere war nur durch die Bevölkerungszahl ihrer Länder begrenzt. Europa und große Teile Asiens und Afrikas verwandelten sich in ein einziges wüstes Schlachtfeld, auf dem nach Jahren des Kampfes nicht Armeen, sondern Nationen zusammenbrachen." (W. Churchill: The World Crisis. Bd. I. London 1923, zit. nach H. Schulze, a.a.O., S. 279).

413 Vgl. H. Schulze, a.a.O., S. 278ff.

414 H. Schulze, a.a.O., S. 280. Vgl. hierzu auch K. Acham: Mythos und Moderne. In: Lichtungen 78. XX. Jg. Graz 1999, S. 103f.

415 B. Anderson: Die Erfindung der Nation. Berlin 1998, S. 125.

416 Wie stark die Verführungskraft nationaler Identifikation sich selbst bei zeitgenössischen philosophischen Vertretern des Individualismus auswirken kann, zeigt sich in Äußerungen G. Simmels aus der Zeit des Ersten Weltkriegs. Dort heißt es etwa, der „Krieger im Feld sei die reinste Anschauung der Tatsache, daß gleichsam der Rahmen auch des individuellsten Lebens durch das Ganze ausgefüllt ist." Aus Simmels Sicht liegt die metaphysische Leistung des Kriegs darin, daß er es dem Individuum ermöglicht, sich mit einem Schlag der im zivilen Alltag vorherrschenden Spezialisierungen und Fragmentierungen der Berufswelt zu entledigen und sich eines existenziellen Kerns zu versichern, der ›organisch‹ und ›absolut‹ sein soll. So zurückhaltend Simmel im Vergleich mit anderen akademischen Ideologen des Kriegs war: Hier gewinnt der Krieg auch für ihn eine beinahe mystische Dimension, in der es um die ›unio‹ geht, d.h. um die Befreiung von allen Besonderheiten, die das Individuum unter normalen gesellschaftlichen Bedingungen ausmachen. Vgl. ders.: Der Krieg und die geistigen Entscheidungen. Grundfragen der Soziologie (1917), hg. v. V.G. Fitzi/O. Rammstedt, In: ders.: WW. Frankfurt 1999, Bd. 16.

lich werden. Durch Mitgliedschaft in der Nation wurden all jene, die sich in der riesigen, Millionen umfassenden Großgruppengesellschaft fremd geblieben waren und immer fremd bleiben werden, zu Einheiten formiert, die eine vermeintliche Nähe Einzelner zueinander suggerierten. Durch Bekundung seiner Opferbereitschaft stellte der Einzelne unter Beweis, welch hohen Wert die Nation, deren Mitglied er ist, für ihn darstellt.

Sämtliche Doktrinen nationalistischer Diktaturen bauten auf dieser massenwirksamen Durchsetzung nationaler Identifikation auf, wie sie im ›totalen Nationalstaat‹ des Ersten Weltkriegs in allen beteiligten Ländern gelang. In die politische Praxis wurden sie durch Mussolini in Italien, Hitler in Deutschland und Franco in Spanien überführt.

Ich beschränke mich auf eine Darstellung der nationalsozialistischen Doktrin in Grundzügen, zumal gerade sie im 20. Jahrhundert unbestreitbar die größten politischen Auswirkungen gezeitigt hat.

Nach den katastrophalen Erfahrungen des Zweiten Weltkriegs ist man aus verständlichen Gründen geneigt, den rassistischen Antisemitismus als ideologischen Kern des Nationalsozialismus darzustellen. Doch der Antisemitismus, der zu ›Auschwitz‹ geführt hat, ergab sich erst als Folge von Inhalten nationalsozialistischer Doktrin, die eine Gemeinschaft im Sinn moderner Gleichheit postuliert hat und durch die ein extrem feindseliger Gegensatz zwischen Diktatur und liberaler Demokratie erst begründet wurde.

Das Konzept der Nation, wie es der Nationalsozialismus vertrat, stellte eine extreme Ausgestaltung der Heroismus-Logik nationaler Kollektivsubjektivität dar.

Der extreme Charakter bestand *erstens* im Anspruch, die Einzelnen als Staatsbürger ausschließlich auf ihre Mitgliedschaft im nationalen Kollektivsubjekt zu reduzieren. Damit wurde die Gleichheit der Mitglieder, die die Grundlage der Zugehörigkeit zur Nation war, in zwei Konsequenzen totalisiert: zum einen nach innen, durch Ausschluß von Gruppen der Gesellschaft durchgesetzt, zum anderen nach außen, durch feindliche Abgrenzung von anderen nationalen Kollektivsubjekten.

Der extreme Charakter bestand *zweitens* in der ausschließlichen Art und Weise, wie man die politische Ordnung vom geschichtlichen Unverfügbarkeitsmaßstab der Nation abhängig machte, und *drittens* in der Konsequenz, mit der man äußerste Implikate der Heroismus-Logik des nationalen Kollektivsubjekts betonte und zu nutzen wußte.

Zum ersten Punkt:

Nach der ›Machtübernahme‹ setzte sofort der Gleichschaltungs- und Totalisierungsprozeß ein. Durch Einführung der ›Arbeitsfront‹ versuchte man, den ›Klassengegensatz‹ zum Zweck der nationalen Vereinheitlichung zu überwinden. Zuvörderst jedoch sollte die ›innere‹ Gleichheit durch die nationalsozialistische ›Rassenpolitik‹ erreicht werden. Die erste gesetzliche Maßnahme wurde bereits im Jahr 1933 durch die Gesetze ›zur Verhütung erbkranken Nachwuchses‹ und über die ›Aberkennung der deutschen Staatsbürgerschaft‹ eingebracht. Den Höhepunkt bildeten dann die ›Nürnberger Gesetze‹, die die jüdischen Bürger zu solchen ›zweiter Klasse‹ machten.

Die Abgrenzung nach außen erfolgte durch die Wiederaufnahme der außenpolitischen Frontlinien des Ersten Weltkriegs. So wie Hitlers ›Bewegung‹ mit ihrer Propaganda während der Weimarer Republik hauptsächlich vom Kampf gegen das ›Diktat von Versailles‹ gelebt hatte, so wurde nach Etablierung der eigenen Herrschaft der feindliche Interessengegensatz zwischen dem Dritten Reich und den westlichen demokratischen Republiken hervorgekehrt. Der außenpolitische Gegensatz diente einem inneren Zweck, nämlich der In-group-Stabilisierung im national-deutschen Sinn und damit der Erzeugung innerer Homogenität.

Zum zweiten Punkt:

Der deutsche Nationalsozialismus betrieb, wie keine andere politische Weltanschauung mit nationaler Charakteristik, die Verankerung der eigenen politischen Grundordung durch die Methode der Unverfügbarkeit der eigenen geschichtlichen Vergangenheit. Diese Methode lieferte die Legitimation für die Maßnahmen, die in die genannten Gesetze einmündeten. Zugleich war ihre extremistische Handhabung Grund dafür, warum die beiden Ausdrucksformen des modernen voluntaristischen Konventionalismus, nämlich Liberalismus und Demokratie, in den Rang weltanschaulicher Feinde par excellence erhoben wurden, denen in der Realität der eigenen Gesellschaft der Bürgerkrieg und in Gestalt der Staaten, die ihre Verfassungen darauf begründen, zunächst potentiell, später auch real, der Krieg erklärt wurde.

Zur Charakterisierung der nationalsozialistischen Version der Unverfügbarkeitsmethode halte ich mich an Ausführungen A. Rosenbergs, den mit seinem ›Mythus des 20. Jahrhunderts‹ wohl einflußreichsten Theoretikers des Nationalsozialismus.[417]

Im Mittelpunkt des ›Mythus‹ stand die Idee einer Verankerung nationalsozialistischer Grundordnung in der germanischen Vergangenheit der Deutschen. Die Strenge, mit der Rosenberg die Unverfügbarkeitsmethode handhabte, kommt in dem Maße zum Ausdruck, in dem der vermeintliche Vorbildcharakter der germanischen Gesellschaft in die ›blutsmäßige‹ Verwandtschaft der Deutschen mit den Germanen der Vorzeit verlegt werden sollte.[418] Damit sollte erreicht werden, daß es sich bei dieser Vorbildlichkeit nicht nur um eine normale Unverfügbarkeit

---

417 Hitler selbst hat mit seinem Buch ›Mein Kampf‹ auf deutsche Intellektuelle seiner Zeit kaum Einfluß ausgeübt.

418 „Heute aber beginnt ein ganzes Geschlecht zu ahnen, daß nur dort Werte geschaffen und erhalten werden, wo nach das Gesetz des Blutes Idee und Tat des Menschen bestimmt, sei es bewußt oder unbewußt." (A. Rosenberg: Der Mythus des 20. Jahrhunderts. München 1932, S. 42).

über eine geschichtliche Tradition handelte, sondern um eine Art, die über die geschichtliche Tradition hinaus sogar noch in der menschlichen Biologie verankert war. Der Nationalsozialismus ging mit seiner Art geschichtlicher Unverfügbarkeit weit über alles hinaus, was beispielsweise Frankreich, Großbritannien und auch das faschistische Italien in jeweiligen nationalen Rückgriffen auf die eigene Geschichte zu verzeichnen hatten. Aus Gründen des biologischen Bezugs gewann die Rassenproblematik an Virulenz und wurde ins Zentrum gerückt[419], denn mit dem ebenfalls naheliegenden Begriff des ›Volkes‹ verband sich traditionsgemäß noch ein Zuviel an ›relativistischer‹ Geschichtlichkeit. Deshalb wurde der Volksbegriff in nationalsozialistischer Sprachregelung zusammen mit dem Rassebegriff ›kurzgeschlossen‹. Somit hatte die Unverfügbarkeitsmethode im Dienst der Verankerung von Grundnormen einer gegenwärtigen politischen Ordnung zu stehen. Die Grundnormierung der Gegenwart, um die es auch in der nationalsozialistischen Weltanschauung gegangen war, blieb jedoch die Gleichheit, die es aus der Universalitätsanthropologie des politischen Liberalismus und der demokratischen Republik herauszulösen galt.

Die nationale Gleichheit der Deutschen wurde in der nationalsozialistischen Doktrin durch den Rückzug auf die ›reine germanische Gemeinschaft‹ definiert. Rosenberg konnte sich in seinem Bild der ›germanischen Gemeinschaft‹ auf eine wissenschaftliche Tradition mit großer Reputation innerhalb der deutschen Geschichtswissenschaft der Jahrhundertwende berufen. Gemeint ist das germanische Geschichtsbild, wie es vor allem durch die ›germanistische‹ Rechtsschule – hier wieder durch ihren damals führenden Kopf O. v. Gierke – verbreitet wurde. Gierke hatte in seinem Werk ›Das deutsche Genossenschaftsrecht‹[420] nicht nur das Konzept der germanischen Gemeinschaft mit historischem Material ausgefüllt, sondern auch bereits eine zeitgenössische Erneuerung dieses Konzepts als Ergänzung zur bestehenden Rechtsordnung gefordert.

Nach v. Gierke ist das ›genossenschaftliche Prinzip‹ die eigentliche Verbandsform der germanischen Völker gewesen. Das diesem fremde ›herrschaftliche Prinzip‹ habe erst durch Vermittlung des römischen Rechts zum ›entfremdeten‹ Herrschafts- und Staatsdenken der modernen Zeit geführt. Gegen dieses gerichtet forderte er die Wiederbelebung der ›germanischen Gemeinschaft der Gleichen‹. Die sozialethische Bedingung der ›Gemeinschaft‹ war nach v. Gierke die unbedingte Bereitschaft eines Jeden, für jeden Anderen Verantwortung zu übernehmen. Die Erfüllung dieser zentralen Bedingung war nur vorstellbar, wenn die Mitglieder der ›Gemeinschaft‹ zu jeder Zeit in einem einheitlichen kollektiven

---

419 „Rassengeschichte ist deshalb Naturgeschichte und Seelenmystik zugleich; die Geschichte der Religion des Blutes aber ist, umgekehrt, die große Welterzählung vom Aufstieg und Untergang der Völker, ihrer Helden und Denker, ihrer Erfinder und Künstler." (A. Rosenberg, a.a.O., S. 43).

420 Neuauflage Graz 1954.

Ziel übereinstimmten. Die fundamental entgegengesetzte Auffassung wurde für v. Gierke durch das Staatsrechtsverständnis des neuzeitlichen Liberalismus mit seiner individualistischen Anthropologie repräsentiert.[421]

Rosenberg verstärkte jedoch in seiner Rezeption den Gegensatz zwischen dem germanischen Rechtsverständnis und dem Rechtsdenken des auf Traditionen des Römischen Rechts basierenden neuzeitlichen Liberalismus bis zum gegenseitigen Ausschluß, eine Folgerung, die v. Gierke und andere Vertreter der germanistischen Rechtsschule nicht zogen.

Für ihn ging es deshalb nicht um eine Ergänzung der bestehenden Rechtsordnung durch Elemente ›organischen‹ Rechts in der Gemeinschaftsordnung der Germanen, sondern um die ›revolutionäre‹ Ersetzung der ersten durch die zweite. Die Deutschen, als Träger des germanischen Erbes, müßten sich stattdessen von Verfallserscheinungen der modernen Gesellschaft und Kultur befreien, die sie in Gestalt von ›Liberalismus‹, ›Rationalismus‹ und ›Demokratie‹ ihrem eigenen ›Wesen‹ entfremdet hätten: „Individualismus und Universalismus sind, grundsätzlich und geschichtlich betrachtet, die Weltanschauungen des Zerfalls."[422] Das ›Judentum‹ wurde zur Verkörperung beider im ›Volkskörper‹ erklärt. Sein Ausschluß aus der ›Volksgenossenschaft‹ sollte dem Konfliktbewußtsein den Boden entziehen, das sich in der modernen Gesellschaft durch Liberalismus und Demokratie als ›Anarchie der Freiheit‹ und ›Vergiftung der Volksseele‹[423] angeblich verbreitet hatte.

Die nationalsozialistische Doktrin setzte sich unter dem Gesichtspunkt der Verankerung in germanischer Vergangenheit gleichwohl aus zwei widersprüchlichen Elementen zusammen: aus einer Position der ›rassischen Reinheit des Germanentums‹ und einer des diktatorischen ›Führer-Prinzips‹. Die eine Seite der Gleichheitsvorstellung, die zur sogenannten ›Rasse-Reinheit‹ gehört, begründete die Art von Sozialismus, die im Nationalsozialismus in Anspruch genommen wurde und die sich darin vom Klassenkonzept des marxistischen Sozialismus unterschied, die andere, das diktatorische Führer-Prinzip, begründete den despotischen Charakter politischer Praxis.[424] Im ›Mythus‹ wurden die beiden Seiten nicht in ihrem Widerspruch, sondern als einander ergänzende Einheit dargestellt. Worin aber bestand der?

Für v. Gierke lag das ›Wesen der germanischen Genossenschaft‹ in der Abwesenheit jeder formalisierten Herrschaft. Selbst die minimale staatliche Herrschaft,

---

[421] Der aus heutiger Sicht bekannteste Kritiker des Liberalismus ist Carl Schmitt, der dem bürgerlichen Liberalismus als ›feigem Kompromißlertum‹ vorhält, den politischen Entscheidungen prinzipiell auszuweichen; vgl. ders.: Der Begriff des Politischen. Berlin 1996.

[422] Rosenberg, a.a.O., S. 532.

[423] Ders., a.a.O., S. 526.

[424] Für eine weiter ausholende Betrachtung der nationalsozialistischen Rassenlehre wäre auf den Einfluß der Theorien von Gobineau, Vacher de Lapouge und Chamberlain einzugehen.

die zum liberalen Staatsverständnis gehörte, war für ihn und sein Konzept im Licht der genossenschaftlichen Selbstverwaltungsidee nicht tragbar. Fürsten- und Königsherrschaft, von einer diktatorischen Herrschaft gar nicht zu reden, stellten diametrale Gegensätze gegenüber der ›Genossenschaft‹ dar.

Im Hinblick auf das ›Führerprinzip‹ berief sich Rosenberg sowohl auf die Tradition des germanischen Stammeskönigtums[425] als auch auf Nietzsches Konzept des ›Übermenschen‹[426]. Die Verbindung des ›Führerprinzips‹ mit der Idee der germanischen ›Genossenschaft‹ kam jedoch gegen die Intention v. Gierkes und der Sichtweise ›germanistischer Rechtsschule‹ zustande. Zugleich war Rosenberg gerade darin ein typischer Repräsentant nationalsozialistischer Staatsauffassung, kam doch bei ihm der Mangel jeder formalen Festlegung der Führung in aller Deutlichkeit zum Ausdruck, denn man konnte ihm zufolge nicht sagen, ob sich „das kommende Reich in das Gewand eines Kaisertums, eines Königtums oder einer Republik kleiden wird“[427] Hitler und die NSDAP hatten aus diesem Grund auch kein Problem damit, die formalen Bezeichnungen der demokratischen Republik – vom Parlament über den Kanzler bis zum Präsidenten – beizubehalten, obwohl ihre ›Revolution‹ gerade die Beseitigung der demokratischen Republik bezweckte. Aufgrund des nichtformellen Charakters ihres Staatsverständnisses konnte willkürlich zwischen der kollektiven Pflicht einer Unterwerfung der Mitglieder der ›Volksgemeinschaft‹ unter die despotische Herrschaft des ›Führers‹ und dem Anspruch des ›Führers‹, allein den ›Willen der dem Gleichheitsprinzip unterworfenen Volksgemeinschaft‹ zu artikulieren, hin und her gewechselt werden, eine Doppelgesichtigkeit, die sich der Nationalsozialismus in seiner Propaganda zunutze zu machen wußte.

Zum dritten Punkt: Die stärkste Wirkung ging im ›Dritten Reich‹ von den extremen Konsequenzen aus, die im Nationalsozialismus aus der Heroismus-Logik nationaler Kollektivsubjektivität gezogen wurden.

Im nationalsozialistischen Kontext wurde die Verpflichtung der heroischen Kollektivsubjektivität zur kriegerischen Bewährung in der Auseinandersetzung mit anderen auf die Spitze getrieben. In keinem anderen nationalen Selbstverständnis wurde die Heroisierung der nationalen Kollektivität in einem vergleichbaren Maße in ein quasi-religiöses Verhältnis zu Kriegsbereitschaft und Kriegsführung übersetzt. Dabei wurde jene ›Reinheit des Opfers‹ in Anspruch genommen und gelehrt, die nach B. Anderson Kennzeichen der ›revolutionären‹ Hingabe und Selbstlosigkeit im nationalistischen Zeitalter war.[428]

Bei Rosenberg wurde das dem Heroismus zugehörige Feindbild aus den Ideen der ›Führerschaft‹ und des ›Männerbunds‹ heraus entwickelt, dessen ›typisch

---

425 Rosenberg, a.a.O., S. 550f.
426 Ders., a.a.O., S. 524f.
427 Ders., a.a.O., S. 550.
428 B. Anderson, a.a.O., S. 125.

nordische‹ Ausgestaltungen das ›germanische Rittertum‹ und das ›preußische Offizierstum‹ hatten sein sollen.[429] Die Bereitschaft des einzelnen Mannes, für die ›Nationalehre‹ sein Leben zu opfern, wurde in den Rang der ersten politischen Tugend erhoben.[430]
Die nationalsozialistische ›Bewegung‹ konnte im Hinblick auf die militärische Organisationsform unmittelbar an das Vorbild des Faschismus Mussolinischer Prägung anknüpfen, losgelöst von den üblichen Über- und Unterordnungsverhältnissen in der Armee, für die das Prinzip von Befehl und Gehorsam aufgrund funktionaler Zuweisungen charakteristisch blieb. In den ›Parteiarmeen‹ des Faschismus und des Nationalsozialismus etablierten sich vielmehr die angeblich historischen Gemeinschaftsideen im Prinzip von ›Führer und Gefolgschaft‹. Hitler machte in seinen Reden immer wieder deutlich, daß Krieg zur Sicherung des ›Lebensraums des Volkes‹ Zweck aller Politik sei.[431] Auch nach der ›Machtübernahme‹ wurde die strenge Militarisierung der ›Bewegung‹ beibehalten. Sie kam im nationalsozialistischen Deutschland durch Militarisierung und Uniformierung der gesamten Gesellschaft zum Ausdruck.[432]
In der geschichtlichen Rolle, die die SS im Auftrag von Hitler und Himmler dann im Zweiten Weltkrieg spielte, zeigte sich – erneut in zugespitzter Form –, welch perverse Ausmaße ein Handlungspotential hatte annehmen können, wie es in einem derartigen totalisierten Heroismus nationaler Kollektivsubjektivität enthalten war. Der vorgebliche Anspruch auf die Elitemoral der germanischen und deutschen ›Mannesehre‹ erwies sich in Wirklichkeit als Ausdruck sklavischer Unterwürfigkeit unter Befehle von Despoten. Eine fragwürdig gewordene Ehre-Moral-Vorstellung, gepaart mit einem hohen Maß an *persönlicher* Feigheit, führten dazu, millionenfach wehrlose Menschen in Lagern zu quälen, zu foltern und zu ermorden.
Man wird in einem Fazit die katastrophale Niederlage des ›Dritten Reichs‹, die

---

429 Rosenberg, a.a.O., S. 488.

430 In Anknüpfung an die angebliche ›Vorbildlichkeit‹ der germanischen Tradition heißt es bei Rosenberg: „Mochte der altnordische Mensch auch gewalttätig vorgehen, so zeugte das ehrbewußte Zentrum seines Wesens auch in Kampf und Tod eine reine Atmosphäre. Der Krieg konnte brutal geführt werden, aber sich zu seinen Taten zu bekennen, galt als die erste Voraussetzung des nordischen Mannes." (a.a.O., S. 166).

431 Eine seiner diesbezüglichen Äußerungen lautete: „Die Natur ... setzt die Lebewesen zunächst auf diesen Erdball und sieht dem freien Spiel der Kräfte zu. Der Stärkste an Mut und Fleiß erhält dann als ihr liebstes Kind das Herrenrecht des Daseins zugesprochen ... Nur der geborene Schwächling kann dies als grausam empfinden, dafür aber ist er auch nur ein schwacher und beschränkter Mensch; denn würde dieses Gesetz nicht herrschen, wäre ja jede vorstellbare Höherentwicklung aller organischen Lebewesen undenkbar ... Am Ende siegt nur die Sucht der Selbsterhaltung. Unter ihr schmilzt die sogenannte Humanität als Ausdruck einer Mischung von Dummheit, Feigheit und eingebildetem Besserwissen wie Schnee in der Märzsonne. Im ewigen Kampf ist die Menschheit groß geworden – im ewigen Frieden geht sie zugrunde." (A. Hitler zit. nach J.C. Fest: Hitler. Eine Biographie. Frankfurt u.a. 1973, S. 298.

432 H. Schulze, a.a.O., S. 308f.

sich nach 1945 in Gestalt der zerstörten Städte Deutschlands augenfällig dokumentierte, wohl kaum als Ausdruck einer historischen Notwendigkeit deuten können. Doch könnte man sie, mit aller gebotenen Vorsicht, einer historischen Tendenz zuschreiben, die mit der Ausbreitung der Gleichheit in der europäischen Neuzeit einhergeht. Wie mehrfach betont, entspricht dieser Ausbreitung der Gleichheit eine Gewichteverlagerung menschlicher Fähigkeiten von den körperlichen hin zu den intellektuellen. In Hitlers Diktatur wurde, wie in verwandten nationalistischen Diktaturen auch, der kollektivistische Heroismus eines vormodernen Krieger-Ethos, bei dem klassischerweise das Gewicht auf den körperlichen Fähigkeiten lag, gegen den ›individualistischen‹ Heroismus des Händler- und Intellektuellen-Ethos mobilisiert, bei dem die geistigen Fähigkeiten der Menschen dominieren. So besehen, beweist die Niederlage der nationalsozialistischen Diktatur zugleich die Überlegenheit der intellektualistischen Gleichheitstendenz über einen gigantischen reaktionären Versuch, sie zu revozieren.

d. Entheroisierung des militärischen Ethos und das europäische Projekt

Das Ende des Zweiten Weltkriegs verbindet sich nicht nur im besiegten Deutschland, sondern in ganz Europa mit einem tiefen Schock und einer sich daraus ableitenden historischen Lernerfahrung. Der Schock spiegelt den Eindruck ungeheurer Kriegsgräuel und Zerstörungen der Infrastruktur – insbesondere der Städte – wider. Die historische Lernerfahrung bezieht sich in den westeuropäischen Ländern auf eine Relativierung des Nationalismus, die nicht bloß in Deutschland zum Bestandteil des öffentlichen Bewußtseins wird, sondern die auch in Frankreich und Italien, dann, mit einer gewissen Zeitverzögerung, auch in Großbritannien ebenfalls eintritt. Der ›Nationalismus der Gleichwertigkeit‹, den Denker des 18. Jahrhunderts wie Burke, Montesquieu und Herder postulierten, erhält damit erst in der zweiten Hälfte des 20. Jahrhunderts, im Vergleich zum ›Nationalismus der Überlegenheit‹, eine reale Chance, nachdem dieser die politische Geschichte des 19. und der ersten Hälfte des 20. Jahrhunderts mit den bekannten verheerenden Folgen beherrscht hatte.

Warum fällt die Reaktion in den europäischen Nationen nach dem Zweiten Weltkrieg anders aus als nach dem Ersten, dessen Beendigung nicht zu einer Relativierung des Nationalismus geführt hatte, sondern vielmehr zu dessen Bestätigung und Verstärkung sowohl auf seiten der Sieger als auch der Besiegten?

Mehr als nach dem Ersten hätte nach dem Zweiten Weltkrieg auf seiten der Siegermächte Grund dafür bestanden, den eigenen Nationalismus wie nach dem Ersten Weltkrieg im Bewußtsein, dieses Mal wohl endgültig gesiegt zu haben, bestätigt zu finden. Was sich jedoch bereits in den 50er Jahren an *europäischem* Bewußtsein entwickelt hat, kann man nur erklären, unterstellt man nicht nur bei deutschen, sondern auch bei führenden politischen Schichten anderer Länder eine Relativierung des jeweils eigenen Nationalismus. Ob der Wandel nun aus einer mehr oder weniger selbstkritischen Konfrontation mit der kriegerischen Qualität des kollektivistischen ›Geistes des Nationalstaats‹ heraus erfolgte oder nicht: Objektiv stellte das Geschehen im Zweiten Weltkrieg den damaligen Höhepunkt entpersonalisierter Feindschaft dar, Schattenseite moderner Staatlichkeit. Unstrittig bleibt, daß die verwaltungsmäßig geplante und betriebene Vernichtung von Feinden im kollektivsubjektiven Sinn von der nationalsozialistischen Regierung des Dritten Reichs im Massenmord an den Juden ihren, einen von unvorstellbarem Grauen geprägten Höhepunkt erreichte. Doch auch auf der Seite der Siegermächte war führenden Politikern, Militärs und Vertretern meinungsbildender Berufe nicht entgangen, daß das massenhafte Töten wehrloser Zivilisten, wesentliches Charakteristikum der Kriegführung im Zweiten Weltkrieg, zu einer Erosion des militärischen Heroismus hatte führen müssen. Dabei spielte es letztlich keine große Rolle, ob und wie schnell das öffentliche Bewußtsein von dieser Erosion erfaßt wurde. Der einzigen Großmacht, der es gelungen ist, die Tradition eines nationalen Stolzes im Sinn des militärischen Heroismus bis zu ihrem Ende aufrechtzuerhalten, war die Sowjetunion unter Stalin, dem es darüber hinaus gelang, die schwindende Attraktion des kommunistischen Internationalismus durch den nationalen Mythos vom ›Großen Vaterländischen Krieg‹ zu ersetzen.[433]

Die ›Entheroisierung des militärischen Ethos‹ wurde im Verlauf des ›Kalten Kriegs‹ zwischen den einzig verbliebenen Weltmächten USA und UdSSR durch Fortschritte in der Waffentechnik rasant beschleunigt. Nach dem Krieg gelang es dann auch der Sowjetunion, ebenso wie den USA zuvor, in den Besitz der Atombombe zu kommen. Ergebnis war das ›atomare Patt‹ bzw. das ›Gleichgewicht des Schreckens‹, das über 40 Jahre lang für die Phase des Kalten Krieges kennzeichnend gewesen ist. Beiden Seiten war klar, daß Nuklearwaffen, deren Wirksamkeit durch Erfindung von Raketensystemen weiter gesteigert wurde, allein der Abschreckung würden dienen können. Ihr Einsatz bedeutete nicht nur die schmutzigste Art jeder nur denkbaren Kriegführung, sie wäre auch einer bewußt gewählten Selbstmordstrategie gleichgekommen, einer militärischen Strategie, die im krassen Gegensatz zu jedweder Form eines militärischen Heroismus gestanden hätte. Könnten Mächte ihre stärksten Waffen in einer kriegerischen Auseinandersetzung jedoch nicht mehr einsetzen, würde auch der militärische Heroismus nationaler Kollektivsubjekte seine Berechtigung verlieren, denn Kriege könnten dann in Form einer äußersten – d.h. heroischen – Anstrengung um des Sieges willen nicht mehr geführt werden.

---

433 ›Held der Sowjetunion‹ galt als höchste Auszeichnung. Die Ikonographie der Denkmäler der großen Schlachten des Zweiten Weltkriegs nimmt noch heute einen hohen Stellenwert in der nationalen Selbsteinschätzung der Russen ein. Vgl. S. Arnold: Stalingrad im sowjetischen Gedächtnis. Bochum 1998.

Auch wenn die Folge der Entscheidung ad hoc in aller Konsequenz noch nicht deutlich geworden ist, so besteht sie dennoch in einer Entheroisierung des militärischen Ethos, wie das selbst im Zweiten Weltkrieg noch nicht vorstellbar gewesen wäre. Die militärpolitische Tendenz geht nunmehr dahin, Kriegsoperationen in Kategorien von Polizei-Einsätzen zu interpretieren und vorzunehmen. In den USA wird diese objektive Logik der Entheroisierung des militärischen Ethos und der Umorientierung des militärischen Denkens erst durch den Vietnam-Krieg und sein für die Vereinigten Staaten nicht gerade ruhmreiches Ende zum Bestandteil des politischen und weitgehend auch des öffentlichen Bewußtseins. Sie kommt am deutlichsten in der Abschaffung der allgemeinen Wehrpflicht und in deren Ersetzung durch eine Berufsarmee zum Ausdruck. Durch die polizeianaloge Professionalisierung des Militärs wird die klassische Kriegführung dem Handlungsbereich der nationalen Kollektivsubjektivität entzogen. Die Kriege, die danach mit dem Einsatz militärischer Mittel unter Beteiligung der Weltmächte geführt werden, besitzen mehr oder minder den Charakter von Polizei-Aktionen. Einerseits wird darauf verzichtet, den nationalistischen Haß klassischer kollektivsubjektiver Feindschaft hervorzurufen, wie bisher für die Kriegführung benötigt, andererseits wird darauf geachtet, daß die Truppen, die man im Stil der Polizei-Aktion entsendet, wie Polizisten im Alltagseinsatz so weit wie möglich geschützt werden, indem man sie nicht unnötig riskanten Gefahren aussetzt. Man findet diese Beobachtung im Hinblick auf das Verhalten der USA von da an in Konflikten bestätigt, an denen sie direkt beteiligt waren: sowohl im Grenada- (1983) und im Panama-Konflikt (1990) als auch im Krieg gegen den Irak (1991), im Einsatz im Auftrag der UN in Somalia (1992) wie auch im Krieg der NATO gegen Jugoslawien (1999).

Im zwischenstaatlichen Verhältnis der Weltmächte wurden die Etappen der Entheroisierung des militärischen Ethos durch Abrüstungsverträge dokumentiert: vom ›Vertrag über das Verbot von Kernwaffenversuchen in der Atmosphäre, im Weltraum und unter Wasser‹ von 1963 über den ›Atomwaffensperrvertrag‹ von 1970 bis hin zu den verschiedenen SALT (Strategic Arms Limitation Talks)-Abkommen von 1973 bis 1987.

Man darf sich vor dem Hintergrund der beschriebenen Entwicklung jedoch nicht zu dem Eindruck verleiten lassen, mit der Entheroisierung des militärischen Ethos sei nunmehr die ›heroische‹ Aggressivität der nationalen Kollektivsubjektität, die im 20. Jahrhundert die beiden Weltkriege verantwortet hat, vollständig beseitigt. Der nationale Heroismus hatte sich mitsamt seiner internen Logik mittlerweile vielmehr auf das Gebiet der wissenschaftlich-technischen und der wirtschaftspolitischen ›Kriegführung‹ verlagert. Auf diesem Gebiet wird der Heroismus des Händler- und Intellektuellen-Ethos eine der führenden Triebkräfte. Er definiert die spezifische Form der Auseinandersetzung der Weltmächte im ›Kalten Krieg‹, einem instinktiv gut gewählten Begriff, der sowohl auf den Sach-

verhalt des Krieges als auch auf die neue Form nichtmilitärischer, nämlich technisch-wirtschaftspolitischer Kriegführung abzielt. Der ›Kalte Krieg‹ war einer zwischen Koalitionen nationaler Kollektivsubjekte, wie es der Erste und der Zweite Weltkrieg zuvor schon waren, von diesen beiden nur durch eine fundamentale Änderung der Waffensysteme unterschieden.
Im Zeichen zunehmender Entheroisierung des militärischen Ethos rückte die technische Intelligenz sowie die zu mobilisierende Wirtschaftskraft an die Stelle des Militärs. Zur ersten ›Schlacht‹ des Kalten Krieges wurde der Raketenwettlauf zum Mond. 1961 gelang der Sowjetunion die erste Erdumrundung in einer vom Kosmonauten J. Gagarin gesteuerten Raumkapsel. Die Amerikaner antworteten mit dem ersten Weltraumflug durch A.B. Shephard. Das Raketenprogramm wurde von Präsident Kennedy unter wissenschaftlicher Leitung W. von Brauns zur nationalen Aufgabe erklärt. 1969 gelang den amerikanischen Astronauten N.A. Armstrong und E.E. Aldrin die erste Mondlandung. Danach bestimmte der Wettlauf um die größten und tragestärksten Raketensysteme das militärpolitische Verhältnis der Weltmächte. Unter Präsident M. Gorbatschow zeichnete sich dann, in der ersten Hälfte der 80er Jahre, die Niederlage der Sowjetunion im Kalten Krieg mit den USA ab, nachdem Präsident Reagan eine letzte Steigerung der amerikanischen Raketenrüstung angeordnet hatte. Die Sowjetunion war für alle Welt erkennbar nicht mehr in der Lage, den Wirtschaftskrieg weiterzuführen, der, gleichsam als Joker, der Strategie des Rüstungswettlaufs der beiden Weltmächte zugrunde gelegen hatte.
In Europa ist als Folge der ›Entheroisierung des militärischen Ethos‹ nach dem Zweiten Weltkrieg, später dann im Verlauf des ›Kalten Krieges‹, ebenfalls eine Veränderung des Bewußtseins nationaler Kollektivsubjektivität zu beobachten. Eine Form wechselseitiger Anerkennung nationaler Gleichwertigkeit wurde seit den 50er Jahren dieses Jahrhunderts mit zunehmender Intensität politischer Umgangsstil der Regierungen. Sie schlug sich mehr oder weniger auch in den Auffassungen der Mehrheit der Bürger der europäischen Staaten nieder. Die Europäer taten damit einen Schritt, dessen Größenordnung sich, wenn überhaupt, nur noch mit der historischen Lernerfahrung der konfessionellen Toleranz vergleichen ließ.
Der ›Entheroisierung des militärischen Ethos‹ des klassischen europäischen Nationalstaatenbewußtseins ist es zu verdanken, daß der ›Nationalismus der Gleichberechtigung‹ an Bedeutung hat gewinnen können. Allein völkerrechtliche Regelungen zwischenstaatlicher Beziehungen im Licht wechselseitiger Anerkennung nationaler Gleichberechtigung reichten da nicht aus. Auch begnügte man sich nicht mit einer Neuauflage der britisch dominierten Form des ›Gleichgewichts der Mächte‹ aus dem 19. Jahrhundert. Alles zielte auf eine neue europäische Kollektividentität ab. Um deren Interpretation und Reichweite, im Verhältnis zu den klassischen Nationalstaaten, ging es von nun an in Westeuropa, später dann in

Osteuropa, nachdem die Staaten des Ostblocks nach Auflösung der Sowjetunion zu demokratischen Republiken geworden waren.

Sobald mit der Nation im außenpolitischen Verhältnis nicht mehr die einzigartige Individualität verbunden war, sondern die Gleichheit mit anderen Nationen, verlor sie nach der Logik der heroischen Selbstbehauptung im Nationenvergleich allerdings ihre ›raison d'étre‹. Schon bei den philosophischen Vertretern des ›Nationalismus der Gleichberechtigung‹ (Herder, Burke u.a.) fand sich der grundlegende Irrtum, ihn als gleichwertige Alternative zum ›Nationalismus der Überlegenheit‹ verstehen zu wollen. Denn entweder interpretiert man den ›Nationalismus der Gleichwertigkeit‹ als einen ›Polyheroismus‹: Das entspräche einer Pluralität nationalstaatlicher Kollektivsubjekte und käme dem einmal mehr und einmal weniger labilen Zustand, in dem sich die führenden europäischen Staaten in der zweiten Hälfte des 19. Jahrhunderts befunden haben, gleich. Oder man versteht ihn im Sinn wechselseitiger Anerkennung der Gleichheit: Dann erst ergibt sich die Situation, die für das zwischenstaatliche Verhältnis in Europa nach dem Zweiten Weltkrieg kennzeichend wird. In dieser Lage, in der sich Franzosen, Briten, Deutsche, Italiener, Spanier usw. wechselseitig im zwischenstaatlichen Verhältnis als Gleiche anerkennen, muß im Hinblick auf ihr wechselseitiges Verhältnis von allen folgerichtig der Verzicht auf ›Individualität‹ eigener nationalstaatlicher Kollektivität eingebracht werden. Zwar verbleibt den Nationen der Anspruch auf Individualität nach innen, d.h. im Selbstverständnis ihrer Mitglieder, als Sprach- und Kulturnation.[434] Doch im Außenverhältnis mit den anderen Nationen muß auf den Anspruch der Individualität und auf Schlußfolgerungen aus der Logik der heroischen Selbstbehauptung verzichtet werden, damit die Bedingung der Anerkennung in der Gleichheit erfüllt werden kann.

Die neue Situation ist dadurch gekennzeichnet, daß sich der ›individualistische‹ Heroismus, der sich bis dahin mit den nationalen Kollektivsubjekten verbunden hatte, nun auf das ›europäische Projekt‹ verlagert. Dem Vorhaben allein haften

---

[434] Die Wahrscheinlichkeit ist jedoch groß, daß sich im Zeichen der Anerkennung nationaler Gleichwertigkeit das klassische Nationalbewußtsein auch nach innen hin auflösen wird, denn es wird sich zeigen, daß auch für die ›in-group‹-Rolle der Nation der ›Nationalismus der Überlegenheit‹ von ausschlaggebender Bedeutung war. Es zeichnet sich bereits heute ab, daß in den Staaten, in denen der Nationalismus traditionsgemäß eine sehr starke zentralistische Ausrichtung hatte und teilweise noch besitzt, Bewegungen der Stärkung von Regionalidentitäten sich entwickeln. Die stärksten Probleme mit der Regionalisierung könnte Frankreich bekommen, dessen nationalstaatliches Bewußtsein am meisten zentralistisch ausgerichtet ist. In Großbritannien gibt es bereits beträchtliche Konzessionen an die schottische und walisische Regionalidentität durch Einführung eigener Parlamente. Deutschland hat weniger Probleme mit der Regionalisierungsbewegung, die sich als Konsequenz der Europäisierung weiter entfalten wird, weil dort die Regionalidentitäten, sieht man von der Phase des ›Dritten Reichs‹ ab, nie so konsequent unterdrückt wurden und deshalb auch nicht verschwunden sind. Wenn in der Öffentlichkeit der ›zentralistischen‹ Staaten bewußt werden soll, wie stark die Regionalisierungstendenz von der Europäisierung abhängig ist, könnte es dort noch einmal zu einer stärkeren antieuropäischen Wende kommen.

bereits alle Merkmale des Heroischen an. Die Größe der Aufgabe kann man nur dann adäquat beschreiben, wenn man Prädikate heranzieht, mit denen die Sprache der Mythen Prometheus oder Herkules verherrlichte. Sprechen Politiker und Journalisten über das ›europäische Projekt‹, erweisen sie dem ›herkuleischen‹ Charakter der Aufgabe regelmäßig ihre Referenz, wobei häufig noch eher die Skepsis über die Zielsetzung des Ganzen als die Überzeugung, sie jemals erreichen zu können, überwiegt. Zwar ist man bereits seit Jahrzehnten auf dem Weg zu einer ›Europäischen Gemeinschaft bzw. Union‹ und besitzt am Beginn des 21. Jahrhunderts einschließlich einer gemeinsamen Währung auch alle notwendigen Institutionen für eine gemeinsame Staatlichkeit. Doch noch immer wird in allen Mitgliedsländern aus Gründen der Verlagerung des Heroismus von der Nation auf das ›europäische Projekt‹ so getan, als habe man noch alle großen Entscheidungen vor sich, ja, als wisse man nicht einmal, ob die längst vollzogene Verabschiedung des klassischen Nationalstaats ernst genommen werden solle oder nicht. Die Schwierigkeiten, die das europäische Projekt auch in Zukunft noch machen wird, zeigen sich gerade in den äußerst hohen Ansprüchen, die die europäischen Völker an eine ›heroische‹ Individualität ihrer Kollektivsubjektivität, wie in ihren nationalen Historien begründet, stellen.
Die Entheroisierung des militärischen Ethos und dessen Substituierung durch den wirtschaftspolitischen ›Heroismus des Händler- und Intellektuellenethos‹ bewirkt nun eine Verschiebung der Gewichte im Kollektivbewußtsein der Nationen. Man kann sagen, daß das nationale Bewußtsein der US-Bevölkerung bereits seit dem 19. Jahrhundert durch den Primat des Händler- und Intellektuellen-Heroismus geprägt wird, ein Umstand, der heute den wirtschaftspolitischen und technisch-wissenschaftlichen Führungsanspruch der US-amerikanischen Nation begründet. Nach dem Zweiten Weltkrieg haben Westdeutschland und Japan als Verliererstaaten des Weltkriegs ebenfalls ein nationales Kollektivbewußtsein gemäß dem wirtschaftspolitischen Primat entwickelt.[435] Auch die Zukunft der Europäischen Union wird wohl von der rasanten Entwicklung abhängen, mit der es zur Ausbildung eines europäischen Kollektivbewußtseins nach Maßgabe des Primats des wirtschaftspolitischen und technisch-wissenschaftlichen Heroismus kommen wird. Man stellte deshalb einen falschen Vergleich an, hielte man nach dem *europäischen Volk* bzw. der europäischen Nation Ausschau, so als bedürfte es im europäischen Rahmen eines ebensolchen Kollektivbewußtseins, wie es bisher für Franzosen, Deutsche, Briten, Italiener usw. im klassisch-nationalen Sinn kennzeichnend war.[436] Für die europäische kollektive Identität im neuen Sinn

---

[435] Zur spezifisch deutschen inneren Auseindersetzung mit der Besiegten-Mentalität nach dem Zweiten Weltkrieg vgl. G. Schwan: Antikommunismus und Antiamerikanismus in Deutschland. Baden-Baden 1999.

[436] J. Habermas weist zu Recht darauf hin, daß sich eine multikulturelle Gesellschaft, wie etwa die Schweiz und die Vereinigten Staaten „keineswegs auf eine allen Staatsbürgern gemein-

brauchte man gerade soviel an Zusammengehörigkeitsgefühl, wie für die wirtschaftliche und technisch-wissenschaftliche Kommunikation der Menschen in einem durch einheitliche politische Institutionen abgegrenzten Raum erforderlich ist. Englisch steht einer europäischen Öffentlichkeit als Mittel sprachlicher Kommunikation, das bereits sehr viele – in erster Linie Mitglieder der führenden Schicht von Politik, Wirtschaft und Wissenschaft – beherrschen, ohnehin seit langem zur Verfügung.[437]

Ein europäisches Kollektivbewußtsein käme dennoch nicht ohne eine geschichtliche Rückbindung nach dem Maßstab der Unverfügbarkeitsmethode aus, wonach der Geltungsrahmen der universalistisch angelegten Grundwerte des Liberalismus und der Demokratie territorial und hinsichtlich der Zugehörigkeit der Bürger begrenzt werden könnte. Man wird sich in diesem Sinn wohl deutlicher als bisher auf die gemeinsame europäische Vergangenheit der Völker stützen müssen, die es im Rahmen mittelalterlicher und frühneuzeitlicher Christlichkeit gegeben hat, lange bevor in der Entwicklung des Nationalstaats die Antagonismen stärker als die Gemeinsamkeiten hervorgehoben wurden. Der Mittelalterhistoriker J. Le Goff sieht in der Verbindung von Latinität und Christentum das Fundament Europas. Schon seit dem vierten Jahrhundert habe sich ein erster Entwurf Europas abgezeichnet: einerseits die Gemeinschaft des Christentums, geformt von Religion und Kultur, andererseits die vielförmigen Königreiche, die auf eingeführten ethnischen oder althergebrachten multikulturellen Traditionen gegründet waren. Ihm zufolge war dies schon die Vorwegnahme des Europas der Nationen.[438]

Es wird dabei dennoch nicht um eine Erneuerung des christlichen Glaubens gehen, sondern um die Verdeutlichung historischer Gemeinsamkeiten west- und osteuropäischer Völker, die sich im früheren Geltungsrahmen gemeinsamer Christlichkeit herausgebildet hatten. Hierzu zählen Gemeinsamkeiten gesellschaftlicher Entwicklungen, wie sie sich bei der Entstehung des städtischen Bür-

---

same ethnische, sprachliche und kulturelle Herkunft stützen muß. Eine liberale politische Kultur bildet nur den gemeinsamen Nenner eines Verfassungspatriotismus, der gleichzeitig den Sinn für die Vielfalt und die Integrität der verschiedenen koexistierenden Lebensformen einer multikulturellen Gesellschaft schärft.“ (J. Habermas: Faktizität und Geltung, a.a.O., S. 642). Aus einer mehr skeptischen Sicht vgl. H. Lübbe: Die europäische Einigung und der Frieden. In: K. Graf Ballestrem u.a. (Hg.): Politisches Denken – Jahrbuch 2000. Stuttgart/ Weimar 2000, S. 82f.

437 A. Grosser stellt zu Recht fest, daß die Europäer bereits viel mehr an europäischen Institutionen gemeinsamer Staatlichkeit besitzen, ohne daß dies adäquat ins öffentliche Bewußtsein aufgenommen worden sei.Vgl. ders.: Deutschland in Europa. Weinheim 1999.

438 J. Le Goff: Das alte Europa und die Welt der Moderne. München 1994. Weitere wichtige neuere Veröffentlichungen zum Thema sind: R. Bartlett: Die Geburt Europas aus dem Geist der Gewalt. München 1996; W. Blockmans: Geschichte der Macht in Europa. Frankfurt 1998; N. Davies: Europe. Oxford 1996; H. Duchhardt/A. Kunz (Hg.): ›Europäische Geschichte‹ als historiographisches Problem. Mainz 1997.

gertums, künstlerischer Ausdrucksformen oder auch der Ausbreitung der Wissenschaften nach und nach entwickelten.[439]

---

439 „Europäische Visionen“ finden sich u.a. bei J. Derrida: Das andere Kap. Die vertagte Demokratie. Zwei Essays zu Europa, Frankfurt 1992; E. Morin: Europa denken, Frankfurt/New York 1991; P. Sloterdijk: Falls Europa erwacht. Gedanken zum Programm einer Weltmacht am Ende des Zeitalters ihrer politischen Absence, Frankfurt 1994.

V. Bilanz: Das Dilemma der menschlichen Existenz im gesellschaftlichen Rahmen der Gegenwart

1. Antworten der Philosophie

›Auflehnung gegen die moderne Dominanz der Gleichheit‹ und ›uneingeschränkte Anerkennung der Gleichheit‹ bezeichnen entgegengesetzte Reaktionsweisen der repräsentativen Philosophie des 20. Jahrhunderts. Beide beziehen Position im Hinblick auf die Knappheitsproblematik ›individualistischer‹ Anerkennung.

Vertreter der Existenzphilosophie des 20. Jahrhunderts, die auf anthropologischen Auffassungen Kierkegaards und Nietzsches fußen, verkörpern die erstere Richtung.

S. Kierkegaard war der Denker der modernen Zeit, der als erster die Auflehnung gegen die neuzeitliche Dominanz der Gleichheit mit dem Wissen um das existenzielle Dilemma des Individuums in den Grenzen neuzeitlicher ›Verdiesseitigung‹ verbunden hat. Bis heute ist er ein hervorragender phänomenologischer Interpret des Individualitätsbewußtseins geblieben. Nachfolgende Philosophen der ›Existenz‹, wie etwa Heidegger, haben die *Phänomenologie der Individualität* von ihm übernommen.

Kierkegaard unterscheidet zwischen Konzepten der *Individualität* und des *Individuums* (im Modus der Gleichheit) und er beschreibt das Individualitätsbewußtsein als Reaktion auf das einzelmenschliche Wissen um den Tod. Die Unterscheidung wird von ihm durch den Hinweis auf den außergewöhnlichen Erfahrungsgehalt des ›Selbstseins‹ (im Gegensatz zu normaler ›Selbstvergessenheit‹) betont[440], der in der ›Verzweiflung‹ als ›Krankheit zum Tode‹ liege. Dramatisierend mit ›Verzweiflung‹ und ›Krankheit zum Tode‹, bezeichnet Kierkegaard nicht einen Zustand psychischer Erkrankung, sondern zielt in *superlativischer Sprache der Individualität* auf die existenzielle Grunderfahrung des Menschen

---

[440] In diesen Zusammenhang gehören sowohl die kritischen Ausfälle Kierkegaards gegen das ›normale‹ Christsein der „real existierenden Christenheit“ (vgl. S. Kierkegaard: Der Augenblick. Düsseldorf/Köln 1959, S: 93–108) und gegen die bürokratische ›Beamten‹-Mentalität der Kirchenvertreter als auch philosophischer gehaltene Formulierungen wie die folgende aus Kierkegaards Schrift ›Die Krankheit zum Tode‹ (Gütersloh 1992): „Es ist das Allgemeine, daß die meisten Menschen dahin leben, ohne sich so recht dessen bewußt zu werden, daß sie bestimmt sind als Geist – und daher denn die sogenannte Sicherheit, Zufriedenheit mit dem Leben usw. usw., welches eben Verzweiflung ist“ (S. 23).

im Licht des Wissens um den eigenen Tod ab.[441] Ein Aspekt des Selbstseins sei ›Verschlossenheit‹. d.h. die existenzielle Grunderfahrung, wonach jeder im Bewußtsein der Unumgänglichkeit seines Todes in einem ›solipsistischen Gefängnis‹ allein sei.[442] Ein zweiter Aspekt, die Wiedergabe des Knappheitsbewußtseins, meint bei Kierkegaard jedoch nicht Knappheit von Positionen gesellschaftlicher Anerkennung, sondern Bewußtheit um die Knappheit der Lebensspanne, die allein die menschliche Existenz ausmacht, ein Gedanke, der in der Philosophie der Gegenwart von O. Marquard fortgeführt wird.[443] Für Kierkegaard folgt aus dem Knappheitsbewußtsein die Aufforderung, „jeden Tag zu leben, als wäre es der letzte und zugleich der erste in einem langen Leben; und die Arbeit zu wählen, die nicht davon abhängig ist, ob einem ein Menschenalter gegönnt wird, sie recht zu vollenden, oder nur eine kurze Zeit, sie recht begonnen zu haben."[444] Dahinter steht die Verpflichtung, sich ›Werke‹ vorzunehmen, für deren Verwirklichung nur noch wenig Zeit verbliebe.[445] Letztenendes sind das stets Werke, die den höchsten Leistungsanforderungen genügten, zu denen der Einzelne subjektiv in der Lage ist.

Wie nun sieht Kierkegaards Antwort auf die existenzielle Grundproblematik des Menschen aus?

---

441 In diesem Sinn sind Formulierungen wie die folgende zu lesen: „Der Verzweifelte ist todkrank. Es sind in ganz anderem Sinne, als es sonst von einer Krankheit gilt, die edelsten Teile, welche die Krankheit angegriffen hat; und dennoch kann er nicht sterben. Der Tod ist nicht das Letzte der Krankheit, aber der Tod ist immerfort das Letzte" (S. Kierkegaard: Die Krankheit zum Tode, a.a.O., S. 17).

442 „Diese Verzweiflung ist (als Verschlossenheit) … eine richtige, freilich aber sorgfältig verschlossene Tür, und hinter ihr sitzt gleichsam das Selbst und paßt auf sich selber auf, indem es damit beschäftigt ist oder die Zeit damit ausfüllt, nicht es selbst sein zu wollen und dennoch Selbst genug ist, um sich selber zu lieben. Dies nennt man Verschlossenheit" (a.a.O., S. 62).

443 ›Skepsis‹, Leitbegriff für Marquard, „rechnet mit dem unvermeidlichen Einzelnen: das ist jeder Mensch, weil er ›unvertretbar‹ sterben muß und ›zum Tode ist‹. Dadurch ist das Leben des Menschen stets zu kurz, um sich dem, was schon ist, in beliebigem Umfang durch Ändern zu lösen: er hat schlichtweg keine Zeit dazu. Darum muß er stets überwiegend das bleiben, was er geschichtlich schon war: er muß ›anknüpfen‹. Zukunft braucht Herkunft." (Ders.: Abschied vom Prinzipiellen. Philosophische Studien. Stuttgart 1995, S. 16).

444 S. Kierkegaard: Drei Reden bei gedachten Gelegenheiten 1845. In: ders.: Gesammelte Werke, 13. und 14. Abteilung, Düsseldorf/Köln 1964, S. 199.

445 In diesem Sinn sind auch die folgenden Sätze über den ›ernsten Menschen‹ gemeint: „Die Zeit ist ja doch ein Gut. Vermöchte es ein Mensch in der Welt des Äußeren teure Zeit zu erwirken, ja so würde er es wohl eilig haben; denn der Kaufmann sagt ja ganz recht, die Ware habe wohl ihren Preis, aber der Preis hänge doch so sehr von den günstigen Zeitumständen ab – und wenn teure Zeit ist, so verdient der Kaufmann. In der Welt des Äußeren vermag dies ein Mensch nun vielleicht nicht, in des Geistes Welt aber vermag es ein jeder. Der Tod erwirkt ja selber, daß die Zeit teure Zeit wird für den Sterbenden, wer hätte nicht gehört, wie ein Tag, unterweilen eine Stunde im Preis hochgeschraubt ward, wenn der Sterbende mit dem Tode marktete; wer hätte nicht gehört, wie ein Tag, unterweilen eine Stunde unendlichen Wert bekam, weil der Tod die Zeit teurer werden ließ! Dies vermag der Tod, aber der Ernste vermag mittels des Gedankens des Todes teure Zeit zu machen, so daß das Jahr und der Tag unendlichen Wert erhalten – und wenn da teure Zeit ist, so verdient der Kaufmann, indem er die Zeit nutzt." (S. Kierkegaard, a.a.O., S. 186).

›Verzweiflung‹ macht nach ihm das ›eigentliche Selbst‹ des menschlichen Individuums aus, reflektiere sie doch allein das Wissen um das Todesschicksal, das einem Jeden beschieden ist.

Sie ist für ihn psychischer Inhalt einer *extremen* Bewußtseinsleistung, doch nicht als psychische Verfassung des menschlichen Normalbewußtseins, sondern als *Grenzbewußtsein*, einzelmenschliche Individualität in einer superlativischen Sprache zum Ausdruck zu bringen. ›Verzweiflung‹ wärc hingegen nicht zu ertragen, richtete sich unsere bewußte Aufmerksamkeit als Normalbewußtsein auf sie. Es bedürfe deshalb einer Entlastung von ihr, wiewohl sie unbeschadet dieser Erforderlichkeit Kern des ›Selbst‹ und des menschlichen ›Geistes‹ sei und bleibe.

Kierkegaard erwägt die Art der Entlastung in zwei Richtungen:

Entlastung von der ›Verzweiflung‹ könnte für ihn in einer Entdramatisierung durch Gleichheitsidentifikation liegen. Denn im Bewußtsein der Gleichheit mit den Anderen könne sich der Einzelne davon distanzieren, den Tod ›individualistisch‹ als seinen eigenen anzusehen. Damit wird der eigene Tod zu einem äußeren Ereignis, den Einzelnen nicht viel anders betreffend als einen Anderen. Denn im Licht der Selbstidentifikation mit der Gleichheit reiche die Betroffenheit bis zu Empfindungen der Selbstbetrauerung und des Selbstmitleids, jedoch nicht bis zu Graden der ›Verzweiflung‹, die sich mit dem ›Selbst‹ angesichts der Bewußtwerdung des eigenen Todes verbinden.

Die andere Möglichkeit der Entlastung ist für Kierkegaard der christliche Glaube, in klassisch-religiöser Sprache: Teilhabe an göttlicher Unsterblichkeit.

Kierkegaards Verhältnis zu den beiden Entlastungsmöglichkeiten ist widersprüchlich, ein Umstand, der in der Literatur häufig hervorgehoben wird.[446] So spricht er sich für *die* Möglichkeit aus, die mit Prämissen seiner Darstellung existenzieller Problematik nicht übereinstimmt, während er *jene* argumentativ bekämpft, die mit dieser kompatibel ist.

Die von ihm abgelehnte Möglichkeit ist die der Entdramatisierung der ›Verzweiflung‹ durch Identifikation mit den Anderen in der Gleichheit. In den ›Reden‹ betont er, daß Gleichheitsidentifikation den Tod, um den jeder als Schicksal wisse, zu einem ›äußeren‹ Ereignis mache.[447] Der Rückgriff auf ein solch ›äußeres‹ Ereignis könne aber keinen Ausweg aus dem ›solipsistischen Gefängnis‹ des ›Selbst‹ – und damit aus der Betroffenheit durch ›Verzweiflung ‹ – zeigen.

---

[446] Vgl. hierzu etwa J.L. Blaß: Die Krise der Freiheit im Denken Sören Kierkegaards. Ratingen 1968, S. 201–204.

[447] In den bereits zitierten ›Reden‹ heißt es: „Solchermaßen ist die Entscheidung des Todes nicht bestimmbar durch die Gleichheit, denn die Gleichheit besteht im Vernichtetsein." (S. 189) und einige Seiten später: „Der Ernst versteht also das gleiche vom Tode, aber er versteht es auf andere Art … In diesem Streben entdeckt der Ernste eine Verschiedenheit, seine eigenen Verschiedenheit nämlich von dem Ziel, das ihm gesetzt ist, und entdeckt, diesem Ziele am fernsten würde ein Zustand sein von der Art der Gleichheit, die der Tod hat." (S. 191).

Die Möglichkeit, die Kierkegaards Zustimmung findet, besteht in der Entscheidung für den Glauben an die Erlösung durch Christus. Er selbst hebt jedoch ausdrücklich hervor, daß seine Entscheidung für den Glauben selbst Luthers gläubiges Vertrauen noch an ›Irrationalität‹ übertreffe. Denn weder teilt er dessen metaphyisches Weltbild, zu dem der traditionelle Glaube an die Realität der ›himmlischen‹ Transzendenz gehört, noch kommt in seiner Bewußtseinsphänomenologie eine Seelenqualität im Sinn der Unsterblichkeit vor, auch bildet die ›Heilige Schrift‹ für ihn keine objektive Grundlage für die Rechtfertigung des Glaubens. Gäbe es nämlich einen objektiv-vernünftigen Hinweis auf die Verläßlichkeit der himmlischen Erlösung durch Christus wirklich, bestünde kein Grund mehr, ›Verzweiflung‹ in den Rang des menschlichen Bewußtseinskerns zu erheben: Entweder hat die ›Verzweiflung‹ das letzte Wort im Hinblick auf das ›Selbst‹ oder aber es sind objektive Indizien, die für das Wagnis des Glaubens zeugen. Da sich Kierkegaard der Alternative bewußt ist, kann er beide Seiten nur um den Preis einer Irrationalität, die zum Maß des ›Heroischen‹ seiner Selbstaufgabe wird, auf einen gemeinsamen Nenner bringen: Der ›Sprung‹ in den Glauben wird von ihm zu einer ›äußersten‹ Leistung erklärt, die genau das Gegenteil ›kostenloser‹ Anerkennung menschlicher Individualität durch Gott sein soll, die offenbar schon zu seiner Zeit kennzeichnend für die Verkündigungshaltung der protestantischen Kirche war.[448]

Zwei sich widersprechende Absichten sind für Kierkegaard leitend: einerseits die konsequente Darstellung der Individualität im Rahmen des neuzeitlichen ›Verdiesseitigungs‹-Konzepts; in diesen Zusammenhang gehört seine ›solipsistische‹ Phänomenologie des ›Selbst‹ mit der ›Verzweiflung‹ im Zentrum, womit er die einzelmenschliche Individualität, in ›existenzieller‹ Pose der Auflehnung, gegen die Dominanz der Gleichheit verteidigt, und andererseits die strikte Ablehnung einer Entlastung von der ›Verzweiflung‹ des ›Selbst‹ in der ›diesseitigen‹ Welt; er würde sonst entweder auf die extreme Knappheit von Plätzen für die individualistische Anerkennung stoßen oder er müßte Konzessionen an die Gleichheit machen, indem er die Ansprüche des ›Selbst‹ auf eine ›höchste‹ Wichtigkeit hin zurücknähme oder kritisierte.[449]

Nietzsche ist im Vergleich zu Kierkegaard der konsequentere philosophische Vertreter des Konzepts der ›Verdiesseitigung der Individualität‹.

Er unterscheidet sich von diesem im Hinblick auf die Phänomenologie des individualistischen ›Selbst‹ zunächst allein durch die gewählten Metaphern. Was bei Kierkegaard als ›Krankheit zum Tode‹ in psychologischen Kategorien der ›Ver-

---

[448] Eine Berufung auf Kierkegaards Glaubensverständnis durch moderne Theologen wäre nur legitim, übernähmen sie zugleich dessen ›elitäre‹ Außerordentlichkeit, die Kierkegaard durch die Betonung der ›paradoxen‹ Irrationalität des ›Sprungs‹ in Kauf nimmt.

[449] In diesen Zusammenhang gehört seine ›irrational-dezisionistische‹ Glaubenslehre, in der er Zuflucht bei der traditionellen Jenseitsvorstellung der christlichen Religion sucht.

zweiflung‹ gefaßt ist, wird von Nietzsche als ›psychologischer Zustand des Nihilismus‹ bestimmt: die Erfahrung des Verlusts traditioneller Sicherheiten eines religiös oder philosophisch begründeten ›Lebenssinns‹.[450] Nach ihm sind nur die ›stärksten Naturen‹ in der Lage, sich der ›nihilistischen‹ Grunderfahrung menschlicher Existenz zu stellen. Anders als Kierkegaard verläßt Nietzsche nicht den Rahmen des ›Verdiesseitigungs‹-Konzepts, verbindet sich doch in seiner Lehre die individualistischc Auflehnung gegen eine Dominanz der Gleichheit mit dem Bewußtsein extremer Knappheit an ›diesseitigen‹ Plätzen individualistischer Anerkennung. Was die Auflehnung gegen die Gleichheit angeht, erinnere ich sowohl an seine Kritik der demokratischen Bewegung in der Neuzeit als auch an die der christlichen Gleichheitsanthropologie. Das Bewußtsein der extremen Knappheit individualistischer Anerkennung artikulierte sich an aristokratischen Maßstäben für das philosophische und künstlerische Werk, denen die anti-egalitäre Individualität im Hinblick auf ihre Anerkennung zu genügen habe. Im ›Zarathustra‹ dokumentiert er, wie weit die Möglichkeit von Werken und Taten des singulären Heroismus großer Individuen von der Gegenwart entfernt ist, in der Gleichheit als anthropologische und als politische Grundauffassung dominiert. Nietzsche ist darüber hinaus der erste moderne Philosoph, der die ›Theatralik der Individualität‹ durchschaut hat, ohne allerdings kritische Folgerungen daraus gezogen zu haben. Zwar ist die von ihm präferierte Modellvorstellung des großen Individuums nicht von der Art des politischen Praktikers und Machtmenschen, der gegen gesellschaftliche Verhältnisse der Gleichheitsdominanz kämpft, um sie zu revolutionieren. Sie ist jedoch von der Art des Künstlers und Dichters, der die ›unerhörte Einmaligkeit‹ seines Werks für die Imagination des gebildeten Betrachters, Hörers oder Lesers entwirft.[451]

In der Philosophie des 20. Jahrhunderts setzt sich die Linie der Auflehnung gegen die Gleichheitsdominanz in Heideggers ›Existenzialanalyse‹ fort. Von Kierkegaard übernimmt Heidegger die Art und Weise, das Verhältnis zwischen Individualität und Gleichheit zu bestimmen, sowie die Beschreibung der psychischen Disposition, in der sich Individualität im Horizont des Wissens um den Tod orten läßt. Von Nietzsche übernimmt er die Absage an die Ausflucht in den christlichen Glauben, wie sie für Kierkegaard gültig war. Obwohl er mit beiden

---

450 „Der Nihilismus als psychologischer Zustand wird eintreten müssen, erstens wenn wir einen ›Sinn‹ in allem Geschehen gesucht haben, der nicht darin ist; … (er) tritt zweitens ein, wenn man eine Ganzheit, eine Systematisierung in allem Geschehen angesetzt hat. Der Nihilismus als psychologischer Zustand hat noch eine dritte und letzte Form …: den Unglauben an eine metaphysische Welt“ (F. Nietzsche: Der Wille zur Macht. Versuch einer Umwertung aller Werte (1906). In: Nietzsches Werke. 2. Abt. Band XV. Leipzig 1922, S. 148ff.).

451 Nietzsche hat an Richard Wagner, den er zunächst bekanntlich wie einen ›Heiligen der Bühnenkunst‹ verehrt hatte, nicht den künstlerischen Anspruch kritisiert, wohl aber die weltanschauliche Botschaft des Spätwerks, in der er eine Konzession an die christliche Mitleids- und Gleichheitsanthroplogie gesehen hat.

in der Auflehnung gegen die Gleichheit übereinstimmt, ist er als Mensch des 20. Jahrhunderts allerdings bereits so stark von der Gleichheitsdominanz geprägt, daß er Gleichheit zur ›ontologischen‹ Verfaßtheit des ›Mensch-Seins‹ rechnet.
Im ersten Teil von ›Sein und Zeit‹ analysiert er ›das Sein zum Tode‹ in Gestalt dreier Modalitäten: als ›Verfallenheit an das Man‹, als Befindlichkeit der ›Angst‹ und als ›eigenste Möglichkeit des Daseins‹. Die ›Verfallenheit an das Man‹ ist die ›uneigentliche‹ Verhaltensweise, die die Existenz der meisten Menschen präge. Das gelte auch für das Wissen der Individuen um ihren Tod: „Das ›man stirbt‹ verbreitet die Meinung, der Tod treffe gleichsam das Man. Die öffentliche Daseinsauslegung sagt: ›man stirbt‹, weil damit jeder andere und man selbst sich einreden kann: je nicht gerade ich; denn dieses Man ist das Niemand."[452] Das Bewußtsein der Individualität ist nach Heidegger die ›eigentliche‹ Verhaltensweise: zum einen zwar mit der Präsenz der ›Angst‹ vor dem Tod besetzt, zum anderen jedoch ›Freiheit des Sich-selbst-wählens und -ergreifens‹, worunter er die Erfahrung der inneren Unabhängigkeit von der ›Verfallenheit an das Man‹, mit anderen Worten: vom Druck der Gleichheitsdominanz, versteht.[453] Die Unterscheidung zwischen der ›eigentlichen‹ und der ›uneigentlichen‹ Verhaltensweise[454] gibt Heideggers Version der Auflehung gegen die neuzeitliche Gleichheitsdominanz wieder; Knappheit ›individualistischer‹ Anerkennung wird hingegen in Hinweisen deutlich, wonach eine ›eigentliche‹ Verhaltensweise sich immer mit einem elitären Bewußtsein Weniger verbinde.
Heideggers ›Existenzialanalyse‹ führt zur Frage nach der Entlastung von existenzieller ›Angst‹, der ›eigentlichen‹ Verhaltensweise des menschlichen Individuums. Denn ›Angst‹ muß auch als psychische Abwehrreaktion verstanden werden, nicht als Reaktion der Zustimmung im Sinne einer positiven ›Befindlichkeit‹. Ein Bezugspunkt der Abwehr ist das Wissen um den Tod als Lebensziel. Heidegger spricht hier vom ›Vorlaufen in den Tod‹. Der andere Bezugspunkt, auf den ›Angst‹ in Gegenrichtung verweist, muß in etwa dem entsprechen, was bei Kierkegaard ›Sprung in den christlichen Glauben‹ meint. Heideggers Bezugspunkt wird demgegenüber durch das komplizierte Konzept der ›ontologischen Differenz‹ definiert: durch den ›Sinn von Sein‹, der weder in eine transzendent-religiöse Entlastung (wie bei Kierkegaard) münden, noch eine immanent-elitäre

---

452 M. Heidegger: Sein und Zeit, a.a.O., §51. Zu Heidegger vgl. W. Franzen: Von der Existenzialontologie zur Seinsgeschichte, Meisenheim 1975.

453 Ich verweise auf meine früheren – auch kritischen – Ausführungen über die Problematik des Heideggerschen Freiheitsverständnisses (S. 206f.).

454 Heidegger selbst spricht von der ›Eigentlichkeit‹ und der ›Uneigentlichkeit‹ des ›Daseins‹. Es scheint mir auf der Hand zu liegen, daß Heidegger hiermit die Individualität (in der von mir definierten Bedeutung) von der Bestimmung des einzelnen Menschen im Licht von Gleichheit absetzen und positiv betonen will. Deshalb interpretiert H. Ebeling wohl Heideggers Intention falsch, wenn er sie in Wittgensteins Konzept der ›Regelbefolgung‹ transformieren will. Vgl. ders.: Norm und Tod: Zurück zu Heidegger. In: ders.: Freiheit, Gleichheit, Sterblichkeit. Stuttgart 1982, S. 149–162.

(wie bei Nietzsche) implizieren soll. Nach Heidegger soll damit weder eine jenseitige Gottheit noch das Ideal der ›außerordentlichen Persönlichkeit‹, auch keine ›diesseitige‹ Mitgliedschaft in einer heroischen Kollektivpersönlichkeit bezeichnet werden, sondern ein Verhalten zu etwas, das einmal im Diesseits bestanden habe, unserer Erfahrung jedoch seit langem unerreichbar entrückt worden sei. ›Seinsvergessenheit‹ reicht ihm zufolge, in philosophischer Tradition, bis in die Epoche der Vorsokratiker zurück. Uns Heutigen bliebe nur, uns das Ausmaß der ›Seinsvergessenheit‹ bewußt zu machen. Ich deute Heideggers ›Sein‹ zum einen als Versuch, die ›paradiesische‹ Unbewußtheit aufzurufen, wie es für unsere präkulturelle Existenz ante scientiam mortis galt und für das frühe kindliche Bewußtsein noch immer, und zum andern als Möglichkeit, die Art einer ›Vergegenständlichung des Todes‹ abzuwehren, die in der Gleichheitsidentifikation des ›man stirbt‹ liegt.[455]

Philosophische Reaktionsweisen der positiven Anerkennung moderner Gleichheitsdominanz finden sich demgegenüber in Richtungen des Marxismus sowie in solchen, in denen das Individuum im Wesentlichen durch Gleichheit definiert wird. In der Perspektive beider Richtungen wird das Individuum als eines unter vielen *gleichen* Exemplaren der Gattung subsumiert.

Im Marxismus, wie er einst die politische Weltanschauung der Staaten des realexistierenden Sozialismus verkörperte, wird das Individualitätsbewußtsein allein in Form der Mitgliedschaft der Einzelnen in der ›einzigartigen‹ Individualität einer menschheitlichen *Kollektivpersönlichkeit* zugelassen. Die Entlastung der Individuen vom existenziellen Dilemma besteht hier in einer Gleichheitsidentifikation, die selbst noch das Wissen um den Tod, als *individuelles* Grenzbewußtsein, hat ausschalten wollen. ›Gleichheit‹ bestimmte in dominanter Weise die Charakeristik einer sozialistisch-kommunistischen Kollektivpersönlichkeit, deren ›Individualität‹ – subdominant – darin zum Ausdruck kommt, daß es sich um die konkurrenzlos *einzige* einer vereinheitlichten Menschheit handeln sollte.

Während Individualität im Marxismus allein der Auszeichnung der Kollektivpersönlichkeit vorbehalten bleibt, ist sie in den philosophischen Richtungen des modernen Liberalismus Charakteristikum des einzelmenschlichen Individuums unter der Bedingung von Gleichheit. Auch hier überwiegt die Gleichheit in dominanter Weise, während die Individualität in subdominanter, durch Charakterisierung der Rechtseigenschaften der Individuen, zum Ausdruck gebracht wird. Es handelt sich um die Menschen- und Grundrechte, Zentrum der anthropologischen Auffassung, wonach sich jeder Einzelne durch einen nicht antastbaren

---

[455] Was diese Möglichkeit angeht, vertritt er bekanntlich auf der Linie von Kierkegaard und Nietzsche die philosophische Position der ›individualistischen‹ Auflehnung gegen die neuzeitliche Gleichheitsdominanz.

›höchstpersönlichen‹ Kern auszeichne, den es vor jeder kollektiven – in der Regel staatlichen – Instanz zu schützen gelte.
In welchen Teilen ist nun dem modernen Menschenbild der Existenzphilosophie zuzustimmen und in welchen dem der liberalen Menschenrechte? (Der Marxismus scheidet aus diesem Vergleich aus, weil das Individuum in dessen Anthropologie ausschließlich auf Gleichheit reduziert wird und Individualität allein Kollektivsubjekten vorbehalten bleibt.)
Grundlegender Vorzug der existenzphilosophischen Auffassung im Vergleich zur liberalen besteht in der Phänomenologie des individualistischen Grenzbewußtseins. Während die Philosophen dieser Richtung den Zusammenhang zwischen dem menschlichen Individualitätsbewußtsein und dem einzelmenschlichen Wissen um den Tod kennen und analysieren, schweigen sich Vertreter der Anthropologie von Menschen- und Grundrechten darüber aus. Bei den Existenzphilosophen kommt darüber hinaus das Bewußtsein der Knappheit ›individualistischer‹ Anerkennung klar zum Ausdruck, ein Tatbestand, der in der liberalen Anthropologie ebenfalls unberücksichtigt geblieben ist.
Deren Vorzug besteht demgegenüber in der Akzeptanz neuzeitlicher Gleichheitsdominanz. Wie mehrfach betont, besteht ihr grundsätzlicher Irrtum darin, von einer vorgeblich ›natürlichen‹ Verankerung der menschlichen Gleichheit auszugehen. Die liberale Sprache der Menschen- und Grundrechte gibt jedoch der Sache nach das *wie* eine ›Naturanlage‹ in jedem von uns wirksame und nicht zu unterdrückende ›Grenzbewußtsein‹ der Individualität im Wissen um den Tod wieder. Damit das praktisch in allen Kulturen verbreitete Individualitätsbewußtsein zur Grundlage einer politischen und ethischen Kultur der Menschen- und Grundrechte werden konnte, mußten indessen bestimmte historische Bedingungen erfüllt sein: Die ›Naturanlage‹ des Individualitätsbewußtseins konnte erst durch den neuzeitlich-europäischen Prozeß seiner ›Verdiesseitigung‹ zum Bestandteil des allgemeinen kulturellen Bewußtseins werden. In der Kulturgeschichte davor wurde das ›Grenzbewußtsein‹, das seit dem Erwachen des Menschen aus der Unbewußtheit ante scientiam mortis existent ist, durch die soziale Wirksamkeit mythisch-religiöser Weltbilder stets erfolgreich öffentlicher Wahrnehmung entzogen. Es besaß keine Objektivität und war nur ›privatsprachlicher‹ Bestandteil des je individuellen Bewußtseins. Seit der ›Verdiesseitigung‹ hat das ›Grenzbewußtsein‹ jedoch Einzug in das öffentliche Bewußtsein europäisch-westlicher Kultur gehalten und somit für Individuen die Überzeugungskraft objektiven Wissens gewonnen.
Stellt man den unsere heutige Lage kennzeichnenden Zusammenhang zwischen Gleichheit und Individualität in Rechnung, wird man sich kritisch gegen eine Position der ›Auflehnung gegen die Gleichheit‹ aussprechen müssen, wie sie von Existenzphilosophen nahegelegt wird. Ebensowenig kann man deren These der ›Eigentlichkeit‹ teilen. Danach sei entweder – so bei Kierkegaard – die ›Ver-

zweiflung‹ oder – bei Nietzsche – der ›Nihilismus‹ oder – bei Heidegger – die ›Angst‹ die jeweils ›eigentliche Befindlichkeit‹ des Menschen. In allen drei Versionen handelt es sich um einen ›Heroismus der Eigentlichkeit‹, denn sowohl bei Kierkegaard und Nietzsche als auch bei Heidegger wird ein elitärer Stolz offenbar, Äußerstes an existenzieller Negativität aushalten zu wollen. Dabei möchte ich festhalten, daß die Eigentlichkeitsthese den grundlegenden Tatbestand des existenziellen Dilemmas durchaus richtig wiedergibt: daß der Tod ›eigentlicher‹ ist als die Lebensstrategien, die uns im Wissen um ihn davon entlasten sollen. Wogegen also richtet sich die Kritik?

Das Wissen um die existenzielle Tragik des menschlichen Lebens, das seit der ›Verdiesseitigung der Individualität‹ im Kulturbewußtsein der westlichen Welt fest verankert ist, läßt sich in der Tat nicht mehr verdrängen. Nähme man den Aufruf der Existenzphilosophie zur ›Eigentlichkeit‹ als Lebensstrategie jedoch ernst, wäre das gleichbedeutend mit einem Versinken in Depression, ›Verzweiflung‹, ›Nihilismus‹ und ›Angst‹.[456]

Wie sehen demgegenüber die Konsequenzen aus, die man heute aus der Anerkennung der Gleichheitsdominanz ziehen sollte?

Man kommt im Licht der Gleichheitsdominanz schwerlich umhin, heute all das positiv zu nehmen, was bei den Philosophen der anti-egalitären Individualität negativ bestimmt war. Das bedeutet in erster Linie ein *positives* Verhältnis zur persönlichen Existenz als ›Man‹ (in Heideggers Terminologie). Für die meisten Menschen stellt die Identifikation mit der Gleichheit (des ›Man‹) nicht ohne Grund bereits die fundamentale und wichtigste Entlastung vom existenziellen Dilemma dar. Man versteht den eigenen Tod – und zwar zu Recht – im Sinn des von Heidegger zum Merkmal der ›Uneigentlichkeit‹ erklärten ›*Man* stirbt‹. Man deutet ihn damit eben als Einzelfall des allgemeinmenschlichen Sterbenmüssens. Das Eintreten des Todes wird mit dieser Einstellung ein objektiv-kalkulierbarer Fall im Licht der Gleichheit und im Rahmen der wahrscheinlichen Lebenserwartung.[457] Die Gründe sind gesellschaftlicher Natur: Fortschritte auf dem Gebiet der Medizin, die praktisch allen Menschen der Gesellschaft zugute kommen, und die Verbreitung von Wohlstand haben in den westlichen Ländern ein Lebensgefühl hervorgerufen, das sich bei den Einzelnen mit dem Eindruck hoher Lebenssicherheit verbindet. In jedem Fall wird für sie, nicht zuletzt durch diese

---

456 In Wahrheit müßte man Kierkegaard, Nietzsche und Heidegger mit ihren vergleichbaren Ansprüchen in der Tradition des frühchristlichen Märtyrertums sehen, einer Tradition, die im Zeichen der Verdiesseitigung jedoch ihren Sinn verloren hat.

457 Der Rückgang des Glaubens an ein jenseitiges Fortleben zeigt sich in der gerade bei Beerdigungen ritualisierten Verdrängung des Todes, wie sie Ph. Ariès besonders an amerikanischen Sitten eindrucksvoll beschrieben hat. Nach ihm wird nicht ›mehr der Tote in den funeral homes gefeiert, sondern der in einen Beinahe-Lebenden verwandelte Tote‹. Vgl. ders.: Studien zur Geschichte des Todes im Abendland, a.a.O., S. 165ff. Vgl. hierzu auch: H. Ebeling (Hg.): Der Tod in der Moderne. Frankfurt 1992, S. 236ff.

sozialpsychologische Prägung, eine Distanzierung vom persönlich-individuellen Tod im ›tatbestandlichen‹ Grenzbewußtsein des Wissens um den Tod erst möglich. Sie bildet die emotionale Basis dafür, daß Menschen ihr Leben aus einer positiven Grundeinstellung heraus zu führen in der Lage sind.

In aller Regel gelingt uns die Minimierung des existenziellen ›Grenzbewußtseins‹ deshalb so erfolgreich, weil unser *individuelles* Weltbild durch das *Gleichheitsbewußtsein* durchgehend normiert wird. Das Bewußtsein eines Jeden, der sich im Zustand psychischer Ausgeglichenheit befindet, ist durch den Eindruck bestimmt, seine Weltwahrnehmung unterscheide sich nicht wesentlich von der Anderer, ein Eindruck, der hauptsächlich wohl in der modernen Erziehung der Menschen von früher Kindheit an in Schulen und Hochschulen sich gründet. Die dort vermittelten Kategorien der einzelmenschlichen Weltauffassung und -gestaltung basieren hinwiederum auf den *Gleichheitsbedingungen des Weltbilds der neuzeitlichen Wissenschaften.* Wegen dieses überragenden Einflusses der Kategorie der Gleichheit auf das Weltverstehen des modernen Menschen können wir im Effekt den ›individualistischen‹ Solipsismus unseres Grenzbewußtseins immer nur unterbelichtet wahrnehmen.

Zahlreiche charakteristische Phänomene der modernen Gesellschaft erklären sich hieraus. Da das Ausmaß der inneren Distanzierung vom ›individualistischen‹ Grenzbewußtsein von Mitgliedern der Mehrheit der Bevölkerung bestimmt wird und die Mehrheit im Verhältnis zur allgemeinen Lebenserwartung – damit zum Sterbenmüssen – die jüngeren und mittleren Jahrgänge umfaßt, wird das Bewußtsein Aller – auch der Älteren – durch Überschuß eines Vom-Tod-längst-noch-nicht-Betroffenseins geprägt. Auch als Mitglied der älteren Generation fühlt man die Verpflichtung zu möglichst langer Jugendlichkeit und führt gegebenfalls ein Leben mit höchst objektivierender Distanz zum Sterbenmüssen.[458] Zwar könnte man dieses von vielen geteilte Verhältnis zum Tod in Kierkegaardscher Weise durchaus als Ausdruck des Versuchs kennzeichnen, ›verzweifelt nicht man selbst sein (zu) wollen‹, zumal sich das existenzielle Dilemma, als Grenzbewußtsein, letztlich doch nicht ausschalten läßt. Doch stellt die dauernde Vergegenwärtigung der ›Verzweiflung‹ eben keine realistische lebensphilosophische Alternative dar.[459]

---

[458] Phänomene dieser Übertreibung der ›Jugendlichkeit im Alter‹ kann man insbesondere in den Vereinigten Staaten beobachten.

[459] Z. Bauman läßt es in ›Tod, Unsterblichkeit und andere Lebensstrategien‹ (Frankfurt 1994) offen, wie die das moderne Verhältnis zum Tod konstituierende ›Objektivierung‹ letztendlich zu bewerten sei: „Das moderne Zweck-Mittel-Denken hat Sterblichkeit dekonstruiert. Die Dekonstruktion schafft nicht den Tod ab, aber sie hinterläßt ihn schmucklos, nackt, jeder Bedeutung entkleidet … Der Tod ist das Andere des modernen Lebens. Natürlich war er immer ›das Andere‹ des Lebens. Doch das Andere des modernen Lebens zu sein, ist etwas ganz besonderes, da sich die Moderne durch einen ihr eigenen, ihr eigentümlichen, modernen Umgang mit dem Anderen ihrer selbst auszeichnet“ (a.a.O., S. 200). Ich plädiere hingegen dafür, die Entlastungsfunktion der ›Objektivierung des Todes‹ *auch* positiv zu sehen,

Denn wie steht es heute um die ›klassische‹ Möglichkeit der religiösen Entlastung vom ›existenziellen Dilemma‹ nach dem Vorbild Kierkegaards?

Das wissenschaftliche Weltbild hat für die meisten – zugegebenermaßen oder auch nicht – die aus christlicher Tradition stammende wichtigste Grundlage des Glaubens erschüttert: die objektive Berechtigung der Annahme einer transzendenten Sphäre, wo ›Gott wohnt‹. Ich erinnere daran, daß der christliche Glaube im katholischen Bereich bis in die Neuzeit stets mit der Annahme einer Vereinbarkeit von ›Glauben und Wissen‹ verbunden war, und daß – im Protestantismus – selbst Luthers Vernunftkritik nicht soweit ging, Irrationalität schlechthin zu einem Glaubenskriterium zu machen. Luthers ›gläubiges Vertrauen‹ war ein durch die ›Heilige Schrift‹ begründetes und an der Glaubwürdigkeit ›himmlischer‹ Transzendenzmetaphysik hat er ebensowenig wie Calvin zweifeln müssen. Da für denkende Menschen von heute die Vernunft jedoch mehr gegen die metaphysische Realität einer ›himmlischen‹ Gotteswelt spricht als dafür, läuft ein großer Teil der christlichen Seelsorge bereits auf die Auskunft hinaus, der Einzelne müsse das ›Himmelreich‹ in sich selber finden. Doch die Wenigsten finden in sich etwas davon.[460]

Die Möglichkeit einer Entlastung vom ›Grenzbewußtsein‹, nach dem Vorbild Nietzsches, bot sich realistischerweise von Anfang an nicht, ist doch im Zeichen gesellschaftlicher Gleichheitsdominanz eine verallgemeinerte ›Zarathustra‹-Existenz nicht vorstellbar.

Heideggers Daseinsanalyse kann direktes Vorbild auch nicht mehr sein, doch erfüllt sie – jedenfalls in einer philosophisch beeinflußbaren Kultur – eine wichtige Funktion, solange sie nicht als Aufforderung zur ›Eigentlichkeit‹ im Sinn einer Lebensstrategie, sondern als philosophische Repräsentation des Wissens um den Tod als je eigenen Grenzbewußtseins verstanden wird. Eine philosophische Repräsentanz dessen, was ich als ›Grenzbewußtsein‹ bezeichne, stellt nämlich eine wichtige gegenpolare Ergänzung des Menschenbildes dar, das die meisten humanwissenschaftlichen Sprachen und wissenschaftssprachlichen Philosophien ausschließlich in Kategorien der Gleichheit vermitteln.

Halten wir fest: Die fundamentale Dilemmaentlastung des modernen Menschen besteht im Zeichen der ›Verdiesseitigung der Individualität‹ in der Gleichheitsidentifikation, Voraussetzung aller innerweltlichen Sinngebung in der modernen Welt: durch ›sinnvermittelnde‹ Arbeit im gesellschaftlichen Konkurrenzbereich, durch ›sinnvolle‹ Tätigkeit im Privaten und durch ›sinnvolle‹ Gestaltung von Freizeit.

Die Gleichheitsidentifikation ist dennoch durch eine tiefe Ambivalenz geprägt:

---

weil sie dem modernen Menschen, solange er nicht mit dem Sterbenmüssen direkt konfrontiert wird, ein Grundgefühl seiner Lebenssicherheit in der modernen Welt vermittelt.

460 Vgl. B. Kanitscheider: Auf der Suche nach Sinn, a.a.O., S. 37ff.

Dilemmaentlastung durch ›Distanzierung des Todeswissens‹ auf der einen Seite und Tendenz der Entwertung des Individuums auf der anderen. Was letzteres betrifft, verweise ich auf die ›Effekte der großen Zahl‹: In einem kollektiven Zusammenhang Gleicher sinkt der Einfluß des Einzelnen mit wachsender Gruppengröße. Aus der Gleichheit und dem Effekt der großen Zahl stammen zwei negative Grundintuitionen des Menschen in der modernen Gesellschaft: zum einen ein tiefsitzender Eindruck von Ersetzbarkeit, im Gegensatz zum Anspruch auf einzelmenschliche Individualität, und zum andern das Gefühl der Bedeutungslosigkeit im Zusammensein mit den Vielen.

Theorie und Sprache der Menschen- und Grundrechte stellen heute die erfolgreichste politische Ideologie der Demokratie zur Verfügung, wird doch in ihnen die öffentlichkeitswirksame Suggestion erzeugt, jeder Einzelne sei unter der Bedingung der Gleichheit eine Person von einzigartigem Wert, ohne je eine Leistung dafür erbracht haben zu müssen. Sie bilden damit die gegensteuernde Reaktion auf die Intuition der Bedeutungslosigkeit des Einzelnen, als Effekt der großen Zahl. Der Einfluß, den sie im Rahmen der westlichen Demokratien im Hinblick auf die Erzeugung dieser Suggestion ausüben, kann allerdings nicht hoch genug eingeschätzt werden. Dennoch handelt es sich – im kritischen Sinn – um Ideologie, wird doch der Eindruck erweckt, die ›individualistische‹ Anerkennung sei das rechtlich garantierte Grundgut, das jedem Einzelnen kostenlos zur Verfügung gestellt werden könne.

2. Zusammenführung der Bewußtseinsfragmente

a. Arten der Abspaltung

Das moderne Bewußtsein ist noch immer fragmentiert. Die Leistung des philosophischen Analytikers besteht letztendlich darin, Bewußtseinsfragmente zusammenzuführen, um Abspaltungen zu verdeutlichen, die die Ursache für die Fragmentierung gesellschaftlichen Bewußtseins sind.

Die tiefgreifendste Bewußtseinsfragmentierung besteht in der Abspaltung des Individualitätsbewußtseins vom Wissen um den Tod. Diese Abspaltung ist historisch die älteste und deshalb die am stärksten durch kulturelle Traditionen eingeübte Form der Entlastung vom Dilemma der menschlichen Existenz. In ihrem Kontext geht es um ein kritisches Durchschauen aller möglichen Arten der Abspaltung unseres Individualitätsbewußtseins, die die Entlastung durch Teilhabe der Einzelnen an religiösen Dimensionen der Ewigkeits- und Unsterblichkeitsmetaphysik gewährleisten. In der westlichen Kultur heutiger Gesellschaften wird Religionskritik hingegen weniger thematisch, als sie es in der Epoche der Aufklärung zur Durchsetzung des Weltbildes der Wissenschaften noch war und wie

Nietzsche sie verstand, wenn er von einer Erkenntnisrevolution in Gestalt der Einsicht in den ›Tod Gottes‹ sprach, ist doch die christliche – insbesondere die protestantische – Theologie heute in vielen ihrer Repräsentanten selbst Zeugnis dafür, wie blaß der Glaube an eine metaphysische Wirklichkeit im Zeichen des bewußtseinsbestimmenden wissenschaftlichen Weltbildes geworden ist.[461]

Wir haben uns in der Gegenwart vielmehr mit der Erkenntnis abzufinden, daß der durch die religiöse Abspaltung hervorgebrachte Maßstab für Unsterblichkeit nichts weiter als Ausdruck der uralten Sehnsucht nach Wiederherstellung des Zustands der Unbewußtheit des Todes ist. Das ›Grenzbewußtsein‹, als Teil der Objektivität des gesellschaftlichen Bewußtseins, kann jedoch nicht mehr durch ›Externalisierung der Individualität‹ verdrängt, sondern nur noch minimiert werden. Dennoch gewinnt man, erkennt man die religiöse Abspaltung erst einmal, einen Einblick in den gigantischen Anspruch, den wir aus christlicher Tradition heraus noch immer an die ›individualistische‹ Anerkennung stellen: Man möchte wenigstens einen Teil seiner selbst für alle *Ewigkeit* aufbewahrt wissen, wird einem doch verheißen, mit der eigenen Seele an göttlicher Unsterblichkeit partizipieren zu dürfen.

Im religiösen Kontext westlicher Kultur bedeutet das kritische Durchschauen dieser höchst traditionsreichen Art der Abspaltung heutzutage nicht mehr als das: erkennen, wie langwierig die Umsetzung historischer Prozesse ist und welcher kritischen Einsicht in öffentlichkeitswirksames Bewußtsein es dazu bedarf. Dieser Verarbeitungsprozeß ist in der Gegenwart noch immer nicht abgeschlossen, obwohl er bereits mit der Reformation und den protestantischen Versionen des Konzepts der ›Verdiesseitigung der Individualität‹ begann.

Für die Gegenwart haben wir es in der Hauptsache mit einem kritischen Durchschauen der Arten von Abspaltung zu tun, die zur internen Logik des neuzeitlichen Konzept der ›Verdiesseitigung‹ gehören und die Reaktionen auf die Knappheit ›individualistischer‹ Anerkennung auf der gesellschaftlichen Ebene der Individuen darstellen.

Die fundamentale Abspaltung im Zeichen der ›Verdiesseitigung der Individualität‹ ist die des Gleichheitsbewußtseins vom Todeswissen. Das anthropologische Bewußtsein der Gleichheit, das sich in der europäischen Neuzeit als das normativ-gesellschaftliche Basiswissen durchgesetzt hat, ist nicht durch Rekurs auf die

461 Selbst im modernen Katholizismus wird mehr Gewicht auf die Vertretung und Verteidigung der Personalität des Individuums mit dem Anspruch auf eine höchste ›diesseitige‹ Wichtigkeit gelegt als auf die Begründung und Verteidigung klassischer Jenseitsmetaphysik. Die Probleme, die die Kirchen mit der zeitgemäßen Verkündigung ihrer Botschaft von der ›Erlösungstat Christi‹ haben, wurzeln letztlich alle in diesem Mißverhältnis zwischen ›Diesseitigkeit‹ und ›Jenseitigkeit‹. Aus der Sicht der modernen ›Diesseitigkeit‹ wäre es jedoch ein nicht zu verwirklichendes Ansinnen, von Theologen in der Gegenwart zu verlangen, sie sollten gegen die Wissenschaften wieder eine religiöse Jenseitsmetaphysik im klassischen Sinn durchzusetzen versuchen.

biologische Sozialnatur des Menschen, sondern allein als Bestandteil geschichtlicher Bewußtseinsbildung zu erklären, die in der europäischen Kultur der ›Verdiesseitigung‹ stattgefunden hat. Zu deren interner Logik gehört jedoch die Einbeziehung des ›Grenzbewußtseins‹ in das allgemeine gesellschaftliche Bewußtsein, denn Gleichheitsbewußtsein und Wissen um den Tod sind zusammen entstanden und miteinander verbunden.

Zweck kritischen Durchschauens der Abspaltungen kann jedoch nicht deren Aufhebung schlechthin sein, vielmehr muß zwischen dem normalen Maß, in dem sie zum Zweck der Dilemmaentlastung erforderlich sind, und dem extremen, in dem sie im Dienst der Aufhebung *allen* Bewußtseins einer Beziehung zu einzelmenschlicher Dilemmaentlastung stehen, unterschieden werden: Abspaltung als Entlastung und Abspaltung als Abtrennung vom Dilemmabewußtsein. Illusionär, doch unter Umständen historisch und gesellschaftlich umso wirksamer, sind allein die *extremen* Arten der Abspaltung, bei denen der interne Bezug zum ›existenziellen Dilemma‹ des Individuums im Dienst der Dilemmaentlastung der Individuen aufgegeben und vollständig durch die Mitgliedschaft in heroischen Kollektivsubjekten ersetzt wird. Beispiele, in denen Einzelne sich *ausschließlich* als Mitglieder ›heroischer‹ Kollektivsubjektivität definieren, sind aus der Geschichte wie aus der Gegenwart nicht wegzudenken. Es sind die Fälle, in denen Einzelne zu außerordentlicher Opferbereitschaft fanden, wie etwa die Soldaten, die im Ersten Weltkrieg voller nationalistischem Fanatismus in die Schlacht gezogen sind, – ›Langemarck‹ steht im deutschen Kontext dafür – oder die vom Marxismus fanatisch überzeugten Intellektuellen, die bereit waren, das eigene Leben für die Durchsetzung der Idee des ›wahren‹ Sozialismus hinzugeben. Vergleichbarer Fanatismus motivierte jüngere Menschen im nationalsozialistischen Deutschland, dem ›Führer Treue bis in den Tod‹ zu schwören, und sie haben dies im Krieg auch zur Genüge unter Beweis gestellt.

Die gesellschaftliche Ursache der Verführung zu extremen Arten der Mitgliedschaft in ›heroischen‹ Kollektivsubjekten ist in der enttäuschenden Erfahrung zu suchen, die viele in der modernen Gesellschaft haben machen müssen, sobald sie sich mit den extremen Ausmaßen der Knappheit an gesellschaftlichen Positionen ›individualistischer‹ Anerkennung konfrontiert sahen. Durch Ideologien der kosten- und leistungslosen Individualitätsanerkennung entsteht in der modernen Gesellschaft ein allgemeiner Erwartungsdruck, der einerseits die unumgängliche Enttäuschungserfahrung verstärkt, andererseits die emotionale Basis für immer wieder neu ansetzende Versuche kollektiv organisierter ›Systemüberwindung‹ abgibt.

b. Theatralik der Individualität in der Cyberspacekultur

Wir sind gegenwärtig Zeugen einer Veränderung des gesellschaftlichen Bewußtseins, geprägt durch eine charakteristische Ambivalenz der Knappheitsbewältigung und begründet in der Rolle, die moderne Medien der Televisions- und Cyberspacekultur bei der Knappheitbewältigung spielen. Sie bieten Möglichkeiten einer individuenbezogenen Befriedigung superlativischer Ansprüche von Individualität, wie sie vor kurzem noch undenkbar gewesen wären. Als Teilnehmer der weltweiten Kommunikation im Internet kann sich der Einzelne, auch der im letzten hessischen Dorf im Vogelsberg, als Mitglied einer Gemeinde aller Weltbürger fühlen.[462] Die möglichen Simulationen virtueller Realitäten beziehen sich nicht nur auf eine Befriedigung ›individualistischer‹ Ansprüche, sondern auch auf deren Einbeziehung in das virtuelle Geschehen und auf Möglichkeiten, dieses Geschehen entsprechend der superlativischen Ansprüche der ›Individualität‹ der Individuen auszugestalten. Heute gibt es Videospiele, die es den Benutzern gestatten, als Mitspieler am Geschehen in einer Weise zu partizipieren, daß dabei das Gefühl für den virtuellen Charakter der Cyberspace-Realität verlorengeht. Das einseitige Interesse für Spiele mit Horror-Szenarien macht wohl deutlich, daß es sich in erster Linie um Motivationen handelt, die darauf zurückgehen, Enttäuschungserfahrungen mit dem Phänomen ›individualistischer‹ Knappheit in der realen Gesellschaft zu verarbeiten.[463]

Andererseits kommt es in diesen Medien auch zu einer Art Bestätigung der Erwartungshaltung ›individualistischer‹ *Außerordentlichkeit*, die man nicht etwa einer Entlastung vom Erwartungsdruck, sondern, umgekehrt, gerade dessen Verstärkung zuzurechnen hat. Der Ausdruck ›Hybridkultur‹, im Diskurs der Medien- und Informationstheoretiker weit verbreitet, zielt auf das Gemeinte: Bilder und Eindrücke der neuen Medienkultur sollen alle gewohnten Wirklichkeitswahrnehmungen durchbrechen und Einstiege in völlig neue möglich machen. Ein wesentlicher Effekt der medialen ›Hybridisierung‹ besteht in der Erwartung einer Aufhebung der Grenzen zwischen realer und virtueller Realität. In diesem Sinn verwendet beispielsweise der bekannte Medientheoretiker S. Cubitt[464] die Kategorie

---

[462] Die moderne Medientheorie geht auf die Arbeiten von M. McLuhan (1911–1980) zurück; vgl. ders.: Die magischen Kanäle. Understanding Media. Dresden 1995; ders./B.R. Powers: The Global Village. Der Weg der Mediengesellschaft in das 21. Jahrhundert. Paderborn 1995.

[463] Ein Beispiel ist etwa das beliebte Horror-Computerspiel ›Silent Hill‹, in dem der Spieler zum Teilnehmer in einer höchst verworrenen Geschichte gemacht wird, in der es darum geht, ein verlorenes Mädchen aufzuspüren. Er landet in der Gestalt des Hauptdarstellers Harry Mason, dem Vater des Mädchens, in einem ›Paralleluniversum‹, in dem titanische Schwierigkeiten zu überwinden sind, wobei viele Monster umgebracht werden müssen. Der Clou liegt in der durch die effektvolle Kameraführung erzeugten äußerst düsteren Atmosphäre des Spiels, die vom Hersteller Konami als ›klassisch-gothisch‹ bezeichnet wird.

[464] S. Cubitt: Videography. Video Media as Art and Culture. Basingstoke 1993.

des Hybriden, um so Mensch-Maschine-Beziehungen zu diskutieren. Er gelangt zu dem Ergebnis, Biologisches und Mechanisches vermischten sich zunehmend; die damit gegebenen Möglichkeiten revolutionierten das bis heute geltende Menschenbild so weit, daß vom klassischen biologischen Modell einer menschlichen Psyche Abschied genommen werden müsse, zumal diese ohnehin nach und nach durch mechanistische Modelle zu ersetzen wäre.[465]

Im Hang zu ›hybridkultureller‹ Transzendierung von allem Gewohnten sollten wir demgegenüber jedoch eine Spiegelung *superlativischer* Außerordentlichkeit erkennen, zu der die ›individualistische‹ Versuchung leicht führt, vergewissert man sich ihrer nicht ständig selbstkritisch.[466] In der ›individualistischen‹ Versuchung verbirgt sich der Hang zu größenwahnsinniger Übertreibung im Guten wie im Bösen, der sich letztlich immer dem Versprechen moderner Gesellschaft verdankt, jedem Einzelnen leistungslos zur gesellschaftlichen Anerkennung seiner Individualität zu verhelfen.

Man sollte jedoch gerade im Zeichen der neuen Medienkultur und ihrer extremen Möglichkeiten die Fähigkeit zur Unterscheidung zwischen realer und virtueller Realität eher verstärken als verringern. Wir sollten aus den extremen Potentialen des Cyberspace lernen, in ihnen modernste Ausgestaltungen der ›Theatralik menschlicher Individualität‹ zu sehen. Denn ich erinnere daran, daß es sich beim Superlativismus der Individualität wahrscheinlich um eine Bewußtseinsrealität handelt, die sich Menschen in Reaktion auf das Wissen um den Tod, im existenziellen Dilemma, in ihrer Vorstellungswelt erst geschaffen haben.[467] Zugleich ist aber auch die Fähigkeit realistischer Selbstanerkennung zu stärken, denn man bestimmt im Wettbewerb um die gesellschaftliche Anerkennung der Individualität am Ende selbst, wann der Grad ›individualistischer‹ Anerkennung, den eigenen Begabungen und Leistungen entsprechend, durch die gesellschaftliche Umgebung erreicht sein wird. Wer häufig das Gefühl hat, das Beste gegeben zu haben, sollte damit leben können, daß sein ›Bestes‹ in den meisten Fällen nicht ausreichend genug gewesen ist, um den ›höchsten‹ Grad der Anerkennung durch die Anderen im größeren gesellschaftlichen Rahmen zu erreichen.[468]

---

465 Vgl. I. Schneider/Ch.W. Thomsen (Hg.): Hybridkultur. Medien, Netze, Künste. Köln 1997, S. 35ff.

466 Die ›individualistische‹ Übertreibung ist auch in der Hinwendung sehr vieler Medientheoretiker zu einer konstruktivistischen Erkenntnistheorie zu erkennen, in der die Unterscheidung zwischen dem Bewußtsein und der äußeren Realität aufgehoben wird (vgl I. Schneider/Ch. W. Thomsen [Hg.], a.a.O.).

467 Vgl. hierzu die Ausführungen von V. Gerhardt über den Rollencharakter der Individualität in seinem Buch ›Selbstbestimmung. Das Prinzip der Individualität‹. Stuttgart 1999, S. 362ff. und 397.

468 Für Möglichkeiten ›gelingenden Lebens‹ unter Bedingungen moderner Gesellschaft vgl. die ›Studien zur Ethik‹ von M. Seel: Versuch über die Form des Glücks. Frankfurt 1995, S. 138ff.

c. Am Ende: der unaufhebbare Widerspruch

Sinn und Zweck des kritischen Durchschauens von Abspaltung und ›Theatralik der Individualität‹ liegen im Effekt einer Begrenzung und Beschränkung superlativischer Ansprüche von Individualität, damit die Entlastung vom existenziellen Dilemma der Einzelnen durch Gleichheitsidentifikation wahrnehmbar bleibt. Kommt es nämlich zur ›Hybridisierung‹ der Ansprüche an ›individualistische‹ Anerkennung, wird die Gleichheitsidentifikation nicht mehr als Dilemmaentlastung ernst genommen. Genau das aber ist es, was Menschen in der modernen Gesellschaft von ihrem individuellen Leben erwarten können: möglichst lange im Bewußtsein objektivierender Distanzierung des eigenen Todes durch Gleichheitsidentifikation existieren zu können, um sich in diesem Rahmen im Wettbewerb um ›individualistische‹ Anerkennung zu bewähren. Während die moderne Gesellschaft viele Hilfsmittel – von der Gewährleistung persönlicher Sicherheit bis zur medizinischen Versorgung – zur Verfügung stellt, um Gleichheitsidentifikation durch das Bewußtsein objektivierender Distanzierung vom je eigenen Tod entgolten zu bekommen, steht es hingegen noch immer schlecht um die Möglichkeit, die existenzielle Verzweiflung zu mildern, die einen Jeden erfaßt, der durch tödliche Krankheit oder durch die Beschwernisse eines hohen Alters gezwungen wird, sich über die Unausweichlichkeit seines Sterbenmüssens klarzuwerden. Zu diesen Möglichkeiten gehört an erster Stelle eine gesellschaftliche Perspektive des ›leichten Sterbens‹, durch die die immer noch vorherrschende Auffassung unserer christlichen Tradition, nämlich die einer überhöhten Einschätzung des Verdienstes beim Ertragen von Leid und Schmerz am Lebensende, abgelöst werden könnte.[469]

Das Grundproblem moderner Gesellschaft, das Phänomen äußerster Knappheit der Positionen ›individualistischer‹ Anerkennung, wird sich in der Demokratie allerdings nie durch Gleichverteilung lösen lassen, und zwar gerade deshalb nicht, weil Gleichheit der dominierende gesellschaftliche Grundwert bleibt. Unbeschadet des Umstands, daß die ›demokratische Ideologie‹ diesen Anschein der Gleichverteilung ständig neu erweckt, wird die internationale Wettbewerbsfähig-

469 „So viele Ämter gibt es, und so viele Menschen, die an unheilbaren Krankheiten elend und schmerzvoll zugrunde gehen – in hochindustrialisierten Staaten –, von anderen soll gar nicht die Rede sein. Die Mittel, in seligem Rausch schön und friedvoll, anstatt in qualvollem Todeskampf hinüberzugehen, sind vorhanden, unendlich wohltätige Mittel. Warum gibt es kein Amt, an das der unrettbar Leidende, zum Tode Bestimmte sich wenden kann, um einen Arzt zu ermächtigen, auf seinen Wunsch von ihnen Gebrauch zu machen? Der übliche Einwand, es könnten Verwandte und Ärzte Unfug treiben, ist nichtig, sie können den heutigen Rechtssätzen ohnehin zuwiderhandeln, und zwar noch leichter, wenn es aus Eigennutz, jedoch viel schwerer, wenn es aus Menschlichkeit geschieht.“ (M. Horkheimer: Dämmerung. Notizen in Deutschland. In: Gesammelte Schriften. Band 2. Hg. von G. Schmid Noerr, Frankfurt 1987, S. 312–452, S. 367); vgl. auch: M. Seel: Versuch über die Form des Glücks, a.a.O., S. 278ff.

keit von Gesellschaften dieses Typs, künftig mehr noch als heute schon, davon abhängig sein, ob eine allgemein akzeptierte Bereitschaft vorhanden ist, auf der Grundlage von Chancengleichheit eine Prämierung derer zu ermöglichen, die sich durch herausragende Begabungen auszeichnen.[470] Der *Widerspruch* zwischen der Gleichheitsidentifikation und äußerster Knappheit an Positionen für ›individualistische‹ Anerkennung, konstitutiv für die moderne Gesellschaft im Licht der verwirklichten ›Verdieseitigung der Individualität‹, ist nicht aufzuheben.[471] Das bedeutet, daß philosophische Konzeptionen einer harmonischen Aufhebung des Widerspruchs immer Utopie bleiben werden.[472]
Nach Homer mußte Odysseus auf der Heimfahrt nach Ithaka als eines seiner lebensbedrohenden Abenteuer die Durchfahrt durch eine Meeresenge bestehen, auf deren Seiten die Ungeheuer Scylla und Charybdis auf ihre Opfer warteten. Skylla war ein riesenhaftes, schreckenerregendes Tier „mit sechs Schlangenhälsen und jeweils einem scheußlichen Kopf mit drei dichten Reihen von Zähnen, die sie fletscht, ihre Opfer zu zermalmen", Charybdis „ein täglich dreimal unter einem Fels hervorquellender und wieder zurückwallender Strudel, der jedes Schiff verschlingt, das in seinen Rachen gerät".[473] Wir können lediglich hoffen, daß es uns in der Demokratie westlicher Prägung auch in Zukunft gelingen wird, zwischen Extremgefahren, wie sie die zwei Ungeheuer symbolisieren, mit Glück hindurchzugelangen.

---

470 Die außerordentliche körperliche Begabung wird sich gemäß der Logik der Entheroisierung des kriegerischen Ethos in der modernen Zeit auf Betätigungen im sportlichen Bereich zurückzuziehen haben, jenes Bereichs, in dem der moderne Mensch sich unterhalten und von der realen täglichen Arbeit abgelenkt sein kann.

471 Zur internen Logik der ›verdiesseitigten‹ Individualität paßt unter den Bedingungen der modernen Gesellschaft weder eine praktische Philosophie der lediglich ›formalen‹ Gleichheit, wie Friedrich A. von Hayek sie vertritt, noch eine Philosophie der ›sozialen Gerechtigkeit‹, wie sie von John Rawls vertreten wird. Nach Hayeks Konzeption würden die traditional überkommenen Unterschiede der gesellschaftlichen Schichtung unnötig lang zementiert, so daß sich die Begabungen nicht so schnell im Sinn gesellschaftlicher Produktivität betätigen könnten, wie dies unter möglichst gleichen Ausgangsbedingungen möglich wäre. Nach Rawls' Konzeption würde die Aufmerksamkeit des öffentlichen Bewußtseins davon abgelenkt, daß die Besserstellung der Schwachen eine sekundäre Auswirkung einer Vergrößerung des gesellschaftlichen Wohlstands ist, die durch den Wettbewerb zustandekommt, der in der Perspektive der Besten und Stärksten bestritten wird.

472 Die Vertreter der Idee der Aufhebung finden sich hauptsächlich in den marxistischen und neomarxistischen Richtungen. Wahrscheinlich hat J. Habermas in ›Der philosophische Diskurs der Moderne‹ (Frankfurt 1985) recht, wenn er die Grundintuition von Hegel im Licht des neuzeitlichen Widerspruchs zwischen Gleichheit und Individualität interpretiert. Dem Tatbestand der Unaufhebbarkeit des Widerspruchs kommt unter den Philosophen unserer Epoche Th.W. Adorno mit seinem Konzept der ›Negativen Dialektik‹ (Frankfurt 1966) am nächsten.

473 G. Schwab: Die schönsten Sagen des klassischen Altertums. Hamburg 1949, S. 568f.

Register